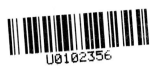

陳宣帝傳

CHEN XUAN DI ZHUAN

龙耳东◎著

中国文史出版社

图书在版编目（CIP）数据

陈宣帝传 / 龙耳东著. -- 北京：中国文史出版社，2022.1

ISBN 978 - 7 - 5205 - 3470 - 3

Ⅰ. ①陈… Ⅱ. ①龙… Ⅲ. ①陈顼（530 - 582） - 传记 Ⅳ. ①K827 = 392

中国版本图书馆 CIP 数据核字（2022）第 014817 号

责任编辑：程　凤

出版发行：**中国文史出版社**

社　　址：北京市海淀区西八里庄路 69 号　　邮编：100142

电　　话：010 - 81136606　81136602　81136603（发行部）

传　　真：010 - 81136655

印　　装：廊坊市海涛印刷有限公司

经　　销：全国新华书店

开　　本：1/16

印　　张：26.5

字　　数：394 千字

版　　次：2022 年 5 月北京第 1 版

印　　次：2022 年 5 月第 1 次印刷

定　　价：78.00 元

目录

目录

目录

第一章　陈顼登基谒太庙

太建元年（569）春正月甲午（初四），南陈安成王（陈顼，40岁）在太极前殿，隆重举行即位大典。陈顼正式即皇帝位，史称陈宣帝。当天颁诏：

夫圣人受命，王者中兴，并由懿德，方作元后。高祖武皇帝揖拜尧图，经纶禹迹，配天之业，光辰象而利贞，格地之功，侔川岳而长远。世祖文皇帝，体上圣之姿，当下武之运，筑宫示俭，所务唯德，定鼎初基，厥谋斯在。朕以寡薄，才非圣贤，夙荷前规，方传景祚，虽复亲承训诲，志守藩维，咏季子之高风，思城阳之远托，自元储绍国，正位君临，无道非几，伫闻刑措；岂图王室不造，频谋乱阶，天步艰难，将倾宝历，仰惟嘉命，爰集朕躬，我心贞确，坚誓苍旻，而群辟启请，相喧渭桥，文母尊严，悬心长乐，对扬玺绂，非止殷汤之三辞，履涉春冬，何但代王之五让，今便肃奉天策，钦承介圭，若据沧溟，逾增兢业，思所以云行雨施，品物咸亨，当与黔黎，普同斯庆。可改光大三年为太建元年，大赦天下，在位文武，赐位一阶，孝悌力田，及为父后者，赐爵一级，异等殊才，并加策序，鳏寡孤独，不能自存者，人赐谷五斛。

陈顼即位后，复尊太皇太后章要儿为皇太后。说实在话，陈顼对章太后（陈武帝皇后章要儿）尊敬有加，倍怀感恩之情！

陈顼，字绍世，乳名师利，是陈武帝的侄子，陈文帝的胞弟，始兴昭烈王陈道谭的次子（其长子陈蒨，是为陈文帝）。梁大通二年（528）七月初六生，出生时有红光遍布堂室。年少时宽厚大度，富于才略。成年后，容貌俊美，身高八尺三寸，手垂过膝。有勇力，擅长骑射。陈霸先在平定侯景之乱后，镇守京口。梁元帝征召陈霸先的子侄入侍，陈顼受陈霸先之遣，赴江陵，梁元帝授任陈顼为直阁将军、中书侍郎。当时有马军统领李总与陈顼为旧交，常常一道游玩共处。陈顼曾在夜里喝醉了酒，未灭灯而入睡，李总正好出去了，不一会回来，便见到陈顼的身体乃是一条大龙。李总当下惊恐无比，拔腿就跑，躲到别屋去了。《南史·陈本纪·卷十》记载：“时有军主李总与帝有旧，每同游处，帝尝夜被酒，张灯而寐，总适出，寻反，乃见帝是大龙，便惊走他室。”

《陈书·本纪·卷五》也有记载：“时有马军主李总与高宗有旧，每同游处。高宗尝夜被酒，张灯而寐，总适出，寻返，乃见高宗身是大龙，总便惊骇，走避他室。”

后来，西魏攻陷江陵，陈顼、陈昌被西魏兵押送到西魏的关右（指潼关以西。在地理上，古人以西为右）。《南史·陈本纪·卷十》载陈顼押往长安后，“迁于长安。帝貌若不慧，魏将杨忠门客张子煦见而奇之，曰：‘此人虎头，当大贵也。’”

永定元年（557）十月，陈霸先代梁称帝后，遥授陈顼袭封为始兴郡王，食邑2000户。永定三年（559）陈文帝继位，改封陈顼为安成王。天嘉三年（562）三月，陈顼从北周回国，陈蒨大喜！因为陈朝皇室势力过于单薄，才回国的陈顼就受到哥哥陈文帝的重用并迅速升迁。三月授陈顼侍中、中书监、中卫将军。六月为骠骑将军、扬州刺史。次年（563）四月加开府仪同三司，以皇弟之尊，权倾朝野。

因陈顼升迁太快，势大而枉法，天嘉六年（565）四月，被徐陵弹劾，免陈顼的侍中、中书监职。仅一年后，天康元年（566）三月，随着陈蒨的病重，陈顼又出任尚书令，权势和地位比以前还要高。

天康元年（566）四月，陈文帝病逝于有觉殿，享年45岁，遗诏太子陈伯宗即位。年仅16岁的陈伯宗当天在太极前殿即位，五月，尊皇太后章要儿为太皇太后，皇后沈妙容为皇太后，以骠骑将军、司空、扬州刺史、尚书令、安成王陈顼为骠骑大将军、进位司徒、录尚书事、都督中外诸军事。陈顼一跃成为陈朝实际上的最高权力人，而引发少帝陈伯宗和沈太后的担心，他们想从陈顼等辅佐大臣手里夺回权力。而陈顼见少帝处理军国大事太过幼稚，为国家大局着想，陈顼一边隐忍，一边抗争。

少年陈伯宗母子俩在位高权重的叔父陈顼手底下没过上几招，就遭到失败。陈顼削平了那些忠于文帝的如刘师知、到仲举、韩子高、华皎等旧臣，特别是在陈顼指挥军队平定了华皎叛乱，夺回了陈朝的衡州，俘虏了北周将领元定等人之后，陈朝上下拥戴陈顼即位的呼声更高了！

这就更加引起忠于少帝陈伯宗的同母胞弟始兴王陈伯茂的不满！陈伯茂对安成王陈顼的主持朝政，心怀不满，口出恶言。陈顼忍无可忍地向太皇太后章要儿（武帝皇后）控告废帝陈伯宗、始兴王陈伯茂兄弟俩勾结刘师知、韩子高、华皎等人互通共谋，杀害安成王自己事小，给国家带来危害却是大罪！

安成王陈顼还说：本来，伯宗个性太暗弱，难当大任。文皇帝对儿子的审察，也不想传位给他，这事相当于唐尧那样，传位给弟弟的胸怀，又像泰伯（即吴太伯，三让其国于弟）那样。现在应当重申文皇帝以前的意向，另立一个贤明的君主。

陈顼引用的"泰伯让国"的典故，说的是吴太伯，又称泰伯。泰伯排行老大，有两个弟弟仲雍和季历。其父亲太王是周部落首领，太王想传位给三弟季历及其子姬昌，太伯和仲雍避让，迁居江东。太伯的高风亮节感动荆蛮之地的民众，归附他的有千余家。于是，太伯在太湖流域建立了国家，国号"句吴"。太伯无子，死后由其二弟仲雍继位。

章太皇太后明白陈顼的意思。出于对国家大局的考虑，陈朝也的确需要一位年富力强的君主当政。于是，二十三日，慈训太后（章要儿）以陈武帝高祖皇后的特殊身份，召集群臣到朝堂，下令曰：

中军仪同、镇北将军、镇右将军、护军将军、八座卿士：昔梁朝末年，海内骚动，天下苍生百姓，已近乎没有留下多少活着的人。高祖武皇帝拨乱反正，顺应天命御统天下，重新确定了天地五星人间万象之秩序；世祖文皇帝承继王位，弘大帝业，养育万民，安宁八方；都是小心谨慎勤勤恳恳地治理国家，希望能使国家太平昌盛，确立像殷、夏那样兴盛的大业。

伯宗昔在东宫，本无什么好名声，等到继承帝位后，更加放纵。居丧期间，毫无哀伤之情，仍与嫔妃住在一起，频繁地去逛妓馆，岂止是以衣蒙车纳妇，为宗正责备，还在居丧期间生子，为右师谴责，王朝怎么能运

祚绵长，国家的刑罚怎么能实施。并且私藏金帛，以充后宫，国库及军需储备，未满一年，皆已空竭。

太傅安成王（陈顼）亲承遗托，镇守宫闱，先皇遗诏中已预有说明，真是洞察秋毫，然而先帝尸骨未寒，伯宗迫不及待，也不等丧满，便派刘师知、殷不佞等人来加以诋毁。韩子高等轻佻小人，倚仗皇帝的信任，阴谋制造祸乱，危害宗室。良臣尽管想要扶助安成王，只是要除去君王身边的小人。又以余孝顷离京师很近，便加以征召，制造祸乱咎由自取，凶徒自然要遭到捕获，仰赖宗社之神灵，妖氛得以扫灭。这时密诏华皎，于上游起兵，国运悠悠忽忽，几乎落到贼子手中。乃至于要招集远近党羽，巴、湘协力，贼党四处骚扰，劫掠黟、歙一带。又令欧阳纥等人进逼衡州，岭南一带纷乱不堪，几乎延续半个月。岂止是罪恶比汉之刘濞还大，岂止是名声比成汉的李贲还坏。只是贼党皆亡，妖徒已散，初时还希望他们能够悔改，仍然未加重惩罚，他们就是妄弃道德，本性不改，甘心于造祸，在邪恶的路上越走越远。张安国奸狡小人，势穷已成小盗，仍然遣使者绕道离开上京，即置行台，分选凶党为官。贼臣华皎妻吕氏，蠢蠢之徒也来效力，纳娶自奚官，藏之于宫内，让她结交亲朋旧友，谋划变乱大事。副帅侯法喜等人，本是太傅麾下，常出没于朝廷之下，以利诱人，谋划肇乱于萧墙之下。恰巧又和副帅孙泰等人暗自交往，大肆勾结，兵力强盛，约期发动叛乱。皇家有福，国运长久，天遂人愿，阴谋一同败露。这种种文字证据，现在拿出来给各位看，是可忍，孰不可忍？祖宗基业，差点倾覆，怎么可能再去恭敬地祭祀，统治万民呢？依照旧例，宜在流放之列，现今可特降为临海郡王，送还府第。

太傅安成王天赐其德，与圣人一样有深广的智慧，两位皇后钟心于他，天地人三灵眷顾于他。自从前朝不虞，将重任委托给高祖，我朝开国之君恩威并重，刑礼兼设，指挥若定，扫清湘、郢之乱，开疆拓土，荆、益一带相继归顺，好比太戊中兴殷商，刘秀中兴汉室，以高祖之功名与他们相比，何其相似。况且从地神那里得到灵玺，上天又显彗星表示要改朝换代，除旧布新，祥瑞之兆都已显现出来。文皇有知子之鉴识，其心胜过帝尧之子丹朱，传位给弟弟的胸怀，又像太伯那样，现在应当重申文皇帝以前的意向，另立一个贤明的君主，方可巩固社稷，以光大与天同光之大业。

朝廷内外应依照旧典，奉迎新皇。未亡人不幸遭此忧哀，只要我还没死，就不容有人危害社稷，不然的话，我以何面目见高祖，将来祔葬于武帝陵呢？提笔潸然泪下，心中悲喜交加。

这一天，是光大二年（568）十一月二十三日。慈训太后下令，以安成王陈顼入继皇帝位。把少帝陈伯宗废为临海王。当天，废帝陈伯宗出居私第。慈训太后又下令，把陈伯茂贬为温麻侯，安置在王室成员举行婚礼的别馆里。令道：

伯茂轻薄，从幼时起，就辜负了皇上严训，后来越加放肆凶狠狡猾。常以为自己位居太子之弟，应该秉承国权，不约束自己的年岁德行，愈加狂妄急躁，图谋引祸作乱，煽动宫廷，招惹凶险，怨望台阁，继位君主丧失道德，由此祸端，凡凶德之事，他都作谋主。按理应交付司法官，照刑法处置。念他是皇族之一，尚怀悲痛，可特予降为温麻侯，对他的行为加以禁止，另遣派地方居住。此实出于无奈，言而倍增悲叹。

据《南史》载：始兴王陈伯茂，字郁之，世祖陈蒨的第二个儿子（沈皇后沈妙容所生）。陈伯茂擅长书法，颇有盛名。

当初，高祖陈霸先的哥哥始兴昭烈王陈道谈（陈道谭）在梁朝任官，为东宫直阁将军，侯景作乱时，他率领弓箭手2000人支援台城，在城中被流箭射中而死。太平二年（正月丁未初七，557年2月21日），被追赠侍中、使持节、都督南兖州诸军事、南兖州刺史，封长城县公，谥号昭烈。

高祖陈霸先受禅，又赠陈道谭为骠骑大将军、太傅、扬州牧，改封始兴郡王，食邑2000户。昭烈王陈道谭生世祖（文帝陈蒨）与高宗（宣帝陈顼）。梁朝承圣末年，西魏攻陷江陵，陈顼、陈昌等人被押往西魏长安关右，陈武帝仍以陈顼袭封始兴嗣王，以奉昭烈王祀。

永定三年（559）六月二十一日，高祖陈霸先病逝，陈蒨入宫继承帝位。其时陈顼仍押在北周没有回还，陈文帝以本宗缺乏祭祀，在当年十月十四日，下诏：

往日皇基始建，分封各亲戚，我亲使土地长远存在，特开启大邦。弟陈顼继承门祀，虽然土宇开建，然祭祀无由。又加上遭到家庭不测，遇到凶事宿怨，皇太子远隔，车驾没回。我以渺小身份，荣受此大命，因循帝位，须虚怀若谷。如今既然已入奉大宗，应事绝于藩邦祭礼，始兴国庙祭祀无主，瞻言之高洁，感而悲恸。改封嗣王陈顼为安成王，封第二个儿子陈伯茂为始兴王，以奉昭烈王祀。赐天下为父后者爵一级。藉以申发无尽之情，永保山河之运。

按旧制，诸王受封，没有加戎号者，不设置佐史，于是尚书八座上奏道："增加崇尚徽号，装饰外表车服，目的在于彰显他的德行，对下改变民间声望。皇帝（陈文帝）的第二个儿子陈伯茂，新封始兴王，体自至尊，神采姿态聪敏，正当玉映佩觿之俊年，兰花芬芳之佳岁，清晖美誉，如日茂月升，道德可蕴平、河，声望可超衮、植。皇情追感，圣性天深，由于本宗缺乏继业者，就让他继承藩邦后嗣，虽然珪器与社宫已受，但是戎章未袭，这哪里是光崇贤哲宠立皇室子弟的做法呢。臣等参议，宜加伯茂宁远将军，置佐史。"

陈文帝下诏道："可。"不久陈伯茂任使持节、都督南琅琊彭城二郡诸军事、彭城太守。天嘉二年（561）正月初四日，陈伯茂进号宣惠将军、扬州刺史。

陈伯茂生性聪敏，好学，对下士谦恭有礼，又是太子的同母之弟，世祖对他非常爱重。征讨北方的军人在丹徒盗窃晋郗昙墓，盗得大批晋右将军王羲之的书法作品与当时不少名贤的遗迹。事情被发觉，这些书法手迹一并被县官没收，藏于秘府之中。世祖因为陈伯茂喜好古物，多予赐赠，由此陈伯茂得以工于草隶，颇得王右军书法之神髓。

天嘉三年（562）六月十八日，陈伯茂任镇东将军、开府仪同三司、东扬州刺史。废帝登位，此时，陈伯茂在京城，刘师知等假造诏书要使陈顼出朝，陈伯茂从中劝成。刘师知等被杀后，陈顼恐怕陈伯茂在朝内外煽惑，光大元年（567）二月十二日，便给陈伯茂进号中卫将军，命令他住在宫里，陪伴废帝出游居住。

陈顼指挥军队平定华皎叛乱后，朝野的声望都已归向安成王陈顼。陈伯茂深感不平，朝夕愤怒，屡出恶言。陈顼认为他并无能力，不以为意。建安人蒋裕与韩子高等谋反，陈伯茂暗地参与其事。

于是，慈训太后于光大二年（568）十一月二十三日，贬陈伯茂为温麻侯，令他出宫居住。此时六门之外有别馆，是诸王加冠婚娶场所，名为婚第。陈伯茂前往别馆的途中，遭遇强盗，死在车中，其时18岁。（疑史书有错。陈伯茂于公元568年被杀，时年18岁，而废帝陈伯宗公元570年死，时年19岁。同为一母沈妙容所生，难道弟比兄的年岁还大2岁?）

对于陈伯茂的死，有人怀疑是陈顼唆使强盗在路上将陈伯茂截住，把他杀死在车里。但没有任何证据表明是陈顼所为。陈顼令官府追索盗贼，三天也没抓到。废帝陈伯宗听了，大怒，不再与安成王陈顼相见。

陈顼入继大统后，诏授毛喜封给事黄门侍郎，兼中书舍人，典掌军国机密。不久改任太子右卫率、右卫将军。因定策有功，封为东昌县侯，邑500户。又以本官职行江夏、武陵、桂阳三王府国事。

随后，陈宣帝立妃子柳氏为皇后，世子叔宝为皇太子。皇子南中郎将、江州刺史康乐侯叔陵为始兴王，承继昭烈王（陈蒨、陈顼父亲陈道谭）的祠庙祭祀。本来，陈文帝以子伯茂奉始兴昭烈王祀。陈顼既已杀伯茂，便以叔陵奉祀。

初五，陈宣帝按南陈旧例，拜谒陈朝太庙。

陈宣帝（陈顼）拜谒陈朝太庙后，于太建元年（569）新春正月初七，分遣大使巡行四方，观察各地风俗，了解民情。随后，陈宣帝（陈顼）对朝廷大臣和将领进行了如下调整：

以征南大将军、开府仪同三司、新任中抚大将军章昭达晋号车骑大将军；

新任中军大将军、开府仪同三司、南徐州刺史淳于量为征北大将军；

镇北将军、开府仪同三司、南徐州刺史、新任镇西将军、郢州刺史黄法氍晋号征西大将军；

新任安南将军、开府仪同三司、湘州刺史吴明彻晋号镇南将军；

镇东将军、扬州刺史、鄱阳王陈伯山晋号中卫将军；

以尚书仆射沈钦为尚书左仆射；

以度支尚书王劢为尚书右仆射；

以护军将军沈恪为镇南将军、广州刺史；

以皇子建安侯陈叔英为宣惠将军、东扬州刺史，改封豫章王；

丰城侯陈叔坚改封长沙王；

以明威将军周弘正为特进。

太建元年（568）夏五月丁巳（二十九日），陈朝以吏部尚书、领大著作徐陵为尚书右仆射，以太子詹事、驸马都尉沈君理为吏部尚书。

秋七月初十日，陈宣帝诏令以平东将军、吴郡太守晋安王陈伯恭为中护军，晋号安南将军。九月十八日，以新任中护军晋安王陈伯恭为中领军。

中护军、中领军是中国古代的高级军事长官的官名，其中，中护军、中领军、中都护等职位掌管禁军、主持选拔武官、监督管制诸武将。这一官名始于秦，到两汉、魏晋时期发展到重要性的顶峰。由此可以看出，陈宣帝是非常信任陈伯恭的。据《陈书》记载：陈伯恭，字肃之，吴兴郡长城县（今浙江长兴）人，陈文帝陈蒨第六子，母亲为严淑媛。

陈文帝天嘉六年（565）八月己卯，立陈伯恭为晋安王。不久为平东将军、吴郡太守，置佐史。当时陈伯恭年十几岁，便留心政事，治理官曹。陈宣帝太建元年（569）七月，入京为安前将军、中护军，迁中领军。

陈宣帝稳固了南陈朝廷的中央政权之后，接着就开始对地方军政特别是封疆大吏进行调整。陈宣帝下诏，征广州刺史欧阳纥到京城来，入朝担任左卫将军。

不料，由此引发了地方军阀的一场军事叛乱……

第二章　欧阳纥广州反叛

广州刺史欧阳纥承袭其父欧阳頠职位，经营广州多年，政绩斐然，深得岭南民心。欧阳父子兄弟数人，历经两代数十年长期在岭南割据一方，可谓根深蒂固。

当陈宣帝的征调诏书从京都建康传达到了岭南广州之后，欧阳纥非常纠结！去？还是不去？如果去了，是否还能回到岭南？如果不去，势必因抗旨而引来朝廷的讨伐？欧阳纥越想越恐惧，他在部属的鼓动下，干脆举兵反叛了……

为什么陈宣帝要从广州刺史欧阳纥开刀呢？除了欧阳父子兄弟数人历经两代长期盘踞岭南以外，更重要的原因是，有人怀疑欧阳纥与废帝陈伯宗、韩子高、华皎等人的反叛活动都有关联。于是，陈宣帝下诏征欧阳纥入朝。这其实也是对欧阳纥是否忠心的一种试探。

据史载：欧阳纥（537—570），字奉圣，潭州临湘（今湖南省长沙市）人。南朝陈时期大臣，广州刺史欧阳頠之子，书法家欧阳询之父。据史载：欧阳纥从小就有韬略，随父欧阳頠东征西战。其父欧阳頠任广州刺史，其叔欧阳盛任交州刺史，另一叔欧阳邃任东衡州刺史。南朝陈天嘉年间，陈文帝授欧阳纥为黄门侍郎，出任安远将军、衡州刺史，袭爵山阳公，出任大都督、广州刺史，进号轻车将军。

因为欧阳纥袭承父封，因此，在这里先要介绍其父——欧阳頠。据史载：欧阳頠，字靖世，长沙临湘人。是本郡豪族。祖父欧阳景达，在梁代任本州侍中。父亲欧阳僧宝，任屯骑校尉。

欧阳頠年轻时正直，有思辨能力，因为非常信守言行而在岭表很闻名。父亲死后因悲痛而消瘦了很多。累积的家产全部让给各位兄长。州郡多次征召也不去，在麓山寺旁边居住，专攻学业，对经史懂得很多。30

岁时，他哥哥逼迫他入仕，离家出任信武府中兵参军，后又迁任平西邵陵王中兵参军事。

梁朝左卫将军兰钦是年轻人，和欧阳頠友善，所以欧阳頠经常跟随兰钦征讨。兰钦治理衡州，又被授职为清远太守。兰钦向南征讨夷獠，生擒陈文彻，俘获的人和物不可胜计，奉献的大铜鼓，是各代都没有的，欧阳頠也有一份功劳。回来后被任命为直阁将军，又被任命为天门太守，讨伐蛮时辅佐有功。刺史庐陵王萧续非常赞赏他，揽为宾客。兰钦征讨交州，又劝欧阳頠同行。兰钦越过南岭时因病去世，欧阳頠被授为临贺内史，启奏请求送兰钦遗体回都城，然后到任。当时，湘州、衡州交界的50多个洞不臣服，诏令衡州刺史韦粲讨伐他们，韦粲派欧阳頠为都督，全部都平定消灭。韦粲启奏梁武帝，声称欧阳頠真诚能干，梁武帝于是下诏嘉奖，又任越武将军，征讨广州、衡州的山贼。

侯景叛乱，韦粲自作主张回都征讨侯景，用欧阳頠督管衡州。京城陷落后，岭南互相吞并，兰钦的弟弟前任高州刺史兰裕攻打始兴内史萧绍基，夺取了他的辖郡。兰裕因为他哥哥和欧阳頠有交情，派人招揽他，欧阳頠不顺从。并对使者说：“高州兰氏兄弟显赫，是国家的恩惠，如今应该奔赴危难援救京都，怎么能为自己专横夺权呢?”

因为欧阳頠严词拒绝了兰裕的请求，兰裕派兵攻打欧阳頠。恰好陈霸先率军去援救京都，快到始兴。陈霸先前去援救欧阳頠，打败了兰裕。陈霸先任命王怀明为衡州刺史，调欧阳頠为始兴内史。陈霸先讨伐蔡路养、李迁仕时，欧阳頠越过岭来援助陈霸先。蔡路养等人被平定，欧阳頠立有战功，湘东王萧绎秉承皇帝的旨意以始兴郡为东衡州，任命欧阳頠为持节、通直散骑常侍、都督东衡州诸军事、云麾将军、东衡州刺史，封为新丰县伯，食邑400户。

侯景被平定，元帝遍问朝廷官吏：“如今天下刚刚安定，极需良才，你们都推荐自己所知道的贤才。”群臣没有人应答。元帝说：“我已经得到一个。”侍中王褒进谏说：“不清楚是哪一个。”元帝说：“欧阳頠正有济世救民之才，恐怕萧勃在广州不肯把他送来。”于是又任命欧阳頠为武州刺史。不久又任命为郢州刺史，想命令他出岭，萧勃把欧阳頠留住，不接受任命。不久又任命欧阳頠为使持节、散骑常侍、都督衡州诸军事、忠武将军、衡州刺史，晋封为始兴县侯。

当时萧勃居于广州，兵强位重，元帝对他很担忧，派王琳任代理刺史。王琳已到小桂岭，萧勃派部将孙蟠督管州务，自己率领手下全部人马到达始兴，避开王琳的兵锋。欧阳頠另外占据一城，不去谒见萧勃，关闭城门，筑起高墙，也不出战。萧勃生气，派兵袭击欧阳頠，缴获了他的全部财物和马匹器械。不久，萧勃又放了欧阳頠，让他回到原地复职，又和他结盟。荆州陷落，欧阳頠归顺萧勃。

萧勃越岭到南康时，以欧阳頠为前军都督，驻扎在豫章的苦竹滩，周文育打败了他，活捉后送到陈霸先处。陈霸先念其旧情，释放了他，并热情接待他。萧勃死后，岭南骚乱，欧阳頠在南疆很有声威，又加上与陈霸先有交情，于是任命欧阳頠为使持节、通直散骑常侍、都督衡州诸军事、安南将军、衡州刺史，封为始兴县侯。

欧阳頠尚未到达岭南，他的儿子欧阳纥就已攻克平定了始兴。欧阳頠到达岭南时，都慑服归顺，又进入广州，全部占有越地。欧阳頠被任命为都督广州、交州、越州、成州、定州、明州、新州、高州、合州、罗州、爱州、建州、德州、宜州、黄州、利州、安州、石州、双州等 19 州诸军事，镇南将军，平越中郎将，广州刺史，持节、常侍、侯等职衔都不变。

王琳占据中间地区，欧阳頠从海道和东岭进献出使没有中断。永定三年（559）晋升为散骑常侍，增任都督衡州诸军事，以原号就任开府仪同三司。陈文帝继位，欧阳頠晋号征南将军，改封为阳山郡公，食邑 1500 户，送给一部鼓吹。

先前，交州刺史袁昙缓秘密把 500 两黄金寄放在欧阳頠处，吩咐他拿 100 两还给合浦太守龚蒿，400 两交给他的儿子袁智矩，其他的人都不知道。欧阳頠不久被萧勃打败，财物全被没收，唯有袁氏寄放的黄金还在。袁昙缓不久也死了，此时欧阳頠仍然守信交还他人，当时的人都慨叹佩服。可见他信守诺言之一斑。

当时欧阳頠的大弟欧阳盛任交州刺史，二弟欧阳邃任衡州刺史，阖门显贵，名振南疆。又有很多人送的铜鼓、牲畜，进献的珍奇之物，前后累计，对部队和国家很有帮助。欧阳頠在天嘉四年（563）去世，时年66岁。追任为侍中、车骑大将军、司空、广州刺史，谥号穆。其子欧阳纥袭封。

欧阳頠死后，其子欧阳纥袭爵山阳郡公，都督交、广等19州诸军事，任广州刺史，进号轻车将军。欧阳纥在广州十几年，恩威闻名于百越。当地人为欧阳纥立了《德政碑》，其文为：

弱水导其洪源，轩台表其增殖，懿哉少府，师储皇于二京，盛矣司徒，传儒宗于九世，广陵邕邕，族擅江右，渤海赫赫，名重洛阳。若夫岳镇龙蟠，星悬鹑火，衡山诞其高德，湘水降其清辉，千仞孤标，万顷无度，年当小学，志冠成童，因孝为心，欲仁成体，顿骑府君，早弃荣禄，易箦之日，几将毁终，不杖之言，深非通判，遗赀巨万，当拟猗顿，裁变槐榆，并贬宗戚，南次大麓，北眺清湘，得性于橘洲之间，披毒于杏坛之上，三冬文史，五经纵横，频致嘉招，确乎难拔。既而帝启黄枢，神亡赤伏，天地崩贯，川冢沸腾，群悍酋豪。更为祸乱，朝披羽檄，夜焰跃烽，浴铁蔽于山原，从金骇于楼堞。公疲兵屡出，独据胡床，劲贼重围，尚凭书几，杨灰既散，驾棒将挥，咸克凶渠，以保衡服，常以二主蒙尘，三光掩曜，出入逾于尝胆，殷忧独其抚心，不治第宅，深符去病，志枭群丑，弥同越石。自禹圭既锡，尧玉已传，物变讴歌，风移笙管，商周之际，孤竹尚其哀歌，曹刘之间，苏子犹其狂哭；况番禺连帅，实谓宗枝，迷我天机，自窥梁鼎，以公威名本重，逼统前军，乾数难违，剥象终悔。高祖永言惟旧，弥念奇功，即训皇家，深弘朝纪，槛车才至，舆榇已焚，祝史祆于夷吾，坛场延于井伯。绸缪安乐，造次讦谋，爰珥丰貂，允光金螭。但八桂之士，蛮夷不宾，九疑之阳，兵凶岁积，以公昔在衡皋，深留风爱，仁恩可以怀猛兽，威名可以惧啼儿，乃授持节、散骑常侍、衡州刺史。我皇帝从唐侯以胤国，屈启筮而登家，一恭宝祚，开定江沔，三改璇衡，苞罗湘峡，昔中宗出申于处仲，高祖遗恨于平城，汉武承基，方通沙塞，晋明绍运，裁平姑孰，方其盛业，绰有光前，践祚之初，进公位征南将军、广州刺史，又都督东衡州二十州诸军事宜，公乃务是民天，敦其分地，火耕水耨，弥亘原野，贼盗皆偃，工贾竞臻，鬻米商盐，盈衢满肆，新垣既筑，外户无扃，脂脯豪家，钟鼎为乐，扬袪洒汗，振雨流风，市有千金之租，田多万箱之咏。僧释慧美等来朝绛阙，备启丹诚，乞于大路康庄，式刊丰琰，庶樊卿宝鼎，复述台司之功，羊叟高碑，更纪征南之德。于是跪开黄素，爰登紫泥，鉴此诚祈，皆如所奏，乃诏庸臣为其铭曰：

赫赫宗陈，桓桓鼎臣。千乘建学。五典攸因。盛德斯远，公门日新。崇高惟岳，觋甫生申。去衡移广，迁征自镇。悠悠铜界，藐藐金邻。莫远非督，无思不宾。三江靡浪，五岭奚尘。式歌式舞，仁哉至仁。公其飨福，於万斯春。（《艺文类聚》五十二《广州刺史欧阳纥德政碑》）

自从衡州刺史华皎叛乱以后，陈宣帝心存疑虑，于是征召欧阳纥入朝为左卫将军。欧阳纥感到恐惧，他根本就不想应征入朝。欧阳纥担心此去京城，就难以再回到广州了。欧阳纥的部下都劝他公开割据岭南，反叛朝廷。于是，欧阳纥发兵攻打衡州刺史钱道戢。

钱道戢是谁呢？他是陈武帝的从妹夫，也就是堂妹夫。是陈武帝的堂房亲戚。据《南史卷六十七·列传第五十七》记载：钱道戢，字子韬，吴兴长城人。父亲钱景深，任梁朝汉寿令。钱道戢少年时因孝顺的操行著称，到成年后，很有才干谋略，高祖陈霸先地位低微时，将从妹（堂妹，属于堂房亲属）嫁给他。钱道戢随从平定卢子略于广州，任命为滨江县令。

陈霸先辅佐朝政时，派遣钱道戢随陈蒨平定张彪于会稽，因有功封为直阁将军，任命为员外散骑常侍、假节、东徐州刺史，封永安县侯，食邑500户。仍率领兵士3000人，随侯安都镇守防卫梁山，接着领钱塘、余杭二县县令。永定三年（559）7月28日，钱道戢随陈蒨镇守于南皖口。

天嘉元年（560），钱道戢又领剡县县令，镇守于县的南岩，接着任临海太守，镇守南岩。侯安都讨伐留异，钱道戢统率军队出松阳以断绝留异的后路。天嘉五年（564）十一月初五，留异被平定，钱道戢因功被任命为持节、通直散骑常侍、轻车将军、都督东西二衡州诸军事、衡州刺史，领始兴内史。光大元年（567），钱道戢增加食邑和从前的一共700户。

欧阳纥公然举兵反叛朝廷，率军攻打衡州。衡州刺史钱道戢率军奋战，打退了欧阳纥的进攻。

南陈朝廷的兵部侍郎接到两份军情战报：一是欧阳纥率军进攻衡州，二是衡州刺史钱道戢打退了欧阳纥。

兵部侍郎不敢怠慢，立即向陈宣帝报告此事。陈宣帝诏派中书侍郎徐俭，持皇帝的符节和谕旨去广州。据《陈书》载：徐俭，是南陈重臣徐陵之子。徐俭，又名众。陈朝官至散骑常侍，袭封建昌侯，入朝为御史中丞。徐俭秉性公正平和，不阿附势要。从小修养完好，勤奋好学，志行操守俱佳，汝南周弘正看重他的为人，把女儿嫁给他为妻。

梁太清初年，出仕为豫章王府行参军。侯景作乱时，徐陵出使魏未回朝，徐俭当时21岁，携老带幼到江陵避难。梁元帝听说他的名声，召他任尚书金部郎中。他曾经陪从元帝宴会而赋诗，元帝赞赏说：“徐家的孩子，又是一个有文才的。”江陵沦陷，徐俭又回到京城建康。永定初年为太子洗马，调镇东从事中郎。天嘉三年，调任中书侍郎。

徐俭奉旨持符节，带着圣旨，来到广州。欧阳纥初见徐俭时，故意显示广州兵马的盛大。布置了很多兵器和卫士，说话很不恭敬。徐俭对他说：“汉武帝时吕嘉的故事，已经很远了，您将军唯独看不到周迪、陈宝应不久前因为反叛而被杀的事情！转祸为福，时间还不晚。”

欧阳纥听后沉默不回答，欧阳纥担心徐俭会涣散他的部众军心，便不准徐俭入城，把徐俭安置在孤园寺，派人守卫，过了几十天还不放他回朝。

欧阳纥曾经出城，顺道去看看徐俭，徐俭对他说：“将军已经起事，我徐俭还要回去向天子报告，我的性命虽然在将军掌握中，可将军的成败却不在于我徐俭，徐俭以不再被留为幸。”欧阳纥于是打发徐俭骑着瘦马，从小道，赶赴京城。

欧阳纥的反叛，使侨居在岭南的士大夫都感到惊恐不安……

第三章　陈宣帝诏令平叛

闻广州刺史欧阳纥起兵反叛，陈宣帝决意铲除叛乱，平定广州。于是，在太建元年（569）正月丁酉初七，下诏授沈恪为新任广州刺史。

陈宣帝下诏：加任沈恪为散骑常侍，都督广（今广东省广州市）、衡、东衡（南海郡始兴县，梁朝设置安远郡及东衡州）、交（越南河内市东北北宁府）、越（广西合浦县东北）、成（广东省封开县）、定（广西桂平县）、新（广东省新兴县）、合（安徽省合肥市）、罗（广东省化州市）、爱（越南清化市）、德（越南荣市）、宜（湖北省枝城市）、黄（湖北省黄州市）、利（四川省广元市）、安（四川省剑阁县）、石（广西藤县）、双总共18州诸军事、镇南将军、平越中郎将、广州刺史。

沈恪奉诏前往广州赴任，但还没到达五岭，就遭到前广州刺史欧阳纥的抵抗。欧阳纥发兵在险要之地拒守。沈恪受阻，无法前行。

沈恪是陈武帝时的旧臣，为陈朝的建立，立下汗马功劳。据史载：沈恪，字子恭，吴兴武康人。个性深沉，办事能力强。梁朝新渝侯萧暎任郡将，召沈恪任主簿。萧暎迁调北徐州，沈恪随他去镇守。萧暎迁调广州，以沈恪兼任府中兵参军，经常带兵讨伐俚洞。卢子略反叛，沈恪抵抗有功，授职为中兵参军。陈霸先和沈恪是同郡，私交很深，萧暎死后，陈霸先奉旨向南讨伐李贲，派妻子儿女随沈恪回乡。不久，沈恪任（萧纲）东宫直后，因为在岭南的功劳被授职为员外散骑侍郎，命令他招集同族叔伯兄弟。

侯景围攻台城，沈恪率领手下人马去到朝廷，按例晋升为右军将军。敌人在东西筑起两座土山，用以逼迫台城，城内也筑起土山与敌人相对，沈恪为东土山主，日夜抵敌。按照功劳封为东兴县侯，食邑500户。迁任员外散骑常侍。京城陷落，沈恪抄小路回到乡里。陈霸先讨伐侯景，派使者通知沈恪，沈恪于是在东面起兵响应。叛乱被平定，沈恪在京口拜见陈霸先，当日任命他为都军副。不久任府司马。

陈霸先谋划讨伐王僧辩，沈恪参与了策划。当时王僧辩的女婿杜龛镇守吴兴，陈霸先于是派陈蒨回到长城，立栅栏防备杜龛，又派沈恪回到武康，招集人马。王僧辩被剪除，杜龛果然派副将杜泰在长城袭击陈蒨。当时沈恪已率军离开武康去剪除杜龛的党羽，陈霸先不久又派周文育前来援救长城，周文育抵达，杜泰于是逃跑。陈蒨又和周文育进军离开吴兴郡，沈恪的部队也赶到，驻扎在郡南面。杜龛被平定后，陈蒨袭击东扬州刺史张彪，由沈恪督管吴兴郡。太平元年（556），沈恪任宣威将军、交州刺史。同年迁任永嘉太守。他不接受任命，于是又命令他督管吴兴郡。沈恪从吴兴入朝。陈霸先接受禅让，派中书舍人刘师知招来沈恪，命令他率兵护送梁敬帝到别宫。沈恪于是撞开门来见陈霸先，叩头推辞说：“我沈恪是为侍奉萧家而来，今日不忍心看到这样的事情，甘愿受死罢了，决不遵从命令。”陈霸先赞许他的忠诚，于是改用荡主王僧志替代了他。

陈霸先称帝，任命沈恪为吴兴太守。永定二年（558），调任督管会稽郡。适逢余孝顷图谋响应王琳，出兵临川攻打周迪，于是以沈恪为壮武将军，率军越岭来救周迪。余孝顷听说沈恪抵达，退走。永定三年，沈恪迁任使持节、通直散骑常侍、智武将军、吴州刺史，抄近道去鄱阳。不久，有诏令追他回来，兼管会稽郡事务。同年，任散骑常侍、忠武将军、会稽太守。

陈文帝继位，晋升为都督会稽、东阳、新安、临海、永嘉、建安、晋安、新宁、信安九郡诸军事，将军、太守等职和从前一样。天嘉元年（560），增加食邑 500 户。二年，征召为左卫将军。不久出任都督郢州、武州、巴州、定州诸军事，军师将军，郢州刺史。六年，征召为中护军。不久迁任护军将军。光大二年（568），迁任使持节，都督荆州、武州、祐州诸军事，平西将军，荆州刺史。尚未去镇守，改任护军将军。

陈宣帝即位，晋升为散骑常侍，都督广州、衡州、东衡州、交州、越州、成州、定州、新州、合州、罗州、爱州、德州、宜州、黄州、利州、安州、石州、双州等 18 州诸军事，镇南将军，平越中郎将，广州刺史。

沈恪尚未抵达岭表（五岭以南的地区），前任刺史欧阳纥举兵占据险要地形以阻拦，沈恪因此不能前行。（见《陈书卷十二·列传第六》）

沈恪受阻，不能前去广州赴任。太建元年（569）十月十五日，陈宣帝下诏派车骑将军、开府仪同三司章昭达统率各路军马，前往讨伐欧阳纥。徐俭因为熟悉广州的形势，陈宣帝也诏令徐俭作为章昭达部队的监军。

章昭达以钱道戢为步军都督，从小路断欧阳纥之后。自率大军以双倍的速度急行军，到达始兴（今广东省韶关市）。

据《陈书》载：章昭达，字伯通，吴兴郡武康县人。祖父章道盖，是齐朝广平太守。父亲章法尚，是梁朝扬州议曹从事。

章昭达性情卓越豪迈，轻视财物而崇尚义气。年轻时，曾经遇到一位相命先生，他对章昭达说："您面相很好，必须经历一次小摧残，然后就能富贵。"梁朝大同年间，章昭达任东宫直后，因为醉酒从马上摔下来，鬓角处受了轻伤，章昭达对此很高兴，相命先生说："不是。"到侯景叛乱时，章昭达率领招募起来的乡民援救台城，被乱箭射中，瞎了一只眼，相命先生看见了他，说："您的面相好，不久就会富贵。"

京城陷落，章昭达回到家乡，和陈蒨同游，于是结下君臣名分。侯景被平定，陈蒨任吴兴太守，章昭达执鞭前来拜见陈蒨。陈蒨见到他非常高兴，于是委派他为将帅，恩宠厚待，超过同辈。到陈霸先讨伐王僧辩时，命令陈蒨回长城募集兵力，以防备杜龛，陈蒨多次派章昭达去京口，禀告计划。王僧辩被剪除后，杜龛派他的部将杜泰来攻打长城，陈蒨抗敌，命令章昭达全权管理城内军事事务。杜泰退走后，于是跟随陈蒨东进，驻扎在吴兴，以便讨伐杜龛。杜龛被平定后，又跟随陈蒨到会稽东讨张彪，攻克。累计前后功劳被任命为明威将军、定州刺史。

此时留异据有东阳，私自设立官署，擅用有司之职，陈霸先对他很担忧，于是派章昭达为长山县令，处于留异辖地的心腹之地。永定二年（558），任武康令。陈蒨继位，任员外散骑常侍。天嘉元年（560），追论在长城时的功劳，封为欣乐县侯，食邑1000户。

不久随侯安都等人在栅口抵抗王琳，在芜湖交战，章昭达乘平虏大舰，在中流前进，作为先锋率先发拍石击中敌舰。王琳被平定，章昭达记载为功劳最大。二年，任使持节，散骑常侍，都督郢州、巴州、武州、沅州诸军事，智武将军，郢州刺史，增加食邑至1500户。不久晋号平西将军。

周迪占据临川反叛，诏令章昭达抄近道征讨。周迪败走，征召章昭达为护军将军，送给他一部鼓吹，改封为邵武县侯，增加食邑至2000户，常侍等职和从前一样。四年，陈宝应接纳了周迪，共同再次进犯临川，朝廷又以章昭达为都督讨伐周迪。章昭达抵达东兴岭，周迪又退走。章昭达于是越过东兴岭，在建安驻扎，以讨伐陈宝应。陈宝应占据建安、晋安两郡的交界地带，在水中、陆地都扎起栅栏，用以抵御官军。章昭达出战不利，于是占据敌人上游，命令士兵砍伐带枝叶的树木扎成筏，把拍车放在上面，用大绳联结，依次排列军营，夹在长江的两岸。陈宝应多次挑战，章昭达按兵不动。一会儿下起暴雨，江水涨高了很多，章昭达放筏冲击陈宝应的水上栅栏，栅栏全被冲垮。又出兵攻打陈宝应的步兵。刚刚开始大战，适逢陈蒨派余孝顷从海道赶来。刚巧抵达，于是联合攻击，陈宝应大败，于是攻克平定了闽中，全部活捉了留异、陈宝应等人。按照功劳任命章昭达为镇前将军、开府仪同三司。

起先，陈文帝（陈蒨）曾经梦见章昭达升了官衔，等到天亮，陈文帝把梦告诉他。到他陪皇帝喝酒时，陈文帝望着章昭达说："你还记得梦吗？拿什么回报我的梦呢？"章昭达回答说："应当效犬马之劳，尽职尽责，其他的我则无以为报。"不久又出任使持节，都督江州、郢州、吴州诸军事，镇南将军，江州刺史，常侍、仪同、鼓吹等官职和待遇不变。

废帝即位，章昭达迁任侍中、征南将军，改封为邵陵郡公。华皎谋反，他的移、书、文檄等文书，都假托是章昭达所写，又不断派使者去招揽章昭达，章昭达把他派来的使者全部捉住，送到京师。华皎被平定，晋号征南大将军，增加食邑至2500户。服官任满，征召为中抚大将军，侍中、仪同、鼓吹不变。陈宣帝登基即位，章昭达晋号车骑大将军，因为回朝不及时，被有司弹劾，降号车骑将军。

陈宣帝下诏后，章昭达率各路兵马日夜行军，迅速进抵始兴郡。始兴郡是粤北第一古郡，自古著称为"古之福地"。三国吴永安六年（263）春，孙吴为加强对岭南地区的开发，建设战略后方，析南野县南乡地设置始兴县。古人以“此地兴旺，周而复始”而命名为始兴。“始兴”一名始于此。

始兴县，隶属广东省韶关市，位于广东省北部，南岭山脉南麓，居北江上游、浈江中游地带。始兴县地处亚热带，全年热量充足，雨量充沛，冷暖交替明显，春季低温阴雨，夏季高温潮湿，秋季昼暖夜凉，冬季寒冷雨稀。始兴县是多民族聚居地区，境内有汉、瑶、畲等多个民族。

始兴县内四面环山，中间是平原盆地。盆地四周，层峦耸翠，山脉属五岭山脉，主要山脉有北部最高峰观音栋，属花岗岩，横贯始兴与南雄之间，自东北向西南走向。东部山峰也属花岗岩，沿江西省界向东北伸展，其主要山峰方洞顶、黄狗条、乌梅嶂、关刀坳等。南部的饭池嶂、石鼓脑、七星墩等沿翁源、曲江两面伸展，形成了沟谷交错的多样地貌。

当时冯仆还在欧阳纥权辖范围内，欧阳纥凭着他的权势，召阳春太守冯仆到高安，挟之叛陈。冯仆派人告诉母亲冼夫人。冼夫人说：“我们忠贞报国，已经两代，不能因为怜惜你而辜负国家。”

冼夫人闻讯，发兵在境内拒守，并率领部落的酋长迎接章昭达。章昭达兼程而行，到达始兴。陈宣帝打破旧俗（自古从未有女子担任军队主帅）诏任冼夫人为领军主将，挥师北上，会合章昭达率领的陈军，攻打欧阳纥叛军。

欧阳纥听说章昭达的军队突然来到，惊恐混乱得不知所措，出兵屯守洭口（水经：洭水出桂阳县卢聚，东南过含洭县，南出洭浦关，左合溱水，谓之洭口。今广东省清远市英德市西南），积聚了大量沙子石块，用竹笼装满，投放在水栅外侧用来阻拦对方战舰的进路。

章昭达占据河的上游，装配船只，制造“拍竿”，命士兵口里衔刀潜入水中，用刀砍断竹笼的篾片，竹笼的篾片全都散开了。随后驾大船顺流而下，冲撞并突破敌军的防守。欧阳纥的部众大败，欧阳纥被活捉，押送回朝。癸未（二十九日），欧阳纥被斩于建康市中。

太建二年（570）六月二十六，章昭达以战功提升官号为车骑大将军，升任为司空，其余封赏仍旧。（见《陈书卷十一·列传第五》）

由于冼夫人的果断，挥师与章昭达的陈朝军队会合，大败欧阳纥的叛军，活捉欧阳纥，救出冯仆。冯仆由于母亲冼夫人的功劳，被封为信都侯，升迁为石龙太守，朝廷派使者持符节册封冼夫人为石龙太夫人，赐给有彩色帷幔丝质绳网用四匹马拉的坐车一辆，乐队一套，以及旌旗等物，冼夫人驾车出行时的仪仗和州刺史一样。

冼夫人很早就与陈霸先结识，支援陈霸先平定侯景之乱，建立陈朝，维护南疆安定，屡立功勋。据史载：

冼夫人（约512—602），又称冼英，出生于广东高凉郡山兜丁村，她的家族在秦汉时期至南北朝时期已世为南越俚人首领，统领着南越俚人部落。占据山洞，部属有10余万家。夫人自幼贤明，多谋略，在娘家时，能够约束部下，行军布阵，镇服百越。在本乡信义卓著。

梁朝时，冼夫人在幼小时就世袭当了大首领（她的家族推行女性世袭首领制度）。冼夫人贤明统率本部落民众，引导他们多做好事、善事。越人的风俗就是爱互相攻击。夫人的兄长、南梁州刺史冼挺，倚仗他的富强，侵略掠夺别的州县，岭表一带为他所苦。夫人多次规劝，因此别郡的怨隙止息，海南、儋耳归附的有千余洞。冼夫人以其能行军用师、筹略超群、信义卓著而德威遍布，镇服了南越的各个部落。南海沿海地区（古代包括越南沿海地区）和海南岛共千多个部落归附在她的统领下。其时，冼夫人已是统领“部落十余万家”的贤明大首领。

梁朝大同（535—545）初年，罗州刺史冯融听说夫人有志行，为他的儿子高凉太守冯宝聘为妻子。冯融本是北燕的后裔。当初，冯弘投奔高丽的时候，派冯融的祖父冯业带着300人过海归南朝宋，从此留在新会。从冯业到冯融，三代是高凉太守。高凉太守儿子冯宝与冼夫人属“汉俚”联姻。岭南地区在冼夫人与冯宝的“南越大首领”和“朝廷地方长官”的双重管治下，“政令有序”，改变了岭南地区梁朝以前官府“号令不行”的局面。夫人约束本族，让他们依从民礼，每次都同冯宝一起解决诉讼问题，首领中有犯法的，即使是亲族，也没有使其逃逸的。自此，政令有序，人们不敢违抗。

梁武帝大通二年（528），梁朝在岭南设置高州、罗州以加强对岭南的管治，冼夫人值此时势，以岭南大首领的身份上书朝廷提出在海南岛设置崖州，梁皇朝准予。冼夫人将自汉代脱离了中央王权586年之久的海南岛，重新收归国家管理，并在海南岛恢复郡县制，大力推行教育和发展生产，为唐宋以后对南海诸岛的大管辖奠定了坚实的基础，在古代南海海上丝绸之路开拓、保驾护航等方面发挥了独特作用。

后遇侯景反叛梁朝，广州都督萧勃征召兵马驰援。高州刺史李迁仕占领大皋口，派人征调冯宝，冯宝想去，夫人阻止他说："刺史无故不能召遣太守，肯定想骗你去一同谋反。"冯宝说："你怎么知道?"夫人说："刺史被召援助台城，可是他说自己有病不去，却铸造兵器，聚集部众，然后召唤你。如果你去了，肯定会被留作人质，用来胁迫你的部众。这个意思很明显，希望你暂时不要去，静观事态发展变化。"

几天后，李迁仕果然谋反，派遣主帅杜不虏率领军队侵入赣石。冯宝闻听后，急告夫人。夫人说："平虏是一员猛将。带领军队侵入赣石，就要同官兵相抗衡，大概不能回兵。迁仕在州里，就没有什么作为了。如果你亲自去，一定有战斗，应派使者去骗他，讲一些谦卑的话，送上厚礼，说自己不敢出来，想派夫人去参拜。他们听说只顾欢喜，肯定不予防备。这样我就带领千余人，步行挑着杂物，大声谈笑去送礼，待到栅栏下，贼人一定可以消灭。"冯宝听从了夫人意见。迁仕果然大喜，看到夫人部众都挑着杂物，就没有设防，冼夫人于是突然发动攻击，杀死守城兵将，夺取城防。李迁仕逃跑，在宁都苟安。

冼夫人乘胜带兵与长城侯陈霸先在赣石相会，联合陈霸先平乱，维护了岭南地区的稳定。回来后对冯宝说："陈都督非常值得敬畏，很得民心。我看这个人一定能够剿平贼人，你应该大力赞助他。"冼夫人英明地全力支持陈霸先北上参与平息"侯景之乱"，成就陈霸先干了一番影响后世的大事业。

在梁、陈朝更替之际，冯宝逝世，岭南地区形势大乱，冼夫人以强大的力量，怀集百越，确保了岭南地区的和平稳定。陈朝初，仍为岭南大首领的冼夫人派九岁的儿子冯仆，带领岭南诸首领到丹阳（今南京）向陈霸先皇帝表示效忠，冯仆即被任命为阳春太守。

广州刺史欧阳纥谋反，并以冯仆为人质，胁迫冼夫人一起作乱。冼夫人果断决策，统领百越酋长联合陈朝将领章昭达，平息了此次动乱。陈朝

封冯仆为信都侯，加平越中郎将，后转任石龙（今廉江、化州部分地方）太守；陈朝册封冼夫人为中郎将、石龙太夫人，为刺史级别。

冼夫人大力推行中原文明，带领俚人这自东汉就一直雄踞于南越最大的本土族系，逐渐融合于以汉族为主体的中华民族中，推动了岭南文明乃至中华文明的发展进程。

当时，欧阳纥兴兵造反后，京都籍的士人岑之敬、公孙挺等一起都惶恐害怕，只有萧引安然如故，对岑之敬等说："君子修身以申明道理，使自己正直以显操行和道义，还有什么可忧虑畏惧的呢？"

萧引，字叔休。据《陈书卷二十一·列传第十五》所载：萧引为人端干正直，有才识有度量，看上去矜持庄重，虽是仓促之间，做事必按法律制度。天性聪慧敏达，博学，擅长做文章。脱去平民布衣穿上官服出任著作佐郎，转任西昌侯仪同府主簿。

侯景叛乱时，梁湘东王萧绎任荆州刺史，朝廷官员大多前往归附他。萧引说："诸王尽力争夺，祸患刚开始，今日逃难，不是选择君主的时候。我家两代有人做过始兴郡的地方长官，留下的慈惠及于后世还在百姓中，正可前往南边以保存家门。"

于是和弟弟萧彤以及宗族亲属等100余人逃往岭表。当时始兴人欧阳頠任衡州刺史，萧引前往依附。欧阳頠后来调任广州刺史，病死。欧阳頠的儿子欧阳纥统领他的部众。萧引常怀疑欧阳纥有异心，因而加以规劝纠正，因此两人在情礼上渐渐疏远。

太建二年（570）二月二十九日，章昭达率军平定欧阳纥之后，萧引才往北回来。陈宣帝召见萧引，询问岭表的事情。萧引完整地陈述了事情始末，陈宣帝十分喜悦，即日任命萧引为金部侍郎。

平定欧阳纥的叛乱之后，太建二年（570）二月二十九日，沈恪才得以进入广州。沈恪早年随梁朝广州刺史萧暎到广州任职，又与时任广州府中直兵参军的陈霸先相识。萧暎病逝后，沈恪追随陈霸先左右，历任要职。此番重回广州，感慨万端。广州旧城依在，而萧暎、陈武帝远逝，世事多为迁变！但见广州城内遭遇战火和灾荒，到处都残缺破损。沈恪收集安置流民，加以安抚关切，广施恩惠，岭南地区依靠他才得以平安稳定。

第四章　和士开北齐弄权

太建二年（570）正月二十四日，北齐派兼散骑常侍裴谳之到陈朝聘问（见《资治通鉴》第170卷）。裴谳之在历史上没有留下太多的记载，但是他的兄长裴让之，却名气很大。

据史载：裴让之，字士礼，生年不详，大约卒于北齐天保六年（555）。河东闻喜（今山西闻喜县）人。历仕东魏、北齐两朝，官至中书舍人，颇有政绩，且以诗文知名于世。

裴让之父裴佗，仕北魏为赵郡太守、荆州刺史。裴佗死时，裴让之年仅16岁。其母辛氏颇有见识，任劳任怨，或广延师友，或亲自教授，裴让之兄弟才得以成才。

裴让之自幼好学，以富于文才、伶俐善辩知名。东魏天平中（534—537）举秀才，对策高第，陆续被授为屯田主客郎中、太原王府记室，以及负责接待外宾的主客郎。后来裴让之的二弟裴诹之逃往西魏，兄弟五人因此被囚禁入狱。北齐神武帝高欢怀疑裴氏兄弟对自己不忠诚，责问他们，裴诹之为何不在东魏？裴让之回答说："昔吴、蜀二国，诸葛兄弟各得遂心，况让之老母在，君臣分定，失忠与孝，愚夫不为。伏愿明公以诚信待物，若以不信处物，物亦安能自信？"高欢很称赞他的话，遂释放了裴让之兄弟几人，不再追究。

裴让之曾担任过文襄大将军高澄的主簿，兼中书舍人。后来又兼散骑常侍，出使梁朝。高澄入朝时，裴让之为他导引，举止文雅，神态端庄蕴藉，因而得到高澄赏识，被提拔为中书侍郎。东魏武定八年（550），高洋受魏禅建立北齐，裴让之又被任命为清河太守。

清河境内有两个豪强官僚，名叫石转贵、孙舍兴。两人在当地任官很久，性情奸猾，常以各种借口诈取人民财货，民愤极大。裴让之到任后，即将二人捉拿在案，以贪赃枉法之罪处死，于是清河地方贪官污吏纷纷收敛恶行，社会秩序很快趋于安定，百姓安居，人称善政。而裴让之却因此得罪了权贵。当时清河王高岳为司州牧，派人来追查这个案子。侍中高德政素与裴让之不和，便乘机以裴让之在魏静帝逊位与诸臣告别时表现得十分悲伤的事，密奏于齐文宣帝高洋，说裴让之“眷恋魏朝”，高洋大怒，虽然裴让之的好友杨愔挺身相救，仍无济于事。裴让之遂被“赐死”于家。

裴让之擅长诗文，与其弟诹之及皇甫亮并知名于洛下，且得时人“能赋诗，裴让之”的美誉。他的诗作传至今日的有《从北征》《有所思》《公馆谯酬南使徐陵诗》等，载于《艺文类聚》《乐府诗集》中。

从北征

沙漠胡尘起，关山烽燧惊。皇威奋武略，上将总神兵。
高台朔风驶，绝里寒云生。匈奴定远近，壮士欲横行。

有所思

梦中虽暂见，及觉始知非。辗转不能寐，徙倚独披衣。
凄凄晓风急，晻晻月光微。室空常达旦，所思终不归。

公馆谯酬南使徐陵诗

嵩山表京邑，钟岭对江津。方域殊风壤，分野各星辰。
出境君图事，寻盟我恤邻。有才称竹箭，无用忝丝纶。
列乐歌钟响，张旃玉帛陈。皇华徒受命，延誉本无因。
韩宣将聘楚，申胥欲去秦。方期饮河朔，翻属卧漳滨。
礼酒盈三献，宾筵盛八珍。岁稔鸣铜雀，兵戢坐金人。
云来朝起盖，日落晚摧轮。异国犹兄弟，相知无旧新。

此次北齐派遣使者裴谳之到南陈进行外交访问，也是典型的“文化外交”，以文会友，增加友好气氛。“文化外交”也算是南北朝时期的一大特色吧。那个时期，虽然兵荒马乱、刀光剑影，但各国使节交往，常常以文人为先导，以文化为媒介。这种风气，还真是有点大雅之风！

史载裴谳之，字士平，裴诹之弟。7 岁便勤学，早知名。累迁司徒主簿。杨愔每称叹云：“河东士族，京官不少，唯此家兄弟，全无乡音。”谳之虽年少，不妄交游，唯与陇西辛术、赵郡李绘、顿丘李构、清河崔瞻为忘年之友。昭帝梓宫将还邺，转仪曹郎，尤悉历代故事、仪注，丧礼皆能裁正。为永昌太守，客旅过郡，出私财供给，民间无所预，代去日，为吏人所怀。齐亡仕周，卒伊川太守。

裴谳之完成了与南陈的友好外交任务后，回到北齐。而北齐的朝政，却控制在和士开的手里，一场北齐宫廷内乱，又将拉开血幕——

齐秘书监祖珽，和黄门侍郎刘逖关系很好。祖珽想做宰相，便上疏陈述赵彦深、元文遥、和士开的罪状，叫刘逖向太上皇奏报，刘逖不敢启奏；赵彦深等人听到后，自己先到太上皇那里申述情况。太上皇勃然大怒，把祖珽抓来，亲自审问，祖珽说出和士开、元文遥、赵彦深等人拉帮结党、玩弄权术、出卖官职、办狱受贿的事实。

太上皇说："你是在诽谤我！"祖珽说："臣不敢诽谤，因为陛下娶了人家的女儿。"太上皇说："我因为她们遭受灾荒饥馑，所以才收养她们。"祖珽说："那为什么不开粮仓赈济粮食，反把她们买到后宫?"

太上皇更加恼怒，用刀把的铁环凿他的嘴，用鞭子棍子乱打，要把他打死。祖珽大叫说："陛下不要杀臣，臣能给陛下炼金丹。"这才稍为缓和。祖珽说："陛下有一个像范增那样的人却不能用他。"太上皇又大怒说："你把自己比作范增，把我比作项羽吗?"

祖珽说："项羽出身布衣，率领乌合之众，用五年时间而成就霸业。陛下靠了父兄的地位、声望，才有今天，臣以为不能轻视项羽。"太上皇愈加震怒，叫人用土塞在他嘴里。

祖珽边吐边说，被鞭打200，发配甲坊做工，不久又把他迁到光州，命令他做"牢掌"。别驾张奉福说："牢，就是地牢。"便把他囚在地牢里，戴上手铐脚镣；晚上点燃蔓菁子油代替蜡烛，祖珽眼睛被烟火所熏，从此失明。

北齐太上皇生病，派驿使追召徐之才回来，徐之才没能及时赶到。辛未（初十），太上皇病得很重，把后事委托给和士开，握着他的手说："你不要辜负我的委托！"还没放开手就死了。第二天，徐之才赶到，和士开命他回兖州。

和士开三天秘不发丧。黄门侍郎冯子琮问他是什么原因，和士开说："神武、文襄帝的丧事，都秘而不发。现在皇上年幼，恐怕王公中有对朝廷怀二心的，我想把他们都召集到凉风堂，然后和他们一起商量。"

和士开一贯忌恨太尉录尚书事赵郡王高睿和领军娄定远，冯子琮怕和士开假传遗诏把高睿排挤在外，而去夺取娄定远禁兵的军权，于是对他说："太上皇帝以前已经把皇位传给当今皇帝，群臣所以能够富贵，都是太上皇和皇帝父子的恩德，只要使在朝的贵臣能保持他们的地位，王公们一定不会有二心，时代变化而事情也各不相同，怎能和神武、文襄帝的时代相提并论！而且您已经几天没出宫门，太上皇驾崩的事，外面都已经传开了，时间过了很久还不举丧，只怕发生别的变化。"和士开于是发丧。

北齐武成帝在世时骄奢淫逸，徭役繁多赋税苛重，官吏和百姓都感到困苦。甲申（二十三日），下诏书："所有从事营建制造等事的工匠和官员都撤销。邺下、晋阳、中山等宫的宫人和年老有病的宫中奴婢，一律放归民间。凡是由于亲属犯罪而遭株连流放在外的，可以回原籍。"

北齐武成帝死后，他的同母兄弟，北齐博陵文简王高济，任定州刺史，对别人说："按次序规定应当轮到我做皇帝了。"北齐后主高纬听说后，暗中派人去定州将高济杀死，按规定仪式将他埋葬，追赠官爵。

起初，侍中、尚书右仆射和士开，受武成帝的宠爱亲昵，在皇帝卧室出入，不受限制，因此就和胡太后私通。

武成帝死后，北齐后主高纬因为和士开曾经受武成帝的顾托之命，所以对他信任重用，威势和权力更大；他和娄定远、录尚书事赵彦深、侍中及尚书左仆射元文遥、开府仪同三司唐邕、领军綦连猛、高阿那肱、度支尚书胡长粲都在朝廷当权，当时号称"八贵"。

太尉赵郡王高睿、大司马冯翊王高润、安德王高延宗和娄定远、元文遥都对后主说，请后主把和士开调离朝廷去外地任职。适逢胡太后在前殿请朝廷中的亲贵们饮酒，高睿当面陈述和士开的罪过说："和士开是先帝时的亲近狎玩之臣，仗势作恶，接受贿赂，淫乱宫廷。臣等出于正义不能闭口不说，所以冒死陈述。"

胡太后说："先帝在世时，你们为什么不说？今天是不是想欺侮我们孤儿寡母？姑且饮酒，不要多说！”高睿等人的言语和面色更加严厉。

仪同三司安吐根说：“臣家本来是经商胡人，得以位于诸多亲贵的末尾，既然受到朝廷的厚恩，怎敢怕死！不把和士开从朝廷调走，朝野上下就不安定。”

胡太后说：“改日再谈，你们都走吧！”高睿等人有的把帽子扔在地上，有的甩衣袖离开座位，感到生气。

第二天，高睿等再次到云龙门，派元文遥进宫启奏，进出三次，胡太后不听。左丞相段韶派胡长粲传太后的话说：“先皇的灵柩还没有殡葬，这件事太匆忙了，望你们再考虑！”高睿等都表示拜谢。胡长粲回宫复命，胡太后说：“成就妹妹我母子全家的，是哥哥你的力量。”又给高睿等人优厚的赏赐，事情暂时作罢。

胡太后和后主把和士开召来询问，和士开回答说：“先帝在群臣中，待臣最优厚。陛下刚居丧不久，大臣们都怀有非分的企图。现在如果把臣调走，正好比剪掉陛下的羽翼。应该对高睿说：‘元文遥与和士开，都是受先帝信任重用的，怎么能去一个留一个！都可以出任州刺史，现在暂时还是担任原有的官职，等太上皇的陵寝完工，然后派出去。’高睿等以为臣真的被调走，心里一定高兴。”

后主和太后认为很对，就按和士开所说的那样告诉高睿。便任命和士开为兖州刺史，元文遥为西兖州刺史。丧葬结束，高睿等人就催促和士开出发就任。胡太后打算留和士开过先皇百日祭再走，高睿不许。几天之内，胡太后说了好几次。

有知道胡太后隐私的太监，对高睿说：“太后的意思既然这样，殿下何必苦苦反对！”高睿说：“我受朝廷的委托责任不轻。现在继位的君主年龄还小，怎么能使奸臣在君主旁边！如果不是以生命来守护，有何面目和这种人在一个天底下生活！”便再次去见胡太后，苦苦陈说。胡太后叫人酌酒赐给他，高睿正颜厉色说：“我今天来是谈国家大事，并不是为了一杯酒！”说完，立即离去。

和士开送美女和珍珠帘子给娄定远，表示感谢说：“那些亲贵们想杀我，蒙您大王的大力，特地保住了我的性命，任命为一州之长。现在将要

和您分别，特意送上两个女子，一张珠帘。”娄定远大喜，对和士开说：“你还想回朝吗?”

和士开答道：“我在朝内心里不安已经很久了，现在得以离开，使本来的志愿能够实现，不愿意再到朝内做官了。但请求您对我加以保护，使我长久做大州的刺史就足够了。”娄定远相信了。把他送到门口，和士开说：“现在我要远出了，很想见见太后和皇上向他们告辞。”娄定远答允他的要求。

和士开因此见到胡太后和后主，向他们进说道：“先帝去世时，臣惭愧自己没能跟着去死。臣观察朝廷权贵们的意图和架势，想把陛下当作乾明年间的济南王那样对待。我离开朝廷以后，一定有大的变化，我有什么脸面见先帝在九泉之下!”于是哀痛地大哭起来，后主、胡太后也哭，问他：“你有什么计策?”

和士开说：“臣已经进来见到你们，还有什么顾虑，只需得到几行字的诏书就行。”于是后主下诏把娄定远调出任青州刺史，斥责赵郡王高睿有僭越的罪过。

高睿要再次进宫直言规劝胡太后，妻儿们都劝他不要去，高睿说：“国事重大，我宁可死去追随先皇，不忍活着见到朝廷动荡变乱。”他到了殿门，又有人告诉他：“殿下不要进去，恐怕有变。”高睿说：“我上不负天，死也无恨。”进入宫殿，见了胡太后，太后重申了自己的旨意，高睿更加固执已见。

高睿出宫后，走到深巷，遇到士兵，把他捉住送到华林园的雀离佛院，命令刘桃枝将他殴打致死。高睿主管朝廷政事的时间很久，清廉正直注意操守，朝野上下都感到冤枉痛惜。后主和胡太后重又任命和士开为侍中、尚书左仆射。娄定远见势不妙，慌忙把和士开送给他的东西又还给和士开，还添了一些别的珍宝对和士开进行贿赂。

北齐后主高纬年纪很轻，有不少宠幸的佞臣。武卫将军高阿那肱，一向以善于花言巧语谄媚受到武成帝与和士开的厚待，武成帝常常叫他在东宫侍奉太子，因而深得宠爱；累次升迁到并省尚书令，封淮阴王。

北齐武成帝在世时，曾经挑选 20 个都督，派去做太子的侍卫，昌黎人韩长鸾是其中之一，太子唯独喜欢韩长鸾。长鸾名凤，通常用表字，累次升迁到侍中、领军、总知内省机密。有个名叫陆令萱的宫女，丈夫是汉阳人骆超，因为犯谋叛罪被处死，陆令萱被发配到皇宫中当宫女，儿子骆提婆，也没入官府为奴。后主还是婴儿时，由陆令萱当保姆。陆令萱乖巧狡猾，善于讨好谄媚，所以得到了胡太后的宠爱，宫婢之中，唯独她作威作福，被封为郡君，和士开、高阿那肱都是她的干儿子。后主封她为女侍中。陆令萱引荐骆提婆进宫侍奉国主，从早到晚在一起嬉戏亲近，几经升迁到开府仪同三司、武卫大将军。宫人穆舍利，是斛律后的随从奴婢，也得到后主的宠爱；陆令萱为了依附她，就当了她的养母，并引荐她为弘德夫人，因此叫儿子骆提婆冒姓穆。然而和士开在朝廷当权的时间最久，那些受君主宠信的大臣们都依附他，为了可以保住自己受到恩宠的地位。

北齐后主高纬想念祖珽，把他从流放的囚徒中授职为海州刺史。祖珽给陆令萱的弟弟仪同三司陆悉达去信说：“赵彦深城府很深，想仿效伊尹、霍光那样行事，你们姊弟怎么能够平安，为什么不及早起用有才智的人！”

和士开也因为祖珽有胆略，想拉拢他当主要谋士，于是抛弃了以前的怨恨，虚心对待，和陆令萱一起对后主说：“文襄、文宣、孝昭三位皇帝的儿子，都没能继承皇位。现在唯独陛下在帝位，是祖珽出的力。人如果有功劳，不能不予以报答。祖珽的心胸虽然狭窄，但有超出常人的奇谋策略，遇到事情紧急时能够发挥作用。而且他已经是个瞎子，一定不会有反心，请把他叫回来，听取他的计谋策略。”北齐后主采纳了和士开的意见，召回祖珽，任命他为秘书监，加开府仪同三司。

和士开向后主进谗言，说尚书令陇东王胡长仁骄横放肆，贬出为齐州刺史。胡长仁对和士开怨恨愤慨，打算派刺客杀死他。事情泄露，和士开和祖珽商量，祖珽以汉文帝诛杀薄昭的事情为例，于是派使者去齐州把胡长仁赐死。

甲辰（二十二日），北齐穆夫人生下儿子高恒。当时北齐后主没有男孩，因此大赦全国。陆令萱想以高恒为太子，但恐怕遭到斛律后的忌恨恼怒，于是禀告后主，让斛律后当母亲抚养高恒。

和士开的声势权力越来越大，朝廷中那些不知廉耻的官吏们，有的投靠他当干儿子，和富商大贾们的行为差不多。曾经有个官员去探视和士开的疾病，正值医生说："大王的伤寒病很重，应当服用粪汁黄龙汤。"和士开面有难色。这个人说："黄龙汤并不难吃，大王不必多疑，请让我替您先尝尝。"于是将黄龙汤一饮而尽。和士开感激他的好意，于是勉强服用，病便痊愈。

太建二年（570）十月辛巳朔（初一），发生日食。北齐任命广宁王高孝珩为司徒，上洛王高思宗为司空。又任命后梁的永嘉王萧庄为开府仪同三司、梁王，答允帮助他复国，竟没有成功。等到北齐灭亡，萧庄忧愤抑郁，在邺城死去。

太建三年（571）正月丁巳（初九），北齐派兼散骑常侍刘环俊来陈朝聘问。刘环俊没有更多的史载。而和士开把持北齐的政局，引发了高俨等人的不满，伺机杀了他，没想到，更加导致了北齐的混乱……

北齐琅琊王高俨因为和士开、穆提婆等人专横跋扈奢侈放纵，感到愤愤不平。和士开、穆提婆二人互相说："琅琊王的目光奕奕有神，几步路以外就咄咄逼人，以往和他暂时打个照面，不知不觉地就出汗了；我们面见天子奏事时还不致这样。"因此对他忌恨，便将高俨调出住在北宫，五天上朝一次，不准他随时去见太后。

高俨被授职太保时，其余的官职都被免掉，不过还带有中丞和京畿大都督的职衔。和士开等人因为北城有武器库，想把高俨调移到城外，然后夺取他总督京畿军队的兵权。治书侍御史王子宜，和高俨的亲信开府仪同三司高舍洛、中常侍刘辟强对高俨劝说道："殿下所以被疏远，正由于和士开从中离间挑拨，您怎能离开北宫住到民间去！"

高俨对侍中冯子琮说："和士开罪孽深重，孩儿打算杀掉他，怎么样？"冯子琮心里想废掉后主另立高俨做皇帝，因此劝高俨这样做。

高俨令王子宜上表弹劾和士开的罪状，请求将他收禁并加以审问。冯子琮又夹杂了其他文书一同上奏，后主没有仔细审阅就批准同意。高俨欺骗领军库狄伏连说："奉到皇上的命令，叫领军收禁和士开。"库狄伏连把这告诉了冯子琮，请他再次向皇上奏报。

冯子琮说："琅琊王已经接到皇上的敕令，何必再次奏报。"库狄伏连相信了，于是征调京畿的军士，埋伏在神虎门外，并告诫守门人不要让和士开进神虎门。

秋季，七月，庚午（二十五日）早晨，和士开按常例到宫中早朝，库狄伏连上前握住他的手说：“今天有一件大好事。”王子宜递给和士开一封信，说：“皇上有敕令，叫你去到台省相见。”并派军士护送。

高俨派都督冯永洛在台省中把和士开杀死。

高俨本意只杀死和士开一个人，他的党羽却胁迫他说：“事情已经如此，不能中止。”

高俨便率领京畿的军士3000多人驻扎在千秋门。后主派刘桃枝率领80名禁兵把高俨召来，刘桃枝离高俨还很远时就惶恐地对他施礼，高俨下令把他反绑起来，要杀死他，禁兵们纷纷走散。后主又派冯子琮去召高俨，高俨推辞说：“和士开往昔以来的罪行实在应该万死，他图谋废掉天子，叫亲生母亲剃发当尼姑，臣才假托陛下的诏命将他杀死。陛下如果要杀臣，臣不敢逃避罪责。如果能宽恕我，希望派乳母来迎接，臣就去见陛下。”乳母，是指陆令萱，高俨想骗她出来杀死她。陆令萱手里拿刀躲在后主背后，听到高俨的要求，怕得浑身打战。

后主又派韩长鸾去召高俨，高俨准备去见后主，刘辟强拉住他的衣服劝道：“如果不杀掉穆提婆母子俩，殿下不能去。”广宁王高孝珩、安德王高延宗打从西面过来，问道：“为什么不进去?”刘辟强说：“兵太少。”高延宗环顾周围说：“孝昭帝杀杨遵彦时，只有80人。现在有几千人，怎能说少?”

后主高纬哭着对胡太后说：“如果还有缘分，仍可与母亲相见；没有缘分，就和您永别了！”于是急忙召斛律光，高俨也召斛律光来。

斛律光听说高俨杀了和士开，拍手大笑说：“这真是龙子的作为，自然不像一般人！”于是进宫，在长巷见到后主。后主率领在宫中宿卫的步骑兵400人，授给铠甲，准备出战，斛律光说：“小孩子们动干戈，刚一交手就会乱了阵脚。俗话说：‘奴仆见主人，心里就沮丧。’陛下应该亲自去千秋门，琅琊王一定不敢行动。”后主便听从了。

斛律光走在前面做前导，派人离开队伍，喊道：“天子来了。”高俨一伙怕得纷纷散去。后主在桥上勒住马远远地呼叫他们，高俨还站在那里不敢靠前，斛律光走过去对他说："天子的兄弟杀一个人，有什么可害怕的！"于是抓住他的手，硬拉着他向前，请求后主说："琅琊王年轻，肠肥脑满，行为轻率，等到年龄大了，自然不会这样，希望能宽恕他的罪过。"后主拔出高俨所带的佩刀，用刀环对他的头乱凿，过了很久，才放了他。

后主收禁了库狄伏连、高舍洛、王子宜、刘辟强、都督翟显贵，在后园将他们肢解，然后在都城的大街上暴尸示众。后主要把高俨府里的文武官吏全部杀死，斛律光说："这些人都是达官贵人的子弟，杀掉他们，恐怕引起人心不安。"赵彦深也说："《春秋》里说，军队不听从命令，责任在领兵的将帅。"于是根据情况对他们分别判罪。

太后责问高俨，高俨说："是冯子琮教我这样做的。"太后大怒，派使者到台省用弓弦将冯子琮绞死，派太监用库车拉上尸体送到他家里去。从此以后太后常常把高俨安置在宫中，每次吃饭都亲自先尝一尝，怕人毒死高俨。

己未（十四日），北齐平原忠武王段韶去世。段韶有谋略，将士们都愿意为他效命，出朝能总辖军队，入朝能参与决策，功劳大威望重，性格谨慎温和，具有宰相的气质才能。侍奉继母很孝顺，家中和睦严肃，北齐的勋臣贵族之家，没有能及得上的。

陆令萱对后主说："人称琅琊王聪明勇敢，当今无敌；但看他的相貌，几乎不是臣下。自从他独断专行杀和士开以来，常常怀有恐惧之心，应该及早做出打算。"

宠臣何洪珍等人也请后主杀掉高俨。后主犹豫不决；用装运食物的车子把祖珽秘密接来，询问他的意见。祖珽举出"周公诛杀管叔，季友毒死庆父"两个例子。后主便带高俨去晋阳，派右卫大将军赵元侃诱捕高俨，赵元侃说："臣以前侍奉先帝，看到先帝喜欢琅琊王。现在我宁愿被杀，不忍心做这种事。"后主便将赵元侃贬为豫州刺史。

庚午（二十五日），后主启禀太后说："明天准备和仁威一早出外打猎。"夜里四更时分，后主高纬召见高俨，高俨产生怀疑。陆令萱说："兄长叫你，孩子你为什么不去？"

高俨出来，走到长巷，刘桃枝将他的双手反绑起来，高俨高喊道："让我去见母亲、兄长。"刘桃枝用衣袖塞在他嘴里，把他的袍子翻过来蒙住头，将他背出来，走到大明宫时，高俨的鼻血流了满面，被人用手摧折而死，当时才 14 岁，将尸体用席子包起来，埋在室内。后主派人启奏太后，太后到那里哭吊，刚哭了十几声，就被人簇拥着回到殿中。高俨有四个遗腹男孩，后来都被囚禁而死。

冬季，十月，撤销京畿府，将京畿兵归领军统率。

北齐胡太后进进出出没有节制，和主管僧人的昙献私通，僧人甚至戏称昙献为太上皇。北齐后主听说胡太后行为不检点而没有相信，后来有一次去朝见太后时，看到有两个尼姑在旁边，因为喜爱而把她们召来，原来都是男子假扮的。于是昙献的事情被暴露，这些人都被处死。

己亥（十五日），北齐后主从晋阳奉太后回邺城，到达郊外，遇到大风。舍人魏僧伽懂得测天观象预卜吉凶，上奏说："立即会有暴乱叛逆的事情发生。"

后主谎称"邺城中有变"，于是拉足弓弦绷紧弓梢，疾走进入邺都的南城，派太监邓长将太后幽禁在北宫，下令朝廷内外的所有亲属不能去见太后。太后有时为后主准备了食物，后主也不敢尝。

北齐的朝政，就这样溃乱下去……

第五章　北周遣使修好陈

自从“华皎之乱”起，陈朝与北周就断绝了外交往来。直到太建元年（569）十二月，北周派御正大夫杜杲来聘问，请求和陈朝恢复友好关系。据《周书卷三十九·列传第三十一》载：“及华皎来附，诏令卫公直督元定等援之。与陈人交战，我师不利，元定等并没。自是，连兵不息，东南骚动。高祖患之，乃授杲御正中大夫，使于陈，论保境息民之意。”

华皎，其实是陈文帝的忠臣。他不满辅政的安成王陈顼架空了陈文帝的长子废帝陈伯宗（其实，也是因为陈伯宗年幼即位，暗弱无能。处理朝政大事，当然还是年长的陈顼较为稳妥。华皎在这个问题上，只是局限于私人感情上对陈文帝的愚忠，并未从国家大计来考虑）。特别令华皎惊心的是，陈顼杀了忠于陈文帝的韩子高等人，又催逼华皎上交数百艘金翅大舰（陈文帝为谋攻荆襄而令华皎秘制）。种种迹象，使华皎非常忧虑，担心自己难以保全性命。

于是，华皎公然投靠后梁萧岿和北周。由此，引发一场大规模的“衡州争夺战”。最终，陈顼指挥陈朝军队打败了北周、后梁、华皎三方联军。

陈顼也因为平定了“华皎之乱”，打败了北周、后梁与华皎的联军，取得了夺回衡州的重大胜利，使陈顼的威望如日中天，得到陈朝上下的拥护，得到了陈高祖章皇太后（慈训皇后）的支持。于是，章皇太后废黜伯宗，令陈顼入承大统。陈顼名正言顺地登上了帝位。

陈顼打败了北周援军，俘虏了北周将领元定等人。自此，北周与陈朝断绝了外交关系。而现在（太建元年），北周又派老熟人杜杲前来修好两国关系。于是，陈宣帝派徐陵接待杜杲。

徐陵是陈朝的老臣。在陈文帝时，徐陵曾经弹劾过陈顼；而陈顼即帝位后，仍重用徐陵。于太建元年（568）夏五月丁巳（二十九日），陈朝以吏部尚书、领大著作徐陵为尚书右仆射。这也显示出陈宣帝过人的度量和博大的胸怀。

尚书右仆射的职位，南北朝至宋的仆射，专指尚书仆射。尚书仆射为尚书令之副。尚书令阙，仆射便是尚书台（后称省）的长官。仆，是“主管”的意思，射，古代重武，由主射者掌事，所以诸官之长被称为仆射。东汉光武帝时期，就设立尚书台（后来改称尚书省），最高长官是尚书令，尚书仆射只是尚书令的副手。后来因为尚书台权力越来越大，尚书仆射的权力也变大。所以在汉末，汉献帝的时候，把尚书仆射分为左、右尚书仆射，借以分割它的权柄，这时候“尚书仆射”成为常置官员，之后许多朝代都设立。在魏晋南北朝，“尚书仆射”上面还有录尚书事、尚书令两个职位，但是因为这两个位置时常空缺，所以“尚书仆射”实质上已经有了宰相或副宰相的地位。此官职位高权重。

据《南史》《陈书》载：徐陵，字孝穆。他母亲臧氏，曾经梦见五色彩云化为凤鸟，停在自己的左肩上，后来便生下徐陵。当他几岁时，家里人带他去问候僧人释宝志，释宝志抚摸着他的头顶说：“这是天上的石麒麟啊！”光宝寺的慧云法师总是感叹于徐陵的早熟，称他为颜回。8 岁时他能写诗文，13 岁便通晓《庄子》《老子》的本义。长大以后，博览各种文籍，性情豪放而有口才。他父亲徐摛任晋安王谘议，晋安王又召徐陵参与宁蛮府军事。晋安王被立为皇太子后，在东宫设置学士，徐陵也是其中之一。又迁任尚书度支郎。

后徐陵出任上虞县令。御史中丞刘孝仪原先和徐陵有仇隙，他听人传说徐陵在县里贪污和收受贿赂，便弹劾他，于是坐罪免职。过了很久，又被任命为通直散骑侍郎。梁简文帝在东宫时，撰写了《长春殿义记》，让徐陵写序。又让徐陵到少傅府撰写自己所主持的《庄子义》一书。

太清二年（548），徐陵兼任通直散骑常侍出使魏国，魏人在馆内设宴请客。当天极热，魏国主客魏收开玩笑地对徐陵说：“今天这样热，肯定是徐常侍带来的。”徐陵随即回答说：“以前王肃来到这里，开始给魏国制定礼仪；今天我来聘问，让你们又知道冷热了！”魏收听后，大感羞愧。当时齐文襄帝还担任宰相，他认为魏收失言，便将他关闭了一整天。

当侯景入侵时，徐陵的父亲徐摛早就在围城之内，他收不到父亲的家信，便只吃素食，穿粗布衣服，就像服丧一样。这时，正值魏国禅让于齐，梁元帝在江陵承制，又派徐陵为使者和齐国通问。徐陵到齐以后，多次请求回南朝复命，但齐国却一直拘留他不让回去。于是，他写了一封信给仆射杨遵彦，但也没有接到回复。当西魏讨平江陵之后，齐国送贞阳侯萧渊明继承梁国国君之位，这才派徐陵随他回梁。太尉王僧辩起初在边境上拦阻不肯接纳，萧渊明反复写信，都是由徐陵撰文。当萧渊明入梁之后，王僧辩得到徐陵，大为高兴。任命他当了尚书吏部郎，兼撰写诏诰之职。当年，陈武帝杀了王僧辩，又进讨韦载，而任约、徐嗣徽乘虚而入，攻打石头城。徐陵感激王僧辩以前对自己的知遇之恩，便跑去投靠任约。任约被讨平之后，陈武帝把徐陵放了，并不问罪，而任命他为尚书左丞。

绍泰二年（556），又派他出使齐国。回来之后，又任命他为给事黄门侍郎、秘书监。陈朝接受梁禅位后，又加封他为散骑常侍。天嘉四年（563），担任了五兵尚书，兼领大著作。六年，被任命为散骑常侍、御史中丞。当时，安成王陈顼任司空，他身为皇帝的亲弟，地位尊贵，权倾于朝野。直兵鲍僧睿借着安成王的威风，阻止别人告状，大臣们没人敢说话，徐陵却出来弹劾他。陈文帝见徐陵服饰、奏章十分端整严肃，一副凛然不可侵犯的样子，不禁为之收容而正坐。徐陵进读奏章时，安成王正在殿上侍立，他仰视文帝，汗流浃背，面容失色。徐陵派殿中郎送安成王下殿。从此以后，朝廷上下肃然。

又改任吏部尚书，兼领大著作。徐陵认为从梁朝末年以来，选举任用官员大多失去其原来的规矩，于是制定了有关原则制度，全面审核每人的名实是否相符，有冒进求官的，到处奔走钻营的，他便写信公开告诉他们说："永定年间（557—559），圣朝草创之初，干戈未曾平息，尚无条令秩序。府库空虚，赏赐空乏，白银难得，委任书易办。权且以官阶代替钱财绢帛，本义在于安抚接纳，不计官员多少。致使员外郎、常侍之官，在路上比肩摩踵；谘议、参军之属，市内人员无数，这岂是朝廷典章所应如此？如今衣冠礼乐制度，日加完备，年有增益，怎能仍按旧例，作非理之望？所见诸君多已职务超越本分，仍说大受委屈，未能满足更高的愿望。

如有人问梁朝的朱异也担任卿相，这难道不是超过其本分吗？这是由皇帝亲自拔擢起来的，和选官的程序无关。梁武帝说：‘世上的人都说有不同眼色，我就特别看不上范悌。’宋文帝也说：‘人怎么会没有运气，每当有好官位时，我就想起羊玄保。’这类清高又显贵的职务，不是从选任而来的。我既身居选职，请诸贤深明我的心意。”于是众人都感到信服了。当时的议论将他比为毛玠。

当陈顼还是安成王时，奉旨入朝辅政，策划废黜那些有二心的人，他让徐陵一起参与计谋。陈宣帝即位后，封徐陵为建昌县侯。太建年间（569—582），准备让徐陵担任尚书左仆射，他上表反对并推荐周弘正、王劢等人。皇帝召他进入内殿，问他：“你为什么坚决推辞而另外推荐别人呢？”徐陵说：“周弘正原是您任藩王时的长史，王劢是太平年间（566—567）的宰相府长史，张种是皇上本乡的贤人贵戚，如果要选拔贤人旧臣，我理应居于后面。”他坚决推辞了几天，才奉旨任职。

此番北周派杜杲出使陈朝，徐陵奉陈宣帝旨意，对杜杲说：“两国交好，本来打算互救祸患，分担灾难，但贵国接纳我朝叛臣，这是为什么？”

杜杲答道：“陈主从前住在我朝，并不是仰慕我朝道义而来，但是我朝皇帝授他为柱国，在百官中官职最高，子女玉帛，备礼将他送回，他才能当上皇帝，谁说这不是恩惠？郝烈一类的人，实是狂悖狡猾的边民，贵朝不曾报答恩德，反而首先接纳郝烈。如今我朝接纳华皎，也是报答之意。过失从贵朝开始，我朝有什么不对的？”

徐陵说：“贵朝接纳华皎，志在吞并土地。而我朝接纳郝烈，只是让他存身而已。况且华皎身兼文职武将，窃州叛逃。郝烈才100来户，仅以身逃。大小不同，怎能同日而语？”杜杲反驳说：“大小虽然不同，但受降却是一样。如果论其先后，本朝没有过失。”

徐陵说：“周朝送我主回国，就以为对我朝有恩；卫公与元定渡过长江，岂能说不是怨仇？如果计算恩惠与怨仇，也足可相抵了。”

徐陵提起陈朝俘虏的北周将领元定，使杜杲一时语塞。元定是什么人呢？据史载：元定，字愿安，是河南洛阳人。祖父元比颓，任魏安西将军、务州刺史。父亲元道龙，任征虏将军、巨鹿郡太守。元定敦厚寡言，内心深沉慎重而外表坚强刚毅。永安初年，跟随尔朱天光征讨关陇群贼，都打败了他们。授任襄威将军。到贺拔岳被害时，元定跟随太祖讨伐侯莫陈悦，凭功任平远将军、步兵校尉。魏孝武帝向西迁移，封为高邑县男，食邑 200 户。跟随攻打潼关，攻下回洛城，晋爵为伯，增加食邑 300 户，加授前将军、太中大夫。跟随活捉窦泰，收复弘农，攻破沙苑，战于河桥，元定都是先锋，在他面前的敌人，没有不望风披靡的。凭借前后功劳，屡经升迁为都督、征东将军、金紫光禄大夫、帅都督，增加食邑 300 户。邙山战役中，敌人密集，元定以长矛奋勇冲击，杀伤很多敌人，没有人敢抵挡。太祖（宇文泰）亲临观看，评论功劳为最大，赏赐物品非常丰厚。后来任河北郡太守，加授大都督、通直散骑常侍，食邑增至 1000 户。

元定勇猛而有谋略，每次作战必定冲锋陷阵，但是未曾自表其功。太祖宇文泰对他深为重视，各将领也称他为长者。升任使持节、车骑大将军、开府仪同三司，晋爵为公。魏废帝二年，以宗室的资格，晋封建城郡王。三年，按照《周礼》，爵位随例更改，封长湖郡公。世宗初年，任岷州刺史。威严和恩惠并用，很能得到羌人豪强的欢心。以前占据险阻不服从的生羌，到这时都走出山谷，跟着交纳赋税。到元定重新被调回朝廷任职时，羌人豪强等人都很感念留恋他。

保定年间，任左宫伯中大夫。过了很久，调任左武伯中大夫，晋为大将军。天和二年，陈湘州刺史华皎举州归附梁，梁主想趁这个机会，再图谋攻取，就派遣使者请求派兵。诏令元定跟随卫公宇文直率兵前往。梁人与华皎都是水军，元定是陆军，宇文直总管监督他们，一起到夏口。陈郢州坚持守御不能攻下。宇文直下令元定带领步兵骑兵数千人包围他们。陈派遣将领淳于量、徐度、吴明彻等从水陆两方面来抗拒。淳于量等人认为元定已经渡江，势力分散，就先与水军交战。华皎所统率的军队，又怀着疑虑异心，于是被陈人打败。华皎得以脱身回梁。

元定已经孤军深入，相隔很远，进退的道路断绝，陈朝的军队乘胜从水陆两方面来进逼他。元定带领部下砍竹开路，一边走路一边作战，想赶往湘州，但湘州已经失陷。徐度等人知道元定走投无路，派遣使者假装与元定讲和，郑重进行盟誓，答应放他回国。元定怀疑其中有诈，想拼尽全力作战而死，但元定长史长孙隆及各将领多劝元定讲和，元定才答应了他们。于是与徐度等人杀牲歃血为盟，解除兵器上船，就被徐度等人逮捕，部下军士也被囚禁俘虏，押送到丹阳。过了数月，元定忧愁愤恨发病而死。

前来陈朝访问的北周使者杜杲，陡然听得徐陵提起陈朝俘虏的北周将领元定之事，愣了一下，随后淡然一笑，道："元定等人兵败被囚，怨仇已消。陈主得以称帝，其恩仍在。况且怨由贵国而生，恩由本朝而起，以怨报恩，我还没有听说过。"

杜杲真是能言善辩，徐陵于是笑而不答。杜杲乘机对他说："如今三方鼎足而立，各图进取，如有不和，恰恰激发了敌方的野心。本朝与陈国，互相交好，使车往返，已有多年。近来因为边界之事，互相成为仇敌，结怨交战，几乎每年都不停止，鹬蚌相争，势必两败俱伤。如果让齐贼乘虚而入，那么你我双方都将遇到危难。不如追悔祸乱，改变心思，陈国息争执之心，本朝弘礼让之义，礼尚往来，和好如初，共为犄角之势，对抗齐氏。这不仅是两国君王的喜事，也是无数百姓的愿望。"

杜杲的外交能力和谈吐的口才十分的厉害。此先，他在陈文帝时期也多次来陈朝访问，算是陈朝的老朋友了。据《周书》记载：

杜杲字子晖，京兆杜陵人。其祖父杜建，曾任魏国辅国将军，追赠豫州刺史。他的父亲杜皎，官至仪同三司、武都郡守。

杜杲学过经史，有施政的才干谋略。其同族兄弟之父杜瓒，高洁正直，善于识别人才，对他十分器重，常常说："这是我家的千里马。"当时，杜瓒担任魏国的黄门侍郎，兼任度支尚书、卫大将军、西道行台，娶魏孝武帝之妹新丰公主为妻，就把杜杲推荐给朝廷。

永熙三年（534），入仕为奉朝请，先后升任辅国将军、成州长史、汉阳郡守。世宗初年，转任修城郡守。适逢凤州人仇周贡等人作乱，进攻修城，杜杲对百姓讲究信用，因此城内无人背叛。不久，开府赵昶等各路军队进兵讨伐，杜杲率领郡兵与赵昶会合，平定贼党。入朝任司会上士。

当初，陈文帝之弟安成王陈顼（即位后为陈宣帝）在梁国当人质，平定江陵后，陈顼按旧例应迁居长安。陈霸先曾多次请求放回，宇文泰已经

答应了，但一直没有放人。

后来，周武帝宇文邕想放陈顼回去，就派杜杲为使者，到陈朝访问。陈文帝大喜，立即派使者来访，并愿意让出黔中数州之地。又请求划分疆界，永远交好。

由于杜杲出使符合周武帝的旨意，升为都督，授小御伯，前去划分疆界。陈朝把鲁山划归周朝。鲁山本来就是从北齐那里白捡来的，陈朝以此换回陈顼，修好两国的关系。也算是划得来的一笔交易。

周武帝授陈顼为北周的柱国大将军，诏命杜杲送他回国。抵达南陈建康的时候，陈文帝对杜杲说：“我弟承蒙以礼送回，实在是周朝的恩惠。不过，如果不把鲁山还给你们，恐怕还不能这样。”杜杲答道：“安成王在关中，不过是咸阳的一个百姓。然而又是陈国的皇弟，他的价值怎能只值一座城池？我朝上下亲密和睦，对己宽厚，旁及他人，上遵太祖遗旨，下思继续友好之义。所以出此恩诏，原因就在这里。如果知道在您看来安成王只抵得上一座鲁山，我们断不至于贪图一座城池。况且鲁山原属梁国，梁国又是本朝属国，如果从历史沿革来看，鲁山本来就应当归属我国。如果说拿寻常的土地，来交换自己的骨肉亲人，使者我都认为不可以，更不用说堂堂朝廷这么讲了！”

看到了吗？杜杲的外交口才很厉害吧！他说的这番话，表面上看来很合乎情理，竟然使陈文帝一时无话可辩。其实，整个后梁、包括长江以南被北齐和北周非法占领的县郡城池，都是南朝梁武帝的疆域。北周趁侯景之乱和梁元帝一时的昏庸，而占领了长江以南大片地区。北周不惭愧，反而强词夺理，说得陈文帝惭愧很久（可见陈文帝是知书识礼的本分人，并无滔滔雄辩之口才），说：“刚才是开个玩笑。”

从此，陈文帝和陈朝对杜杲的接待超过一般礼节。杜杲回去时，陈朝宫殿的侍郎把他领到殿上，陈文帝亲自从御座上走下来，与杜杲握手告别。

北周朝廷嘉许杜杲，授大都督、小载师下大夫，主管小纳言，又出使陈国。中山公宇文训任蒲州总管，让杜杲担任府司马、州治中，代理州府事。加使持节、车骑大将军、仪同三司衔。

华皎前来归附时，北周朝廷诏令卫公宇文直督率元定等人援助。与陈朝交战，北周军失利，元定等人投奔江南。从此，连年交战，东南动乱。

周武帝宇文邕很担心这件事，于是任命杜杲为御正中大夫，出使陈国，说明保境安民之意。徐陵把杜杲的这些话都上奏给皇帝，陈宣帝答应。于是派使者出访北周。

北周任司城中大夫杜杲奉北周武帝宇文邕之命出使陈国，陈宣帝派人对杜杲说："长湖公的将士虽然已经筑馆安置，但是未必没有思北之情。王褒、庾信等人羁留关中，也当有思南之念。"

杜杲揣测陈宣帝的意思，是打算拿元定的将士来交换扣留在北周的南朝名士王褒等人。于是，杜杲回答道："长湖公率军不守纪律，临难脱身，他既然不能为忠节而死，又有什么用？好比从牛身上拔下一根毛，无妨大局。本朝的商议，当初并没有涉及这些。"

陈宣帝不再说什么。陈宣帝出于人性的角度，体谅被俘将士的心情，才向杜杲提出让元定等北方俘虏回到北方的故乡。也请北周朝廷，放归南方的人质回到南方故里。

可是，杜杲却以"长湖公（元定）率军不守纪律，临难脱身，他既然不能为忠节而死，又有什么用？"而拒绝了。元定听到这样的话，肯定愤慨不已！他是为北周卖命，出战陈朝，才被俘虏。现在，北周竟然像扔一块牛皮癣一样，扔了他。以至于元定等北方俘虏忧闷不已，元定不久后忧愤地死在南方。

杜杲就是这么冷血而善辩的人。他回到北周后，北周武帝宇文邕很满意杜杲的外交成果，授任杜杲以司仓中大夫。过了四年，杜杲又升任温州刺史，赐爵义兴县伯。

北周与北齐的战争，断断续续持续多年。

太建元年（569）八月二十三日，盗贼杀死北周的孔城地方长官，把孔城并入北齐。九月初五，北周派齐公宇文宪和柱国李穆领兵去宜阳，筑起崇德等五座城池。宜阳这个地方太重要了！北周与北齐因此爆发了"宜阳之战"。

据史载：宜阳县，隶属于河南省洛阳市，位于洛阳市西部。宜阳地

域，最早在夏、商属豫州雒西地。宜阳属弘农郡。

北朝魏，宜阳属河南郡（齐、梁、陈时期，宜阳属北朝）。北魏孝昌初（525），置宜阳郡，辖宜阳，新安（今渑池境）、东亭（今嵩县境）三县。

宜阳县地处豫西浅山丘陵区，地貌特征为“三山六陵一分川，南山北岭中为滩，洛河东西全境穿”。地理区划大致可分为洛河川区、宜北丘陵区、宜南丘陵区、白杨和赵保盆地、宜西南山区五大区域。

宜北属秦岭余脉，宜南属熊耳山系，境内有花果山、灵山、锦屏山等。花果山即吴承恩笔下《西游记》的创作原型。历代文人墨客刘禹锡、白居易、李贺、唐伯虎、韩愈等多有吟诵花果山诗篇传世。宜阳锦屏山位于宜阳县城南，东西走向，属断裂突起的石灰岩质地壳外貌。山势紧贴县城，拔地而起，高耸峻峭，陡如直立，蔚为壮观，是宜阳城的天然屏障，也是历史悠久的旅游胜地。锦屏山自东向西一字排列的 12 个山峰，俨若 12 幅锦缎条屏，凌空垂挂，俊美壮观。

宜阳县为多河流地区，总属黄河流域，伊洛河水系。洛河是黄河第三大支流，是宜阳境内的最大河流，河上买卖船、竹木筏行驶不断，是卢氏、洛宁、宜阳三县水上主航道。

宜阳县土地资源丰富，适宜种植小麦、玉米、豆类、棉花、烟叶、芝麻、红薯、水稻等多种农作物和蔬菜。正因为如此，北周与北齐都在争夺这个地方。

太建元年（569）十二月十三日，北周齐公宇文宪围困北齐的宜阳，断绝宜阳的粮道。

次年（570）正月二十四日，北齐太傅斛律光，率领 3 万名步骑兵来救宜阳，屡次打败北周军队，修筑统关、丰化两座城池后就回去了。

北周军队在后面追赶，斛律光发起反击，又将他们打败，俘虏北周的开府仪同三司宇文英、梁景兴。次年（570）二月己巳（十五日），北齐任命斛律光为右丞相、并州刺史，任城王高为太师，贺拔仁为录尚书事。

北周、北齐争夺宜阳，久而不决。北周的勋州刺史韦孝宽对部下说：“宜阳一城，得和失关系不大，两个国家为此争夺，劳师动众已经一年。

对方难道没有智谋之士，如果放弃崤东，来谋取汾水以北一带地方，我们一定会失去国土。现在应当迅速在华谷和长秋修筑城池，以断绝对方的念头。如果对方先于我们行动，我们要算计他们就很困难了。”

于是，韦孝宽画了地形图，向朝廷陈述了这种情况。北周的晋公宇文护对使者说：“韦公的子孙虽然很多，但数不满百，在汾水北面修筑城池，派谁去守卫！”这件事便没有实现。

北齐的斛律光果然从晋州一路出兵，在汾水北面修筑起华谷、龙门两座城池。斛律光到了汾水以东，和北周的韦孝宽见了面。斛律光说：“宜阳一城，久劳争战。现在我们已经放弃宜阳，准备在汾水以北取得补偿，希望您不要见怪。”

韦孝宽说：“宜阳，是你们的交通紧要之地，汾水以北，是我们所放弃的地方。我们所放弃的被你们取走，怎么能说是补偿！您辅佐幼主，地位和威望都很高，不去安抚百姓而穷兵黩武，如果贪图得到一处平常的地方，而使贫困疲惫的百姓遭到涂炭之灾，我认为您实在不该这样做！”

斛律光进军围困定阳，筑起南汾城进逼定阳。北周军队撤去宜阳之围来援救汾水以北的地方。晋公宇文护向齐公宇文宪请教计策，宇文宪说：“兄长最好暂时出兵同州以扩大声势，我可以率领精兵在前，看准时机攻取城池。”宇文护采纳了他的计策。

太建三年（571）正月，北齐斛律光在国境西面修筑 13 座城池，他骑在马背上，用马鞭指画出来的，虽然开拓了 500 里地方，然而不曾夸耀功劳。又和北周的韦孝宽在汾水以北交战，打败了韦孝宽。齐公宇文宪督率将领们在东面抵抗北齐的军队。

三月三十日，北周齐公宇文宪从龙门渡过黄河，北齐斛律光退守华谷，宇文宪攻取了斛律光新筑的五座城池。北齐的太宰段韶、兰陵王高长恭率领军队抵御北周的军队，进攻柏谷城，攻克后就退兵回去了。

夏季，四月十五日，北周陈公纯夺取北齐的宜阳等九座城池，北齐斛律光率领 5 万名步、骑兵赶到那里抵抗。就在北周、北齐相互交战的时候，北周于五月十七日派纳言郑翊来陈朝访问。

北周晋公宇文护派中外府参军郭荣在姚襄城南、定阳城西修筑城池。

北齐段韶领兵攻袭北周军队，将他们打败。六月，段韶包围定阳城，由于北周的汾州刺史杨敷的坚守而未能攻克。

段韶加紧进攻，屠杀定阳的外城百姓。当时段韶生病，对兰陵王高长恭说："这座城池的三面都有两道河壕，无路可走；只东南有一条路，贼寇一定会从这里突围。应当挑选精兵专门防守这条道路，这样一定能够捉住他们。"

高长恭便派1000多名壮士埋伏在东南涧口。城中的粮食吃尽，齐公宇文宪集中所有的兵力去救援，但那些援军害怕段韶，不敢前进。杨敷率领现有的士兵乘夜突围出城，被高长恭的伏兵攻击，全部俘虏。北齐夺取了北周的汾州和姚襄城，只有郭荣所筑的城得以保全。

杨敷的儿子杨素，年少时才艺很高，有大志，不拘小节，因为父亲杨敷守节而身陷北齐，没有得到朝廷赠给的谥号，于是向朝廷上表申述理由。北周武帝宇文邕不答允，杨素接二连三地上表，武帝勃然大怒，命令左右将他斩首。

杨素高声喊道："作为臣子侍奉无道的天子，被杀死是自己的本分!"周武帝见他出言豪壮，于是追赠杨敷为大将军，赐给忠壮的谥号，任命杨素为仪同三司，逐渐对他加以礼遇。周武帝叫杨素起草诏书，他下笔立成，辞藻和内容都很好，武帝宇文邕说："希望你好好努力，不要担心将来不会富贵。"杨素说："只怕富贵来逼臣，臣倒无心求取富贵。"

北齐斛律光和北周军队在宜阳城下交战，北齐夺得北周的建安等四个戍所，捕捉俘虏1000多人而还。斛律光军队还没有到邺城，北齐后主高纬派使者遣散军队。

斛律光认为军士中很多人都有功劳，却没有得到朝廷的慰劳，于是秘密地向上呈递表章，请北齐后主派使臣宣读慰劳的旨意，军队仍旧向邺城前进，朝廷派使者命令军队停止前进，就地停留。军队回来，将要抵达邺城郊外，斛律光便扎营等候朝廷的使者。后主高纬听到斛律光军队已经逼近邺城，心里十分厌恶，赶紧派舍人召斛律光入朝觐见，然后宣旨慰劳遣散军队。

北齐后主高纬是北齐的第五位皇帝。幼而令善，爱好文学。太宁二年

（562）册立为皇太子，河清四年（565）受禅即位。在位期间，荒淫无道，任用奸佞和士开、高阿那肱、穆提婆、韩长鸾等人，宠幸冯小怜，杀害博陵王高济、琅琊王高俨、兰陵王高长恭、丞相斛律光等人，自毁长城，使北齐政治腐败，军力衰落，国势摇摇欲坠。

第六章　攻后梁昭达失利

太建二年（570）春正月初一，陈宣帝诏令以征西大将军、开府仪同三司、郢州刺史黄法氍为中权大将军。《陈书卷五·本纪第五·宣帝》也记载：“二年春正月乙酉，以征西大将军、开府仪同三司、郢州刺史黄法氍为中权大将军。”

中权大将军是做什么的呢？中权，指中军；指主将；中枢；司令部指主将的权势；中权大将军，就是为中军制定谋略。《左传·宣公十二年》：“前茅虑无，中权，后劲。”杜预 注：“中军制谋，后以精兵为殿。”南朝宋谢庄《从驾顿上》诗：“中权临楚路，前茅望吴云。”

大将军是武官名。始于战国，汉代以后历代沿置，为将军的最高或较高的称号，多由贵戚担任，统兵征战并掌握政权。南北朝时期，大将军除授甚滥，又增置柱国大将军、镇军大将军等号，逐渐失去过去总领军政的性质和意义。

南朝梁武帝天监六年（507）设置中权将军之职，专授在京师任职官员，与中军、中卫、中抚将军合称四中将军，地位显要。或分置左、右。天监七年定为武职二十四班中的第二十三班。如加“大”，称中权大将军，则进一阶。陈朝沿袭梁朝的设置，拟中权大将军为二品，比秩中2000石。班品较中权将军高一阶。

陈宣帝诏任征西大将军、开府仪同三司、郢州刺史黄法氍为中权大将军，主要是显示朝廷对黄法氍的重用和恩宠。据《陈书》载：黄法氍，字仲昭，巴山新建人。年轻时精壮敏捷有胆力，一天能步行300里，可跳三丈远。很熟悉文书章奏，精通登记的文簿，在郡中出入，被乡里人畏惧。侯景之乱时，他在乡里聚集人马。太守贺诩去到江州，黄法氍代理郡中事务。高祖陈霸先打算越岭去援救建康，平定侯景之乱，而李迁仕在半路作梗，陈霸先命令周文育在西昌驻扎，黄法氍派兵援助周文育。当时黄法氍出管新淦县，侯景派行台于庆抵达豫章，于庆分兵袭击新淦，黄法氍抵抗，打败敌人。高祖陈霸先也派周文育进军讨伐于庆，周文育怀疑于庆兵力强盛，不敢前进，黄法氍带领人马和他会合，于是，周文育和黄法氍一起进军，攻克笙屯，俘获大批敌人。

梁元帝秉承皇帝旨意任命黄法氍为超猛将军、交州刺史，兼任新淦县令，封为巴山县子，食邑 300 户。承圣三年（554），黄法氍任明威将军、游骑将军，晋爵为侯，食邑 500 户。王僧辩扶立贞阳侯萧渊明篡位，任命黄法氍为骁骑将军。陈霸先平定王僧辩，扶敬帝复位后，改封黄法氍为新建县侯，食邑和以前一样。

太平元年（556），从江州分出四个郡设置高州，以黄法氍为使持节、散骑常侍、都督高州诸军事、信武将军、高州刺史，在巴山镇守。萧勃派欧阳頠攻打黄法氍，黄法氍和欧阳頠交战，打败了他。

永定二年（558），王琳派李孝钦、樊猛、余孝顷攻打周迪，并图谋攻击黄法氍，黄法氍率军援助周迪，活捉了余孝顷等三员大将。晋号为宣毅将军，增加食邑至 1000 户，送给一部鼓吹。又因为抵抗王琳有功，被授职为平南将军、开府仪同三司。熊昙朗在金口反叛，杀害了周文育，黄法氍和周迪一起讨伐平定了他，《熊昙朗传》中也有记录。

世祖陈文帝即位后，将黄法氍晋号为安南将军。天嘉二年（561），周迪反叛，黄法氍率军和都督吴明彻会合，在工塘讨伐周迪。周迪被平定，黄法氍的功劳居多。征召为使持节、散骑常侍、都督南徐州诸军事、镇北大将军、南徐州刺史，仪同、鼓吹都不变。没有受职，不久又改任都督江州、吴州诸军事，镇南大将军，江州刺史。六年，征召为中卫大将军。

废帝陈伯宗即位，黄法氍晋爵为公，给扶。光大元年（567），黄法氍出任使节、都督南徐州诸军事、镇北将军、南徐州刺史。二年，黄法氍调任都督郢州、巴州、武州诸军事，镇西将军，郢州刺史，持节不变。

陈宣帝太建元年（569），黄法氍晋号为征西大将军。二年（570），征召黄法氍为侍中、中权大将军。

同年（570）七月，陈朝又发动了对后梁萧岿的战争。据《周书卷二

十八·列传第二十》记载：陈朝司空章昭达率领各路兵马5万、船舰2000围江陵，进攻后梁。

后梁国主萧岿和北周的军事总管陆腾进行抵抗。陆腾，字显圣，代州人。据《周书》载：陆腾的先祖陆俟，曾任魏国征西大将军、东平王。其祖父陆弥，任夏州刺史。父亲陆旭，性格文雅冲淡，喜好《老子》《易经》的谶纬星象之学，撰有《五星要诀》及《两仪真图》，颇能得其要旨。太和年间，征召他为中书博士，后来升任散骑常侍。他预感天下将要大乱，就到太行山隐居。孝庄帝即位，多次征召而不出仕。后来追赠并、汾、恒、肆四州刺史。

陆腾少年时慷慨激昂，又有临难不苟的节操，最初担任员外散骑侍郎、司徒府中兵参军。尔朱荣入据洛阳，任命陆腾为通直散骑侍郎、帐内都督。参与平定葛荣，由于战功而赐爵清河县伯。普泰初年，升任朱衣直阁。娶安平公主为妻，即东莱王贵平之女。

魏孝武帝驾幸贵平宅第，遇见陆腾，交谈中对他产生好感，对贵平说："阿翁真得个好女婿。"当即提升为通直散骑常侍。孝武帝西迁时，陆腾正出使青州，沦落在邺城。东魏兴和初年，征召他为征西将军，兼任阳城郡守。

大统九年（543），大军东征，由于陆腾所守为要道，就先进攻那里。当时军威十分强盛，长史麻休劝陆腾投降，陆腾不答应，坚守一个多月，城陷被捉。宇文泰放了他，待之以礼，询问东部情况，陆腾大讲东部人物，又叙述当时政事，言词间有褒有贬。宇文泰笑道："您真是不忘本啊！"当即任命为帐内大都督。不久，授太子庶子，升武卫将军。既然被宇文泰所了解，陆腾表示愿意立功效命，不求在朝廷内任职，宇文泰对此表示嘉许。十三年，授车骑大将军、仪同三司。

魏废帝元年（552），安康贼人黄众宝等人叛乱，勾结汉中，拥兵数万，围攻东梁州。城中粮尽，诏命陆腾率兵从子午谷援救。陆腾于是连夜上路，抵达后立即交战，大败贼军。回来后，授龙州刺史。宇文泰对陆腾说："如今想打通江油一路，直接出兵南秦，您仔细考虑谋略。"陆腾说："必须随机应变，不敢事先陈言。"宇文泰说："这是您当上柱国的机会，望您好自为之。”当即解下所佩的金带赏赐给他。

州民李广嗣、李武等人凭借山岩之险，作为城堡营垒，纠合不法之徒，攻抢郡县，历任官员都对他们没有办法。陆腾秘密下令，多造云梯，亲自率领部下，乘夜色前去偷袭，天色未明，已从四面攻上，击败贼众，把李广嗣等人捉到鼓下斩人之处。贼党任公忻，又纠集徒众，包围州城。对陆腾说：“只要放了李广嗣、李武，我们立即解散军队，请求治罪。”陆腾对将士们说：“我如果不杀掉李广嗣等人，可说是坠了军威，长贼人志气，这是不可能的。任公忻这个小子，竟敢来要挟我！”当即处死李广嗣、李武，拿他们的首级给贼人看。贼众士气大挫，陆腾出兵奋击，将他们全部捉住。

魏恭帝三年（556），授骠骑大将军、开府仪同三司，转任江州刺史，封上庸县公，食邑 2000 户。陵州的木笼獠，仗恃险要，粗野剽悍，常常劫掠，诏命陆腾讨伐。獠人因山建城，易守难攻。陆腾就在城下摆下许多声乐及各种杂技，显示没有作战之心。贼众果然丢下兵器，有的还带着妻儿在城上观看取乐。陆腾得知对方没有准备，秘密命令各军一齐进攻，贼众惊慌害怕，不知道要干什么。陆腾放手让将士进击，将贼众全部击败，斩首 1 万级，俘虏 5000 人。

世宗初年，陵、眉、戎、江、资、邛、新、遂等 8 州的百姓及合州人张瑜兄弟一起反叛，拥兵数万人，攻陷郡县。陆腾率兵讨伐。转任潼州刺史。

武成元年（559），诏命调陆腾入朝，世宗当面对他说：“益州路险且远，不是亲近的人就不会派往那里，所以命令齐公镇守。您的武功谋略，名闻远近，兵马镇守之事，都委托您掌管。”于是改任隆州刺史，随宇文宪入蜀。后来赵公宇文招替代宇文宪，仍请求把陆腾留下。保定元年（561），升任隆州总管，兼任刺史。二年，资州盘石的百姓造反，杀掉郡守，据险固守，州军无法取胜。陆腾率军讨伐，将其一举歼灭。蛮、獠兵又到处反叛，山路艰险，很难偷袭。陆腾就估测山川地形，随其所宜，开辟道路。蛮、獠害怕他的威名，望风归降。在他所开辟的道路上，见到不少古代碑刻，全是诸葛亮、桓温时的古道。当年，铁山獠人截断内江通道，使者、驿传都被隔绝。陆腾进兵讨伐。本打算抵达铁山，却伪装撤军。贼人不知是计，不再防备。陆腾出其不意发动进攻，贼众立即溃散奔逃。一天之内，攻下三城，斩其首领，俘虏3000人，降附者3万户。

由于陆腾的母亲在齐国，皇帝没有下令东征。恰巧有陆腾的亲属从东部回朝，晋公宇文护上奏后，命令此人欺骗陆腾说："齐人暴虐，已经杀害宗室，你的母亲和兄长也遭受灾难困苦。"想激发他的怒气。陆腾极其悲痛，哭泣不止，立志复仇。

四年，齐公宇文宪与晋公宇文护东征，请陆腾担任副职。赵公宇文招当时在蜀，仍然挽留。晋公宇文护写信给宇文招说："如今朝廷命令齐公扫荡黄河、洛水一带，想与此人同行。你那里没有事，暂且借我一用。"于是命令陆腾乘驿站车马急行入朝，辅佐宇文宪东征。五年，授司宪中大夫。

天和初年，信州的蛮、谯人占据长江峡口反叛，连地2000余里，自称王侯，杀死刺史守令等官员。又下诏让陆腾率军讨伐。陆腾先去益州，招募骁勇之士，同时准备大船，沿外江而下。军队抵达汤口后，分路勇猛进击，所向无敌。于是收集敌人尸首，封土而成高坟，以表彰武功。涪陵郡守蔺休祖，又占据楚、向、临、容、开、信等州，方圆2000余里，拥兵叛乱。又诏命陆腾讨伐。第一次与叛军大战，斩首2000余级，俘虏千余人。当时虽然挫败叛军锋锐，但贼众很多，从夏天到秋天，没有一天不交战，军队疲惫，粮食已尽，于是在集市驻军，考虑所用的计谋。贼人见陆腾不出来，从四面争先进攻。陆腾激励将士，人人奋勇，又攻克鱼令城，缴获大批粮食，用于军需。又攻克铜盘等七处栅栏，先后斩杀、俘虏4000人，另缴获战船等。又修筑临州、集市二城，用来镇守遏制该地区。陆腾从在龙州起，到这时先后击败平定各路贼众，共赏得奴婢800人，另有许多牛马。于是巴、蜀全部平定，诏令在当地树碑记功。

天和四年（569），陆腾升任江陵总管。陈国派遣将领章昭达率军5万人、战船2000艘围攻江陵。卫王宇文直听说陈朝军队入侵，派大将军赵躝、李迁哲等人率领步兵、骑兵去支援，都受陆腾指挥。

陈朝将领程文季、钱道戢、陆子隆等人随同都督章昭达率军前往荆州征讨南梁萧岿。当时萧岿与周军造了大量舟舰，暂时搁放在青泥水中以备用。这时水涨流急，章昭达派遣偏将程文季、钱道戢另外督率众军和陆子隆一道轻舟进袭，焚毁了敌人放在那里的全部舟舰。

北周军队在西陵峡口的南岸兴筑安蜀城（峡口，西陵峡口也。安蜀城在夷陵郡界。今湖北省宜昌市西陵峡口），北周军兵又在长江南岸与城垒之间的江面上牵引大绳，编织蒲苇当作桥梁，用来运输军粮。章昭达叫军士手持长戟，站在楼船的最高层高高举起，割断上空的大绳，绳索被割断后，北周的军粮运输就此断绝。然后，章昭达便指挥陈朝军队，猛攻安蜀城，迫使守城的敌军投降了。

后梁国主萧岿慌忙向北周的襄州总管卫公宇文直告急。据《周书》记载：萧岿，字仁远，是萧詧的第三个儿子。机敏善辩而有文采。善于安抚驾驭部下，能得到部下的欢心。继位的元年（562），尊奉其祖母龚太后为太皇太后，嫡母王皇后为皇太后，生母曹贵嫔为皇太妃。后来，陈国的湘州刺史华皎、巴州刺史戴僧朔同来归附。华皎将儿子华玄响送到萧岿处当作人质，请求出兵讨伐陈国。萧岿上书报告情况。周武帝宇文邕诏令卫公宇文直率领荆州总管权景宣、大将军元定等出兵。萧岿也派柱国王操率领水军2万，在巴陵与华皎会合。

接着与陈国将领吴明彻等在沌口交战，宇文直失利，元定逃亡。萧岿的大将军李广等人也被陈人俘虏，长沙、巴陵均被陈人攻陷。卫公宇文直把战败的责任都推给萧岿的柱国殷亮。萧岿虽然认为退败的责任不应当由殷亮一个人承担，可是不敢违抗命令，只得将殷亮处死。

吴明彻乘胜攻占萧岿的河东郡，俘虏守将许孝敬。次年，吴明彻进犯江陵，引长江水灌城。萧岿出逃纪南，避其锋锐。江陵副总管高琳及尚书仆射王操守城。萧岿的马军主马武、吉彻等人击败吴明彻。吴明彻退守公安。萧岿才回到江陵。萧岿在位的第八年，陈国又派司空章昭达来犯，被江陵总管陆腾及萧岿军队击退。章昭达又侵犯江陵的青泥。萧岿命令大将军许世武前去支援，被章昭达打得大败。

当初，华皎、戴僧朔随卫公宇文直被陈军打败，率领部下数百人归附萧岿。萧岿任命华皎为司空，封江夏郡公。任命戴僧朔为车骑将军，封吴

兴县侯。

面对陈朝军队的凌厉攻势，萧岿慌忙向北周求援。宇文直派大将军李迁哲率军去援救。卫剌王宇文直，字豆罗突。据《周书》载：魏恭帝三年（556），封秦郡公，食邑1000户。武成初年，外出镇守蒲州，任大将军，晋封卫国公，食邑1万户。保定初年，任雍州牧，随即升任柱国，转任大司空，出任襄州总管。

天和年间，陈国湘州刺史华皎举州前来归附，诏命宇文直督率绥德公陆通、大将军田弘、权景宣、元定等出兵支援，在沌口与陈国将领淳于量、吴明彻等人作战。宇文直失利，元定投奔长江以南。宇文直论罪免官。宇文直是宇文邕的同母弟弟，为人浮薄诡诈，贪狠无赖。由于晋公宇文护执政，就亲近宇文护，而对帝怀有二心。从沌口回来后，宇文直因免官而恼怒，又请求皇帝授官，希望得到职位。

周武帝宇文邕早就有处死宇文护的意思，于是与宇文直谋划。处死宇文护后，皇帝任命齐王宇文宪为大冢宰。宇文直很失望，又请求授为大司马，打算总领兵马，独揽威权。皇帝猜到他的心意，就对他说："你们兄弟长幼有序，难道让你反居下列吗？"于是任命宇文直为大司徒。

建德三年（574），晋封为王。当初，周武帝把宇文直的宅第改为东宫，让宇文直自己选择住所。宇文直看遍各处官署，没有中意的，到废弃的陟岵佛寺，打算住进去。齐王宇文宪对他说："兄弟的儿女们成长，按理说住处应当宽大一些，这个寺院太狭小，不宜居住。"宇文直说："我这一个身子尚且容不下，还用说儿女们！"宇文宪感到奇怪，也有点怀疑。宇文直曾经跟从周武帝宇文邕围猎，在队伍里乱跑，皇帝发怒，当众鞭打他。宇文直从此更加怨恨。

等到周武帝驾幸云阳宫时，宇文直留在京师，起兵反叛，进攻肃章门。司武尉迟运关门抵抗，宇文直无法进入。宇文直于是逃走，在荆州被追上捉住，废为平民，囚禁在另一处宫殿里。不久又图谋反叛，被处死。他的儿子宇文贺、宇文宾、宇文塞、宇文响、宇文贵、宇文秘、宇文津、宇文乾理等10人也被处死，封国被取消。这是后话。

且说当时，章昭达乘萧岿等的士卒有些疲倦时，又派程文季在夜晚攻入外城，杀死杀伤很多敌军。当时，李迁哲等人把守外城，陈国将领程文季、雷道勤乘夜色偷袭，李迁哲等人惊慌混乱，无法抵抗。陆腾连夜派人打开城门，出动带甲士卒奋勇进击，大败敌军。陈军溃败逃跑，巴陵内史雷道勤被乱箭射死，俘虏200余人。程文季仅自身脱难。

李迁哲将自己的部众防守江陵的外城，自己率领骑兵突出江陵的南门，派步兵突出江陵的北门，从两头夹击陈朝军队，陈朝军队很多战死。

李迁哲，字孝彦，安康人。据《周书》载：李氏世代为太行山以南的豪族，在长江以东当官。祖父李方达，齐国末年，担任本州治中。父亲李元真，在梁国当官，历任东宫左卫率、东梁衡二州刺史、散骑常侍，封沌阳侯。

李迁哲从小修养立身之道，有识见气度，意气风发，善于谋划。最初担任文德主帅，转任直阁将军、武贲中郎将。其父担任衡州刺史时，把李迁哲留在本乡，督率自己的私人军队。当时他20岁，安抚驾驭部下，很得军心。大同二年（536），授安康郡守。三年，加超武将军衔。太清二年（548），镇守魏兴郡，都督魏兴、上庸等八郡诸军事，袭爵沌阳侯，食邑1500户。四年，升任持节、信武将军、散骑常侍、都督东梁洵兴等七州诸军事、东梁州刺史。后来侯景肇乱，诸王争帝，李迁哲外抗强寇，仅能守住自己的辖区。

大统十七年（551），宇文泰派达奚武、王雄等人进攻太行山以南，李迁哲率部属抵抗，兵败，向达奚武投降，然而神色仍镇静如常。达奚武把他押送到京师。宇文泰对他说："为什么不早点归附，以至劳动军队？如今当了俘虏，不感到惭愧吗？"李迁哲答道："我世代受梁国的恩惠，未能报答，又不能以死尽节，因此实在感到惭愧。"

宇文泰对李迁哲十分赞许，当即任命他为使持节、车骑大将军、散骑常侍，封沌阳县伯，食邑1000户。魏恭帝初年，直州人乐炽、洋州人田越、金州人黄国等互相勾结，发动叛乱。太祖派雁门公田弘从梁州、汉州出兵，开府贺若敦进攻直谷。乐炽听说官军将至，就烧毁傍山架木所成的险路，据守直谷，贺若敦的军队无法进攻。宇文泰认为李迁哲在太行山以南素有信义之名，就命令李迁哲与贺若敦一块前去治理。乐炽等人有的投降，有的被俘，迅速荡平。又与贺若敦南下进攻。李迁哲先到巴州，进入外城。梁国巴州刺史牟安民惊慌害怕，打开城门投降。牟安民之子牟宗彻等人还占据琵琶城，不受招降。李迁哲将其攻占，斩杀、俘虏900余人。军队驻扎鹿城，城主派遣使者请求投降。李迁哲对部属说："接纳投降，如同对敌，我看对方使者顾盼的神态还很高傲，难道没有欺诈吗？"于是不接受投降。

梁人果然在道路东边设下伏兵，企图截击。李迁哲发动进攻，击败敌军，在城内大杀，俘虏千余人。从此巴州、濮州的百姓，相继投降。大军回来，宇文泰嘉奖他，把自己所穿的紫袍玉带及所乘马匹赏赐给他，另赏赐奴婢30人。加授侍中、骠骑大将军、开府仪同三司，任命他为直州刺史，直州就是他家乡所在的州。又赏给仪仗鼓乐。命令他与田弘一同讨伐信州。魏恭帝三年（556）正月，军队驻扎并州。梁国并州刺史杜满各听见风声就表示归降。又进兵包围叠州，将其攻占，活捉刺史冉助国等人。李迁哲常常率领勇猛之士担任前锋，每次作战，无不身先士卒，共攻占18州，开拓疆土3000余里。

当时信州被蛮族首领向五子王等人所包围，田弘又派李迁哲前去救援。等赶到时，信州已经沦陷。向五子王等人听说李迁哲到，吓得狼狈逃跑。李迁哲入据白帝。贺若敦等人也赶到，共同追击向五子王等人，把他们打败。田弘率军返回时，太祖命令李迁哲留下镇守白帝，分给他士兵1000人、马300匹。信州原先没有储备，军粮缺乏。李迁哲就收集葛根磨成粉，又掺上米让士兵吃。他自己也同士兵一样。若有美味，就分别赏给士兵。士兵中有得病的，他亲自去为他们医治用药。军中因此感激他，人人都愿意为他效力。黔阳蛮人田乌度、田都唐等人常常劫掠江中，成为百姓的祸患。李迁哲伺机征讨，斩杀、俘虏甚多。从此各蛮族被他的威名所震慑，纷纷送来粮食。又有1000多家送子弟入城当人质，李迁哲在白帝城外另筑一城，来安置他们，同时设置四个镇，用来保护三峡通道。从此寇患基本平息，军粮供应有了保证。

世宗初年，授都督信临等七州诸军事、信州刺史。当时蛮族首领蒲微担任邻州刺史，起兵反叛。李迁哲打算讨伐，众将认为路途艰险遥远，都不愿去。李迁哲怒道："蒲微小贼能干出什么？捉他的办法，我已经想好。各位见到这样的小贼，便有害怕之心，以后遇上强敌，将怎么作战！"

于是率兵7000人进攻，攻占五座城池，俘虏2000余人。明帝二年（558），食邑增至2500户。武成元年（559），入京朝见皇帝。世宗待他很有礼貌，赏赐住宅一处及庄园田地等。保定年间，授平州刺史。天和三年（568），升任大将军。四年，诏令李迁哲率领金州、上州驻军镇守襄阳。五年，陈国将领章昭达进逼江陵。梁主萧岿向襄州告急，卫公宇文直命令李迁哲前去救援。李迁哲率领部下防守江陵外城，同陈国将领程文季交战，士兵稍微后退，李迁哲亲自冲入敌阵，杀死数人。适逢江陵总管陆腾出兵援助，陈军才退兵。陈军又乘着涨水，挖开龙川的宁朔堤，引水灌城。城中惊慌。李迁哲先堵塞北堤，又招募勇猛之士，出城攻击，接连有所斩获，人心稍微安定。不久，敌人攻入外城，焚烧民居。李迁哲亲自率领骑兵从南门出击，又命令步兵从北门出击，两军合力，前后截击，陈军再次被击败，大多数投水而死。

当天夜里，章昭达令陈朝士兵偷偷地在城西架设梯子登城，登上了城头的有几百人，李迁哲和陆腾奋力抵抗，打退了陈朝军队的进攻。接着陈朝军队进入外城内，焚烧民房。北周李迁哲率骑兵出南门，又令步兵从北门出击，两军合势，首尾相攻，陈军再次失败，很多都投水而死。不久，骤然刮起大风，天色昏暗，李迁哲乘机出兵进攻陈军的营寨，陈军大乱，死伤很多。

此次作战，章昭达的军队一次又一次被北周的军队打败。章昭达又气又恼，令兵众挖开龙川宁邦堤（今湖北省荆州市江陵县北龙陂溪水岸），引水淹灌江陵城。江水滔滔，直入江陵城。

北周的陆腾领兵率领将士在西堤击败陈军，杀死陈军兵众数千人，章昭达的军队战斗失利。章昭达明白，他面对的不仅仅是萧岿的江陵部伍，而是北周强悍的鲜卑兵众。章昭达只好引兵退走。

萧岿在位的第十年（571），华皎前来北周的京城去朝见周武帝宇文邕。经过襄阳时，华皎向卫公宇文直请求道："梁主已失江南的一些郡（吴明彻、章昭达再攻梁，江南诸郡皆为陈所取），百姓少而国家贫穷。复

兴衰亡败灭的朝廷，理应给予财物援助，难道使齐桓公、楚庄公独占救助卫国、复兴陈国的美名吗？希望借给数州，用来帮助梁国。”

宇文直认为此言有理，就派使者把情况上报周武帝宇文邕。周武帝允许，诏令把基（基州为竟陵郡丰乡县及章山郡）、平（平州为南郡紫陵县、当阳县）、鄀（鄀州为竟陵郡乐乡县、武宁郡）三州划归后梁萧岿管理。

周武帝宇文邕平定齐国后，萧岿到邺城朝见。周武帝宇文邕虽然待之以礼，可是对他并不重视。萧岿知道了这件事，后来在宴会上，乘机陈述自己父亲承蒙太祖宇文泰的救命之恩，并叙述两国艰难、唇齿相依之事。说理明晰，言词流畅，涕泪纵横。

周武帝宇文邕也为之叹息。从此对他格外赏识，待他的礼节越来越隆重。其后周武帝宇文邕又同他饮宴，齐氏旧臣吒列长义也在座。周武帝宇文邕指着吒列长义对萧岿说：“这就是在城头上骂我的那个人。”萧岿说：“吒列长义未能佐桀，胆敢反过来向尧吠叫。”周武帝宇文邕大笑。酒喝到高兴处，周武帝宇文邕又命人送上琵琶自弹。对萧岿说：“当为梁主尽情欢乐。”萧岿起身，请求起舞。周武帝宇文邕说：“梁主竟能为我跳舞吗?”萧岿说：“陛下已经亲自弹奏，微臣为什么不敢像百兽一样起舞呢?”

周武帝宇文邕大喜，赏赐杂色丝织品万段、良马数十匹，并将齐后主的舞女、妾及自己所乘的日行500里的骏马一起赠送给萧岿。

第七章　慈训太后祔高庙

太建二年（570）三月十三日，南陈慈训皇太后（高祖陈武帝宣皇后章要儿）寿终正寝，享年65岁，谥号宣皇后，与陈武帝合葬万安陵。

陈宣帝十分悲伤！他回想起当年与堂弟陈昌一起在北周度过的艰难岁月。想起陈昌的母亲慈训太后对自己的提携和恩赐！如果没有章皇后的大力支持，他也不会如此顺利地承继大统！

在陈宣帝的旨意下，陈朝隆重地筹备着章太后的葬礼。章太后传奇的一生，在《南史》《陈书》中都有记载：高祖宣皇后章氏，名要儿，吴兴乌城人。本来姓钮，父亲景明被章氏收养，所以改姓章。景明在梁朝任职，官至散骑侍郎。

章皇后的母亲苏氏，曾经碰见一名道士送给自己一个小乌龟，色泽斑斓晶亮，说："三年后可应验。"到了期限，章要儿出生时，紫色光芒洒满产房，那只小乌龟也从此消失了。章要儿年轻时聪明伶俐，容貌端庄秀美，手指甲长达五寸，颜色都是红中透白。每次有丧事发生，则一个指甲先折。陈霸先原娶了同郡的钱仲方之女为妻，由于钱氏早死，后来才娶了章要儿。章要儿喜好文字与筹算，能背诵《诗经》和《楚辞》。

陈霸先从广州南征交阯时，吩咐章要儿和陈昌一起跟随沈恪从海路回到长城。侯景之乱时，陈霸先率军去到豫章，章皇后被侯景囚禁。侯景之乱平定后，陈霸先被封为长城县公，章要儿被授为夫人。永定元年（557），陈霸先登基称帝，章要儿立为皇后。追封皇后的父亲景明为特进、金紫光禄大夫，加戴金质图章紫色丝带，授皇后的母亲苏氏为安吉县君。永定二年，安吉君去世，与皇后的父亲合葬于吴兴。次年，追封皇后的父亲为广德县侯，食邑500户，谥号温。

陈武帝驾崩，章皇后和中书舍人蔡景历商定计谋，秘不发丧。当时唯一的嫡子、皇太子陈昌还押在北周，章皇后只好征召陈蒨继承皇位。陈蒨即位后，尊奉章要儿为皇太后，寝宫赐名慈训。废帝即位，尊奉她为太皇太后。光大二年（568），章皇后下令罢黜废帝为临海王，命令安成王陈顼继位登基。太建元年（569），陈宣帝陈顼尊奉她为皇太后。

太建二年（570）三月十三日，章太后死于紫极殿，时年65岁。遗令说丧事全部要俭朴，各种祭奠都不用牲口。那年四月，群臣上谥号为宣，祔葬在万安陵。

章皇后的亲属没有在朝中做官的，只有原来家族中的一个哥哥钮洽官至中散大夫。

同年三月二十三日，陈宣帝下诏，特赦广州、衡州被欧阳纥协同犯罪的官民。二十四日，陈宣帝下诏大赦天下。又下诏自讨周迪、华皎以来交战中所有死亡之人，均令收尸殓棺入土，并给以棺木，送还本乡；受伤未经治愈者，每人给以医药和费用。

《陈书·宣帝纪》中有载："太建二年三月丁未《恤军士死伤诏》：自讨周迪、华皎已来，兵交之所，有死亡者，并令收敛，并给棺椁，送还本乡，疮痍未瘳者，各给医药。"

太建二年八月甲申颁《安处新附诏》："怀远以德，抑惟恒典，去戎即华，民之本志。顷平江介，强负相随，崎岖归化，亭候不绝，宜加恤养，答其诚心。维是荒境自投，有在都邑，及诸州镇，不问远近，并蠲课役。若克平旧土，反我侵地，皆许还乡，一无拘限，州郡县长，明加甄别，良田废村，随便安处，若辄有课订，即以扰民论。"（见《陈书·宣帝纪》）

同年（570）夏四月初二，废帝临海王陈伯宗去世。据《陈书·废帝纪》所载：废帝名伯宗，字奉业，乳名药王，是世祖陈文帝的嫡长子。梁承圣三年（554）五月初五生。永定二年（558）二月初五，拜为临川王嗣子。三年世祖即位，八月二十六日，立为皇太子。自从梁室遭遇多灾多难，东宫烧烬，太子居于永福省。

天康元年（566）四月二十七日，陈文帝驾崩，当日，太子即位于太极前殿，诏曰："皇天降下灾祸，大行皇帝倏然离世，挽棺哭号无所逮及，五内欲焚。朕以智寡德薄之身，承继大业，心中哀痛，身逢乱世如履薄冰，仰赖宰辅匡正我所不及。可大赦天下。”又诏令朝廷内外文武百官，复其原职，远方一概停止赴丧。

五月初三，尊皇太后为太皇太后，皇后为皇太后。十四日，以骠骑将军、司空、扬州刺史、新任尚书令安成王陈顼为骠骑大将军，晋位司徒、录尚书、都督中外诸军事。二十一日，中军大将军、开府仪同三司徐度晋位司空；镇南将军、开府仪同三司、江州刺史章昭达为侍中，晋号征南将军；镇东将军、东扬州刺史、始兴王陈伯茂晋号征东将军、开府仪同三司；平北将军、南徐州刺史、鄱阳王陈伯山晋号镇北将军；吏部尚书袁枢为尚书左仆射；云麾将军、吴兴太守沈钦为尚书右仆射；新任中领军吴明彻为领军将军；新任中护军沈恪为护军将军；平南将军、湘州刺史华皎晋号安南将军；散骑常侍、御史中丞徐陵为吏部尚书。六月初六，翊右将军、右光禄大夫王通晋号安右将军。

秋七月二十二日，立妃王氏为皇后。冬十月十七日，皇上亲临太庙祭祖。十一月初二，北周遣使臣来访。十二月二十二日，高句丽国遣使臣敬献土产。

光大元年（567）春正月初一，尚书左仆射袁枢死。初三，诏曰：“从前皇天有命，降大位于我朝，文武二帝之道得以重光，九州得以治理。可怜我年幼无知，王道未得昭明，身负重任，好比徒步沧海，希望能任用亲近贤能之人，各方官吏大都是贤良之才，天下和乐升平，勉力实现措置刑法以德化民的盛世。今元日改历，万国来朝，英灵已入宗庙无法追回，同僚都还活着，我看到你的灵位，触景生情心如刀绞。思量传布遗德，使广布天下百姓。可大赦天下。改天康二年为光大元年。孝悌力田者赐爵一级。”

初七，以领军将军吴明彻为丹阳尹。十九日，皇上亲临南郊祭天。二月初十，宣毅将军、南豫州刺史余孝顷谋反被杀。十二日，以征东将军、开府仪同三司、东扬州刺史、始兴王陈伯茂为中卫大将军，开府仪同三司黄法𣰰为镇北将军、南徐州刺史，镇北将军、南徐州刺史、鄱阳王陈伯山为镇东将军、东扬州刺史。三月二十三日，以尚书右仆射沈钦为侍中、尚

书左仆射。夏四月十五日，太白星昼现。

五月二十三日，以领军将军、丹阳尹吴明彻为安南将军、湘州刺史。二十五日，以镇右将军杜棱为领军将军。安南将军、湘州刺史华皎谋反，二十六日，以中抚大将军淳于量为使持节、征南大将军，总率水军征讨华皎。

六月初三，以中军大将军、司空徐度晋号车骑将军，总领京师众军，抄小道偷袭湘州。闰六月二十四日，以云麾将军、新安王陈伯固为丹阳尹。秋七月初十，立皇子陈至泽为皇太子，赐给天下为父后者爵一级，王公卿士以下赐帛各有等差。

九月初七，诏曰："叛贼华皎，穷凶极恶，竟伪立萧岿，阴谋颠覆社稷。背弃祖国投靠仇敌，人神共愤，王师迅速出击，水陆并进，计其歼灭之时日，非一朝一夕之功。其家室在京兆北郊者，应该加以诛戮，以明国法。"十八日，百济国派使臣敬献土产。同月，北周将领长胡公拓跋定率马步军2万人入郢州，同华皎军水陆并进，都督淳于量、吴明彻等人率兵与之交战，大破之。华皎只身一人乘船逃奔江陵，活捉拓跋定，俘虏万余人、马匹4000多，送到京师。

冬十月十四日，赦免湘、巴二州因华皎叛逆一事被牵连者。十七日，皇上亲临太庙祭祖。十一月二十二日，以护军将军沈恪为平西将军、荆州刺史。二十七日，侍中、中权将军、开府仪同三司、特进、左光禄大夫王冲薨。十二月二十四日，封兼从事中郎孔英哲为奉圣亭侯，继奉孔子之祀。

光大二年（568）春正月初三，侍中、都督中外诸军事、骠骑大将军、司徒、录尚书、扬州刺史、安成王陈顼晋位太傅，兼司徒，加给特殊的礼遇，可以佩剑穿履上殿；侍中、征南将军、开府仪同三司、江州刺史章昭达晋号征南大将军；中抚大将军、新任征南大将军淳于量为侍中、中军大将军、开府仪同三司；安南将军、湘州刺史吴明彻即本号开府仪同三司，晋号镇南将军；云麾将军、郢州刺史程灵洗晋号安西将军。初四，诏令给征讨华皎而阵亡的士兵以棺材，送还本乡，再免除其家人的赋税徭役。二十八日，撤销吴州，把鄱阳郡还属江州。侍中、司空、车骑将军徐度薨。

夏四月十七日，太白星昼现。二十三日，分割东扬州晋安郡为丰州。五月二十二日，太傅安成王陈顼献王玺一枚。六月初，彗星现。

秋七月十三日，皇上亲临太庙祭祖。十五日，新罗国遣使臣敬献土产。以侍中、征南大将军、开府仪同三司、江州刺史章昭达为中抚大将军。二十六日，太白星昼现。

冬十月初九，皇上亲临太庙祭祖。十一月十五日，以前平西将军、荆州刺史沈恪为护军将军。二十一日，以镇北将军、开府仪同三司、南徐州刺史黄法氍为镇西将军、郢州刺史，新任中军大将军、开府仪同三司淳于量为镇北将军、南徐州刺史。

二十三日，慈训太后召集群臣到朝堂，下令罢黜少帝陈伯宗，贬为临海王。令安成王陈顼入承大统。当日，废帝陈伯宗出居私第。太建二年（570）四月薨，时年19岁。史臣载，废帝仁弱无人君之气量，世祖总担心他不能承继大业，只是已立为太子，要废立事关重大，所以迁延多年。等到世祖病危，便召见高宗说："我想依照太伯之旧例。"高宗起先未能理解，后来醒悟，便拜伏于地痛哭流涕，坚决推辞。其后宣太后依诏废贬废帝。

陈伯宗的皇后姓王，是大臣王固的女儿。据《南史卷十二·列传第二·后妃下》：废帝王皇后，琅琊临沂人。天嘉元年，为皇太子妃。废帝即位，立为皇后。废帝为临海王，皇后废为妃。至德中薨。王皇后生临海嗣王陈至泽。陈至泽在光大元年被立为皇太子，太建元年，袭封临海嗣王。陈亡，入长安。王皇后的父亲王固另有传。

王皇后的父亲王固的传记，在《陈书卷二十一·列传第十五》《南史卷二十三·列传第十三》中有载：

王固，字子坚，是左光禄大夫王通的弟弟。他年少时高洁雅正，广泛涉猎经文史籍，因他为梁武帝的外甥，封为莫口亭侯。推举为秀才。初任梁秘书郎，迁太子洗马，掌东宫管记，生母去世离职。服丧期满，任丹阳尹丞。侯景之乱时，逃奔荆州，梁元帝承应制令任他为相国户曹属，掌管记。不久出使西魏，魏人因他是梁氏外戚，以厚礼相待。承圣元年（552），迁任太子中庶子，不久任贞威将军、安南长史、浔阳太守。荆州陷落，王固到鄱阳，随兄王质越过东岭，寄居信安县。绍泰元年（555），征辟为侍中，未就任。永定年间，移居吴郡。世祖认为王固清淡谦恭，想结为亲家。天嘉二年（561），王固到京都，拜官国子祭酒。三年迁中书令。四年又任散骑常侍、国子祭酒。同年，立王固女为皇太子妃，礼遇甚重。

废帝（陈伯宗）即位，王固任侍中、金紫光禄大夫。当时陈顼辅佐朝政，王固因是废帝外戚，乳母常来往宫中，稍稍泄露了密旨。事情发觉后，跟他亲近的将领都被杀，陈顼因王固本身无兵权，且居处俭朴，只免所居官，软禁。

太建二年（570），按照旧例任招远将军、宣惠豫章王谘议参军。迁任太中大夫、太常卿、南徐州大中正。七年，居官去世，时年63岁。追赠金紫光禄大夫。丧事所需财物，随其所需加以供给。至德二年（584）迁葬，谥曰恭子。

王固清心寡欲，居丧期间以孝道闻名。他又崇拜佛法，自从生母去世后，便终身吃素食，晚上坐禅，白天诵读佛经，同时研习《成实论》义，然而玄谈非其所长。王固曾出使西魏，在皇上宴享大臣时，他请求停止杀一只羊，羊在王固面前跪拜。后又在昆明池设宴，西魏人知道南方人爱吃鱼，便撒大网捕鱼，王固念佛咒，于是一条鱼也未捕到。

王固在废帝和皇后被黜免后，仍能善终，是他个人的修为和造化，也是陈宣帝作为佛教信徒多行善事的结果。

同年四月戊寅（二十五日），陈朝将慈训太后（高祖宣皇后章要儿）祔葬在武皇帝陈霸先的万安陵（今江苏省南京市江宁区东南方山西北）。不久，北齐派使者来陈朝吊唁高祖武宣皇后。

闰四月二十五日，陈宣帝拜谒太庙，谒告行礼。陈朝太庙究竟是个什么样子？在此介绍一下：

陈朝的太庙，是从陈霸先受梁禅称帝开始设置的。据史载：当年梁帝禅位陈王，十月乙亥，陈霸先即皇帝位于南郊，建国号陈，柴燎告天，大赦天下，改元永定。陈武帝在即位的第七天，下诏追尊皇考陈文赞为景皇帝，庙号太祖，皇妣董太夫人为安皇后。

陈霸先追谥前夫人钱氏为昭皇后，并追封早亡的长子陈克为孝怀太子，然后，立夫人章要儿为皇后。钱氏是陈霸先同郡钱仲方之女，在陈霸先没有发迹前就去世，陈霸先又续娶章要儿。

陈霸先尊父亲景帝陈文赞的陵寝为瑞陵，祖父陈道巨的陵寝为寿陵，以妻子昭皇后钱氏的陵寝为嘉陵。陈霸先把父祖神主奉入陈朝太庙。根据《隋书》卷七所载："陈依梁制，七庙如礼。"也就是说，陈太庙和宋齐梁三朝没有区别，都是让妻子位列太庙正神。所以，昭皇后钱氏自然也是太庙的庙主。

陈太庙里是不虚太祖之位的，七位庙主分别是：六世祖步兵校尉陈鼎、五世祖散骑侍郎陈高、皇高祖怀安府君陈咏、皇曾祖安成府君陈猛、皇祖义兴孝公陈道巨、皇考太祖景皇帝陈文赞、昭皇后钱氏。

中国人注重祭祀，封建皇帝们不但要在宗庙里祭祀列祖列宗，还要在郊外祭祀天地，即所谓的"南郊祭天，北郊祭地"。在祭祀天地时，需要用祖宗配祭，让老祖宗跟着一起享受祭祀，祖宗那么多，自然是让有大功德的祖宗一起配祭。

汉朝是以太祖刘邦兼配天地，到了王莽当政时，引用《周礼》用先妣配北郊，才开始以高皇后吕雉配北郊；汉光武帝刘秀中兴，对王莽各种否定，刘秀认为吕祖奶奶太剽悍不够贤惠，就取消了她北郊配地的资格，让文帝之母薄太后代之。

曹魏和司马晋，则都是以太祖（始祖）皇帝南郊配天，太祖（始祖）皇后北郊配地，比如曹操、卞氏，司马懿、张春华两公婆。

到了南宋，就以刘裕配南郊，他的妻子武敬皇后臧爱亲配北郊；再到萧齐，以萧道成配南郊，他的妻子高昭皇后刘智容配北郊，显然都是效法魏晋。

到梁朝的萧衍，他以皇考太祖文帝配南郊，却用他自己的夫人德皇后郗徽配北郊；陈随梁制，陈霸先也以皇考太祖景帝陈文赞配南郊，让昭皇后钱氏配北郊，一切规格都参照梁制。

陈霸先是陈朝的开基始祖，兼具始受封和始受命的资格，是绝对的陈朝太祖。但是，陈霸先却效法萧衍，把太祖的庙号奉给父亲陈文赞。

陈霸先的想法和萧衍比较类似，都是因为自身人丁不旺的缘故。与萧衍相比，陈霸先的人丁更加单薄。萧衍虽然生儿子比较晚，但他有九个亲兄弟，侄子一堆，后来又生了八个儿子；陈霸先却只有两个兄弟三个侄子，他自己生了六个儿子却早死了五个，剩下一根独苗还被扣押在敌国北周。如果陈霸先不把父亲陈文赞奉为陈朝太祖，而是把太祖之位留给自己，那就意味着把他这一支之外的子侄比如陈蒨、陈顼兄弟，都排除在皇权核心圈之外了，那样的话，陈朝的皇室宗族就更加单薄。

为了构建起陈朝的宗法秩序，陈霸先只能把父亲陈文赞奉为太祖，提高侄子们的地位，扩大陈氏宗室范围，建立起陈朝的宗藩。这样，以父亲陈文赞为法统起点，自己的同父兄弟子侄们，都可以裂土封王，也就能培养出捍卫皇权的可靠力量。当然，也能激发他们谋朝篡位的野心！同样的道理，如果单纯是为了扩大宗室的力量，再往前去追封到祖父、曾祖父，那就等于连带提高了祖父、曾祖父位下的子孙地位。对皇帝来说，从兄弟和再从兄弟，哪里有亲兄弟更值得信任？提高他们的地位，不是给了他们争夺皇位的资格吗？

因此，永定元年（557）十月，陈霸先追赠皇兄陈道谭为始兴郡王，弟陈休先为南康郡王。十一月，诏封侄子陈蒨为临川郡王，陷落北周的侄子陈顼袭封始兴王，另一个身陷北齐的侄子陈昙朗则袭封南康王，此时陈霸先还不知道这个侄子已经被北齐人杀害。永定二年（558）八月，陈武帝追封皇子陈立为豫章献王，陈权为长沙思王，长女为永世懿公主。

陈朝皇室男性主要成员，抛开早死者，除了陈霸先，也就陈蒨、陈顼兄弟，还有那位被扣在北周的第六皇子陈昌，是陈武帝唯一的嫡亲独苗。

正是因为陈朝宗室过于单薄，毫无功劳的陈文赞就被陈霸先追封为陈朝太祖，这是陈霸先的一片苦心啊！根本原因就是陈霸先的儿子生的太少了。陈霸先的继妻章要儿，在死后同样升祔太庙，一帝配二后。

陈蒨即位后，改为南郊以陈霸先配祭，北郊以祖父陈文赞配祭；然而，到了废帝陈伯宗光大年间，又改以昭皇后钱氏配北郊。随着陈霸先神位进入太庙，身为陈蒨七世祖的陈鼎就该被迁毁。此时陈太庙的格局为：六世祖散骑侍郎陈高、五世祖怀安府君陈咏、皇高祖安成府君陈猛、皇曾祖义兴孝公陈道巨、皇祖太祖景皇帝陈文赞、皇考高祖武皇帝陈霸先。

陈文帝即位时，年不到40岁，他入承大宗，就是陈霸先的继承人了，不但继承陈朝的君统，还继承陈朝的宗统。他把本支的正统大宗攥在手中。因为胞弟陈顼还被敌国扣押在北周，致使本宗乏飨、始兴国庙烝无主。陈文帝即位不久，于永定三年（559）十月，封始兴嗣王陈顼为安成王，另外封二皇子陈伯茂为始兴王，以奉陈蒨、陈顼之父陈道谭（陈谈先）始兴昭烈王祀。

陈蒨虽然当了皇帝，但身为先帝唯一皇子的陈昌还扣押在北周，仍活在世上。这点使陈蒨如鲠在喉。北周也不会放过这个挑动陈氏兄弟争夺帝位、自相残杀的机会。于是，北周放归陈昌。而陈朝众臣以巴陵王萧沇（yǎn）为首的百官，又上书请求陈文帝不要拘徇于匹夫私情，忘记王业大计，要勇于承担大任，把缺乏政治历练、缺乏军事才能、只会吟诗作画的陈昌封为衡阳郡王，食邑5000户就可以了。

通常，陈朝宗王多为2000户食邑。当初陈蒨封临川郡王时，也就是2000户。而如今封陈昌5000户，还给皂轮、鼓吹、班剑等等，可谓尊崇至极！

但是，陈昌仍不满足。给陈文帝写信，指责陈蒨抢占了属于自己的帝位，很不客气地要陈蒨让出帝位。当时陈蒨为保卫陈朝，刚刚取得了大败王琳大军和北齐铁骑的重大军事胜利。陈蒨赢得了陈朝上下的拥戴。而陈昌却无尺寸之功，既无政治资本也无军事战绩，更无一兵一将的支持，竟敢凭赤手空拳来与久经政治、军事历练的陈蒨争夺帝位。仅凭这点，就可以看出陈昌确实毫无政治斗争经验，更无军事谋略。陈昌与陈蒨根本不在一个等量级上。至于陈昌是不是船到江心而被“溺亡”，还是他聪明地听从了智者的劝告，潜行吴兴而隐居下来，那是另一码事。反正结局是陈昌没能回到京城。北周期望的陈氏兄弟争夺帝位的闹剧，最终没上演。

陈文帝为了表示自己失去兄弟陈昌的哀痛，把第七皇子陈伯信过继给陈昌，让他奉衡阳献王祀。到了六月辛巳，陈蒨改谥皇祖妣景安皇后董氏为景文皇后，又在甲午日追谥本生母始兴昭烈王妃为孝妃。

天嘉二年（561）十二月，陈蒨为生父始兴王陈道谭立庙京师，称之为东庙。又在四年（563）把东庙神主迁到前梁小庙，并改名国庙，祭祀用天子之礼。

天嘉三年（562）正月，陈蒨南郊祭天，以陈胡公配天。陈胡公是陈姓始祖，以始祖配天，是合乎礼制的。就在陈文帝“祭天以配陈胡公”的当年（562）三月，被北周扣押的皇弟安成王陈顼终于回国了。

天康元年（566）六月，陈文帝葬永宁陵，神牌升祔太庙。随着陈蒨的入庙，身为陈伯宗七世祖的陈高就该被迁毁，此时陈太庙的格局为：

六世祖怀安府君陈咏、五世祖安成府君陈猛、皇高祖义兴孝公陈道巨、皇曾祖太祖景皇帝陈文赞、皇祖高祖武皇帝陈霸先、皇考世祖文皇帝陈蒨。

太建元年（569）正月甲午，陈顼在太极前殿即皇帝位，复太皇太后为皇太后，立安成王妃柳敬言为皇后，以安成王世子陈叔宝为皇太子，又以皇子陈叔陵为始兴王，奉昭烈王祀。

陈顼虽然即位，但陈太庙格局基本上没有变动，不存在迁毁现象，依旧是陈伯宗时期的格局。此时陈太庙的格局为：

六世祖怀安府君陈咏、五世祖安成府君陈猛、皇高祖义兴孝公陈道巨、皇曾祖太祖景皇帝陈文赞、皇祖高祖武皇帝陈霸先、皇考世祖文皇帝陈蒨。

以上就是陈朝太庙的基本情况。以供史学者参考和研究。

陈宣帝拜谒陈朝太庙后，五月初三，南陈仪同黄法氍献瑞璧一枚。

第八章　用贤臣明法典朝政肃然

太建三年（571）春季，正月初九，北齐派兼散骑常侍刘环俊来陈朝聘问。北齐与北周的战争仍在继续。北方两大鲜卑政权相继派遣使者到南陈来访问。

陈宣帝在外交上与北周、北齐保持“友好”关系，在军事上保国安境，同时，任用士族豪门官员，以稳定国内的社会上层人士，正月十七日，陈朝任命尚书右仆射徐陵为左仆射。据《陈书卷五·本纪第五·宣帝》记载：“三年春正月癸丑，以尚书右仆射、领大著作徐陵为尚书仆射。”

徐陵，作为士族的代表人物，与王冲、王通、王固的王氏家族，以及沈恪等沈氏大族等有着密切的联系。他对于陈宣帝任命的“左仆射”（相当于宰相）的官职，还一再上表推辞。

据《陈书卷二十六·列传第二十》载：“三年，迁尚书左仆射，陵抗表，推周弘正、王励等，高宗召陵入内殿，曰：“卿何为固辞此职而举人乎？”陵曰：“周弘正从陛下西还，旧藩长史，王励太平相府长史，张种帝乡贤戚，若选贤与旧，臣宜居后。固辞累日，高宗苦属之，陵乃奉诏。”

陈宣帝委任徐陵宰相的职位，徐陵不就任，而推荐周弘正、王励等人任此职。高宗陈顼召徐陵到内殿，说：“爱卿为什么坚决推辞这一职务并且荐举别人呢？”徐陵说：“周弘正是跟随陛下从北周回来的原藩国长史，王励是太平相府长史，张种是皇上同乡亲戚中的贤人，假若选拔贤达旧臣，我理应在后。”

徐陵推荐的周弘正等三位大臣，都是豪门士族出身，也的确是陈朝的精英。史书也有记载，据《陈书·列传》记载：

周弘正，字思行，汝南安城人，晋光禄大夫周顗的九世孙。祖父周

颙，齐朝中书侍郎，领著作。父亲周宝始，梁朝司徒祭酒。

周弘正幼年丧父，和弟弟周弘让、周弘直都由伯父护军周舍收养。10岁时，通晓《老子》《周易》，周舍每每与他谈论，总是觉得他与众不同，说："看你神情聪颖，悟性奇高，精明事理，机警过人，将来出名，必当超过我。"河东裴子野深加赏识，把女儿嫁给他。15岁时，召补为国子生，又在国学讲《周易》，诸生争相传阅他的讲义。在春末的时候开学，初冬的时候应举，学司认为他来的时间短，没有答应他。博士到洽议论说："周郎还没成年，便独自讲授一经，虽然是诸生，实际上能做老师，不必等策试。"初任梁太学博士。晋安王为丹阳尹时，召引弘正任主簿。出任鄸县县令时，因母亲去世离职。丧期满后，历任曲阿、安吉县令。普通年间，开始置官司文义郎，管辖寿光省，周弘正任司义侍郎。

中大通三年（531），梁昭明太子薨，其嗣子华容公没能立为太子，而是立晋安王为太子，弘正便上奏章说："我听说谦逊之天象，起源于伏羲、轩辕所创之爻画，禅让之根源来自尧舜禅让之制，其来历已很久了，请让我详细地说。大凡在朝在野，殊途而同归，后稷、后契、巢父、许由，姓名不同而其道一致，出世者奉之为首领，居官者称之为外臣，无不内与外互相资凭，互为表里，以成治世之业，这大抵是万代同一规范，历百王而不会更改的。到了三代之时，由于王室衰微，礼制崩坏，各亲其亲，各子其子。以至于有七国争雄，楚汉相争。汉朝鼓扇其俗，两晋张扬其波，谦让之风废弛，已是年长月久。以朴实代替虚伪，以淳朴替代浮薄，回归古代淳朴之世，现在是时候了。

伏惟明大王殿下，天资卓越，超凡脱俗，聪明睿智神态英武，真乃百官领袖，四海之内归附其仁德。所以皇上颁布德言，下达明诏，以大王为国之太子，此乃天下之根基所在。即使是夏太子储、周太子诵、汉太子储、魏太子丕，这些人，又哪里能够与大王您相比呢。我希望殿下您能够效仿宋之子鱼，以仁义之怀弃帝位不居，像子臧那样执守临难不苟的节操，避开皇位而不居，抛弃万乘之尊如脱鞋那样随便，希望能一改浮薄之风，以光大太伯之遗风。古有其人，今闻其语，能身体力行的，舍殿下又有谁人？能使无为之教化，像上古那样复兴，禅让之道，不绝于后世，岂不是圣德之业吗？

弘正乃浅陋之书生，不能通今博古，祖籍汝、颍，世代以忠烈相传，先人在燕朝任决曹掾时曾多次上书直谏，在万岁面前显现出节义，在三府面前严词正色，虽然盛德之业将要断绝，然而疏狂之风未泯。所以冒昧说出我心中之言，放纵我之愚见。如果能让我这些粗浅的言语，为您所听取，即使是让我置身于烹鼎之上，丧命于肺石之上，虽死犹生。”

周弘正抗言直谏，坚守正义，大体如上。周弘正累迁至国子博士。当时朝廷在城西设立士林馆，周弘正任讲授，听众倾动朝野。弘正向梁武帝请教《周易》疑义五十条，又请求解释《乾》《坤》《二系》说：

“我听说《易》取法万象来表达含义，设立系辞以表达内容，于是圣人之性情，庶几可见。如果不是体大精深，出神入化，怎么能志格圆通成为极学，精微奥妙发人深思。所以孔子比之为桎梏，读《周易》时韦编三绝，轩辕读《周易》时疑惑不解，以至遗失玄珠于赤水之中。伏惟陛下日理万机，不必像众人那样每时每刻劳损心神，只需凝神静思其奥妙之意，便可对其天真之道常有所得，就是用上上之智也无法来比喻您智慧之深邃，就是用聪明神智也无法来比况您心智的深不可测。至如《六经》包括了爻画，《两系》穷尽了文辞之妙，鸿儒连年畅谈，名士终年抵掌而议，无人能够畅游其中，不曾见其边际。自从圣旨降议，裁成《易》道，剖析精微之理至于秋毫，涣释积年之冰及于深谷。臣亲承圣旨，职掌讲授，芸芸众生，无不得到传授。只是《乾》《坤》之深义未能剖析，《系辞》之奥妙未能诠解，以至于整部经书之大概，还有很多疑惑的地方。臣不揣庸俗肤浅，不顾自己之浅薄，谨与授业诸生清河张讥等 312 人，因《乾》《坤》《二系》《象》《爻》之义未通，伏请皇上于听政之余，垂爱加以提示训导，让微臣们研习仰读，得以完成专门之学业，使后世好学者，专心研读《周易》者有奉读之物。从此将深感荣幸，更加欢快地沐浴太平盛世之光照，终身习读，不知老之将至。惟恐皇上您不知我们之困惑，因而冒昧陈情，愚钝闭塞之心不知如何表达。”

梁武帝诏答曰：“设立《卦辞》以观天象，其事幽远而文辞高妙，作《系辞》以表达心志，言辞艰深而道理深奥，孔子有绝编之思，文王幽居时又有续作，其事已过了一代又一代，传述者也经历了一个又一个圣贤，自从商瞿秉承，子庸又加以传授，篇简逐渐散失，岁月日益久远。田生表川享有盛誉，琅琊梁丘擅专门之学，代郡范生，山阳王氏，各人怀藏珠玑，各自尽述玄言之妙，其学说各有取舍，其意旨互有详略。近代官方之《易》学，均有存疑之处，随口回答所问，已是各具别解。已知你与张讥等312人需要解释《乾》《坤》《文言》及《二系》，待听政有暇，必当与卿等加以讨论。”

周弘正博学多识，了解天象，擅长占测吉凶。大同末年，他曾对弟弘让说：“国家遭到厄运，数年之内当有战乱发生，我与你不知道该逃到何处去。”后来，梁武帝招纳侯景，弘正对弘让说：“大乱从此发生了。”

京城陷落，王僧辩讨伐侯景时，周弘正与弟周弘让起兵相迎，王僧辩得到他们的帮助，十分高兴，当日便启奏湘东王萧绎，萧绎亲自写信给周弘正说：

“妖魔小丑肇乱，已过去一年了，国内相知，零落殆尽。即便凭韩非那样的智慧，也免不了在秦国坐监，以刘歆那样的学识，也挽救不了新朝的灭亡，好久没你的音讯，我时常焦虑不安。常常想像古人那样访山东而寻扬子云，问关西而求杨伯起，每当有信使到来，总是前去相问，总是希望能等到你的来信，以安慰我引颈相望之心。”

又遣使迎取他，对朝臣说：“晋氏平定三吴，喜得陆云、陆机二陆，今我破贼，也得到了弘正、弘让二周，真是今与古如出一辙，足以相提并论。”及弘正至，礼遇十分优厚，朝臣无人可与之相比。授任黄门侍郎，管辖侍中省。旋即迁任左民尚书，不久加任散骑常侍。

元帝曾著有《金楼子》，说：“诸僧中我尤其看重招提琰法师，隐士中我尤其看重华阳陶贞白，士大夫中我尤其看重汝南周弘正，他们对于义理玄言，清新婉转，极尽变化，同为一时之名士。”侯景乱平，僧辩启请送秘书图籍，勒令由弘正来校雠。

当时朝廷商议迁都一事，朝臣家在荆州的，都不想迁都，只有周弘正和仆射王裒对元帝说：“束脩以上士大夫略知古今者，知道帝王所都本无定处，不会有什么想法。至于普通百姓，如果不看见舆驾入建邺，还以为是列国之诸王，不是所谓天子。现在应该从百姓之心愿，从四海之愿望。”当时荆陕人士都说王裒与周弘正都是东土之人，自然想要东迁，这恐怕不是良策。弘正严厉驳斥说：“如果说东人劝东，不是良策，那么君等西人欲西，难道就成了良策？”元帝便大笑，竟然没迁国都。

江陵陷落后，周弘正突围而逃出，回到建康，梁敬帝以周弘正为大司马王僧辩长史，代理扬州事务。太平元年（556），授任侍中，领国子祭酒，升任太常卿、都官尚书。

陈霸先受禅，授周弘正任太子詹事。陈文帝天嘉元年（560），升任侍中、国子祭酒，去长安迎取安成王陈顼。三年从北周回到梁，诏授金紫光禄大夫，加金章紫绶，兼慈训太仆。废帝陈伯宗继位，领都官尚书，总知五礼事。又授任太傅长史，加任明威将军。安成王陈顼即位，迁任特进，重兼国子祭酒，豫州大中正，加扶。

徐陵向陈宣帝推荐的王劢，是太平相府长史。

据史载：王劢，字公济，是王通的弟弟。他风仪俊美，广泛地研读过诗书典籍，爱清静俭朴，未尝把个人利益和欲望放在心上，梁世为国子《周易》生，成绩名列榜首，任秘书郎、太子舍人、宣惠武陵王主簿、轻车河东王功曹史。

河东王萧誉出镇京口，王劢也随他到了那里。萧誉，字重孙，梁武帝萧衍之孙，昭明太子萧统次子，南朝梁宗室。初封枝江县公，后改封河东郡王，历任宁远将军、琅琊太守、侍中、轻车将军、南中郎将、湘州刺史等。大宝元年（550），王僧辩于是攻克湘州，斩杀了萧誉。

当时范阳人张缵掌管选举，王劢去张缵处话别，张缵称颂他的风采，就说：“王生有才学，怎能到外府去呢？”起奏任命他为太子洗马。迁任中舍人、司徒左西属。出任南徐州别驾从事史。

大同末年，梁武帝朝拜帝王陵，取道经过朱方，王劢按例在那里迎接等候，诏令王劢跟在武帝身边，凡所经过的名山大川，武帝没有不问及的，王劢随照事情应答，全有典故事实可考，又随武帝登北顾楼，赋诗，文辞和诗义高洁典雅，武帝非常赏识他。

那时河东王任广州刺史，便任王劢为冠军河东王长史、南海太守。河东王抵达岭南，做了不少侵略掠夺之事，因害怕被治罪而称病，弃州返回朝廷，王劢主持广州事务。越地土地肥沃富饶，在他前后的官吏多恣意贪污，唯王劢以清正廉洁闻名，入朝任给事黄门侍郎。

侯景叛乱，王劢向西投奔江陵，元帝秉承帝旨任他为太子中庶子，执掌相府管记，出任宁远将军、晋陵太守。当时正值兵荒刚过，晋陵民生凋敝，王劢为政清廉，官吏和百姓便安定下来。后征召为侍中，迁任五兵尚书。

等到西魏进犯江陵，元帝命湘州刺史、宜丰侯萧循前来援救，以王劢代管湘州，江陵陷落，敬帝秉承帝旨任命他为中书令。绍泰元年（555），加任侍中。

陈霸先为司空，以王劢兼任司空长史。陈霸先为丞相，以王劢兼任丞相长史，侍中、中书令不变。当时吴中遭祸乱，许多老百姓困乏之极，就以王劢督管吴兴郡。等到萧勃被平定后，又因王劢先前在岭表早有政绩，就任命为使持节、都督广州等20州诸军事、平南将军、平越中郎将、广州刺史。没有到任，改任衡州刺史，持节、都督不变。

王琳占据上游一带，衡州、广州心思背离，王劢不能到那里去镇守，被留在大庾岭。天嘉元年（560），征召为侍中、都官尚书，尚未就职，又任中书令。迁任太子詹事，主管东宫事务，侍中等职都不变。晋升为金紫光禄大夫，兼度支尚书。废帝陈伯宗继位，晋升为散骑常侍。太建元年（569），迁任尚书右仆射。

当时东境发生水灾，百姓遭受饥饿，任王劢为仁武将军、晋陵太守。他在晋陵郡很有恩德和威望，郡中人上表请求为王劢树碑，颂扬他的政绩，皇帝下诏同意此事。征召他为中书监，再任尚书右仆射，兼右军将军。

徐陵还推荐了张种。张种是陈宣帝同乡亲戚中的贤明之人。

根据史载：张种，字士苗，吴郡人。其祖父张辩，为宋司空右长史、广州刺史。父亲张略，为梁太子中庶子、临海太守。

张种年少时性情恬静，居所高雅不俗，不随便与人交往，没有人登门拜访他，当时的人议论说："宋朝称赞敷、演，梁朝嘉许卷、充，清淡无为学风高尚，种有他们的风格。”他任梁王府法曹，迁外兵参军，因父亲去世离职。服丧期满，任中军宣城王府主簿。张种40多岁时，家境贫寒，要求任始丰县令，入任中卫西昌侯府西曹掾。那时武陵王任益州刺史，重新选拔府僚，以张种为征西东曹掾，张种以母老推辞，上表直言陈情，为有司上奏，因而免职。

侯景之乱时，张种侍奉其母东逃，好久才得以到达故里。不久母亲去世，当时张种50岁，因哀伤过度瘦弱不堪，又加上年成不好，未能举办正式葬礼，服丧期虽满，但张种的衣食住行，还和丧期一样。侯景乱平，司徒王僧辩写状启奏梁元帝，起用张种为贞威将军、治中从事史，并为其母加备葬礼，葬礼结束后，张种方才入仕。王僧辩又因为他年老，又无继承人，赐给他妾照料日常起居以及日常用具。

贞阳侯僭位，授任廷尉卿、太子中庶子。梁敬帝即位，任散骑常侍，迁御史中丞，兼前军将军。陈霸先受禅称帝，任他为太府卿。天嘉元年（560），授职左民尚书。二年临时代管吴郡，不久征辟恢复原职。迁任侍中、兼步兵校尉，因公事免职，无职兼太常卿，不久正式担任太常卿。废帝陈伯宗即位，加兼右军将军，未正式拜官，改为兼弘善宫卫尉，又兼扬、东扬二州大中正。安成王陈顼即位，再任都官尚书，兼左骁骑将军，迁任中书令，骁骑、中正职务不变。因患病授任金紫光禄大夫。

张种深沉谦恭，气度不凡，时人皆认为他有宰相的气量。仆射徐陵曾上表直言让位于张种，说：“大臣张种心胸开阔情性沉密，精通文史，为东南显达英秀之人，朝廷视贤为亲，他心怀宏略，应居在臣上。”当时之人是如此推重他。太建五年（573）去世，时年70岁，追赠特进，谥曰元子。

张种仁慈厚道清心寡欲，虽历居显位，而毫无家产，终日安闲自得，不以为忧。太建初年，其女封为始兴王妃，因他居所简陋，特赐一幢住宅，又多次赐给无锡、嘉兴县侯的俸禄。他曾到无锡看见一重囚关在狱内，当时天气寒冷，张种喊重囚出来晒太阳，便放了他，世祖大笑，而不追究责任。有诗文集14卷。

徐陵对于南陈朝廷的任命，也是一再谦逊地推辞多日。陈宣帝又加以劝说，徐陵才接受诏旨。徐陵这样推辞“左仆射”（宰相）官位，一方面显示出他的高风亮节；另一方面也落得一个顺水人情。周弘正、王劢及众朝臣都很尊敬徐陵。

徐陵器量深远，面容隽秀，本性又清廉俭约，从不曾有什么经营生计，俸禄则与亲戚族人共用。太建年间，食建昌邑，邑户送米到了水边，徐陵亲戚有贫穷匮乏之人，让他们都来领取粮米，几天便告罄尽，而徐陵家不久断炊。僚属奇怪，问其缘故。徐陵说：“我有车、牛和衣裳可以卖，别的家里有可卖的没有？”其周济他人便是如此不遗余力。

徐陵年轻时崇信佛教，作经论多有精到之见解。后主在东宫时，让徐陵讲授大品经，精通义理之学的名僧，从远方云集而至，每当在讲席上商讨较量词锋义理时，四座中无人可与他抗衡。他目中有青眼珠，时人认为是聪明智慧之相。

自从有陈创业以来，檄文、军书及禅让授位之诏令策文，都是徐陵所作，而尤以《九锡》为美。身为一代文章宗伯，却不以此向人炫耀，不曾诋毁他人之作。他对于后学之辈，引进推荐，从不厌倦。陈文帝、陈宣帝在位之时，国家一应重要诏令文书，都是徐陵草作。其文对于旧体多有变革，剪裁巧妙细密，常有新意。每每一文出手，好事者便已传写成诵，于是遍及海内，每家藏有其文本，后逢世道大乱，多有散失，保存下来的有30卷。

陈宣帝“治国爱民”，着力于安民、济民、爱民之策，减轻民众的负担，鼓励“垦起荒田”，“不问顷亩少多，依旧蠲税。”不管多少田地，都免除租税。加强促进农业生产和经济发展的事务。《陈书卷五·本纪第五·宣帝》记载着陈宣帝多次颁布抚民诏令。

早在太建二年（570）秋八月初三，陈宣帝就下诏说：“以仁德来安抚远方百姓，或许是永恒的典则，离弃北戎而归附华夏，这是人民的本愿。近年来，长江沿岸的百姓携家相随，历经曲折归化本朝，一路上络绎不绝，应该加以抚恤，报答他们的一片诚心。只要是从敌占区逃脱，移居到都邑以及各个州郡的百姓，无论远近，都免除租赋和劳役。如果平定旧有的国土，恢复我被侵占的土地，都允许他们返回本乡，不许有任何限制。州郡县各级长官应该清楚地加以甄别，有良田而无人居住的村落，听任他们安置居住。倘若对他们征收赋税，就以扰民论处。”

陈宣帝又颁布《行新政诏》：“百姓是国家的根本，遣记载于典策上，治理国家必须爱护民众，或许是圣人一贯的训示。朕每天听朝政很长时间，日夜勤劳，方才能够施行恩惠，被及千万百姓。在梁朝的末叶，政法刑律荒废缺乏，律条纲纪松弛紊乱，僭号盗贼聚集，征收赋税徭役，尤为烦多刻薄。大陈王朝统治天下，拯救梁朝的余弊，消灭戡定割据政权，无暇创新改革弊政，随着年代迁延，将要成为习俗，如果不能更改，那么国家无法治理，为此朕谨慎焦虑，有如心痛首疾。思量从简节省开支，约束自己拯济百姓，即使官府财物不很充实，难道还满足不了君主的消费。对此可以适当删革，省去奢靡部分，希望永远成为定则，法令简略而容易遵循。从今以后农田作物，如果遇到水旱之灾而歉收，要立即列出受灾所在地区，向朝廷报告适当扣除赋税。军士年满六十者，全部允许返回故乡。供劳役的巧匠如果死亡或者年老生病，不必补充。有些百姓隐瞒了户籍，或者依附于王公百官门下受到庇荫，解除他们隶属身份回归本来的属籍，赐予恩惠听任他们回归故乡。在职任事的官员，必须互相检查，有过失而不加推究，当局长官承担罪责。郡县令长替换，要具体条陈治下的户籍人，交付给后来任职的官员。户口有增加，便给予提拔和赏赐；如果户口减少，则依照法律予以处分。耕垦荒田，不论多少亩顷，依旧准予免除赋税。”

陈宣帝不只是颁下一道又一道抚民诏书就算了，而是向四方郡县派出特使，去检查各地官员的执行情况。陈宣帝出生于江南农村，又被北周扣押在遥远的异乡（潼关以西），深知民众的痛苦。所以，在他执政期间，处处考虑为民众减轻负担。

太建三年（571）新年伊始，陈宣帝按朝廷旧例，亲临南郊祭天，北郊瘗地（祭土地神）。再去明堂祭祀，接着亲耕籍田。祈祷国泰民安、五谷丰登。

三月三十日，陈宣帝颁诏，大赦天下。“自天康元年（566）至太建元年（569），长期拖欠的军粮、禄秩、夏调迄今不曾交纳的，一并

免除。”

又诏令“犯人之子弟、亲属亲友逃亡到国外的，一概听凭他们回国自首；现今仍拘执在狱者，酌情释放；如原有住宅，一并追查给还。”（见《陈书卷五·本纪第五·宣帝》记载：“三月丁丑，大赦天下。自天康元年讫太建元年，逋余军粮、禄秩、夏调未入者，悉原之。又诏犯逆子弟支属逃亡异境者，悉听归首；见絷系者，量可散释；其有居宅，并追还。”）

陈宣帝言出必行，每每颁下的诏书，都要“分遣大使巡行州郡”，检查各地执行政策的情况，以及视察、审理各地的冤假错案。务必使各郡县官员保持清正廉明，一片肃然的风气。

太建三年（571）六月十一日，南陈江阴王萧季卿（江阴王萧方智去世，让梁朝的武林侯萧谘的儿子萧季卿继承做江阴王），因淳于量向江阴王萧季卿买梁朝帝王陵墓中的树木而获罪，萧季卿因罪被免去王位和官爵，淳于量被免去侍中一职。（见《陈书卷十一·列传第五》）二十八日，南陈封东中郎将长沙王府谘议参军萧彝为江阴王。（见《陈书卷五·宣帝本纪》）

此案涉及重要人物和重要将领，一般的官员难以处理。陈宣帝派出特使，使此案处之以法典。通过此案，也反映了陈朝保护梁朝王陵的措施得力。

陈朝有位刚正不阿，勇敢纠纪朝纲的名臣——宗元饶。据史料载：宗元饶，南郡江陵人。少年时好学，以孝敬长辈闻名。任官于梁代，初任本州主簿，改任征南府行参军，又转任外兵参军。到司徒王僧辩幕府初建，宗元饶与沛国刘师知同为主簿。

陈高祖受禅，任晋陵令。入为尚书功论郎。出使齐回还，任廷尉正。改任太仆卿，领本邑大中正，中书通事舍人。不久转廷尉卿，加通直散骑常侍，兼尚书左丞。民宣帝初即位，军事国事繁多，事无巨细，都要咨询他，台省认为他称职。改任御史中丞，知五礼事。

吴兴太守武陵王陈伯礼，豫章内史南康嗣王陈方泰，均骄横放肆，宗元饶一并上奏，使他们都被处以法典，削职罢官。

宗元饶不论皇亲国戚，还是地方官员，或是平民百姓，都一视同仁，当时，有合州刺史陈裒贪污名声恶劣，派人在河中小洲收鱼，又在六郡讨米，百姓极为受苦。

宗元饶弹劾上奏道："臣听闻，竖起绘有鸟的旗访求百姓病苦，实是寄于廉洁平等，撩帷帐安置隐者，本以此体现仁爱宽恕。如果贪污放肆，征收赋税没有限度，天网虽疏，这方面也不能漏。钟陵县开国侯、合州刺史陈裒，凭借幸运，预先逢着提拔，爵位由皇恩赐舆，官位又私下加给，无德无功，纯粹是不干事而享受荣华富贵。谯、肥之地，长久沦陷，非我之所，皇威用武力收复，众人仰慕仁义之风。新邦用轻，更待宽惠，应在此统治，对它的寄望尤其重。于是便降下恩惠，将祖宗之行宣教于室，亲自承受规矩教诲，凡事等待言辞提醒。虽然平时确实没有内蓄廉洁之心，但秉承这些严训，可以励精图治。可是他却擅自征收赋敛，专门肆意贪图掠取，求粟米不止，其行为同王沉出赈相比要惭愧，他征收鱼没有限制，与羊续为官廉洁更不同，必须置他以严律，才能使宪法严明。臣等参议，请依照皇旨免去陈裒所应再任之官职，凡应禁锢及以后降职等，都一律按照免官之法办理。"（《陈书·宗元饶传》）

陈宣帝支持了宗元饶的上奏，下诏照准。

还有一位御史中丞，也是刚正不阿的名臣——徐君敷。他在太建年中，为陈朝散骑常侍兼御史中丞。《全陈书》里收录了他弹劾的两篇奏文：

《奏劾南康王方泰》："臣闻王者之心，匪漏网而私物，至治之本，无屈法而由慈。谨案南康王陈方泰，宗属虽远，幸托葭莩，刺举莫成，共治罕绩。圣上弘以悔往，许其录用，宫闱寄切，宿卫是尸。岂有金门旦启，玉舆晓跸，百司驰骛，千队腾骧，惮此翼从之劳，妄兴晨之请？翻以危冠淇上，袨服桑中，臣子之愆，莫斯为大。宜从霜简，允置冬官。臣等参议，请依见事解方泰所居官，下宗正削爵土，谨以白简奏闻。"（《陈书·南康王昙朗附传》）

《奏劾武陵王伯礼》："臣闻车屦不俟，君命之通规，夙夜匪懈，臣子之恒节。谨案云旗将军、持节、都督吴兴诸军事、吴兴太守、武陵王伯礼，夙擅英猷，久驰令问，惟良寄重，枌乡是属。圣上爰育黔黎，留情政本，共化求瘼，早赴皇心，遂复稽缓归骖，取移凉懊，迟回去鷁，空淹载路，淑慎未彰，违惰斯在，绳愆检迹，以为惩戒。臣等参议，以见事免伯礼所居官，以王还第，谨以白简奏闻。”（见《陈书·武陵王伯礼传》，太建初，为吴兴太守，十一年春被代征还，迁延不发，其年十月，散骑常侍御史中丞徐君敷奏，陈宣帝诏曰可。）

陈宣帝对皇室宗王，从不袒护，下诏严查严办，使以上两王爷处之以法典，削去王位和官职。通过这些案件的处理，使陈朝上下，为之一片肃然。政治清明，奸邪遁形！

冬十月初五，陈宣帝亲临太庙祭祖。陈宣帝不忘陈武帝、陈文帝的志向，致力于稳定汉族政权，收复失地，保护民众，恢复经济和文化，以期完成平定天下的伟业。

一个思谋已久的军国大计，在陈宣帝的脑海翻腾……

第九章　陈宣帝拟联齐伐北周

太建三年（571）夏四月十五日，北齐遣使来陈朝访问。十七日，陈宣帝派遣使者来北齐议和，商议陈朝与北齐联手讨伐北周的战略大计。

据《陈书卷五·本纪第五·宣帝》载：“夏四月壬辰，齐遣使来聘。”《北齐书卷八·帝纪第八》载：“甲午，陈遣使连和，谋伐周，朝议弗许。”陈宣帝提出的“联齐伐周”战略，是非常有远见的。

可惜！北齐后主昏庸无能，又兼北齐内政一片混乱，竟然否定了陈宣帝的提议。

当时，曾经的强齐，因内政混乱，已一天天地衰落下去了；而北周却立足关中，掌握川蜀之地，北周实力一天天地强盛起来了。在三国鼎立中，只有两个弱国联合起来对付强国，才有可能存活久一点。强国一旦灭掉其中一个弱国，就打破以前的平衡，使得剩下两国的强弱之势更加悬殊。三国时蜀国灭亡后，吴国也难以独存，很快被晋国灭掉。前车之鉴在此，观此时大势，陈朝与北齐应该摒弃前嫌，连横以抗北周。

如果南陈、北齐两国联军，虽然不一定能灭掉北周，但，至少可以遏制北周的发展。如果南陈拿下了川蜀或者北齐攻入关中，都可以改变北周一国独大的格局，这样的局势，对南陈、北齐两国都是有利的。

但是，北齐没有接受南陈的建议。北齐也有担心：本来，北周与北齐之间，战争一直在进行。两国之间时和时战，延续了多年。北齐担心与南陈联合后，陈朝会借机攻夺江淮之地。而江淮之地，事关陈朝的战略防御核心利益！

南朝在军事上的两个防御重点，一是长江正面的防御，一般是依托江淮间密布的水网进行大纵深防御，南朝需将国防前线推进至淮河，正所谓“守江必守淮”；二是对长江上游的防御，即对来自荆州乃至巴蜀地区敌军

的防御。

由于梁武帝晚年的昏庸，导致“侯景之乱”，使繁荣富庶的江南经济、文化遭受重创。北方的两大鲜卑政权趁乱抢夺南中国的土地。东魏渡过淮河，尽取江淮之间全土，梁国长江以北领土全部失去。西魏收获更大，不仅吞并巴蜀全境，同时在江汉平原一带发动攻势，控制襄阳、江陵等长江中游之地，梁朝元皇帝在江陵被俘杀害。西魏在江陵扶植萧詧的后梁傀儡政权。

因此，南梁的军事防御重点全部失去！——南梁西面的江陵，是西魏扶植的萧詧后梁政权。使南梁失去了淮河—襄阳—汉中一线的防御屏障；南梁北部是长江，与北齐仅一江之隔。所谓的“长江天险”已经失去。北齐大军一夜之间，就可渡江南下，兵锋直指南梁京都建康。南梁形势岌岌可危!

留守建康的陈霸先拥立幼主梁敬帝，但控制的领土，仅限于建康城附近的一隅之地。而岭南大部，被四大豪强熊昙朗、留异、陈宝应、周迪割据自为。湘州之地为王琳势力所控制，不听梁朝廷的政令。而偏远的福建、浙南、赣东等地还是未开发之地。

从550年开始，北方的两大鲜卑政权东魏、西魏先后发生政权更迭。高氏改东魏为北齐，宇文氏取代西魏，建立了北周。强大的鲜卑北齐，两次派遣大军，突袭南梁京都。幸亏南梁的军事天才陈霸先特别能打仗，他两次以劣势兵力，打破了北齐大军对南梁京都的围攻。

南梁有限的生存空间，不断受到北齐、北周大军的入侵和严重挤压，而境内的军阀豪强，割据一方，自立山头，对南梁政权形成严重威胁。还有王琳势力盘踞在湘州一带，多次发动对南梁的进攻。陈霸先“受命于危亡之际，振臂于无望之时”，接受了梁敬帝的禅让，称陈帝，改国号。重建了新的“三国”南陈、北齐、北周关系。

在这“三国”当中，陈朝疆域最小、势力最弱。陈霸先两次打垮了大规模入侵的北齐军队，南朝形势初步巩固；陈文帝用五年的时间逐渐平定了豫章的熊昙朗、东阳的留异、晋安的陈宝应、临川的周迪等军阀割据，又从北周手里夺回湘州和巴陵等地。陈文帝重视农业、发展商业、倡导文化，使国力得到了初步恢复。

由于陈朝的军事防御先天不足：一是人员兵力有限，二是地域狭窄，毫无战略纵深。陈朝的国都在江苏南京（建康），位于长江南岸。西面和西北部有北周以及北周的傀儡后梁政权；北部的长江，与北齐仅一江之隔。北齐兵在江北，随时都有可能渡江南侵。

陈宣帝非常敏锐地看到，曾经的强齐渐已衰落，而当时的益州已经被北周占领了，北周还在陈朝的西边扶植了江陵的萧詧傀儡政权。如此，北周既可通过益州，又可通过江陵，从西边顺江东下对陈朝发动大规模的进攻。也就是说，对陈朝威胁最大的敌人，是北周！因此，必须联合北齐，对抗北周。

可是，北齐不这么看。北齐昏君高纬和他的一些宠臣仍沿袭旧眼光，把南朝“守江必守淮”的军事防御战略看成了死的教条。淮南地区有三座对南朝来说非常重要的军事重镇。一是淮河南岸的寿阳（安徽省淮南市寿县），二是淮河与长江之间的合肥，三是长江以北的广陵（江苏省扬州市）。陈朝如果趁机收复淮南，布兵于此三座重镇，那南陈的京都建康就可以高枕无忧了。

北齐始终担心的是：南陈以联合抗击北周为名，夺取江淮之地，作为长江防线的屏障。达到“守江必守淮”的军事防御目的。

因此，当南陈提出“联齐抗周”之时，北齐反而拒绝了！见《北齐书·后主本纪》“（武平二年）陈遣使连和，谋伐周，朝议弗许。”北齐不仅拒绝了南陈提出的“联齐抗周”的正确建议，反而把北齐的兵力像楔子一样插在江淮之地，以控制淮南（寿阳、合肥、广陵）三座重镇，保持着威胁南陈的战略势态。

既然北齐拒绝合作，南陈无法与北齐联手，那陈宣帝就要作出新的决断了。

当时的秦岭淮河一线全部丢失，四川盆地完全不在手中，江陵是北周的傀儡后梁政权所控制。南陈的京都建康再想以“长江天险”作为自然屏障，已经毫无优势。死守建康，难以破局。南陈如果要有可靠的战略防御保障，必须夺回川蜀和淮南之地。否则，“晋灭东吴”的历史又将重演。

当年晋军水、陆并举，直取京城建康，东吴毫无招架之力。

陈宣帝非常明白：南陈也面临这个局面。因此，夺取淮南之地成了南陈的首要战略目标。但现在唯一能做的是“忍耐和等待”！

陈宣帝继承父兄的遗策，一方面“治国爱民”，与民休养生息，促进农业生产、经济发展，文化繁荣，继续提升国力；另一方面“强军备战”，不断寻隙北齐、北周之间的矛盾，期望在“三国”博弈中，能够破局胜出！

正在陈宣帝谋划着南陈如何从军事战略上破局之时，南陈的一位重要军事将领却病逝了！

五月初二，太白星昼现。太白星又称太白金星，又称长庚星、启明星。它清晨称为“启明”出现在东方天空；傍晚称为“长庚”处于天空的西侧。金星，在古代它是一颗让人恐惧的行星，当它出现在不该出现的轨道或时间点上，解释星相的官员便认为灾祸将降临人间。

太白金星到底是什么呢？据《史记正义》记载：“太白者，西方金之精，白帝之子，上公，大将军之像也。”也就是说，在古人眼中，太白金星是战神，掌管着战争之事。只要金星在特殊时间、区域出现，就是“变天”的象征，代表要发生大事了。

“太白昼见”是较为常见的天象，往往有时什么事也没有发生。可是，当年底即太建三年（571）十二月十九日，南陈车骑大将军、司空章昭达病逝！

陈宣帝正在“强军备战”之时，正需要老成干将去开疆拓土之时，而屡立战功的章昭达却病死了，这着实令陈宣帝很是悲伤！

章昭达虽然与韩子高都是陈文帝在年轻时结交的好友，但章昭达常年领兵征战于外，得以保全自己；而韩子高作为陈文帝的心腹爱将，虽然也时常出外征战，但更多的时候，是在宫里伺候、护卫陈文帝。特别在陈文帝病逝后，韩子高出于忠于陈文帝的私情，想与刘师知、到仲举辅佐幼帝陈伯宗，而被陈顼处死。章昭达与韩子高两人不同的结局，真令人感慨万千！发人深省！韩子高和章昭达都是陈文帝年轻时结识的好友，也都是忠臣。但韩子高是忠于陈文帝个人，以忠君之情来辅佐文帝之子陈伯宗，而不管陈伯宗的治国治军的能力如何。这是小忠是愚忠；而章昭达却以国家和民族为重，忠于陈朝，忠于陈文帝为之奋斗的事业。他清醒而且理智地知道，陈朝需要年富力强的陈顼来执政。这才是大忠大智！

陈文帝继承帝位［永定三年（559）六月甲寅二十九］后，任命章昭达为员外散骑常侍。王琳率大军攻击陈朝时（天嘉元年），章昭达随从侯安都等在栅口（濡须口，今安徽省芜湖市无为县东南）抗击王琳，大战于芜湖（今安徽省芜湖市东约30里），章昭达乘平虏大舰，向中流挺进，担任先锋拨动“拍竿”抛物机抛火烧中贼舰。（后来，陈宣帝太建五年十月，章昭达随吴明彻擒斩王琳后，章昭达的战功在天子封赏的诏书中名列第一）

天嘉二年（561），章昭达被任命为使持节、散骑常侍、都督郢巴武沅四州诸军事、智武将军、郢州刺史，增赐食邑，合计以前赐予的共1500户。随后又提升官号为平西将军。

天嘉三年闰二月，周迪盘踞临川（今江西省抚州市临川区）反叛，陈文帝诏令章昭达从近便的小路进兵讨伐。周迪败逃，陈文帝征召章昭达为护军将军，赏给鼓吹乐一部，改封为邵武县侯，增赐食邑，合计以前赐予的共2000户，常侍一职仍旧。

周迪败逃，得到陈宝应的兵众和粮草的支助，又侵犯临川郡。陈文帝任命章昭达为都督讨伐周迪。兵到东兴岭（今江西省抚州市黎川县杉岭），周迪又退走。章昭达于是就跨越东兴岭，驻军在建安（今福建省建瓯市），讨伐陈宝应。

陈宝应盘踞在建安、晋安二郡的边界地区，水陆两路都设置了栅栏，抗拒官军。章昭达与之作战不利，于是就控制水流的上游，命令士卒连树干带枝叶砍伐树木做成木筏，在筏上装好了抛物机，又用粗大绳索，将许多木筏依次联结成为营垒，停在江水两岸待用。陈宝应多次挑战，章昭达都按兵不动。不久暴雨猛下，辽水大涨，章昭达放筏顺流急奔猛撞陈宝应的水栅，水栅全部攻破了。又出兵攻击陈宝应的陆军。

两军正在大战之际，恰逢陈文帝增派余孝顷从海路进兵。两军合力进击，天嘉四年十一月辛酉初一，陈宝应全线崩溃，陈宝应父子众人被擒。

晋安得以平定。章昭达以战功被任命为镇前将军、开府仪同三司。

天康元年（566）五月丁酉二十一，废帝即位，升任章昭达为侍中、征南将军，改封爵位为邵陵郡公。华皎反叛，他写的谴责信声讨书之类的文告，都以章昭达为借口而成文，又多次派遣使者招诱章昭达归顺，章昭达反而把华皎的使者全部扣留，押送到京师。

华皎之乱平定后，陈朝廷提升章昭达的官号为征南大将军，增赐食邑合并以前赐予的共计2500户。任期满后，征召章昭达为中抚大将军，侍中、仪同、鼓吹乐这些封赏仍旧。

太建元年正月丁酉初七，陈宣帝即位后，提升章昭达的封号为车骑大将军，但因为他在回朝路上迟缓停留，被有关官员弹劾，降官号为车骑将军。

太建元年（569）十月辛未十五，欧阳纥占据岭南反叛，陈宣帝下诏书派章昭达统率各路军马前往讨伐。章昭达以双倍的速度急行军，到达始兴（今广东省韶关市）。欧阳纥闻知章昭达突然杀到，恐惧惊慌不知所措，就出兵屯守洭口（洭水出桂阳县庐聚，东南过含洭县，南出洭浦关，左合溱水，谓之洭口。今广东省清远市英德市西南），积聚了大量沙子石块，用竹笼装满，投放在水栅外侧用来阻拦对方战舰的进路。

章昭达占据河的上游，装备战船制作“拍竿”抛物，逼近敌人水栅。又命令军士口里衔刀，水底潜泳，砍斫竹笼，竹笼的篾片全都散了。于是，章昭达下令放纵大舰，顺流冲撞，贼军大败，太建二年（570）二月癸未二十九，抓获了欧阳纥，押送到京师，平定广州。章昭达以战功提升官号为车骑大将军，升任为司空，其余封赏仍旧。

太建二年（570）七月，章昭达率领军队到江陵征讨南梁萧岿（29岁）。当时萧岿与北周军队储备了大量舟艋在青泥水中停泊待用，章昭达分别派遣偏将钱道戢、程文季等，乘驶轻舟进袭，焚烧了这些舟舰。北周人在西陵峡口的南岸兴筑安蜀城（峡口，西陵峡口。今湖北省宜昌市西陵峡口），又在长江南岸与城垒之间的长江上空横拉粗大绳索，编织蒲苇当作桥梁，用来运送军粮。章昭达命令士卒手持长戟，站在楼船的最高层高高举起，割断上空的绳索，绳索被割断，北周人的军粮运输断绝，章昭达乘势发兵攻打安蜀城，迫使守军投降。

章昭达生性严厉峻刻，每次奉命出征，必定日夜行军倍速而进；但打了胜仗，必定推让功劳给将帅，饭食酒菜都与部属相同，将士也因此拥护他。每次饮食宴会，必定大规模地安排歌姬舞女表演多种歌舞，羌胡曲调也应有尽有，歌曲的音律和女乐的姿容，都是那时的最佳者，即使是临阵对敌，两军旗鼓相望的紧张时刻，也不会取消这种宴乐。太建四年(572)，章昭达配享在世祖祭庙。儿子章大宝继承邵陵郡公章昭达的封爵，相继任职官至散骑常侍、护军。

太建三年（571）十二月壬辰十九，章昭达得病，去世，这年54岁。南陈朝追赠章昭达为大将军，增赐食邑500户，赏给班剑仪仗20人。

南陈宰相徐陵为章昭达书写了《墓志铭》：“周原膴膴，佳气葱葱，王业攸兴，帝图斯盛。在昔光武佐命，邻县者邓侯，高祖元臣，同郡者萧相。公台辅之量，便著绮纨，瑚琏之姿，无待雕琢，起家为东宫直前，所奉之君，则梁简文皇帝。既而黑山巨盗，凭陵上国，白水强胡，虔刘中夏，公倾其产业，募是骁雄，思报皇储，累歼鲸寇，属幽风有象，代邸方隆，搜荆楚之英才，资班输之妙略，百楼忽起，登云霄而俯临，万弩俱张，随雷霆而并震，扬兵于九天之上，决胜于千里之中，殪彼群凶，皆无旋踵。陈宝应志怀反叛，客引周迪，资其食力，更事窥窬。公奉诏崇朝，饮冰将力，前茅后劲，步骤奔驰，仍向瓯闽，殄其巢窟。若夫鸣，虫也之洞，深谷隐于苍天，飞猿之岭，乔树参于云日，宜越艇而登峤，蒙燕犀而涉江，威武纷纭，震山风海。于是咸俘伪师，悉据高墉，爰爰洎沧溟，莫不惩乂，既而齐人无信，将谋郢藩，斗舰戈舡，窥江淹汉，公才闻羽檄，遽禀师期，驰袭荆郧，应时烧荡，方欲宣威陇汧，大讨梁华，属上将之韬光，逢中台之掩曜，大建三年，薨于军幕，尔乃青乌相墓，白鹤标坟，林有逃车，树同华盖，前旍熊轼，后乘龙轜，介士发三河之民，哀铙同驷马之曲，长安传坐，恩礼盛于西京，襄阳堕泪，悲恸喧于南岘。”（见《艺文类聚》四十七）

章昭达病逝后，陈宣帝立即调整了朝中大臣和军队将领。据《陈书卷五·本纪第五·宣帝》记载：四年春正月丙午，诏令：

以云麾将军、江州刺史、始兴王陈叔陵为湘州刺史，晋号平南将军；

以东中郎将、吴郡太守长沙王陈叔坚为宣毅将军、江州刺史；

以尚书仆射、领大著作徐陵为尚书左仆射；

以中书监王劢为尚书右仆射；

以丹阳尹、衡阳王陈伯信为信威将军、中护军。

立皇子陈叔卿为建安王，授以东中郎将、东扬州刺史。

以散骑常侍孙瑒为安西将军、荆州刺史。

随后，陈宣帝去太庙祭祖。既追思先帝遗志，又考虑下一步战略决策。

第十章　叔宝太学祭先师

太建三年（571）秋八月二十六日，年届19岁的皇太子陈叔宝亲临太学，祭奠先圣先师，按照官阶赏赐绢帛给太傅、少傅、祭酒以下学官，各有差别。

太傅，中国古代职官。始于西周，最初由周公旦担任太傅，为国王辅弼官之一，《大戴礼记》说："召公为太保，周公为太傅，太公为太师。"战国后废。西汉吕后元年（前187年）复置，金印紫绶，为朝廷的辅佐大臣与帝王老师（辅弼官，帝王年幼或缺位时他们可以代为管理国家），掌管礼法的制定和颁行，位列三公之一。正一品位，处于专制统治者的核心位置，是皇帝统治四方的高级代言人。直接参与军国大事的拟定和决策，在皇帝幼小或皇室暗弱时时常成为真正的统治者。太子太傅，商、周两代已有太子太傅及少傅，作为太子的师傅。汉沿置，秩3000石，位次太常。东汉秩中2000石。太子对其执弟子之礼。

少傅，相传西周已置，辅助太师、太傅、太保辅弼君王。与三公（太师、太傅、太保）并为大臣加官，地位崇高，无实际职掌，正八命。辅导太子之官。《礼记·文王世子》："三王教世子，必以礼乐"，"立太傅、少傅以养之。"春秋亦置。《左传·襄公十九年》："使高厚傅牙，以为太子，夙沙卫为少傅。"后世作为"太子少傅"的简称。

祭酒，汉魏以后官名。汉代有博士祭酒，为博士之首。《汉书》明确表明博士祭酒为博士之长，首席博士。西晋改设国子祭酒，以后历代多沿用。为国子学或国子监的主管官。

陈朝是极其重视汉文明的传承和汉文化的教育，太学和国子监是陈朝两所重要的国办公立学校。陈叔宝作为皇太子，到太学祭祀先圣先师，是表示对先圣先师的尊敬。皇太子赐绢帛不等给大小学官，以表示对太傅、

少傅、祭酒以下各位教官的敬重。

太学是中国古代的国立最高学府。西周已有太学之名。西周的太学，又称大学。是中国古代的大学。西汉早期，黄老之学盛行，只有私家教学，没有政府设立的传授学术的学校。汉武帝罢黜百家定儒一尊之后，采纳董仲舒“天人三策”，“愿陛下兴太学，置明师，以养天下之士”的建议，于京师长安设立太学。最初太学中只设五经博士，置博士弟子 50 名。

王莽做宰衡时，“为学者筑舍万区，作市常满仓，制度甚盛”。东汉太学发展较快、规模较大。从武帝到新莽，太学中科目及人数逐渐加多，开设了讲解《易经》《诗经》《尚书》《礼记》《公羊传》《谷梁传》《左传》《周官》《尔雅》等的课程。汉元帝时博士弟子达千人，汉成帝时增至 3000 人。王莽秉政，为了树立自己的声望，并笼络广大的儒生，在长安城南兴建辟雍、明堂，又为学者筑舍万区。博士弟子达 1 万余人，太学规模之大，实前所未有。武帝到王莽，还岁课博士弟子，入选的可补官。

汉代太学提倡自学、允许自由研讨、鼓励学成通才的做法，对于当今改革大学教育，培养造就学识渊博、具有研究能力的创造性人才，仍然富有启发。就教育发展而言，太学的教学直承稷下学宫，进一步确立了教学与研究相结合的制度。

南朝复兴汉学，国子生多为士族高官子弟，称之“国胄”或“世胄”，可以经明经策试入仕。太学博士，是学官的名称。东晋设置十六员，隶太常。又别置国子博士教授国子生。南朝宋、齐或置或省，梁置八员，二班，又有限外博士。掌管教授国子学生，隶国子祭酒，位次于国子博士、五经博士。东晋六品，南朝宋、齐或置或省，六品，陈朝沿袭前朝的学官制度，待遇为六品，食奉 800 石。掌管教授太学生，亦备咨询，参议礼仪。掌教文武官五品以上及郡县公的子孙、从三品之曾孙为太学生者，位次国子博士。

两汉时期，汉武帝设置“太学”为国家的最高学府。太学的教师，主要是博士。博士除了讲学授徒外，还要奉使议政，试贤举能。到了西晋，晋武帝初立国子学，国子学的编制：国子祭酒 1 人、博士 1 人，助教 15 人，要求德行端正，学识渊博。

各朝对太学博士的要求很高，汉代规定须熟习经史，“明于古今，温故知新，通达国体”的一代鸿儒巨贤，方能充当博士。这些博士，一般是通过征召、荐举、选试、以诸科进、他官迁调等途径选取。至于博士助教的数量，历代不一，多寡不等。博士待遇优厚，东汉还为博士建筑宿舍，朝廷对博士常有酒肉束帛劳赐，一些朝代还为博士制作统一的衣冠。

太学的学生，历代称谓不一，或称“博士弟子”，或唤“太学生”“诸生”等。太学生入学的身份资格，历代不尽相同，唐比宋要求高些、严些。唐代规定凡文武三品官员以上子孙及国公子孙可入国子学，文武五品以上子孙及郡县公子孙可入太学。宋代规定凡七品以上官员之子孙可入国子学，八品以下官员之子孙及庶人之俊秀者可入太学。至于录取太学生的具体条件和办法、手续，各朝亦有所不同。汉代太学生选补法有两种：一是直接由太常挑选18岁以上的仪状端正者；二是由郡国县官选送“好文学，敬长上，肃政教，顺乡里，出入不悖所闻者”。北宋徽宗崇宁时，由各州州学每三年选送一次。南宋孝宗时，又实行混补和待补二法，择优录取。唐代规定太学生初入学时要行“束脩之礼”。唐宋时期太学生都可在学居住，由朝廷发给伙食费。汉代生徒还有统一的学服。

太学的主要教材是经史，授“孔子之术，六艺之文”。以儒家五经作为基本教材。为了避免因抄写经籍错漏而引起的纷争，东汉熹平四年(175)，下诏诸儒校正五经文字，刻石于太学门外，成为当时官定的太学标准教材。唐代太学生要修“大经”（《礼记》《春秋左氏传》）、“中经”（《诗》《周礼》《仪礼》）和“小经”（《易》《尚书》《春秋公羊传》《春秋穀梁传》），兼习《论语》《孝经》及时务策。宋初教习五经，熙宁后令习《三经新义》，南宋又复以五经和四书为教材。教授方法则多采修、讲授、讨论、解惑等，比较注重师法、家法。

太学修业年限无统一规定，各朝学制亦不尽相同。但各都有一套考试、放假和管理的制度。西汉每岁一试，“设科射策”，试而优则仕，不及格者令其退学。东汉则以通经多寡来决定取舍任职。唐代有“岁考”“毕业考”，以成绩优劣分别给予升降。宋代王安石改革太学制度，实行三舍试法，择优授官。各朝太学均有不同的放假制度。历代统治者都很注意在政治上、组织上、思想上和行动上加强对太学的管理和统治。有些朝代的天子还定期省视太学。汉代还在中央政府设置“太常”作为兼管教育的长官，职司礼仪、选试博士、宗庙等事务。唐、宋两朝设教育行政机关国子监，总辖太学诸学。为了进一步掌控学生的思想行为，历代太学都制定和实施各种规章制度。

太学设置专门博士，实行大班上课和“高足弟子递相传授”的教学组织形式，注重自修，通过考试选士，培养各种杰出人才，繁荣学术文化等方面，都创造和积累了宝贵的经验。

南朝的建康太学，始建于东晋建武元年（317），由晋元帝司马睿于建康（今南京）鸡笼山下设太学，南朝宋时，建康太学分设文、史、儒、玄、阴阳五科学馆，这是中国也是世界上第一所分科制高等学府、教育与研究合一的大学。

刘宋末年，祖冲之回到建康（今南京），担任谒者仆射的官职。祖冲之算出圆周率的真值在3.1415926和3.1415927之间，相当于精确到小数第7位，简化成3.1415926，成为当时世界上最先进的成就。

祖冲之花了较大的精力来研究机械制造，重造指南车，发明千里船、水碓磨等等，是中国机械工程专业之最早肇始。

最值得一提、最令人敬佩的是，南朝建康太学，历经南朝宋、齐、梁、陈建康太学，历经170年绵延不断，为华夏文明史上的奇观！也是中华文化高等教育之奇观！

太子陈叔宝巡视太学，祭祀太学先师先圣，是对南陈太学教育的支持和鼓励。太学院特立《皇太子太学讲碑》以记之：“我大陈之御天下也，若水涣其长澜，瑶星踵其永历。重华诞宥，兴于大鹿之野。敬仲继业，盛矣鸣凤之占。兼以鸿才海富，逸思泉泻含毫落纸，动八阕之歌谣。只句片言，谐五声之节奏。云飞风起，追压汉帝之辞；高观华池，远跨魏皇之什。爰复建藏书之册，开献书之路。帷帐丛残，冢壁遗逸，紫台秘典，绿帙奇文，羽陵蠹迹，嵩山落简，外史所掌，广内所司，靡不饰以铅椠，雕以缃素。此文教之修也。”陈叔宝本人也是饱读诗书，文采飞扬的学子。陈叔宝在辞赋上确实有很高的造诣，创作出了很多辞情并茂的好作品。

陈叔宝是陈宣帝陈顼的长子。他于南朝梁承圣二年（553）十一月出生在江陵。据史书记载：叔宝字元秀，乳名黄奴。梁承圣三年（554），江陵陷落，陈顼随迁关右，留叔宝于穰城。天嘉三年（562）回京师，陈叔宝被立为安成王世子。天康元年（566）任命为宁远将军，设置佐史。光大二年（568）为太子中庶子，不久迁升侍中，余职如故。太建元年（569）正月初四立为皇太子。

陈宣帝也很喜欢陈叔宝的诗赋文才，对太子陈叔宝寄予重望。太建四年十二月丁卯还特地下诏《创筑东宫诏》：“梁朝末年，战火接连而至，承华宫遭焚毁，损坏得连屋架也不复存。天命更新换代，至今已将 24 年，只因忙于战事，来不及加以修葺。时下工匠们还比较闲散，椽楹也有图可摹，明年便可开工建造东宫，可权且设置起部尚书、将作大匠，以主持监督造作。”

直到太建九年（577）十二月，东宫才得以落成，陈叔宝正式入主东宫。在此期间，陈叔宝师从周弘正学习《论语》《孝经》等儒家经典，并多次亲自释奠太学。这是中国古代在学校设置酒食以奠祭先圣先师的一种典礼。

陈叔宝特别喜爱文艺，大量文士成为东宫僚属，并时常举办文学宴会。类似于当今的“文学沙龙”。应该实事求是地说，陈叔宝从当太子的时候开始，直到他做皇帝以后，都时刻以自己的影响力，推动着汉文化的繁荣和发展。他还于至德三年颁《修孔子庙祀诏》曰：“宣尼诞膺上哲，体资至圣，祖述宪章之典，并天地而合德，乐正雅颂之奥，与日月而偕明，垂后昆之训范，开生民之耳目。梁季湮微，灵寝忘处，鞠为茂草，三十余年，敬仰如在，永惟忾息。今《雅道》雍熙，《由庚》得所，断琴故履，零落不追，阅笥开书，无因循复。外可详之礼典，改筑旧庙，蕙房桂栋，咸使惟新，芳繁洁潦，以时飨奠。”

由于华夏汉文明具有强大的生命力和吸引力。高句丽国也仿效中国设立了国立太学校。《三国史记》高句丽本记载：第 17 代君主小兽林王“二年（372）立太学，教育子弟”。太学一词出自中国汉代。汉武帝元朔五年，开始设置太学，立五经博士。招聘学者，奖励儒学。教育对象为贵

族阶级的子弟。

不仅是高句丽国，还有百济国，也与东晋及南朝的华夏汉文明政权交往，并早已超越了单纯政治、经济利益的外交层面，而深入到文化，乃至情感共同体之上。百济国的余毗所求皆为应用性的知识与技术，分享着东晋南朝的文化成果。

元嘉二十七年，百济国王余毗“上书献方物，私假台使冯野夫西河太守，表求《易林》《式占》、腰弩，太祖并与之”。《易林》《式占》均为卜式类书。《易林》十六卷（焦赣撰）；《易林》二卷（费直撰）；《易林》三卷（鲁洪度撰）。腰弩则为当时先进的军事装备，为南朝皇帝侍卫的装备，梁武帝时值宫门的四十九队中便有“腰弩”一队。

梁朝中大通六年（534）、大同七年（541），百济国王累遣使“献方物；并请涅盘等经义、毛诗博士，并工匠、画师等，敕并给之。”这话的意思就是说：百济国王屡次派使者来献地方物产，并求取《涅槃》等经义、《毛诗》博士和工匠画师等，梁武帝一并给予。

由于百济国与华夏政权交往，共享进步文化成果，也对华夏文明产生了深厚的感情！梁武帝太清三年（549），百济国使者来梁朝进贡。等辗转水路、陆路来到梁朝京城后，看到因“侯景之乱”导致建康宫阙毁坏，城池荒芜，都伏地痛哭流涕。侯景因此发怒，把他们抓了起来。后来，侯景之乱被平定了，百济国的使臣才得以还国。史载“太清三年，不知京师寇贼，犹遣使贡献；既至，见城阙荒毁，并号恸涕泣。侯景怒，囚执之，及景平，方得还国。”（见《梁书卷五四·东夷百济传》）

除了高句丽、百济，还有新罗国，也多次前来南朝，寻求汉文明的教化，以及历法和佛教经书。陈文帝天嘉年间，正是朝鲜半岛逐步进入新罗、百济、高句丽三国鼎立的时期。天嘉六年（565），陈朝派遣专使刘思及僧明观赴新罗，送释氏经论1700余卷。（见《陈书卷二·世祖本纪》）

太建三年十一月初五，辽东（高丽平原王高汤）、新罗真兴太王金深麦夫（金乡麦宗）、丹丹（古国名。今马来西亚马来东北岸的吉兰丹，或在其西岸的天定，或在今新加坡附近）、天竺（指今印度和其他印度次大陆国家的统称）、盘盘（在今泰国南万伦湾沿岸一带）等国均遣使者来进

献地方土特产。（见《陈书卷五·本纪第五·宣帝》）

高句丽国、新罗国、百济国在《陈文帝传》中都有介绍。此处只介绍一下丹丹国、盘盘国、天竺国的情况。据《南史》《北史》《梁书》等史载：

丹丹国，中大通二年（530），其王派使者上表说：“伏承圣主至德仁义之教化，信奉看重佛法僧三宝，佛法兴盛昌明，众僧丛集，法事日盛，威严庄重。朝廷重臣、国之执政，都慈爱怜悯苍生大众，四方四隅，普天之下，无不诚心归顺。其教化与诸天神等功，不是语言所可以表达的。无边之吉祥，好比奉天命来降临于足下之身。谨奉送牙、像及塔各二件，并献上火齐珠、吉贝、杂香药物等。”

梁武帝大同元年（535），又遣使进献金、银、琉璃、杂宝、香药等物。直到陈朝末年，进贡不断。

盘盘国，宋文帝元嘉年间（424—453）、孝武帝孝建年间（454—456）、大明年间（457—464），均派遣使者进贡。大通元年（527），其王派使者上表说：“扬州阎浮提震旦天子：您用各种善美之物盛饰国土，天下万物都对您毕恭毕敬，好比天空明净，万里无云，举目只见明亮光耀，天子您身心清净，乃至于此。道俗芸芸众生，均感蒙圣王之德化，普度一切，永远为他们指引脱离尘世苦海之航向，我所耳闻的只有吉祥喜庆。我等以至诚之心恭敬地拜上常胜天子足下，顿首问讯。今献上薄礼，希望您能垂怜接受下来。”

梁武帝中大通元年（529），屡次派遣使者进贡牙、像及塔，并献上沉、檀等香数十种。六年（534）八月，又派人送菩提国真舍利及画塔，并献菩提树叶、詹糖等香。一直延续到陈朝进贡不辍。

中天竺国，在大月支东南数千里，方圆三万里，又名身毒。汉代张骞出使大夏，见到邛竹杖、蜀布，大夏人说是在身毒买的，就是天竺。从月支、高附以西，南到西海，东到盘越，排列着几十个国家，每国都有王，国名虽不同，但都属身毒。汉朝时受月支管辖。其风习为定居农耕，与月支相同。但地方低湿暑热，人民害怕打仗，比月支软弱。天竺临大江，江名新陶，源出昆仑山。分为五江，总名叫恒水。江水甜美，下边有真盐，颜色正白如水晶。当地出产犀牛、象、貂鼠、玳瑁、火齐、金银铜铁、金缕织的金毡、细密白叠、好裘、毾登毛。火齐状如云母，色如紫金，有光泽，揭开薄如蝉翼，叠起来像一层层薄纱。向西方和大秦、安息在海上贸易。国内多大秦珍贵物品，有珊瑚、琥珀、金碧、珠玑、琅玕、郁金、苏合。苏合是合各种香汁煎成，不是自然生成的一种物品。又有人说大秦人采苏合，先榨出它的汁做成香膏，而把渣滓卖给各国商人，所以辗转来到中国的苏合就不太香。郁金只产于罽（jì）宾国，花色正黄而细嫩，和莲花里面包着莲蓬的那层相似。罽宾人拿它供奉佛寺，过些天干枯了就扔掉，商人就把它转卖到别国去。

在这里，顺便介绍一下罽宾国。是古代西域国名。位于开伯尔山口附近，是古代中亚内陆地区的一个国家或地区名。古希腊人称喀布尔河为Kophen，罽宾为其音译。

公元前115年，汉代的张骞出使乌孙，派副使至罽宾。当时罽宾地处丝绸之路南道上的一条重要支线之上，罽宾商人经常来往中国。公元1—3世纪间，罽宾被兴起于中亚的贵霜帝国征服，发展成为佛教中心之一。约在公元4世纪中叶，有一塞种人（或粟特人）名馨蘖者在卡菲里斯坦重建罽宾王朝。这一王朝至少延续到公元7世纪末，此即晋朝至唐代前期的罽宾，亦译作迦毕试国。

约在8世纪初，突厥首领阿耶率兵攻杀罽宾王而夺其位，此后之突厥族罽宾王朝即唐玄宗时代之罽宾。罽宾的政治中心迁到犍陀罗（今白沙瓦一带）。至乾元元年（758），罽宾仍遣使朝贡于唐，此后遂绝。罽宾一词亦不再出现于中国史籍。

罽宾国，国王治循鲜城，东到长安12200里。不属于西域都护。东北到西域都护治所乌垒城6840里，东到乌秅国2250里，东南到难兜国九天的行程，西北与大月氏、西南与乌弋山离相接。

罽宾国地形宽平，气候温和，有苜蓿，杂草奇木有檀、槐、梓、竹、漆。种五谷、葡萄等果类，用粪肥施田。地势低湿，种稻，冬天吃生菜。其人民精巧，善于雕刻器物，建筑宫室，织毛织品，织刺文绣，喜欢做饭。产金、银、铜、锡，用作器具。有市场。用金、银铸钱币，正面做骑马纹，背面做人面纹。产封牛、水牛、象、大狗、猕猴、孔雀、珍珠、珊瑚、琥珀、璧流离。其他牲畜与附近诸国相同。

汉朝从汉武帝时才开始与罽宾交通。当时罽宾人以为与汉相距非常远，汉兵不能到来，罽宾王乌头劳劫杀汉朝使者。乌头劳死后，他的儿子继承王位，遣使者送礼物给汉朝皇帝。汉朝派关都尉文忠送罽宾使者回国。罽宾王又想杀害文忠，文忠察觉了，就与容屈王子阴末赴合谋，杀死罽宾王，立阴末赴为罽宾王，并授给印绶。后来军候赵德出使罽宾，与阴末赴的关系不好，阴末赴逮捕了赵德，杀死副使又遣使者上书给汉朝皇帝认罪。汉元帝认为罽宾太远，不接受来使，阻止使者在县度，不让他到长安。

汉和帝时，天竺曾几次派使者来进献，后来因西域反叛就断绝了交往。到桓帝延熹三年、四年，频繁从日南郡境内来进献，魏晋两朝断绝不再来往。只有三国吴时扶南王范旃派亲信苏勿到天竺出使，苏勿从扶南投拘利口岸出发，沿着海湾正西北方向驶入，历经海湾边数国，大约一年多到达天竺江口，逆水行 7000 里才到了天竺。天竺王惊奇道："海滨极为遥远，还会有人到这里来吗?"就让他在国内参观，并派陈、宋等二人用四匹月支马报谢范旃。苏勿他们走了四年才回到扶南。当时吴国派中郎康泰出使扶南，见到陈、宋等人，询问天竺国风土民情，回答说："天竺以佛教兴国。"人民丰足，土地肥沃，国王号茂论。国都中到处水流环绕纵横，最后都注入大江。国王的宫殿全都雕镂彩饰，十分华丽；街巷集市，房屋楼台，热闹非凡，到处钟鼓音乐，人们服饰香艳华丽，水陆交通发达，商贾云集，各种玩物珍宝，可以随心所欲地享用。左右有嘉维、舍卫、叶波等 16 个大国，离天竺有的二三千里，都尊奉天竺，认为它在天地的中心。梁天监初年，天竺王屈多派遣长史竺罗达上表献琉璃唾壶、杂香、古贝等物品。

陈朝保持着与邻国及附属国的友好关系，次年春正月二十三，扶南、林邑国均遣使进献土产。林邑国也在《陈文帝传》中有介绍，此处不重复。只介绍一下扶南国。

扶南国是吴哥帝国之前的朝代，更是柬埔寨第一个被记载的文明，该

文明对整个东南亚的文化发展有着非常紧密的关系。

《南齐书》记载：扶南国，在日南之南大海西蛮湾中，广袤三千余里，有大江水西流入海。其先有女人为王，名柳叶。又有激国人混填，梦神赐弓一张，教乘舶入海。混填晨起于神庙树下得弓，即乘舶向扶南。柳叶见舶，率众欲御之。混填举弓遥射，贯船一面通中人。柳叶怖，遂降。混填娶以为妻。恶其裸露形体，乃叠布贯其首。遂治其国，子孙相传。

《梁书》记载：扶南国俗本裸体，文身被发，不制衣裳。以女人为王，号曰柳叶。年少壮健，有似男子。其南有徼国，有事鬼神者字混填，梦神赐之弓，乘贾人舶入海。混填晨起即诣庙，于神树下得弓，便依梦乘船入海，遂入扶南外邑。柳叶人众见舶至，欲取之，混填即张弓射其舶，穿度一面，矢及侍者，柳叶大惧，举众降混填。混填乃教柳叶穿布贯头，形不复露，遂治其国，纳柳叶为妻，生子分王七邑。其后王混盘况以诈力间诸邑，令相疑阻，因举兵攻并之，乃遣子孙中分治诸邑，号曰小王。

《晋书》记载：扶南西去林邑三千余里，在海大湾中，其境广袤三千里，有城邑宫室。人皆丑黑拳发，倮身跣行。性质直，不为寇盗，以耕种为务，一岁种，三岁获。又好雕文刻镂，食器多以银为之，贡赋以金银珠香。亦有书记府库，文字有类于胡。丧葬婚姻略同林邑。其王本是女子，字叶柳。时有外国人混溃者，先事神，梦神赐之弓，又教载舶入海。混溃旦诣神祠，得弓，遂随贾人泛海至扶南外邑。叶柳率众御之，混溃举弓，叶柳惧，遂降之。于是混溃纳以为妻，而据其国。后胤衰微，子孙不绍，其将范寻复世王扶南矣。武帝泰始初，遣使贡献。太康中，又频来。穆帝升平初，复有竺旃檀称王，遣使贡驯象。帝以殊方异兽，恐为人患，诏还之。

扶南国，又作夫南国、跋南国，意为“山岳”，是曾经存在于古代中南半岛上的一个古老王国名。其辖境大致相当于当今柬埔寨全部国土以及老挝南部、越南南部和泰国东南部一带。也有人称扶南国为柬埔寨。这个地方是历史上第一个出现在中国古代史籍上的东南亚国家，也是中国古代史籍中经常出现的东南亚国家。公元9世纪初，水陆二真腊又归统一，且又重新取得了独立地位，并于公元802年建立了吴哥王朝，与唐元明三朝接壤。建国后的吴哥王朝，国势强盛，文化繁荣。对中南半岛几乎所有国家都产生了重大影响，该国也奠定了中南半岛诸国的文字基础和宗教基础。王城建筑雄伟，建有世界闻名的吴哥窟，疆域包括今缅甸边境和马来半岛北部地区。

柳叶成为柬埔寨一国之君后，发挥聪明才智，治国有方，颇有建树。但没多久，统治阶级发生了内讧，扶南军备松弛，国力有所下降。就在此时，从“激国”来了一个叫混填的人。他率领一支军队从海上航行至湄公河口，逆水而上，突然出现在扶南国腹地。柳叶女王看到后仓促率军应战。但混填的弓箭手英勇强悍，能战善射，举起弓箭在很远的地方竟然能把船射穿，并且射中了里面的人。柳叶很害怕，于是就投降了。降服后的柳叶嫁给混填为妻，两人共治扶南。当时柬埔寨裸露形体，混填教他们做衣服。

作为母氏社会的扶南女王柳叶，让位给丈夫混填，并向东汉纳贡，从而获取了汉朝的支持，学到更多的先进文明。久而久之，扶南国力蒸蒸日上，人民交纳贡赋，国家形式初步形成。扶南一直保持着与中原汉政权的友好关系。南北朝萧梁时，扶南憍陈如朝国王阇邪跋摩于萧梁武帝天监二年，遣使送珊瑚佛像，并献方物，武帝诏曰：“扶南王憍陈如阇邪跋摩，介居海表，世纂南服，厥诚远著，重译献赕。宜蒙酬纳，班以荣号。可安南将军、扶南王。”天监十年、天监十三年，阇邪跋摩累遣使贡献。天监十六年，扶南憍陈如朝国王留瑽跋摩遣使竺当抱老奉表贡献，天监十八年，留瑽跋摩复遣使送天竺旃檀瑞像、婆罗树叶，并献火齐珠、郁金、苏合等香。武帝普通元年、中大通二年、大同元年，其又遣使瑞献方物。大同五年，其又遣使献生犀。一直到陈朝，都保持着入朝进贡的旧例。

华夏文明历代传承，不因汉政权的不断更替而中断；华夏文化博大精深，吸引、教化和影响着周边国家，使华夏文明得以向世界传播。

中国古代非常重视传统的太学教育，是历朝历代作为一项“传世共守的制度”成为朝廷办学的首选。尽管宋、齐、梁、陈朝代在不断更替，但作为汉政权共守的汉文明教育，每个朝廷都把太学教育列为国家建设的一项首要任务，一直承袭着太学教育机构，沿袭并继续把太学开办下去。中国古代太学教育，几乎不存在因朝代的更替而停办与重开太学的问题。所以史书没有南朝太学废立的有关记载。这种世代相守、连绵不断地承继着华夏太学的开办，传承汉文明的可贵精神，非常值得当今的教育家和教育机构学习和发扬。

南陈三代五帝都自觉地守卫、传承和弘扬着华夏文明，使华夏文明薪火相传，生生不息……

第十一章　老臣渐去渴新贤

陈宣帝太建四年（572）春正月丙午日，陈朝廷以尚书仆射徐陵为左仆射，中书监王劢为右仆射。乙酉（十三日），陈朝封皇子陈叔卿为建安王。夏四月十七日，以中权大将军、开府仪同三司黄法氍为征南大将军、南豫州刺史。

五月初二，尚书右仆射王劢卒。据《南史卷二十三·列传第十三》记载：王劢，字公济，王通的弟弟。王劢有美好的风度仪表，博览群书史籍，为人处世安静闲适清高简约，不曾以利欲萦绕胸怀。梁朝的时候成为国子学中学习《周易》的学生，参加考试取得优秀的成绩，任命为秘书郎、太子舍人、宣惠武陵王主簿、轻车河东王萧誉功曹史。萧誉是梁武帝萧衍之孙，昭明太子萧统次子，南朝梁宗室。初封枝江县公，后改封河东郡王，历任宁远将军、琅琊太守、侍中、轻车将军、南中郎将、湘州刺史等。大宝元年（550），王僧辩攻克湘州，斩杀萧誉。后，谥曰武桓。

当时，河东王萧誉离开朝廷镇守京口，王劢将随同他前往藩镇，范阳人张缵当时掌管选择推举贤能之士的工作，王劢拜访张缵告别，张缵赞赏他的风采，于是说："以王生的才能和门第，难道能去京都以外的州郡官署任职吗？"退堂向皇上进言将王劢任命为太子洗马，升任中舍人、司徒左西属。调出朝廷任命为南徐州别驾从事史。

大同末年，梁武帝去晋见帝王陵，经过硃方，王劢依照惯例迎候，武帝命令王劢跟从在自己车驾的旁边，所经各处山川，没有不向他询问的，王劢随各种事情进行对答，所答都有典故出处。又跟从武帝登上北顾楼，王劢在那里所作的诗篇，辞义清正典雅，武帝十分赏识他。

那时河东王萧誉被任命为广州刺史，于是以王劢为冠军河东王长史、南海太守。河东王萧誉到岭南，做了许多侵掠地方的事情，因而畏惧自己的罪行受到惩罚便声称有病，丢开所管辖的州事回朝廷去了，王劢就管理广州府的政事。越中是富饶肥沃的地方，前后在这里任职的地方官照例大多贪污放纵，王劢唯独以清白的名声著称于世。调入朝廷任命为给事黄门侍郎。

侯景叛乱的时候，王劢向西逃奔到江陵，萧绎秉承皇帝的旨意任命他为太子中庶子，在丞相府担任管理文牍之职。调出任宁远将军、晋陵太守。当时是战乱饥荒之后，一郡之中民生凋敝。王劢处理政事清正简约，官吏百姓于是安定下来。征调入朝廷任侍中，升任五兵尚书。后来，西魏侵犯江陵，元帝征调湘州刺史宜丰侯萧循前来援救，任命王劢监理湘州政事。江陵失陷后，敬帝萧方智秉承皇帝旨意任用王劢为中书令。绍泰元年(555)，王劢加官侍中。陈霸先担任司空时，任用王劢兼任司空长史。

陈霸先担任丞相时，王劢兼任丞相长史，侍中、中书令的职务都保留如旧。那时吴中一带遭遇战乱，老百姓贫困到了极点，于是任用王劢监理吴兴郡的政事。到萧勃叛乱平定后，又因为王劢从前在岭表任职，早有政绩，于是任命他为使持节、都督广州等 20 州诸军事、平南将军、平越中郎将、广州刺史。还没有起行，改任衡州刺史，持节、都督的职务都依旧保留。

王琳占据着长江的上游，衡、广两州离心不肯归附，王劢不能够去自己的镇守之地，留在大庾岭。天嘉元年（560），征调王劢进朝廷任命为侍中、都官尚书，尚未就任，又任命为中书令。升任太子詹事。管理东宫事务，侍中的职务一起依旧保留。加官金紫光禄大夫，领度支尚书。

废帝陈伯宗登位，王劢加官散骑常侍。陈宣帝太建元年（569），王劢升任尚书右仆射。那时东边的国境内发大水，老百姓闹饥荒，任用王劢为仁武将军、晋陵太守。他在郡中很有威信和恩惠，郡中的人上书朝廷请求给王劢立碑，颂扬他的政绩，皇帝发布命令同意这样做。征调入朝任命为中书监，重新授给尚书右仆射的职务，领右军将军。

太建四年（572）5 月 29 日，王劢去世，当时 67 岁。皇帝赠给他侍中、中书监的官衔，谥号叫作温。

经过梁武帝、侯景之乱、梁元帝、梁敬帝、陈武帝、陈文帝等政权更替，到陈宣帝执政期间，朝廷大臣多已老迈。就在王劢去世不久，六月十一日，侍中、镇右将军、右光禄大夫杜棱也寿终正寝了。

杜棱是陈武帝时的老臣，对陈武帝和陈朝忠心耿耿。据《陈书》《南史》所载：杜棱，字雄盛，吴郡钱塘人。世代为本县的大姓。杜棱读了很多书，年轻时落魄，在当世不知名。于是游历岭南，侍奉梁朝广州刺史新渝侯萧暎。

萧暎因病去世，杜棱跟着陈霸先，一直负责文书记事。侯景之乱时，命令杜棱带兵，平定蔡路养、李迁仕都立有战功。大军抵达豫章，梁元帝秉承皇帝旨意任杜棱为仁威将军、石州刺史，封为上百县侯，食邑800户。

侯景被平定后，陈霸先镇守朱方，杜棱督管义兴、琅�二郡。因王僧辩屈服于北齐的威势，迎立北齐的傀儡萧渊明为帝。陈霸先图谋剪除王僧辩，和杜棱、侯安都等共同商议，杜棱认为困难。陈霸先担心他泄露，属下侯安都用手巾勒杜棱，杜棱气闷昏倒在地上，于是把杜棱关进别室。大军出发，唤他同行。王僧辩被平定后，陈霸先向东征讨杜龛等，派杜棱和侯安都留守。徐嗣徽、任约带引北齐军渡江，攻打台城，侯安都和杜棱联手抗敌，杜棱日夜巡逻警戒，安抚士兵，没有安稳地休息过。敌人被平定，按功劳任命杜棱为通直散骑常侍、右卫将军、丹阳尹。陈武帝永定元年（557），晋升为侍中、忠武将军。不久迁任中领军，侍中、将军等职不变。

永定三年，高祖驾崩，陈蒨当时还在南皖。当时在内没有嫡系继承人，在外有强敌虎视眈眈，侯瑱、侯安都、徐度等都领兵在外，朝廷的宿将，只有杜棱在京都，独自掌管禁军，于是和蔡景历等秘不发丧，迎奉陈蒨回朝即位，杜棱迁任领军将军。

陈文帝天嘉元年（560），按照先前所建功劳，改封杜棱为永城县侯，增加食邑500户。出任云麾将军、晋陵太守，增加俸禄2000石。天嘉二年（561），征召为侍中、领军将军。不久迁任翊左将军、丹阳尹。

废帝陈伯宗即位，杜棱迁任镇右将军、特进，侍中、尹等职不变。光大元年（567），解除丹阳尹职，量才立为佐史，给扶，又授职为领军

将军。

陈宣帝太建元年（569），出任散骑常侍、镇东将军、吴兴太守，俸禄2000石。太建二年（570）九月乙丑十五日，陈宣帝征召杜棱担任侍中、镇右将军。不久加任特进、护军将军。太建三年（571），因公事免去侍中、护军二职。四年，恢复官职担任侍中、右光禄大夫，并且赏赐鼓吹乐一部，将军职务、安排僚吏的权力、给予扶护人员等待遇仍同从前一样。

杜棱先后为南陈武帝、文帝、废帝、宣帝四位皇帝服务，都得到了优待宠幸。晚年不参与征伐之役，在京都悠闲自得，赏赐丰厚。没多久，于太建四年（572）六月辛巳十一日，在任所去世，年70岁。陈朝追赠为开府仪同三司，丧事所需财物，陈宣帝下令全部由国库资助供给，谥号是成。当年配享在高祖祭庙。儿子杜安世继承。

陈宣帝思考着陈朝如何从北周、北齐三国博弈中破局而出，正是急迫需要大量的军事、政治、经济人才的时候，而老臣宿将却相继离世。这不能不令陈宣帝伤感和忧心！

太建四年九月辛亥日，陈宣帝大赦天下。下诏《令内外举贤极谏诏》，书曰：

举用德才兼备之人，听取谏言，这是为皇上的显明规鉴；举荐贤士，访求直言，这是为臣子之典型美德。朕以智寡德薄之身，继守帝业，尽管世代相承太平无事，然而治下却算不上安定统一。对臣下加以鉴别，各授其职，日晚方食，清晨即起；身边缺少谏诤之臣，属下也没有新荐之贤士。人才多么地缺乏啊，很少有人能直言抗争。难道我可以独自运用威权和谋略，不必佐以正直之言？置谏鼓于公车令署，却很少有人谈论朝政得失；施治象之石于魏阙，也无人陈说政绩之好坏。像汉之朱云那样摧殿槛以切谏成帝除佞的，我确实未逢其人；像秦之禽息那样要以头触楹以谏穆公重用百里奚的人，又难以遇到。至于像许子那样着粗布衣去见滕文公，像虞卿那样背着伞千里跋涉而游说赵孝成王，或者像后汉殷肃那样虽年老而才能绝伦，或者像王成那样以少壮之年而治有异等之效，求合于当时而不得合的，近臣们也不加以称说，以至于朝代发生了更迭，黄金台上招贤之金也将要用尽，他们终究还是沉抑于下而不得升进，实在令人叹息啊。

又有尊贵为诸侯，卑贱为十等人之末的，优劣交驰，对此该鼓励和禁止的没有严格区分，以至于徒然有街里之谣言纷起，而在朝廷上发表议论的却未见其人。此是朕之不够明哲，然而一时也无人上言兴利除弊。《诗经》上说，教化大行的盛世就会到来，难道竟至于会有差错吗？在外可通告文武百官：所有在职臣僚听着，关于风教之怪变，朝政之败坏，要严肃地据实指出，只准冒犯，不准隐讳。另外每人举荐其所知悉之人才，依其才能加以明白考核。如有掌管政事之人清廉或者贪秽，在职之官员有才或无能，分别直言上达，以待朝廷加以退降或升进。（见《陈书卷五·本纪·宣帝》）

陈宣帝向天下招贤才，收集好的建议。同时，奖褒功臣，使之能起到振奋贤才之心的作用。

陈朝九月丙寅二十七日，以南陈以已故太尉徐度、仪同杜棱、仪同程灵洗配食高祖陈武帝庙庭，已故车骑将军章昭达配食世祖陈文帝庙庭。（见《陈书卷五·本纪·宣帝》记载）冬十月十七日，皇上亲临太庙祭祖。

三十日，以镇南将军、广州刺史沈恪为领军将军。

闰十一月初三，陈宣帝颁下《分留罢任之徒住姑孰诏》，说：

姑孰是肥沃广阔之地，可与荆溪一带媲美，博望山地当要塞，天然险峻，南对龙山，北临牛渚，对岸是楚国之遗城，临近东吴富春太守全琮之故垒，良田美树，田间水沟相望，相连的是屋檐，高耸的是屋脊，纵横交错的田埂好似锦绣一般。

自从梁末战乱发生，残败殆尽，近来虽极力使之丰足富裕，仍然不能平复，就是像京郊这样咫尺弹丸之地，也该让它变得富足。况且众将属下，多寄养有父母家室，军与民习俗相杂，造成极为败坏之风。

从现在起如有卸任回乡之人，准予其部曲留于五部辖下；如果已在江北，也责令迎回，一并安置到南州津。所有做买卖的，不再索取估税；荒芜之地新被垦辟出来，也停止征收其税。朝廷派使臣一人，与刺史、津主一道对他们加以辨明、约束，给以田地，每人标立一块屯戍之地。

十二月初五，甘露降于乐游苑。甘露，其实就是甘美的露水。但是，古人认为甘露降，是太平瑞征。《老子》：“天地相合，以降甘露。”《汉书·宣帝纪》：“乃者凤皇集泰山、陈留，甘露降未央宫……获蒙嘉瑞，赐兹祉福，夙夜兢兢，靡有骄色。”

天降甘露，古人认为是吉祥之兆；而且，人们认为饮食甘露，使人可以长生不老。于是，初七日，陈宣帝在众人的簇拥下，去了乐游苑。并采取甘露，宴饮群臣。

第十二章　北周诛杀宇文护

太建四年（572）三月癸卯朔（初一），发生日食。

三月丙辰日，荧惑（火星）、太白（金星）合璧。占曰：“其分有兵丧，不可举事，用兵必受其殃。”又曰：“改立侯王，有德者兴，无德者亡。”（见《隋书二十一·志第十六·天文下》）

大凡出现异常天象，君主和大臣都格外关注。有一次，北周权臣宇文护问稍伯大夫庾季才说：“近日来天文星象怎么样？”

季才回答说：“受到您深厚的恩泽，怎敢知无不言。刚才上台星有变化，晋公您应该归政给天子，请求回家养老。这样就能享年高寿，受到周公旦、召公的美名，子子孙孙常为国家重臣。不然，就不是我所能知道的了。”

宇文护沉吟很久，说：“我本来的志向就是这样，但是请示皇上没有得到同意。你既然是天子的官员，可以按照朝廷的规定，不用麻烦你特意来见寡人了。”

宇文护就此对季才疏远了。据《北史》记载：庾季才字叔弈，新野人。八世祖庾滔，随晋元帝过江，官至散骑常侍，封为遂昌侯，于是在南郡江陵县安家。祖父庾诜，《南史》中有传记。父亲庾曼倩，为光禄卿。

庾季才幼时聪慧出人，8 岁诵读《尚书》，12 岁通晓《易》，喜欢推算天象，居丧期间以孝顺而闻名。梁朝湘东王萧绎召引他授职外兵参军。中书省设置后，连续升任为中书郎。兼任太史，封为宜昌县伯。庾季才坚决辞去太史，梁元帝说：“汉代司马迁几代为太史，魏朝高堂隆尚且兼任这种职务，你为何害怕呢？”元帝也比较通晓星象历法，对他说：“我也担心祸起萧墙。”庾季才说：“秦将领进入郢都，陛下应该留下大臣，镇守荆陕一带。回京都以躲避灾难。”皇帝开始听从，后来与吏部尚书宗懔等人商议，便停止了。

很快，西魏攻陷了江陵，梁元帝覆亡。季才被押到长安。周文帝一见庾季才，对他特别优待礼遇，让他参与主管太史，说：“你要尽心诚意地侍奉我。一定以富贵相报答。”

当初，西魏攻陷江陵时，荆州一带的士大夫和文士，大多沦落为北周的卑贱之人。庾季才散发皇上赏赐给他的物品，以寻求亲朋旧友。周文帝问道：“怎么能这样做?”庾季才说：“郢都覆灭败亡，君主实在有罪过，但缙绅有什么过错？都变成贱隶之人，我实在私下哀怜他们，所以用财物赎回。”周文帝于是明白过来，说：“如果不是您，我会辜负天下人期望。”便下令，赦免梁朝被俘虏沦为奴婢的数千口人。周明帝武成二年(560)，与王褒、庾信一起委任为麟趾学士，后升为稍伯大夫。

庾季才度量宽大，学业博大，讲究信义，喜爱交游。常在吉日良辰，与琅琊人王褒、彭城人刘珏、河东人裴政及同族的庾信等聚会在一起，饮酒作文。另有刘臻，撰有《灵台秘苑》120 卷，《垂象志》142 卷，《地形志》87 卷，都流行于世。

北周权臣宇文泰在西魏当丞相时，曾经建立左右十二军，隶属相府；宇文泰死后，左右十二军受晋公宇文护调度，凡属军队的征发调动，非得有宇文护的文书不可。宇文护的府第驻军守卫，人数超过宫廷，他的儿子和僚属都贪婪残暴恣意横行，士民都深以为患。北周国主周武帝宇文邕对此一直隐晦退避，不加干涉，别人也猜不到他的深浅。

卫公宇文直是北周武帝的同母兄弟，和宇文护的关系非常亲近；后来在沌口打了败仗，被罢免官职，因此怨恨宇文护，劝周武帝宇文邕杀死他，企图自己得到宇文护的职位。武帝便秘密和卫公宇文直、右宫伯中大夫宇文神举、内史下大夫太原人王轨、右侍上士宇文孝伯进行策划。宇文神举是宇文显和的儿子；宇文孝伯是安化公宇文深的儿子。

周武帝每次在宫中见到宇文护，都行兄弟之礼。太后赐宇文护坐，武帝就站立在一旁。丙辰（十四日），宇文护从同州回长安，武帝驾临文安殿见他，引导宇文护到含仁殿参见太后，并对他说：“母后年纪已高，很喜欢饮酒，我虽然屡次劝她，没有得到采纳。兄长今天参见时，希望您能劝说她。”于是从怀里拿出《酒诰》给宇文护，说：“用这个来规劝母后。”宇文护进殿后，像武帝所说那样对太后诵读《酒诰》；还没有读完，武帝便在宇文护背后用玉笏打他（珽，亦笏也；或谓之大圭，长三尺，于杼上又广其首如椎头。珽长尺二寸，方而不折，以球玉为之），宇文护当即跌倒在地。武帝命令太监何泉用御刀砍他，何泉心里惶恐惧怕，不敢用劲，没有把宇文护砍伤，卫公宇文直躲在门内，这时跳了出来，将宇文护杀死。

据《周书卷十一·列传第三》载：晋荡公宇文护，字萨保，是太祖（宇文泰）的哥哥邵惠公宇文颢的幼子。他年幼时正直有气度，特别受到德皇帝的喜爱。11 岁时，邵惠公去世，他随同各位叔伯父在葛荣的军队中。

太祖（宇文泰）入关之时，宇文护因为年幼没有跟随。普泰初年，他从晋阳来到平凉，当时 17 岁。太祖的儿子们都还年幼，于是就把家中的事务委托给宇文护（掌管），全家上下不需严格整治就庄敬和睦。太祖曾感叹道：“这个孩子的志向气度像我。”大统初年，加授通直散骑常侍、征虏将军。在邙山战役中，宇文护率领军队作为先锋，被敌军包围，都督侯伏侯龙恩挺身抵御，才幸免于难。宇文护因罪免除了官职，不久又恢复了原来的官位。大统十五年，外出镇守河东，升任大将军。与于谨一起征伐江陵，宇文护率领轻装骑兵为先锋，日夜赶路，又派裨将进攻梁国周边城镇，全都攻下，并活捉了梁国巡逻侦察的骑兵，军队一直进逼江陵城下。城中守军没有料到大军已到，惊慌失措。宇文护又派 2000 骑兵切断长江渡口，收缴船只以待大军。大军到达之后，包围了江陵，并将其攻占。

太祖西行巡视到牵屯山，得了病，通过驿站急召宇文护。宇文护到泾州会见太祖时，太祖已经病危。太祖对宇文护说：“我的身体已到了这种地步，一定是无法治好了。我的儿子们都还年幼，敌寇尚未平定，天下的大事，托付给你，你要努力完成我的志愿。”宇文护泪流满面，接受了命令。行至云阳，太祖驾崩。宇文护隐瞒了太祖去世的消息，到长安才将丧事公布。当时太祖嫡长子年纪尚幼，强敌就在附近，人心不安。宇文护治理内外事务，安抚文武百官，于是人心才安定下来。从前，太祖常说“我有胡人相助”，当时没有人能明白这句话的意思，到了这时候，人们以宇文护的字来解释它。不久授官柱国大将军。太祖安葬完毕，宇文护认为天命有了归属，派人劝说魏帝，使魏帝让位。北周得以建立。

从太祖担任丞相开始，就设立了左右十二军，全部隶属相府。太祖死后，十二军都受宇文护调度，凡是征发调动，不是宇文护的手令就不能施行。宇文护府第驻守的禁卫部队，人数超过宫廷，事情不论大小，都由宇文护先决定后再奏闻皇上。宇文护性情非常宽厚温和，但不明大体。他自恃有建国立邦的功勋，长期担任宰相的职位。凡是他委派任用的人，都不称职。加上他的儿子们贪婪残暴，部属骄纵横逸，仗恃宇文护的威力权势，没有谁不是败坏政治残害百姓的。上下相互欺蒙，毫无疑虑。因为宇文护极为凶暴傲慢，周武帝就在暗中和卫王宇文直策划除掉宇文护。王轨、宇文神举、宇文孝伯常也参与了谋划。这一天，王轨等人都在宫外，再没有其他的人知道。

杀掉宇文护后，武帝召见宫伯长孙览等人，告诉他们已将宇文护处死，命令拘捕宇文护的儿子柱国谭公宇文会、大将军莒公宇文至、崇业公宇文静、正平公宇文乾嘉，以及他的弟弟宇文乾基、宇文乾光、宇文乾蔚、宇文乾祖、宇文乾威和柱国北地人侯龙恩、侯龙恩的弟弟大将军侯万寿、大将军刘勇、中外府司录尹公正、袁杰、膳部下大夫李安等人，在殿中将他们杀死。

齐王宇文宪对周武帝宇文邕说：“李安出身奴隶，他所掌管的只是庖厨而已。既然没有参与时政，不足以杀死他。”周武帝说：“你有所不知，世宗的去世，就是李安干的。”

十九日（辛酉，572 年 4 月 17 日），周武帝大赦全国，改年号为“建德”。周武帝宇文邕下诏曰：

君亲无将，将而必诛。太师、大冢宰、晋公护，地寔宗亲，义兼家国。爰初草创，同济艰难，遂任总朝权，寄深国命。不能竭其诚效，罄以心力，尽事君之节，申送往之情。朕兄故略阳公，英风秀远，神机颖悟，地居圣胤，礼归当璧。遗训在耳，忍害先加。永寻摧割，贯切骨髓。世宗明皇帝聪明神武，惟几藏智。护内怀凶悖，外托尊崇。凡厥臣民，谁亡怨愤。朕纂承洪基，十有三载，委政师辅，责成宰司。护志在无君，义违臣节。怀兹虿毒，逞彼狼心，任情诛暴，肆行威福，朋党相扇，贿货公行，所好加羽毛，所恶生疮痏。朕约己菲躬，情存庶政。每思施宽惠下，辄抑而不行。遂使户口凋残，征赋劳剧，家无日给，民不聊生。且三方未定，边隅尚阻，疆埸待戎旗之备，武夫资扞城之力。侯伏侯龙恩、万寿、刘勇等，未效庸勋，先居上将，高门峻宇，甲第雕墙，寔繁有徒，同恶相济。民不见德，唯利是图。百姓嗷嗷，道路以目；含生业业，相顾钳口。常恐七百之基，忽焉颠坠，亿兆之命，一旦阽危，上累祖宗之灵，下负苍生之责。

今肃正典刑，护已即罪，其余凶党，咸亦伏诛。氛雾既清，遐迩同庆。朝政惟新，兆民更始。可大赦天下，改天和七年为建德元年。

在北周刚刚接受天命的时候，宇文护实在是经历了艰难。宇文泰去世时，他的儿子们年幼，王公们怀有取代的志向，天下的人有背离的心意。最终能够将魏变为周，使危难转化为平安，这是宇文护的功劳。

假如宇文护能再加上以礼谦让，同时保持对君主的忠诚坚贞，太甲有悔过的时候，西汉也能保全自然的寿数，那么从前史书上所记载的，又有什么值得称道的呢。然而宇文护缺少学问，亲近小人，作威作福，专权独断。作为人臣而目无君主之心，做出君主无法忍受的事情。忠孝是最高尚的操节，他却毫不犹豫地违背它；废弑君主是最大的叛逆，他却毫不后悔地去做。最终自己身首异处，妻子儿女被杀，实是可叹！

宇文护的长子宇文训是蒲州刺史，这天晚上，武帝派柱国越公宇文盛乘车去传唤宇文训，到同州，传达了武帝对他赐死的命令。昌城公宇文深出使突厥还没有回来，武帝派开府仪同三司宇文德送去诏书将他就地杀死。宇文护的长史代郡人叱罗协、司录弘农人冯迁和其他亲信，都被革职除名。

据《隋书二十一·志第十六·天文下》记载：建德元年三月丙辰，荧惑、太白璧。占曰："其分有兵丧，不可举事，用兵必受其殃。"又曰："改立侯王，有德者兴，无德者亡。"其月，诛晋公护、护子谭公会、莒公至、崇业公静等，大赦。癸亥，诏以齐公宪为大冢宰，没想到，这些全都

应验了。

《周书卷二十九·列传第二十一》载：当时皇帝年幼，晋公宇文护执政，侯植堂兄侯龙恩为宇文护所亲信。及宇文护杀了赵贵等人，诸老将多不自安。侯植对侯龙恩说："今主上年纪尚轻，国之安危全靠诸公。休戚相依，尚忧不济，何必以细微隔阂，自相残杀！我担心天下人因此解体。吾兄既蒙重用，怎可知危不告？"

侯龙恩没有采纳忠言。侯植又乘机对晋公宇文护说："君臣之分，情同父子，理当休戚与共，贯彻始终。明公以骨肉之亲，身受国家社稷的重托，存亡与共，在于今 。愿公以诚意对待王室，按照伊尹、周公的榜样，使国运安如泰山，永保世禄之盛，则四方臣民，莫不幸甚。"宇文护说："我蒙宇文泰厚恩，况且又是侄辈，誓将以身报国，贤兄当知我心。您如今说这话，难道认为我有别的企图吗！"又得知他先前对侯龙恩讲的话，于是暗暗猜忌侯植。侯植怕大祸临头，竟愁苦而死。

后来，宇文护被杀，侯龙恩与其弟大将军、武平公侯万寿全都牵连上祸，都被处死，武帝审理宇文护案，知侯植忠于朝廷，特意赦免了侯植的子孙。追赠侯植为大将军、平扬光三州诸军事、干州刺史。谥曰节。其子侯定承袭爵禄。位至车骑大将军、仪同三司。

周武帝任命宇文孝伯为车骑大将军，和乌泥轨（改汉名为王轨）一同加封开府仪同三司。据《北史卷五十七·列传第四十五》《周书卷四十·列传第三十二》载：宇文孝伯，字胡三，是吏部安化公宇文深的儿子。他的生日与宇文邕同日（西魏大统九年（543）），宇文泰很喜欢他，把他抚养在自己家里。长大后，又与周武帝同学。武成元年（559），宇文孝伯授宗师上士。当年 16 岁。

宇文孝伯沉静正直，喜欢率直而言。宇文邕即位后，想把他安置在自己身边。当时朝政被宇文护把持，周武帝宇文邕无法独行其是，只得借口小时候与宇文孝伯一块学习经籍，可以借此互相启发。晋公宇文护因此没有猜忌，宇文孝伯得以入朝担任右侍上士，常常侍奉周武帝读书。

天和元年（566），宇文孝伯升任小宗师，兼任右侍仪同。宇文孝伯的父亲宇文深去世，诏命他在服丧期内承袭爵位。周武帝宇文邕曾从容对他说："你对于我，好比汉高祖与卢绾一样。"于是赏赐他十三环金带。从此总是随侍左右，出入卧室，朝廷的机密大事，都得以参与。宇文孝伯也尽心尽力，无所避忌。至于政事得失，宫外小事也都一一上奏。周武帝宇文邕对他十分信任，当时没有人能与他相比。

周武帝天和七年（572）三月丙辰十四日，宇文护被处死后，周武帝宇文邕授宇文孝伯为开府仪同三司，历任司会中大夫、左右小宫伯、东宫左宫正。

武帝翻阅从宇文护家中所搜得的文件，看到有假托符命妄图制造异谋的，都被处死；唯独得到庾季才所写的两张纸，大谈星象变化的灾难吉祥，应该把朝政大权还给武帝，武帝赏赐给庾季才300石小米，200段布帛，提升为太中大夫。

杀了宇文护之后，周武帝开始亲政，很注重威令用刑，尽管是骨肉至亲也不宽恕。癸亥（二十一日），任命尉迟迥为太师，柱国窦炽为太傅，李穆为太保，齐公宇文宪为大冢宰，卫公宇文直为大司徒，陆通为大司马，柱国辛威为大司寇，赵公宇文招为大司空。

齐公宇文宪名义上升为冢宰，实际上周武帝是夺了他的实权。宇文宪一向得到宇文护的信任，遇到对别人的赏罚，宇文宪都能参与意见，权势很大。宇文护有什么要向朝廷上言的事，都叫宇文宪向武帝转达奏报，其中有时有不同的意见，宇文宪顾虑武帝和丞相之间猜疑而形成怨仇，都婉转地进行申述，武帝也察觉到他的用心。晋公宇文护被诛杀后，周武帝征召宇文宪入朝，宇文宪摘下帽子跪拜谢罪。周武帝对他说："天下是宇文泰的天下，我继承大业，常常担心国家败亡。大冢宰目无君王欺凌主上，将要图谋不轨，我之所以诛杀他，是为了安定社稷。你是我的同胞兄弟，和我休戚与共，这件事与你没有关系，何须谢罪。"于是，周武帝命宇文宪前往宇文护家中，收缴兵符和各种文书簿籍。卫公宇文直素来忌恨宇文宪，坚持请求武帝杀死他，武帝不肯答允。（见《周书卷十二·列传第四》）

周武帝对宇文宪的侍读裴文举说："从前魏朝末年武帝不能操持朝廷大纲，所以才有宇文泰辅政；等到周朝建立，晋公宇文护又掌握大权；原只是多年的习惯，后来竟成为常规，愚人还说法度应该如此。哪有年已30岁的天子还可以被别人钳制的道理！《诗经》中说：‘从早到晚不懈怠，用来侍奉一个人。’一个人，指的是天子。您虽然陪伴侍奉齐公，不能怕得如同他的臣子，老死在侍读的事上。应当以正道去辅助他，用做人的道理去规劝他，使我们君臣和睦，使我们兄弟同心，不要使他自己招致嫌疑。”

裴文举把这番话都告诉了宇文宪，宇文宪指着自己的心口拍着小桌子说：“我平素的心意，您难道不知道吗！只是应该尽忠竭节罢了，我还有什么好说的。”

周武帝宇文邕准备处死晋公宇文护时，秘密与卫公宇文直策划。只有宇文孝伯、王轨、宇文神举等人得以积极参与。

据《周书卷十三·列传第五》载：宇文直，是周武帝宇文邕的同母弟弟，性情虚浮狡诈，贪狠刁蛮。因为晋公宇文护执掌朝政，就对周武帝怀有二心而亲近宇文护。他在沌口打了败仗回来后，对他被免除官职感到恼怒，又请求周武帝除掉宇文护，希望得到宇文护的职位。周武帝早就有诛杀宇文护的心意，于是和宇文直谋划此事。

宇文护被诛杀后，周武帝任命齐王宇文宪为大冢宰。宇文直没有得到大冢宰的位置，又请求担任大司马，想总领军事，得以独揽大权。周武帝揣测到了他的心意，对他说：“你们兄弟长幼有一定的顺序，你怎么可以反过来排在后面呢？”就任命宇文直为大司徒。

宇文直怨恨在心。建德三年，周武帝晋升宇文直为卫剌王。当初，周武帝把宇文直的宅第改为东宫，让宇文直自己选择住所。宇文直看遍各处官署，没有中意的，到废弃的陟屺佛寺，打算住进去。

齐王宇文宪对他说：“兄弟的儿女们成长，按理说住处应当宽大一些，这个寺院太狭小，不宜居住。”宇文直说：“我这一个身子尚且容不下，还用说儿女们！”宇文宪感到奇怪，也有点怀疑。

宇文直曾经跟从皇帝围猎，在队伍里乱跑，皇帝发怒，当众鞭打他。宇文直从此更加怨恨。建德三年，周武帝驾幸云阳宫，宇文直留在京师，起兵反叛，进攻肃章门。

长孙览辅佐皇太子留守京城。长孙览害怕，逃向云阳宫。当时，尉迟运偶然在宫门内，宇文直的士兵突然杀到，尉迟运来不及命令别人，就亲自关门。宇文直的党徒与尉迟运争夺宫门，砍伤尉迟运手指，但宫门还是勉强关上。

宇文直无法入宫，就放火烧宫门。尉迟运担心火灭之后，宇文直党徒即可进宫，就取来宫中木材以及床等物品，增大火势，又浇上油脂，火势更盛。

过了很久，宇文直无法进宫，只得退兵。尉迟运率领留守士兵，乘机进击，宇文直大败而逃。

这一天，如果没有尉迟运，皇宫早已失守。周武帝嘉奖他，授大将军，把宇文直的田宅、妓乐、金帛、车马以及杂物等，赏赐给尉迟运，数量多得无法计算。

宇文直逃走后，在荆州被追上捉住，废为平民，囚禁在另一处宫殿里。不久，宇文直又图谋反叛，被处死。

他的儿子宇文贺、宇文宾、宇文塞、宇文响、宇文贵、宇文秘、宇文津、宇文乾理、宇文乾璪、宇文乾琮等 10 人也被处死，封国被取消。

宇文直的死，那是自寻其祸，毫不可惜。最可惜的是宇文护——《周书》《北史》都称赞宇文护："幼方正有志度"；"护性至孝"。他对建立北周，有立国安邦之大功！

宇文泰去世时，西魏的地盘还是三国之中最小的一个。东边的北齐和南边的南陈都是实力强劲的对手，随时会趁着西魏内乱，进攻西魏。

此时，宇文护的抉择就显得十分艰难，稍有不慎，不仅会造成内部矛盾爆发，还会引来外部敌人的入侵。宇文护以果断的行动，迅速稳定了局势：

第一，宇文护在得到老臣于谨的支持后，果断劝说西魏恭帝禅让大位给宇文泰的嫡子宇文觉。建立了北周。如此一来，就跳出了元氏皇族的包围圈。构建了宇文氏皇族宗法势力圈。

第二，宇文护加封李弼为太师、赵国公，赵贵为太傅、楚国公，独孤信为太保、卫国公，于谨为大司寇、燕国公，侯莫陈崇为大司空、梁国

公。如此，西魏八柱国中的五位，就都被宇文护给提拔了起来，成为以宇文氏皇族为中心的外围势力。

第三，消灭赵贵和独孤信。剥夺他们的兵权，收归于宇文皇族掌握。同时，杀了他们，也警告和震慑了其他反对派。

第四，暂时停止对北齐、南陈的征战，派使者修好两国关系。

如此一来，北周的内、外局势得以稳定。宇文护功莫大焉！

《周书》对宇文护多有贬词，很多史家指责宇文护是贪恋权力，才杀了孝、明二帝。也正是贪恋权力，宇文护才落得满门抄斩。

其实，不然！如果宇文护真的放弃权力，归复田园。他可能死得更早更惨！历代史家对宇文护的文治武功多有肯定。宇文护连杀三帝，各有其因。最主要的动机，还是自保！其实，自保的最好办法，就是取而代之！以宇文护当时的权势，在孝闵帝二次三番谋杀宇文护没有成功之时，宇文护完全可以将孝闵帝之作为公之于众，果断取而代之，称帝即位。反正北周得天下全是宇文护之力，众臣不敢有异议！宇文护至少可以自保终老。

第十三章　北齐冤杀斛律光

北齐后主高纬昏庸无能，使朝政先是落在和士开的手中，和士开被高俨杀死后，北齐尚书右仆射祖珽又独揽了朝政大权。祖珽的势力可以倾动朝内外。

北齐左丞相咸阳王斛律光很厌恶他，远远地见到祖珽，总是骂道："使国家多事、贪得无厌的小人，想搞什么样的诡计！"又曾对部下的将领们说："军事兵马的处理，尚书令赵彦深还常常和我们一起商量讨论。这个瞎子掌管机密以来，完全不和我们说，使人担心会误了国家的大事。"

斛律光曾在朝堂上坐在帘子后面，祖珽不知道，骑马经过他的面前，斛律光大怒说："这个小人竟敢这样！"后来祖珽在门下省，说话声调既高又慢，正巧斛律光经过那里，听到祖珽说话的腔调，又大怒。祖珽发觉后，私下贿赂斛律光的随从奴仆询问原因，奴仆说："自从您当权以来，相王每天夜里手抱双膝叹气说：'瞎子入朝，国家必毁。'"

穆提婆请求娶斛律光的妾所生的女儿做妻子，没有得到允许。齐主高纬赐给穆提婆晋阳地方的田地，斛律光在朝上说："这些田地，从神武帝以来一直种谷物，饲养几千匹马，打算对付入寇的外敌。现在赏赐给穆提婆，恐怕会影响国家的军务吧！"从此祖珽、穆提婆都怨恨他。

斛律光的女儿斛律皇后得不到北齐后主高纬的宠爱，祖珽因此离间他们的关系。斛律光的弟弟斛律羡是都督、幽州刺史、行台尚书令，也善于治军，兵士马匹都很精干强壮，设置的要塞堡垒规范整齐，突厥很怕他，称他为"南可汗"。斛律光的长子斛律武都是开府仪同三司，梁、兖二州的刺史。

斛律光虽然贵极人臣，但生性节俭，不喜欢声色，很少接待宾客，拒绝接受馈赠，不贪图权势。每逢朝廷集会议事，常常在最后发言，说的话总是很符合情理。遇有上表或奏疏，叫人拿了笔，由自己口述，替他写下来，务必简短真实。用兵时仿照他父亲斛律金的办法，军队的营房没有落实，自己不进帐幕；或者整天不坐，身上不脱铠甲，打仗时身先士卒。士兵犯了罪，只用大棒敲打脊背，从不随意杀人，所以部下的士兵争相为他效命。

斛律光自从年轻时参加军队，没有打过败仗，深为相邻的敌方害怕。北周的勋州刺史韦孝宽私下制造谣言说："百升飞上天，明月照长安。"又说："高山不推自崩，槲木不扶自举。"派间谍把谣言传到邺城，叫邺城的小孩在路上歌唱。祖珽接续道："盲老公背受大斧，饶舌老母不得语。"叫妻兄郑道盖向后主奏报。后主高纬就此问祖珽，祖珽和陆令萱都说："确实听说有这件事。"祖珽还解释说："百升，就是斛。盲老公，是指我，和国家同忧愁。饶舌老母，似乎指女侍中陆令萱。况且斛律氏几代都是大将，斛律光字明月，声震光西，斛律羡字丰乐，威行突厥，女儿是皇后，儿子娶公主，谣言令人可畏。"后主又问韩长鸾，韩长鸾以为不可能，这件事才结束。

祖珽又去见后主高纬，请求后主屏退左右，当时只有何洪珍在旁边，后主说："以前接到你的启奏，就准备执行，韩长鸾认为没有这种道理。"祖珽还没有回答，何洪珍向后主进言说："如果本来没有这种意思就算了；既然有这种意思而不决定执行，万一泄露出去，怎么办？"后主说："何洪珍的话说得对。"但是还没有决定。

恰逢丞相府佐封士让上密启说："斛律光以前西征回来，皇上下诏命令将军队解散，斛律光却指挥军队进逼都城，准备进行违反法纪的活动，事情没有成功而停止了。家里私藏弓弩和铠甲、僮仆奴婢数以千计，常常派使者去斛律羡、斛律武都的住所，阴谋往来。如果不趁早谋划，恐怕事情不可预测。"

后主便相信了，对何洪珍说："人心也太灵验，我以前怀疑他要造反，果真如此。"后主性格懦弱胆小，只恐马上有变，叫何洪珍迅速把祖珽召来，告诉他说："我要召斛律光来，恐怕他不肯服从命令。"祖珽请求说："派使者赐给他骏马，告诉他：'明天将去东山游玩，王可以骑这匹马和我一同前往。’斛律光一定会来向陛下道谢，趁此机会把他抓起来。”后主就照祖珽所说的那样去做。

六月戊辰，斛律光进宫，到凉风堂，刘桃枝从他背后扑去，没有跌倒。斛律光回头说：“刘桃枝常常做这种事。我没有辜负国家。”刘桃枝和另外三个力士用弓弦缠住他的脖子，用力勒紧将他杀死，鲜血流在地上，经过铲除，血迹始终存在。后主下诏说斛律光要造反，将他的儿子开府仪同三司斛律世雄、仪同三司斛律恒伽一并杀死。

祖珽派2000石郎邢祖信对斛律光的家产登记造册。祖珽在尚书都省问起所查到的东西，邢祖信说：“得到15张弓，聚宴习射时用的箭100支，7把刀，朝廷赏赐的长矛两杆。”祖珽厉声说：“还得到什么东西?”邢祖信回答说：“得到20捆枣木棍，准备当奴仆和别人斗殴时，不问是非曲直，先打奴仆100下。”

祖珽大为惭愧，便低声说：“朝廷已经对他处以重刑，郎中不宜为他洗雪!”邢祖信离开尚书都省，有人责怪他过于坦率耿直，他感慨说：“贤良的宰相尚且被杀，我何必顾惜自己的余生!”

北齐后主派使者到梁州、兖州去，就地将斛律武都处死，又派中领军贺拔伏恩乘驿车去捉拿斛律羡，仍旧以洛州行台仆射中山人独孤永业代替斛律羡，和大将军鲜于桃枝征发定州的骑兵继续前进。贺拔伏恩等到幽州，守城门的人告诉斛律羡：“来的人内穿衣甲，马身有汗，应当关闭城门。”

斛律羡说：“怎能怀疑皇上派来的使者把他们拒之城外!”便出城会见使者。贺拔伏恩将他捉住处死。当初，斛律羡时常为一家权势太大而惧怕，曾经上表请求解除自己的职务，后主不许。临刑时，他叹息说：“如此富贵，女儿是皇后，满家是公主，日常使用300名士兵，怎能不败!”他的五个儿子斛律伏护、斛律世达、斛律世迁、斛律世辨、斛律世酋都被处死。

北齐奸臣害死良相斛律光，让敌国的北周感到非常高兴。北周武帝宇文邕听到斛律光死去的消息，为此大赦全国表示庆幸。

据《北齐》史载：斛律光，字明月，少年时就精通骑马射箭，而以武艺闻名于世。魏末，跟随父亲金西征，周文帝长史莫者晖这时正在行武中，斛律光看见后，骑在急驰的马上向他射箭，趁着射中的机会，将他活捉了过来，这时光才 17 岁。得高祖嘉奖，擢升为都督。

世宗做太子时，任命斛律光做了亲信都督，慢慢地提升为征虏将军，累加卫将军。武定五年（547），封永乐县子。曾陪同世宗在洹桥狩猎，看见一只大鸟，正展翅高飞，斛律光拿起弓来，一箭就射了下来，而且是正中要害。这只鸟形状像车轮，旋转着掉了下来，一看是大雕。世宗拿过雕来观看，将他夸赞了半天。丞相属邢子高感叹着说："真正的射雕手。"当时人们都称他为落雕都督。不久兼左卫将军，晋爵为伯。

北齐立国时，加斛律光开府仪同三司，另封西安县子。天保三年（552），随从大军出塞，斛律光为先锋，打垮了敌人，掳获甚多，并且夺得了一些其他的牲畜。还京，除晋州刺史。同齐东部接壤的周的天柱、新安、牛头三戍之头目，经常召引亡叛，多次寇掠齐境。七年，斛律光率 5000 步骑偷袭了他们。又大败周朝的仪同王敬俊等，虏获 500 多人、杂畜千余头后返归。九年，又领兵夺取了周的绛川、白马、浍交、翼城等四戍。任朔州刺史。十年，拜特进、开府仪同三司。二月，统领万骑攻打周的开府曹回公，并杀死了他。柏谷城主帅、仪同薛禹生弃城逃跑，于是斛律光就占领了文侯镇，立戍置栅后回京。

乾明元年（560），为并州刺史。皇建元年（560），晋爵巨鹿郡公。这时，乐陵王高百年为皇太子，肃宗认为斛律光家世代淳厚清谨，加之为皇室立有功勋，便纳其长女为太子妃。太宁元年（561），官尚书右仆射，食中山郡干。二年，除太子太保。河清二年（563）四月，斛律光率 2 万步骑在轵关西部筑建勋掌城，又修造了 200 多里的长城，设置了 13 个戍。三年正月，周调将军达奚成兴等来寇掠平阳，帝令斛律光率 3 万步骑抵御，成兴等闻风而退走。斛律光乘机追赶，进入了周境，俘获 2000 余人才回来。其年三月，迁司徒。四月，率骑北讨突厥，获良马千余匹。

这年冬，周武帝派遣柱国、大司马尉迟迥、齐国公宇文宪、柱国庸国公可叱雄等，拥众 10 万，寇掠洛阳。斛律光率 5 万余骑急行军赶赴洛阳，两军在邙山大战，迥等大败。斛律光发箭射死了可叱雄，获首级 3000 多级，迥、宪幸免一死，还缴获了所有的甲兵辎重，并将死尸堆成京观。世祖亲临洛阳，策勋颁赏，迁斛律光为太尉，又封冠军县公。早几年世祖命纳斛律光第二女为太子妃，天统元年（565），拜为皇后。其年，斛律光转为大将军。三年六月，因父去世，斛律光辞官归家。其月，诏令斛律光及弟斛律羡起复，仍为前任。秋，除太保，袭爵咸阳王，并袭第一领民酋长，另封武德郡公，移食赵州干，迁太傅。十二月，北周又派将领围攻洛阳，截断粮道。

武平元年（570）正月，帝诏令斛律光率领3万步骑攻讨。军队驻扎定陇，周将张掖公宇文桀、中州刺史梁士彦、开府司水大夫梁景兴等又屯驻鹿卢交大道，斛律光披甲执锐，身先士卒，锋刃才交，桀众大溃，斩首2000多级。斛律光又进军宜阳，与周齐国公宇文宪、申国公拓跋显敬对峙百日。斛律光置筑统关、丰化二城，用来打通前往宜阳的道路。军还，驻扎安邺，宪等5万兵卒，紧跟在后。斛律光指挥骑兵回头猛击，宪众大败，俘虏了开府宇文英、都督越勤世良、韩延等人，又斩首300多级。宇文宪依然下令桀及其大将军中部公梁洛都与景兴、士彦等3万步骑在鹿卢交堵塞要道。斛律光与韩贵孙、呼延族、王显等人合兵猛击，大获全胜，杀死景兴，得马千匹。诏令加斛律光右丞相、并州刺史。其年冬，斛律光又率5万步骑在玉壁筑造华谷、龙门二城，与宪、显敬等相对抗，宪等不敢轻举妄动。斛律光趁机围攻定阳，又筑南汾城，置州设郡用来逼迫周，夷夏万余户纷纷前来归附。

武平二年，斛律光又率众筑平陇、卫壁、统戎等镇戍十三所。周柱国木包罕公普屯威、柱国韦孝宽等领步骑万余，进逼平陇，同斛律光在汾水之北交战，斛律光获胜，俘、斩千余人。又封斛律光中山郡公，增邑1000户。军还，帝诏令斛律光率5万步骑沿平阳道进攻姚襄、白亭等城戍，都攻下了，俘虏城主、仪同、大都督等9人及数千士卒。又别封长乐郡公。是月，周派其柱国纥干广略围宜阳。斛律光率5万步骑赶往援救，两军在城下大战，又夺了周建安等四戍，捕获千余人才回。军还没有抵达邺城，敕令放散兵众，令归其家。斛律光认为兵士多立有军功，没有得到慰劳奖赏，如果放散，不施恩泽，就不能赢得民心，于是秘密上表请求派人宣旨。军卒仍然前进，朝廷迟迟不发使，军队行至紫陌，斛律光只好命令驻营等待。帝听到说斛律光军营已逼近都城的通报，很不高兴，急派舍人请斛律光入见，然后慰劳奖赏兵众，令其放散。拜斛律光左丞相，又别封清河郡公。

北齐奸臣祖珽向北齐后主高纬进谗言，献计杀害斛律光。“正要召他，又怕他起疑心不肯来。应该派人赐给他一匹骏马，告诉他说‘明天准备前往东山游观，王可乘这匹马一同前往’，因此，斛律光一定要入宫致谢，这时就乘机把他抓起来。”

帝遵其言。不一会儿，斛律光来了，有人把他引进凉风堂，刘桃枝从后边扭住，很快砍下了他的头。这年斛律光58岁。斛律光被诛，帝下诏说他谋反，现已伏法，其余家口不受株连。很快又发诏书，将斛律光族满门抄斩。

斛律光言语寡少，性格刚正急躁，御下严格，治兵督众，只是依仗威刑。在筑城置戍的劳作中，他常常鞭挞役夫，极其残暴。自从少年从军后，不曾违背规章，而使邻敌闻风丧胆。斛律光没犯什么罪，却被朝廷处死，所以时人极其惋惜。

周武帝得斛律光死的报告，十分欢喜，竟下令赦免其境内的罪犯。后来，北齐后主高纬逃往邺城，追赠斛律光为上柱国、崇国公。高纬指着诏书说：“如果斛律光还活着的话，我哪能跑到邺城来？”

斛律光有四个儿子。长子武都，历职特进、太子太保、开府仪同三司、梁兖二州刺史。所有任职并无政绩，唯有拼命聚敛，侵渔百姓。斛律光死后朝廷派人赴州处死了武都。次子须达，官中护军、开府仪同三司，比斛律光早死。次子世雄，开府仪同三司。次子恒伽，假仪同三司。世雄、恒伽被朝廷赐死。斛律光最小的儿子钟，因年幼，未受屠戮，北周时袭封崇国公。隋开皇中卒于骠骑将军位上。

斛律羡，字丰乐。是斛律光之弟。少时机警，尤善射箭，而被高祖夸赞。世宗擢其为开府参军事。迁征虏将军、中散大夫，加安西将军，晋封大夏县子，拜通州刺史。显祖受魏禅，进号征西将军，另封显亲县伯。

河清三年（564），转使持节，都督幽、安、平、南、北营、东燕六州诸军事，幽州刺史。其年秋，突厥10余万众寇掠州境，羡统领诸将抗御。突厥部众见齐军军容整肃，而不敢交战，马上派来使者请求款服。斛律羡等估计有诈，告谕突厥说："你们这帮人此次行动，不是来朝贡的，而是准备见机起事。如果是真心实意，就应该迅速回到你们的巢穴中去，再派遣使者前来。"于是突厥退走。

天统元年（565）夏五月，突厥木汗遣使请求朝贡，斛律羡将此情况向朝廷作了报告，从此开始，突厥朝贡岁时不绝。两方和好，斛律羡起了很大作用。诏令加其为行台仆射。斛律羡认为北虏多次侵扰边地，为防不测，就从库堆戍直至东海边，依山势的屈曲计算，共计2000多里的线上布防，其中200里中的险要之处，或劈山筑城，或断谷修造屏障，并置立戍逻50余所。又导引高梁水往北与易京汇合，往东，与潞联结，或灌田，或转运边地储集的粮草物资，于公于私都有好处。三年六月，因父去世而辞官，不久，与兄斛律光同被起复，依然镇守燕蓟。三年，加位特进。四年，迁行台尚书令，另封高城县侯。

武平元年（570），加骠骑大将军。此时，斛律光子武都为兖州刺史。斛律羡侍奉数帝，因谨慎坦直而被世人推许，虽然极其荣宠，但从不自矜自夸，到了这个时候，由于满门贵盛，斛律羡十分担忧。所以就上书推辞，还请求解除自己所有的官爵，帝特意下诏不准许。其年秋，晋爵荆山郡王。

武平三年七月，斛律光被诛杀，帝敕使中领军贺拔伏恩等10余人乘驿马赶赴幽州逮捕斛律羡，又调领军大将军鲜于桃枝、洛州行台仆射独孤永业带领定州骑卒随后赶来，拟命永业接替斛律羡之刺史职位。贺拔伏恩等抵达城郊，把守城门的人慌忙向斛律羡报告，还建议紧闭城门。羡说："朝廷派来的使者岂可不让进城？"出门相见，伏恩拉着他的手，将他绑了起来，旋即处死于长史厅。

斛律羡临死前哀叹着说："女为皇后，公主满家，出入有300兵士护卫，如此富贵，怎能不败！"但朝廷宽宥了他的五个儿子世达、世迁、世辨、世酋、伏护和年15以下的孩子。斛律羡在未被诛杀前，忽然命令在幽州比伏护小的儿子五六人，颈戴枷锁骑驴出城，全家哭着送到城门口，晚上这几个儿子才回来。吏民十分地惊异。行燕郡守马嗣明为医术之士，得斛律羡亲爱，私底下问其缘由，斛律羡答：“这是为了禳灾。”几天后就出现了这一事变。

斛律羡和斛律光两人很早就擅长骑射，他们的父亲每天都要让他俩出去打猎，回家后比较收获。斛律光有时猎物不多，但射中的都是要害。斛律羡虽然猎物不少，但射中的不是要害。斛律光常常得到奖赏，斛律羡时常遭到捶打。人们打听原因，斛律金说：“明月总是对准猎物的要害发箭，丰乐却是随便动手，他打的猎物多，但箭术却远远赶不上他的哥哥。”听了解释的人都认为斛律金讲得有道理。

斛律金之兄斛律平，熟悉射箭骑马，有才干。魏景明中，脱除布衣而做了殿中将军，迁襄威将军。正光末年，六镇动乱，跟随大将军尉宾往北击讨。军败，被贼俘虏。后逃到其弟斛律金所在的云州，不久进号为龙骧将军。与斛律金率众向南，抵黄瓜堆，被杜洛周打败，部众离散。投奔尔朱荣后，受到了优厚的待遇，还承袭了父爵第一领民酋长。

北齐诛杀了斛律光、斛律羡兄弟之后，祖珽和侍中高元海共同执掌北齐的朝政。

高元海的妻子，是陆令萱的外甥女，高元海屡次把陆令萱的秘密话告诉祖珽。祖珽要求做领军，北齐后主高纬答允了，高元海秘密向后主说：“祖珽是汉人，双目失明，怎么能做领军！”并且说祖珽和广宁王高孝珩有勾结，因此没有任命。祖珽求见后主，为自己辩白，说：“臣和高元海素来有怨仇，一定是高元海诽谤臣。”后主脸皮薄，不能回避，只得把实话告诉他，祖珽于是说高元海和司农卿尹子华等人结成朋党。又把高元海所泄露的秘密告诉陆令萱，陆令萱大怒，把高元海贬为郑州刺史。尹子华等人都被罢官。

祖珽从此专门主管朝廷的枢要机关，总辖执掌北齐的骑兵、外兵军务，内外亲戚都得到显要的官职。后主常常叫亲近的太监搀扶祖珽出入，一直送到宫里的长巷，时常同后主在御榻上商量决定朝廷的政事，托付给祖珽的重要任务，是别的臣子所不能比拟的。

八月，庚午（初一），北齐废皇后斛律氏为平民。任命任城王高为右丞相，冯翊王高润为太尉，兰陵王高长恭为大司马，广宁王高孝珩为大将军，安德王高延宗为大司徒。

当初，北齐胡太后因为自己行为不好而感到羞愧，为了得到北齐后主的喜欢，于是把哥哥胡长仁的女儿修饰打扮住在宫里，使后主能见到她，后主见后果然很喜欢，纳她为昭仪，地位仅次于皇后。到斛律后被废掉，陆令萱想立穆夫人为皇后；胡太后想立胡昭仪为皇后，但是力不从心，于是用卑下的言辞和厚礼请求陆令萱，想和她结为姊妹。陆令萱也因为胡昭仪正日益得到后主的宠爱，不得已，和祖珽一起向后主请求立胡昭仪为皇后。戊子（十九日），立皇后胡氏。

己丑（二十日），北齐后主高纬任命北平王高仁坚为尚书令，特进许季良为左仆射，彭城王高宝德为右仆射。

北齐陆令萱想立穆昭仪为皇后，私下对北齐后主说："难道有儿子是皇太子而自身是婢妾的！"胡皇后正得宠于后主，无法挑拨离间，陆令萱便叫方士施行诅咒人的巫术，仅仅十天到一个月之间，胡皇后精神恍惚，说笑都不正常，后主便逐渐害怕而厌恶她。有一天陆令萱在太后面前，故意生气地说："什么亲侄女，竟说出这种话来！"太后问她什么缘故，陆令萱说："不能说。"太后坚持问她，才说："胡皇后对皇上说：'太后有许多非法行为，不足为训。'"太后勃然大怒，把胡皇后叫出来，马上剃去她的头发，送她回家。辛丑（初四），废胡皇后为平民。然而，后主高纬还想念她，常常送东西给她表示自己的意思。

陆令萱有一天忽然用皇后的衣服给穆昭仪穿着起来，又另外做了华美的帐子，乃至枕席用器和玩赏物品，无不珍贵奇特。叫穆昭仪坐在帐子里，对后主说："发现一个贤德的女子，请陛下去看看。"后主看到穆昭仪，陆令萱便说："这样的人不当皇后，还有什么人可当！"后主采纳了陆令萱的意见。

北齐任命并省尚书令高阿那肱录尚书事，总管外兵和宫内的机密，和侍中城阳王穆提婆、领军大将军昌黎王韩长鸾一同担任朝廷中枢的要职，号称"三贵"，祸国殃民，一天比一天厉害。

韩长鸾的弟弟韩万岁，他的儿子韩宝行、韩宝信，都是开府仪同三司，韩万岁仍兼侍中，韩宝行、韩宝信都娶公主为妻。每当群臣早朝，北齐后主常常先召韩长鸾入殿咨询，等他下殿后，才让奏事官上朝奏事。后主如果不上朝，内省有紧急的奏事，都由韩长鸾去向后主奏报，军事和国家的重要机密，没有不经他的手。他尤其痛恨士人，早晚朝见、宴会、私下朝见皇帝时，专门说别人的坏话。他经常驰马带刀，从不缓步而行，瞪眼伸拳，摆出吃人的架势。朝廷的官员同他商量事情时，不敢抬头看他，动辄遭到他的责骂。每次都骂道：“汉狗使人很不耐烦，只能杀掉他们!”

高阿那肱才能平庸，不喜读文史典籍，论见识才能不如和士开，论起奸诈权谋也不如和士开。却侍奉后主高纬，大受恩宠。和士开死后［后主武平二年（571）七月庚午二十五］，后主高纬认为他的见识胸襟都足以接替和士开，被任命为宰相。武平四年（573）正月戊寅十一日，命他录尚书事，又总管外兵和内省大权。

从此以后，高阿那肱与陆令萱和她的儿子、侍中穆提婆势力倾动朝廷内外。陆令萱对太后以下的人都可以指挥，随心所欲地生杀予夺。他们出卖官职，收受贿赂以断案，贪得无厌地聚敛钱财。北齐朝政如江河日下……

第十四章　陈宣帝联周伐北齐

南陈自从“联齐抗周”被北齐拒绝后，陈宣帝时常思考在北强南弱的三国对弈中，南陈如何破局而出。

太建四年（572）秋八月辛未（初二），北周遣使来陈朝访问。对于这次北周派什么人到陈朝谈什么事？《陈书卷五·本纪第五·宣帝》中都没有详载。只有简短的10个字：“秋八月辛未，周遣使来聘。”

但是，在《周书卷三十九·列传第三十一》中却有详细的记载：武帝建德初，为司城中大夫，使于陈。陈宣帝谓杲曰：“长湖公军人等虽筑馆处之，然恐不能无北风之恋。王褒、庾信之徒既羁旅关中，亦当有南枝之思耳。”杲揣陈宣意，欲以元定军将士易王褒等。乃答之曰：“长湖总戎失律，临难苟免，既不死节，安用以为。且犹牛之一毛，何能损益。本朝之议，初未及此。”陈宣帝乃止，杲还至石头，又遣谓之曰：“若欲合从，共图齐氏，能以樊、邓见与，方可表信。”杲答曰：“合从图齐，岂唯弊邑之利。必须城镇，宜待之于齐。先索汉南，使者不敢闻命。”还，除司仓中大夫。

从《周书》里找到这么详细的记载，真的很令人吃惊！——原来，北周与陈朝还有这么一段惊奇的外交事件：

周武帝建德元年（572）八月辛未初二，北周派司城中大夫（司城即司空也，侯国之卿也）杜杲出使陈国。陈宣帝对杜杲说：“长湖公（元定）的将士虽然已经筑馆安置（元定兵败陷陈，居数月，忧愤发病）。但是未必没有思北之情。王褒、庾信等人羁留关中，也当有思南之念。”

杜杲揣测陈宣帝的意思，是打算拿被俘在陈朝的北周元定的将士来交换当年（梁元帝承圣三年、554年）攻陷江陵之后，掳到长安的王褒、庾信等人。于是回答道：“长湖公（元定）率军不守纪律，临难脱身，他既

然不能为忠节而死，又有什么用？好比从牛身上拔下一根毛，无妨大局。本朝的商议，当初并没有涉及这些。”

深受羁押北方之苦的陈宣帝，听了杜杲这番绝情的话，再也说不出什么话来了。无论怎么讲，元定作为北周的将领，也为北周拼命战斗过。因战败而被陈朝俘虏，那也是迫不得已的事。虽然陈朝优待北周的俘虏，修建了馆舍来安置他们。但毕竟他们还是思念北方的亲人啊！同样的，当年从江陵掳去长安的王褒、庾信等人，与当年的陈顼、陈昌一样羁押在北方，也是时刻思念着南方的家人啊！

陈宣帝提议两国交换俘虏和人质，是非常合情合理的。却遭到杜杲无情的拒绝。特别是杜杲责备北周将领元定的那番话，也真是太绝情了！“长湖公（元定）率军不守纪律，临难脱身，他既然不能为忠节而死，又有什么用？好比从牛身上拔下一根毛，无妨大局。”这话如果让被俘的北周将领元定和将士们听了，还不伤心、失望至极？何况元定被俘在陈，已经忧愤而病，从人之常情来讲，也应该早点交换俘虏，使元定和被俘兵众返回北方故里。

杜杲作为北周的外交使者，多次往返陈朝。陈宣帝还是在杜杲的护送下回到陈朝的。按说杜杲与陈朝早已是老朋友了！可陈宣帝这个合情合理的提议，却遭到北周使者杜杲的冷酷无情拒绝。陈朝皇帝也感到十分的难堪！

当杜杲返回北周的时候，经过建康石头城。陈宣帝又派使者骑马追赶上杜杲，对杜杲说：“如果打算合力对付齐国，贵朝应把樊州、邓州让给我们，才算表示诚意。”

杜杲答道：“联合起来谋取北齐，难道仅仅是敝国一国的利益！贵国一定要城镇，应该从北齐那里去得到，如今先向我朝索取汉水以南地区，我作为使臣不敢传达这个要求。”

杜杲再一次坚决、果断地拒绝了陈宣帝的要求。因此，杜杲回到北周后，受到北周武帝的嘉奖，授司仓中大夫。

后世之人，可以从《周书》以上的记载，读出很多的信息：

第一，北周邀请陈朝，一起对北齐开战。即联陈伐齐，是北周向南陈提出来的。

第二，陈宣帝为此向北周提条件。即想要回樊州、邓州的城池，被北周拒绝。

第三，北周希望陈朝向北齐开战，从北齐夺取城池。

第四，在陈朝与北周的合作中，北周保持着强势地位。陈朝两次提出要求即用元定等被俘虏的北周将士，去换回因江陵陷落而被押往关中的名士王褒等人，以及把樊州、邓州城池还给南陈，但都被北周拒绝了。

对于北周如此强势的态度，南陈朝的精英们肯定是不满的！

要知道，当初，是陈宣帝最先向北齐提出“联齐伐周”之策的。陈宣帝和陈朝的精英们非常明白“唇亡齿寒”的道理！

在周、齐、陈三国力量博弈中，南陈的策略是对付、牵制北周，而不是置北齐于死地。因此，太建三年（571）夏四月十五日，北齐遣使来陈朝访问。四月十七日，陈宣帝派遣使者来北齐议和，商议陈朝与北齐联手讨伐北周的战略大计。据《陈书卷五·本纪第五·宣帝》载：“夏四月壬辰，齐遣使来聘。”《北齐书卷八·帝纪第八》载：“甲午，陈遣使连和，谋伐周，朝议弗许。”

从当时的局势看，北齐经历了多次的宫廷政变，有能力的大臣如斛律光等人都基本上被杀光，人才凋零，虽有着最大的国土和最多的人口，但北齐朝廷的行政能力、动员能力、后勤保障能力严重不足。

相反，北周在诛杀宇文护、宇文直等叛逆后，在周武帝的统治下，君臣一心，占据关中、巴蜀和江汉一带，有稳定的后方和足够的财力支撑，谋臣良将众多，国家综合实力在“三国”中是第一强大的。

而陈朝，虽然内政稳定，政治清明，经济文化迅速恢复，但收拾的却是梁国破败、残缺之地，地狭人稀，哪怕陈国代代出明君，施仁政，修水利，厉兵秣马，积存三代人（陈武帝、陈文帝、陈宣帝）也就顶多能凑够20来万人的军队。这20来万人还得驻守陈国各个战略要地。能动员起来的作战部队，也就太建北伐那10万多人。

反观北朝隋灭陈就有50万军队。陈国想翻盘、破局，仅人口兵源这一条，就堵死了。还不谈粮食、服装、军械、运输等后勤保障。

而且，南陈在军事防御的地理位置上，极端不利。北面的防线失去了淮河的屏障，北齐势力就在长江以北。陈朝的国都在建康（南京），位于长江南岸。北齐兵在江北，随时都有可能一夜渡江，兵临京都建康城下。

西面的荆州地区是北周的傀儡后梁所控制，长江上游失去荆襄策应，北周的军队就可顺流而下，威胁南陈。

从东晋到南朝170多年来，基本的军事防御策略是“守江必守淮”。淮南地区有三座对南朝来说非常重要的军事重镇。淮河南岸是寿阳（安徽省淮南市寿县），淮河与长江之间是合肥，长江以北是广陵（江苏省扬州市）。要守住淮海，至少要攻占徐州，淮海防线才叫完整。陈朝如果能收复淮南，布兵于此三重镇，至少京都建康可以高枕无忧了。

但是，陈朝在军事防御上，有先天的缺陷：因为秦岭淮河一线全部丢失。没有了淮河防线，长江防线根本守不住。梁敬帝绍泰二年（556），北齐大军杀到长江南岸，在芜湖、马鞍山一带给南京的残梁朝廷构成了致命威胁。幸亏陈霸先是军事天才，两次大败北齐军，才拯救了岌岌可危的江南局势。

在三国（周、齐、陈）的博弈中，北周的发展很强势。陈朝是三国中最弱的一国。陈朝以弱小之国，想从强齐的手里，收复淮南地区，谈何容易啊！更何况，要想三国互存，弱国的陈朝就应当联手北齐，制衡北周。而不是置北齐于死地。

可惜，北齐后主高纬昏庸，朝政被和士开等奸臣把持。陈宣帝提出“联齐伐周”的这个非常有远见的建议，被北齐“朝议弗许”给否决了。

北齐依然相信自己是一头大象。在与北周的多次战争中，北齐兵众仍然打得北周军队满地找牙。北齐自高自大，并没有认清北周的实力已超过了北齐，成为“三国”中发展最为强势的政权。从北齐否定陈朝提议的“联齐伐周”的那一刻起，就决定了北齐亡国的命运。

既然北齐对陈朝提出的“联齐伐周”的军事策略给否决了，那陈朝就要重新考虑如何在“三国博弈”中的破局策略了。陈宣帝吸取了西晋灭吴的历史教训：凡是北方政权能够胜利，一定具备以下条件：

1. 获得四川。

2. 在淮河以南获得立足点，尽量将防线压到长江上，减少南方的纵深。

3. 各条战线协同作战。

一旦这三个条件无法同时满足，北方的军队可能会陷入淮河流域的泥沼之中，那南方政权就有翻盘、破局的机会了。

南方政权想要统一天下，唯一的方法是：据有东南，先取荆楚，使得自身拥有一个完整的防线。然后从徐州北伐山东。

攻取山东后，不急于攻占河北。直取河南。攻占河南后，派偏师攻占关中门户，攻占了关中门户之后，不必急于进攻关中。

而是从山东、河南兵分两路直扑河北。攻占北京后，天下大局就基本已定。

剩下的就是，从河北进攻山西。从河南进攻关中。攻取关中后直扑四川。北伐的同时，可以派偏师，从浙江进攻福建，直至攻占两广云南。全国实现一统。

而当时的局势却是：陈朝主要占领了中国的长江以南；北齐主要占领了长江以北，黄河以东；北齐和陈朝仅相隔一江，陈朝的国都在建康，北齐大军一夜渡过长江，就可以控制陈朝首都建康。因此，北齐的威胁更大。自古定都南京者，其防御战略都是“守江必先守淮”。既然北齐不愿与陈朝联手抗周，那陈朝就一定要北伐，夺回淮南地区，拉扯出更多的战略空间，以利于战略纵深和迂回。

而北周呢？北周主要占领了黄土高原、云贵高原等地。如果陈朝不与北齐联手抗周，在没有北齐“借道、借力”的助力下，仅凭南陈朝一个弱国之力，要想攻打北周，劳师远袭，也是非常不容易的。

因此，从这个角度上讲，陈朝选择“联齐伐周”是上上策。但北齐拒绝与南陈合作之后，陈朝只能选择攻打北齐，至少可以夺回淮南地区，实现“守江必守淮”的战略防御，是非常正确的。

北周正是看准了陈朝的短板——军事防御上的先天不足，才派遣杜杲来陈朝“合纵图齐”。而且，杜杲两次拒绝了陈宣帝的要求，杜杲的态度代表着北周的强势。

陈宣帝审时度势：正如前面所讲的，北齐奸臣和士开、祖珽等人祸国，控制北齐朝廷后，与宗王、怀朔勋贵围绕着军权、政权展开的争夺更为激烈。北齐武平二年（571）高纬胞弟、琅琊王高俨矫诏杀和士开，随即高俨也兵败被杀，高俨所管辖的京畿府并入领军府，受韩长鸾等人控制。次年（572）六月，陆令萱等人又与接替和士开掌权的尚书右仆射祖珽联手，假借北周散布的斛律光篡权的谣言，诱使齐主高纬以谋反之罪，将斛律光族诛。

斛律光在北齐军中具有极高威望，“战则前无完阵，攻则罕有全城”，斛律光的忠良而受戮，无疑加深了北齐军士对奸贼群体的强烈反感。北齐武平四年（573）正月，并省尚书令恩倖高阿那肱被加录尚书事，总知外兵及内省机密，成为北齐军队统帅。高阿那肱“才伎庸劣”，在晋阳九州军士中毫无威信可言。北齐军队处于士气低落、将士离心、军无斗志的涣散状态。

这个情况，对于想要北伐北齐，收复江北、淮南失地的南陈来说，真的是千载良机！更何况，此次联手“伐齐”是北周主动提出来的。北周为了分散北齐的兵力，也希望陈朝能早日出兵伐齐。使陈朝牵制北齐一部分军力，好让北周大军直捣北齐的京城，迫使齐主高纬投降。因此，北周承诺了可以保证南陈在北伐北齐时长江中游的侧翼安全。

更重要、更迫切的是，陈宣帝看出了北周与北齐连年交战，北周已取得对北齐的战略优势，北周行将灭齐。陈宣帝担心北周灭齐后，兵锋直指陈朝。因此，陈朝必须在北周灭亡北齐之前，至少能夺回淮南之地，提前做好“守江必守淮”的战略防御工事和防御体系。

这就是陈宣帝在与北周联盟的谈判中，愿做让步，同意伐齐的主要原因。

杜杲回到北周，向周武帝汇报了去南陈谈判的情况。

周武帝宇文邕为了取得南方人士的好感，于572年10月23日，下了诏命，将梁元帝承圣三年（554）从江陵押到长安的奴隶和俘虏，全部释放为平民。解放了他们的奴隶和俘虏的身份，恢复了他们的人身自由。但仍不许这些民众返回江南。（见《周书卷五·帝纪第五·武帝上》：“冬十月庚午，诏江陵所获俘虏充官口者，悉免为民。”）

这是周武帝在诛杀权臣宇文护，亲政后，对掳掠到北方的江南民众做的一件有利的事。也是为了促使南陈朝早点达成协议，向北齐发动军事进攻。

次日（辛未）即572年10月24日，周武帝迫不及待地派遣小匠师（小匠师为下大夫，属冬官）杨勰、齐驭、唐则出使陈国。初八，景云现于天空。景云就是吉祥之云，古代迷信的人认为，预兆此次联手伐齐是吉利的。

陈宣帝既然同意与北周联手伐齐，陈朝就开始了紧张而复杂的军事准备工作。太建四年（572）八月初九日，陈宣帝颁布了《班宣兵法诏》，诏曰：

国家之大事，在于祭祀与兴师。出师要按节令，运筹于庙堂，可以安定九州，成就禁暴、戢兵、保大、定功、安民、和众、丰财这武功七德。近年来扫荡邪恶、暴乱之徒，澄清诸夏之域，归功于勇士们合力作战，也归功于将领们的运筹帷幄。尽管夷人被平定之后就当将兵器入库，夷酋前来交好，边塞不再有警报，只是不教百姓战事，此之谓弃民，为仁必须有勇力为辅，不能忘了武备。姜太公在磻溪传韬诀于文王，黄石公于谷城授符策给子房，刘文叔制定并公布征伐之规，曹孟德颇知一些用兵的谋略，朕既已愧当时能与作兵书之古人不谋而合，故能广为展读。加以从前曾经率兵作战，备尝布阵之事，对于大禹七步阵法、曹刿乘三鼓歼敌之法，了然于胸，可随口道出。现一并编列剪裁，共十三款，应立即加以颁布，以为永久之准则。（见《陈书卷五·本纪第五·宣帝》）

秋八月二十六日，陈宣帝又诏令停止督征湘、江二州拖欠之租税，无锡等十五县的流民，全部免除其徭役、赋税。

太建五年（573）春正月初六，陈宣帝诏令：

以征北大将军、开府仪同三司、南徐州刺史淳于量为中权大将军；

以宣惠将军、豫章王陈叔英为南徐州刺史，晋号平北将军；

以吏部尚书、驸马都尉沈君理为尚书右仆射，领吏部尚书。

正月十四日，陈宣帝南郊祭天。随后，陈国派使者前来北周通问

修好。

接着，陈宣帝亲临太庙祭祖、明堂祭祀。

三月六日的夜晚，有白气如虹，从北方贯穿直至北斗紫微星座。此特异天象，记载于《南史》《陈书卷五·本纪第五·宣帝》中。

三月十三日，陈宣帝计划讨伐北齐，公卿之间意见不一，只有镇前将军吴明彻决策请求行动。陈宣帝对公卿们说："朕的主意已经决定，你们可以共同推举元帅。"

大家都以为中权将军淳于量地位重要，共同签名推举他。唯独尚书左仆射徐陵说："吴明彻家在淮左，熟悉那里的风俗；将略和才能，当今也没有超过他的。"

都官尚书河东裴忌说："我同意徐仆射的看法。"徐陵应声说："不但吴明彻是良将，裴忌就是好的副帅。"

三月壬午（十六日），分别命令众军北伐，以镇前将军、开府仪同三司吴明彻都督征讨诸军事。裴忌为监军事，统率 10 万军队进攻北齐。吴明彻向秦郡进军，都督黄法氍向历阳进军。

三月二十日，南陈西衡州献上生出角的马。三月二十三日，南陈皇孙陈胤出生，朝廷内外文武官员赐给数目不等的绢帛，当天成为父亲的人赐爵一级。

据《陈书卷二十八·列传第二十二》记载：吴兴王胤，字承业，后主陈叔宝的长子。生于东宫，他的母亲孙姬因难产死去，沈皇后沈婺华可怜他，并收养了他，视为自己的儿子。陈宣帝便命他为嫡孙，下诏道："皇孙刚诞生，国家正兴盛，想与群臣们一起庆贺，内外文武百官赐帛各有等级，当天成为父亲的人赐爵一级。"（见《陈书卷五·本纪第五》）

随后，北讨大都督吴明彻统率南陈 10 万大军，从白下（今江苏省南京市北）出发。兵锋直指北齐占据的淮北、淮南之地……

南陈历史上第一次大规模的"太建北伐"也是南朝 170 年来的最后一场辉煌大剧，就此拉开了序幕！

第十五章　挥师北伐首战捷

太建五年（573）三月壬午（十六日），陈宣帝诏令众军进攻北齐。任命吴明彻为都督征讨诸军事，裴忌为监军事，统率10万军队进行北伐。南陈历史上第一次大规模的“太建北伐”也是南朝170多年来最后一场辉煌大剧，就此隆重地拉开了序幕！

正在跟北周时战时和的北齐，这次傻眼了！北齐一向看不起南陈。太建三年陈宣帝向北齐提议联手伐周时，北齐“朝议弗许”其实也是看不起南陈的实力！连北周名将韦孝宽都称南陈为“承梁破亡余烬”。

可是，北齐万万没有想到，向北齐发起猛烈进攻的，并不是强大的北周，而是丝毫不起眼的南陈军队！

此次“太建北伐”的主要目标是夺取江淮之地。先是江淮重镇寿阳（今安徽寿县），再是黄淮重镇彭城（今江苏徐州）。按照陈宣帝的军事构想：南陈北面“守江必守淮”，先取江淮而后强争黄淮。以南北军事对峙的形势而言，实已包含了战略防御与战略进攻的双重部署。

陈宣帝的总体军事部署分三个阶段：先攻北齐，夺取淮南之地，构建南陈北面“守江必守淮”的战略防御体系；再战北周及北周傀儡政权后梁，夺取江陵、襄樊，构建南陈西至西北面的荆襄防线。最后兵出河南、山东，以定天下，统一全国。

不得不说，陈宣帝确是有雄图大略的一代明君！

据《陈书卷五·本纪第五·宣帝》记载：“北讨大都督吴明彻统众十万，发自白下。”白下，就是南京（建康）在六朝时期西北长江边的卫城，白下城是南京别称“白下”的由来。吴明彻统率10万大军，从建康北边的白下城出发。

白下城，是六朝时期的战略要地。其历史比较悠久。汉末，孙权割据江东，于吴黄龙元年（229）称帝，以南京为都，称建业，属丹杨郡，孙吴建造建业城，皇宫名太初宫，宫城南面正中的宣阳门，在建业城的北郊，有座白石山，盛产石灰石和白云石，山下坡地称为白下陂。随着孙吴建都，白下陂也就日渐发展起来了。

西晋太康二年（281），以秦淮河为界，水南为秣陵，水北设建邺。建兴元年（313）因晋愍帝名为司马业，为避帝讳，改建邺为建康，仍属丹杨郡。

东晋建武元年（317），司马睿政权以建康为都。此后，南朝宋、齐、梁、陈均于建康为都，建康成为南方政治、经济、文化中心。南朝时期，东自通济门，西自三山街一带，交通发达，商旅云集，市面繁荣。大中桥临秦淮，跨青溪，扼水陆交通要冲，是粮饷物资的集散地。

东晋咸和三年（328），历阳（今安徽和州）镇将苏峻举兵，自牛渚（今采石矶）攻入建康。晋荆州刺史陶侃率军反攻，接受监军部将李根建议，在白下陂筑白石垒，并派庾亮率兵2000人驻守。

南朝宋元嘉十二年（425），阅兵于此。元嘉二十七年（450），北魏拓跋焘率军南犯，刘宋政权派大将刘兴祖扼守白石山。

白下城有南朝的太学府，是当时国家培养人才的最高学府。也是南方最早的科研机构“总明观”的所在地。观内集中了来自南朝时期国内各地的科学精英，在“总明观”交流、研究社会科学和文化艺术的成果。“总明观”分设文、史、儒、道、阴阳五门学科，诏请有名望的学者20人担任教职，成为一时文苑盛事。

白下城区内有秦淮河、友谊河、运粮河、明御河、玉带河、护城河等河流，属秦淮河水系。东水关是秦淮河流入南京城的入口，也是南京古城墙唯一的船闸入口。因此，东水关理所当然地成了十里秦淮的“龙头”。

东水关的历史最早可上溯到三国时期东吴孙权在此处开挖，用于引水入城的水渠。六朝时期，东水关是通向浙江、苏州方向的交通枢纽，南来北往的商贾齐集东水关，在此经商交易。东水关辟为通济水关“偃月洞”，水关共三层，每层十一券，共三十三券，下层十一券通水，上中两层共二十二券为藏兵屯粮之用。

正因为有如此重要的水、陆交通重地，白下城才成为整个六朝时期的军事战略要地。吴明彻、裴忌统率10万军队，分水、陆两路，从白下城出发。长江沿线的城镇相继投降，并殷勤款待陈朝大军。

陈朝大军一路向北、向北齐进发——

作为此次统率北伐的三军大都督吴明彻，后文将专门介绍。先介绍一下统率10万大军的监军事裴忌。

首先看看，监军事是一个什么职务？据《史记·司马穰苴列传》："愿得君之宠臣，国之所尊，以监军。"那就是说，监军事是代表朝廷协理军务，督察将帅。汉武帝时置监军使者。东汉、魏晋皆有，省称监军，也称监军事。又有军师、军司，亦为监军之职。

因此，监军事是直接对皇帝负责的，帮皇上去监控和监督远方的军队的官员，起到的是一个监督的作用，而且还可以让军队更加地有规章、更加地公开。他在军队里属于一人之下、万人之上的那种权力巨大的人。他的作用很大，不仅可以帮助皇帝传达命令，而且还可以掌控军队的动向和战争的情况。

据《陈书》记载：裴忌，字无畏，河东闻喜人。祖父裴髦，梁中散大夫。父裴之平，豪爽洒脱而颇有抱负，召补为文德主帅。梁普通年间众军北伐，裴之平随都督夏侯亶北伐，收复涡、潼，以功封为费县侯。适逢衡州部民聚众劫掠，诏令以裴之平为假节、超武将军、都督衡州五郡征讨诸军事。等到之平赶到，立即全部荡平了，梁武帝大加赞赏。元帝承圣年间，累迁散骑常侍、右卫将军、晋陵太守。天康元年（566）去世，赠仁威将军、光禄大夫，谥号僖子。

裴忌，少时聪明过人，颇有见识与度量，涉览历史典籍，为时人所称道。初仕为梁豫章王法曹参军。侯景之乱发，裴忌招集勇士，随陈霸先征讨，屡立战功，封为宁远将军。及至陈霸先诛杀王僧辩，僧辩弟僧智举兵占据吴郡，陈霸先派黄他率兵攻打，僧智出兵于西昌门迎战，黄他与之相持，未能攻克。

陈霸先对裴忌说："三吴是我国腹地，一向号称富饶肥沃，即使是荒灾之余，仍能殷实繁盛，如今贼徒煽动纠合，人心动摇，除了你再没人能

够平定了，你要好好地想个对策。”

裴忌于是统率部下精兵，轻装疾行，日夜兼程，自钱塘直捣吴郡，夜晚到达城下，击鼓喧哗而进逼。王僧智以为大军已到，乘快舟奔杜龛处，裴忌占据其郡。陈霸先很是赞赏，表授为吴郡太守。

陈霸先受禅，征辟裴忌为左卫将军。陈文帝天嘉初，出任持节、南康内史。时值义安太守张绍宾据本郡谋反，陈文帝以裴忌为持节、都督岭北诸军事，率兵讨伐平定之。回朝任散骑常侍、司徒左长史。天嘉五年授职为云麾将军、卫尉卿，封为东兴县侯，食邑 600 户。

及至华皎在上游举兵，陈顼当时为录尚书辅佐朝政，命各路军马一道出讨，委托裴忌总管京城内外城防诸军事。待到皎乱平，陈顼即位，太建元年（569），授裴忌为东阳太守，改封乐安县侯，食邑 1000 户。太建四年入京任太府卿。太建五年调任都官尚书。

吴明彻统率诸军北伐，诏令裴忌以本官督管明彻军。淮南平，授裴忌为军师将军、豫州刺史。裴忌善于抚慰，深得民心。改授使持节、都督谯州诸军事、谯州刺史。来不及到官，正逢吴明彻受诏进讨彭、汴，便以裴忌为都督，与吴明彻为犄角之势，齐头并进。

陈朝的北伐兵分两路，一路由吴明彻率领，向秦郡进军；另一路由都督黄法氍率领，向历阳进军。

先看看秦郡（今江苏南京市六合区），这是南北朝时期的军事重镇！其战略地位，是“六朝古都”建康的江北门户。有“京畿之屏障、冀鲁之通道、军事之要地、江北之巨镇”之称。因此，是兵家必争之地。

在梁承圣元年（552），就爆发过齐梁秦郡之战。当时，北齐潘乐、郭元建率兵 7 万，围攻梁秦郡（今江苏六合）。梁朝将领陈霸先命徐度引兵助秦郡固守，王僧辩也遣杜崱率兵来救。随后，陈霸先率大军从欧阳（今仪征东北）来秦郡会战。梁军于士林（在六合境）大败齐军郭元建，斩首万余级，生擒千余人。郭元建收拾残兵败将，往北逃走。

时至今日，秦郡之战又将爆发。吴明彻统率 10 万大军北伐北齐，第一战，就在秦郡。

秦郡位于建康北部，东与仪征市交界，南接浦口区，隔长江与南京市主城区相望，西与安徽省来安县相邻，北与安徽省天长市接壤。

秦郡的战略位置很重要。为吴楚交界吴国的重镇，处“吴头楚尾”之地，有“京畿之屏障、冀鲁之通道、军事之要地、江北之巨镇”之称，是“六朝古都”建康的江北门户。

北齐抢占秦郡后，在秦郡设置秦州，州前有连通长江的水渠，也通向滁水。滁水是江苏境内的长江下游支流。源出肥东县中部，东流经全椒、滁州等县市，至江苏六合县入长江。《舆地纪胜》卷42有载：滁州，滁水。《元和郡县志》云：“在全椒县南六十里。其源出庐州梁县，东流经滁及六合县，至瓜步入于大江。”

北齐的守军在滁水渠里打下并排的大柱木桩，连片建成坚固的栅栏，横立在水中，以阻挡陈军的进攻。

秦郡历史悠久。东周灵王元年（前571）置邑，是中国最早建城的城邑之一。始皇二十六年（前221）始建棠邑县，属九江郡。楚汉相争，棠邑县初属楚。汉王三年（前204）楚九江王英布以其地归汉。汉高祖六年（前201）封陈婴为棠邑侯，置棠邑侯国，汉武帝元狩六年（前117），改名，棠邑称堂邑。元鼎元年（前116），堂邑侯国罢除，复为堂邑县，属临淮郡。东汉建武年，改属徐州广陵郡。三国，广陵郡先属魏，至吴赤乌十三年（250），归吴。堂邑县遂属孙吴的广陵郡。

晋太康元年（280），以堂邑属徐州临淮郡，元康七年（297），置堂邑郡于堂邑县，隶扬州。东晋，咸康四年（338）江淮乱，百姓南渡，侨置堂邑郡于江南建康，而本郡不废（一说迁堂邑郡侨治于建康，此从《通鉴》注：“实郡在江北者有堂邑”；《万历应天府志》：“侨置堂邑于此而本郡未废”）。隆安元年（397），中原乱，秦地之民南流，寄居堂地，改堂邑郡为秦郡以统之，置秦县；于秦郡置尉氏县以安尉氏（今河南尉氏县）流民，置义成县以安义成（今安徽怀远东北）流民。秦郡及秦、尉氏、义成3县均侨置，并在今六合县境，有实土。

南北朝时期，刘宋永初元年（420）以秦郡属南豫州（侨州）；元嘉八年（431）属南兖州（侨州）。元嘉二十七年（450），北魏占秦郡，改置秦州及横山县，元嘉二十八年（451），宋收复失地，废秦州，复为秦郡。南齐建元元年（479），析秦郡置齐郡，治瓜步（瓜埠），属青州。永明元年（483），并秦郡入齐郡，将齐初恢复的堂邑县又并入尉氏县；永明二年以尉氏改属新昌郡。

梁天监元年（502），废齐郡复为秦郡，分尉氏县为堂邑、尉氏二县，太清三年（549），侯景袭秦郡，改郡为西兖州。

陈永定元年（557）改复江北失地，恢复秦郡，堂邑、尉氏属之。太建五年（573），北齐再取秦郡，置秦州瓦梁郡，随即为陈所收复，仍设秦郡。

境内地势北高南低，北部为丘陵山岗地区，中南部为河谷平原、岗地区，南部为沿江平原圩区。境内有低矮山丘形成岗、塝、冲多种奇特地形，中南部是平原圩区，河渠纵横，别具风貌。

长江主要支流滁河自西向东贯穿区境在南部入江。南部为沿江平原圩区，位于区境南端偏东的沿长江北岸一带，包括龙袍、长芦等地区，含龙袍洲、兴隆洲、乌鱼洲等狭长洲地。

境内有定山，定山有六峰，即寒山峰、邓子峰、石人峰、芙蓉峰、妙高峰、双鸡峰，因六峰是环合的，因此改名为六合山。《舆地纪胜》：六合山“即定山也。其山相接，通谓之六合山。旧名六峰，曰寒山、曰狮子、曰双鸡、曰芙蓉、曰高妙、曰石人”。

陈朝大军都督吴明彻出生于秦郡，自小就对秦郡地形比较熟悉。据《陈书》记载：吴明彻，字通昭，秦郡人。祖父吴景安，齐朝南谯太守。父亲吴树，梁朝右军将军。

吴明彻幼年父母双亡，本性很孝顺，14岁时，感叹坟茔还没有修建，家境贫寒没有什么可用来修建坟茔，于是勤劳耕种。

当时天下大旱，禾苗庄稼都枯死了，他又悲又气，每次去到田中，都哭泣不止，仰天倾诉不幸。过了几天，有人从田里回来，说禾苗已经更生，他不相信，说是欺骗自己，到田中去看时，发现竟和那人说的一样。秋天获得大丰收，足够安葬用。

当时有一个姓伊的人，擅长风水墓地之术，对他的哥哥说：“您安葬父母的那一天，一定有骑白马逐鹿的人经过坟地，这是最小的儿子大贵的征兆。”后来果然这事应验，吴明彻就是吴树最小的儿子。

吴明彻离家出任梁朝东宫直后。侯景进犯京师时，天下大乱，他有粟麦3000余斛，而乡亲们饥饿无食，于是告诉几位哥哥说：“当今草野盗贼四起，人不能考虑太长远，怎么能有这些粮食却不和乡亲们共用呢?”于是按人口平分，和他们同丰俭，盗贼们听说了就避开，赖以生存下来的人很多。

陈霸先镇守京口时，真诚而急切地邀约他会面。吴明彻于是谒见陈霸先，陈霸先走下台阶接他，拉着他的手入席，和他谈论当世的事情。吴明彻也略读过书史经传，随汝南的周弘正学习天文、虚空、遁甲，略通晓其中奥妙，非常自负为英雄，陈霸先认为他非常不平凡。

承圣三年（554），吴明彻被任命为戎昭将军、安州刺史。绍泰初年，随周文育讨伐杜龛、张彪等。东道平定后，被授职为使持节、散骑常侍、安东将军、南兖州刺史，封为安吴县侯。

陈霸先受禅称帝，任命吴明彻为安南将军，仍然和侯安都、周文育率军讨伐王琳。大军失败后，吴明彻拔营回都。

陈文帝即位，诏令吴明彻由原职加任右卫将军。王琳在北齐的援助下，率大军进攻陈朝。陈文帝令侯瑱、侯安都、徐度迎战，大败王琳后，吴明彻被授职为都督武州、沅州二州诸军事、安西将军、武州刺史，其他职衔全部不变。

北周派大将军贺若敦率领骑兵步兵1万多人忽然到达武陵，吴明彻寡不敌众，把部队带到巴陵，仍然在双林打败了北周的偏军。

天嘉三年（562），被授职为安西将军。周迪在临川反叛，诏令吴明彻任安南将军、江州刺史，兼任豫章太守，统率众军，来讨伐周迪。吴明彻平素性格刚直，所辖内部不很和睦，陈文帝听说后，派安成王陈顼安慰告知吴明彻，命令他以原号还朝。不久又被任命为镇前将军。

天嘉五年（564）迁任镇东将军、吴兴太守。告辞去吴兴郡就任时，陈文帝对吴明彻说：“吴兴虽然只是一个郡，但它是皇帝故乡，很重要，所以把它交给你。要尽力啊!”陈文帝身体不适时，征召授职为中领军。

废帝陈伯宗即位，任命他为领军将军，不久迁任丹阳尹，又诏令他可带40名武装士兵出入皇帝和公爵住处。到仲举假托圣意传令陈顼，毛喜知道他的阴谋，陈顼疑忌，派毛喜和吴明彻谋划此事。吴明彻对毛喜说：“皇帝居丧，日常纷繁的政务不免有过失，外临强敌，内有大丧。皇上亲近之人（陈顼）比周公、召公还真诚，品德高过伊、霍，社稷最为重要，希望皇上能把到仲举的奏章留在禁中不批示，好好计议，千万不要过于疑忌。”

湘州刺史华皎暗里有叛朝之志，诏令吴明彻为使持节，散骑常侍，都督湘州、桂州、武州三州诸军事，安南将军，湘州刺史，送给他一部鼓吹，援助征南大将军淳于量等主兵讨伐华皎。华皎被平定后，任命他为开府仪同三司，晋爵为公。太建元年（569），授职为镇南将军。太建四年，征召吴明彻为侍中、镇前将军，其他职衔不变。

适逢朝廷商议北伐之事，朝廷公卿们有不同的意见，吴明彻决定计策请求前往。太建五年，陈宣帝诏令升任吴明彻为侍中、都督征讨诸军事，令。吴明彻统率10多万大军，征讨北齐。

吴明彻率大军来到他的故里秦郡之后，发现北齐守军已布下重重埋伏和障碍。吴明彻派豫章内史程文季率领勇猛矫健的兵士，拔掉北齐守军役置的栅栏，于辛亥（十六日），进攻秦州。程文季是程灵洗的儿子。

程文季，字少卿。从小学习骑马射箭，有才干和谋略，果敢坚决有父亲程灵洗老将军的风范。据《陈书》记载：程文季20岁时跟随程灵洗征讨，必定在前冲锋陷阵。程灵洗和周文育、侯安都等在沌口战败，被王琳所擒，高祖召来被敌人俘虏的各位将领的子弟，厚待他们，程文季最有礼貌，很被高祖赏识。永定年间，先后迁任通直散骑侍郎、句容令。陈文帝即位，任命程文季为始兴王府限内中直兵参军。当时始兴王任扬州刺史，镇守冶城，府中的军事事务，全部委托给他。

天嘉二年（561），被任命为贞毅将军、新安太守，又随侯安都向东讨伐留异。留异的党羽向文政据有新安，程文季带领300披甲的精锐士兵，轻装去攻打。向文政派他哥哥的儿子向瓒抵抗，程文季和他交战，大败向瓒的军队，向文政于是投降。

天嘉三年（562），始兴王陈伯茂出镇东州，又以程文季为镇东府中兵参军，代任剡县令。天嘉四年，陈宝应和留异勾结，又派兵随周迪再出临川，陈文帝派信义太守余孝顷从海道袭击晋安，程文季担任他的前军，所向披靡。陈宝应被平定，程文季的战功居多，回来后，任府咨议参军，统领中直兵。出任临海太守。不久乘金翅舰协助父亲镇守郢城。华皎被平定，程灵洗和程文季都有抵御之功。

程灵洗死后，程文季统领了他的全部人马，提升为超武将军，仍协助防守郢州。程文季本性极其孝顺，虽然军旅之事使得他不能按礼服丧，但因悲伤变得很憔悴。

太建二年（570），任豫章内史，将军职衔不变。服丧满期，继承封爵为重安县公。随都督章昭达率军去荆州征讨萧岿。

萧岿和北周军队造了很多船舰，放在青泥的水中。当时水势涨高流速很快，章昭达于是派程文季和钱道戢一起乘小船袭击，烧毁了敌军全部船舰。章昭达因为萧岿等人的士兵稍微懈怠，又派程文季夜晚进入敌人外城，杀死杀伤很多敌人。一会儿北周兵大量出动，巴陵内史雷道勤战死，程文季一人生还。按功劳晋升为通直散骑常侍、安远将军，增加食邑500户。

太建五年（573），都督吴明彻北讨秦郡，秦郡前的江浦通达滁水，北齐人把大柱子全部砍为小木桩，在水中筑栅栏，于是先派程文季率领骁勇拔开敌军栅栏，吴明彻率领大军在后面跟进，攻克秦郡。又另派程文季围攻泾州，杀全城，进攻盱眙，也攻拔。又随吴明彻围攻寿阳。

程文季处理事务谨慎迅速，管理部下严格整齐，前后攻克的城垒，大多是用拦河坝逼水，土木工程往往超过几万。每每设阵役使他人，程文季必定先于各位将领，天还没亮就起，到了傍晚也不休息，军中没有不佩服他勤劳肯干的。每次打仗都任前锋，北齐军非常害怕他，称他为程虎。按功劳授职为散骑常侍、明威将军，增加食邑500户。又代理新安内史，晋号武毅将军。

当时，陈军都督吴明彻派程文季率领骁勇士卒为先头部队拔开栅栏，然后亲自率领大部队随后而至，进围秦州。

与此同时，夏四月初八，南陈前巴州刺史鲁广达，率军攻打北齐的大岘城（梁置巴州于巴陵。此大岘在合肥之南，历阳之北。今安徽省马鞍山市含山县北）。

陈朝将领鲁广达率军，与北齐军队在大岘交战，经过激烈的拼杀，陈军把北齐军队打败。占领了大岘城。

大岘城，就在安徽含山县东北大岘山上，依山筑城。大岘山，又名赤焰山。南北朝时，与小岘城并为军争之地。小岘城也是山名。同在安徽省含山县。见上文有述。

鲁广达，字遍览，据《陈书》记载，鲁广达是吴州刺史鲁悉达的弟弟。广达少时气度不凡，立志追求功名，他虚心爱士，宾客自远方来归附他。当时江表将帅，各领私兵，动辄数千人，而以鲁氏最多。初任梁邵陵王国右常侍，迁任平南当阳公府中兵参军。侯景之乱，广达与兄悉达聚众保护新蔡。陈霸先接受湘东王萧绎令制，授任鲁广达为假节、壮武将军、晋州刺史。王僧辩征讨侯景，广达出新蔡候迎他，并资助军需物品，僧辩对沈炯说："鲁晋州也是王师东道的主力。"接着率众随僧辩。侯景乱平，加任员外散骑常侍，其他官职不变。

陈霸先受禅，授任鲁广达为征远将军、东海太守。不久调任桂阳太守，广达坚决推辞不受官，入京任员外散骑常侍。任假节、信武将军、北新蔡太守，随吴明彻讨伐周迪于临川，每次战役战功居多。接着代兄悉达为吴州刺史，封为中宿县侯，食邑 500 户。

光大元年（567），授任通直散骑常侍、都督南豫州诸军事、南豫州刺史。华皎起兵上游，诏令司空淳于量率众进讨。淳于量军至夏口，华皎水军强大，没有敢前进，广达首先率骁勇之士，直冲贼军。战船相碰，广达大声疾呼，登上楼船，激励士卒英勇作战，由于风疾战船转向，广达跌入水中，沉溺良久，后被救活。华皎乱平，授任为持节、智武将军、都督巴州诸军事、巴州刺史。

太建初年，鲁广达与仪同章昭达一起入峡口，招降、安抚安蜀等各州镇。当时北周图谋侵犯江东，在蜀大力修建战船，并运粮食到青泥。鲁广达与钱道戢等带兵偷袭，放火烧了青泥的大量船只后，返回到本镇。鲁广达为政简明切要，对下属推心置腹，官员民众都感到便利。当鲁广达任职期满时，人们都上表朝廷请求让他继任，于是朝廷下诏将鲁广达的任期延长两年。

太建五年（573），众军北伐，夺取淮南旧地，广达与北齐军战于大岘，大破之。斩杀北齐的敷城王张元范，俘虏不可胜数。

陈军此次北伐，是积数十年之精锐，第一次挥师出境作战。陈军所到之处，尽显神威，北齐兵众从未见过南方军人有如此之威猛，纷纷惊惧而逃。陈军的兵锋所指，连战皆捷，一洗往日被鲜卑北军欺凌之耻！

吴明彻争夺秦郡之战，仍在进行中。据《陈书卷五·本纪第五·宣帝》载：“辛亥，吴明彻克秦州水栅。”《陈书卷十·列传第四》记载：“五年，都督吴明彻北讨秦郡，秦郡前江浦通涂水，齐人并下大柱为杙，栅水中，乃前遣文季领骁勇拔开其栅，明彻率大军自后而至，攻秦郡克之。”

不错！吴明彻率领的陈军终于攻克了秦郡，取得了首战之捷。可是，北齐又以尉破胡、长孙洪略援救秦州。又一场争夺战，即将展开——

第十六章　溃敌援萧摩诃神威

陈军发动闪电式的猛烈进攻，着实令北齐朝野都感到十分的震惊！

面对陈军勇猛的进攻，北齐皇帝高纬紧急地召开朝议，商讨如何抵抗陈军的进攻。据《北齐书卷二十五·列传第十七》记载："五年，陈人寇淮南，诏令群官共议御捍。封辅相请出讨击。纮曰：'官军频经失利，人情骚动，若复兴兵极武，出顿江淮，恐北狄西寇，乘我之弊，倾国而来，则世事去矣。莫若薄赋省徭，息民养士，使朝廷协睦，遐迩归心，征之以仁义，鼓之以道德，天下皆当肃清，岂直伪陈而已！'高阿那肱谓众人曰：'从王武卫者南席。'众皆同焉。"

当时，封辅相主张用军事打击和出兵讨伐，对付陈朝的进攻。而开府仪同三司王纮却说："官军近来屡次失利，人们的情绪骚动不安。如果再派军队驻屯长江、淮河一带，只怕北面的突厥和西面的周朝，乘我军的疲弊来进犯。不如轻徭薄赋，与民休息善待士人，使朝廷和睦，远近都从心里归附。以道德、仁人来征服天下，天下也都应当太平静了，岂止陈朝而已。"

这一番话，北齐后主高纬估计是难以听懂的。他肯定认为王纮所谓的"征之以仁义，鼓之以道德"以及"薄赋省徭，息民养士"之说，对于火烧眉毛的战争，真的是远水不救近火。齐主看了王纮一眼，沉吟不语。

其实，王纮说的是两个意思：一是陈军只是为争夺江淮之地，构建江淮防线而已，不足为害，不要被陈军所牵制，而放松了对北周的防范。如果用重兵于江淮与陈朝相争，而北周大军乘机攻来，那才是亡国之大患。二是劝北齐后主高纬不要重用皇族宗室，而要任用豪门士族和军政大臣。当然也包括重用王纮在内啦！

据《北齐书》载：王纮，字师罗，太安狄那人，是小部族的酋长。父亲王基，读书很多，有智谋。王纮年少时喜欢弓箭、马匹，善于骑马射箭，非常爱好文学。天性机智敏捷，应对灵活。13岁时，见到扬州刺史太原人郭元贞。元贞抚其背说：“你读什么书?”回答说：“诵读《孝经》。”元贞说：“《孝经》讲的是什么?”王纮说：“地位在上的不骄纵，地位在下的不作乱。”元贞说：“我做刺史，难道骄纵吗?”王纮说：“公虽不骄纵，然而君子防患于未然，也希望留意此事。”王贞称赞他。

15岁时，跟随父亲在北豫州，行台侯景和人谈论掩衣襟的方法是应当向左，还是应当向右。尚书敬显俊说：“孔子说：‘如果没有管仲，我们将头发披散不束，衣襟向左掩了。’以此说来，衣襟向右掩是对的。”王纮进言说：“国家帝王即位于北方荒野之地，称雄中原，五帝三王的礼仪、制度各自不同。衣襟向左或向右掩，哪里值得谈论它的是与非。”侯景惊奇他年少聪明，赐给他名马。

兴和年间，世宗召为库直，任奉朝请。世宗遇害突然去世，王纮冒死捍卫世宗，因忠节赐予平春县男的爵位，赏赐帛700段、绫锦50匹、钱3万和金带骏马，并任晋阳令。天保初年，加授宁远将军，很为显祖重视优待。帝曾与左右的人饮酒，说：“大乐痛快啊。”王纮说：“也有大乐，也有大苦。”帝说：“什么是大苦?”王纮说：“长夜荒饮而不醒悟，国破家亡，身死名灭，就是所说的大苦。”帝默然不语。后来责备王纮说：“你与纥奚舍乐共同事奉我兄，舍乐为我兄死，你为何不死!”王纮说：“君亡臣死，自然是正常的礼节，但贼人力气小，砍得轻，所以我没有死。”帝让燕子献反绑王纮，长广王抓住头，帝手举刀将要砍下。王纮说：“杨遵彦、崔季舒逃走躲避，职位达到仆射、尚书，冒死效命的贤士，反而被杀戮，旷古未有这样的事。”帝将刀扔到地上说：“王师罗不能杀。”于是放了他。

乾明元年，昭帝作相，补任中外府功曹参军事。皇建元年，晋升为义阳县子的爵位。河清三年，与诸将征伐突厥，加授骠骑大将军。天统元年，任给事黄门侍郎，加授射声校尉，四次升任至散骑常侍。武平初年，任开府仪同三司。王纮上书说：“突厥与宇文男来女往，必定相互呼应，从南北两个方面入侵边境。应当选派九州的勇士和善射之人，据守险要之地。我愿陛下哀怜顾念忠诚的老臣，热爱抚恤孤寡之人，同情奖励忠实善良之士，忘记他们的过失，牢记他们的功劳，使骨肉之情更亲密和睦，使宽厚仁爱之路更广阔，追思尧、舜之风，仰慕禹、汤之德，克己复礼，以成大治，这是天下的幸事。”

陈朝率军攻打淮南，齐主高纬命令众官共同商议防御之策。封辅相请求出兵讨伐。但王纮却建议北齐后主高纬放弃淮南，重兵防范北周。这无疑是正确的，但后主高纬并不是这样想的。他知道豪门士族和军政重臣是不好驾驭的。手握兵权的豪门士族和军政大佬为了自身的利益，一定会对皇族宗亲以及宫廷势力进行剪除和清洗，搞不好，他们还会联手废黜皇帝。在乱世纷争的南北朝时期，废帝另立的闹剧经常上演。高纬宁可丢失淮南之地，也打定主意不让豪门士族和军政大臣得势或架空皇帝。只要他这个皇位还在，丢失的淮南，他还有机会再夺回来。如果他高纬这个皇位都被军政大臣们架空甚至废黜，那小命都不保，还要淮南的土地干啥？

再说了，高纬也明白陈宣帝的意图。陈朝也只是夺取淮南之地，以构建“江淮防线”而已。陈宣帝也是精明人，他不会傻到与北齐死磕到底，为北周作嫁衣。万一北周毁约，命令后梁萧岿偷袭南陈，或者北周直接率兵顺流而下，南陈势必危险！

陈宣帝只希望夺回被北齐占据的淮南之地，构建自己的国防防御体系。北周与北齐之间迟早会有兼并战。南陈一旦把“江淮防线”体系建成，退，可以自保，进，可以在北方两个鲜卑强国大决战时趁势西进。趁着北周收拾北齐腾不出手的空当，迅速消灭后梁萧岿的傀儡政权，进而夺下益州和雍州，统一南方，南陈就可以布置西线的荆襄防线。

南陈能做到这一步的话，北周也就失去了以荆襄为战略支撑点的优势，连带着也失去了长江上游的战略优势。即便北周吞并北齐之后，率军南下，攻打陈朝，南陈也不必害怕了！大不了就是重新回到南北朝对峙的局面。以南陈三代明君的努力，谁能够统一全国，还真的难以定论。

总之，北齐后主高纬没有听从王纮的建议。后主仍派军队去援救历阳。又派开府仪同三司尉破胡、长孙洪略援救秦州。

北齐尉破胡、长孙洪略率大军前来救援秦州。北齐军队挑选身材高大四肢有力的兵士做前队，又有苍头、犀角、大力等队，战斗力量都很锐利，还有西域地方的胡兵，善于射箭，弦无虚发。别的军队特别怕他们。

辛酉（二十六日），陈军与齐军在吕梁进行战斗。战斗开始前，吴明彻对巴山太守萧摩诃说："如果消灭了这些胡兵，那么对方军队的气焰就被打掉，您的才能就不在关羽以下了。"

萧摩诃说："希望能告诉我胡兵的样子，一定替您消灭他们。"吴明彻便召来投降者中能识别胡兵的，叫他向萧摩诃指点。

据《陈书卷三十一・列传第二十五》载：萧摩诃字元胤，兰陵人。其祖父萧靓，梁右将军。父亲萧谅，梁始兴郡丞。摩诃随父到始兴郡，他数岁丧父，姑夫蔡路养当时在南康，收养了他。年龄稍大，他果敢坚毅勇力过人。侯景之乱，高祖赶赴京师援助，路养起兵拦截高祖，摩诃当时才13岁，单枪匹马出战，军中没人能与他相比。

陈霸先打败蔡路养后，摩诃归附侯安都，安都待他甚厚，从此常随安都征讨。到了任约、徐嗣徽勾结北齐兵寇掠陈境，高祖陈霸先遣侯安都北进在钟山尾部和北郊坛阻截北齐军。安都对摩诃说："卿骁勇有名，百闻不如一见。"摩诃回答说："今日让公见识见识。"交战后，安都坠马被围，摩诃独骑大呼，直冲北齐军，齐军惊慌失措，很快撤退，安都因而获救。天嘉初年，任本县县令，因平留异、欧阳纥乱有功，累迁至巴山太守。

太建五年（573），众军北伐，摩诃随都督吴明彻渡江攻打秦郡。当时北齐派大将尉破胡等率10万兵众救援，北齐军前锋为有"苍头""犀角""大力"之称的猛士，全都身长八尺，体力超群，锋芒势不可挡。又有西域胡，工于箭矢，弦无虚发，众军尤其害怕他。

交战前，明彻对摩诃说："若能射死此胡人，齐军丧气，君有关羽、张飞之名，可斩杀此人。"摩诃说："请描述其人外形，必当为公取。"

明彻便召投降之人中认识西域胡的人，说胡着深红色衣，持桦皮装的弓，弓两端有骨弭。

吴明彻派人暗中窥伺，知道西域胡在军阵内，便亲自倒酒让萧摩诃饮。萧摩诃饮完，策马驰入齐军，西域胡挺身出阵前十余步，引满弓弩还没有来得及射箭，萧摩诃远远地投掷铁制的小凿子，正中西域胡的额头，西域胡应声扑倒于地。

齐军“大力”10余人出战，又被萧摩诃斩杀，于是齐军退走。萧摩诃以功被授明毅将军、员外散骑常侍，封廉平县伯，邑500户。接着进爵为侯，转任太仆卿，其余照旧。

由于萧摩诃的英勇神武，陈朝军队的信心大增，吴明彻率军再一次打退了北齐的援军。

北齐后主高纬不甘心失败，又派领军将军尉破胡等出援秦州，并令王琳和破胡一起去并参与谋划。

王琳对自己的亲信说：“如今太岁在东南，岁星居于牛斗的位置，太白已经升高，这些天象都对客军有利，我们将有丧败。”又对破胡说：“吴兵势头很猛，要用长远之计来胜它，要谨慎不要轻易出战。”《北齐书卷八·帝纪第八》载：“是月，开府仪同三司尉破胡、长孙洪略等与陈将吴明彻战于吕梁南，大败，破胡走以免，洪略战没，遂陷秦、泾二州。明彻进陷和、合二州。”

破胡不听王琳的话，与陈军战，大败。长孙洪略当场被陈军打死，破胡见势不妙，拔腿逃走。王琳也单骑逃回彭城。齐主高纬令他到寿阳去，并准许他招募军队以抵抗陈军的进攻，又任命卢潜为扬州道行台尚书。

据《北史》载：卢潜，范阳涿地人氏。祖尚之，魏济州刺史。父文符，通直侍郎。卢潜容貌魁伟，善于言辞，少年时便有成人的志尚。仪同贺拔胜辟为开府行参军，补侍御史。世宗推举为大将军西阁祭酒，转中外府中兵参军，办事干练，被世宗看重，说他可以成就大业。在颍川俘虏的王思政，世宗很是推崇这个人的才识。卢潜曾对世宗说：“思政不能为其朝廷死节，哪里值得推重？”世宗对左右的侍臣们说：“我有卢潜，就是又得到了一个王思政。”天保初，除中书舍人，因奏事不合帝旨而被免职。不久除左民郎中。讥议《魏书》，与王松林、李庶等一同遭到拘禁。适逢清河王岳准备援救江陵，特赦卢潜为岳的行台郎。军还，迁中书侍郎，不久，任黄门侍郎。黄门郑子默上奏，说卢潜随同清河王南征，清河王令卢潜游说梁朝将领侯调，大受贿赂，回朝后也不奏报。听奏后，显祖杖击卢潜100，剪掉了他的胡须，降职魏尹丞。很快除司州别驾，出为江州刺史。所在州郡，均有治绩。

肃宗作相时，任卢潜为扬州道行台左丞。先是梁将王琳被陈兵打败，护送其主萧庄返回寿阳，朝廷拜王琳为扬州刺史，敕卢潜与王琳一道筹谋南讨计划。王琳的部曲义故多在扬州，与陈境邻接。卢潜安抚和睦内外，使得边境甚是安宁。陈朝秦、谯二州刺史王奉国、合州刺史周令珍先后寇扰边地，卢潜赶走了他们，因功加散骑常侍，食彭城郡干，迁合州刺史，其左丞职依旧保留。又除行台尚书，寻授仪同三司。王琳一心图南，卢潜认为时机没有成熟。恰好陈朝派人送信来到寿阳，请与齐朝和好。卢潜将此事上报朝廷，还请求息兵宁边。朝廷批准了他的要求。于是与王琳闹开了矛盾，互相上书皇帝争辩是非曲直。世祖召王琳入京，除卢潜扬州刺史，领行台尚书。

卢潜在淮南13年，任用军民，大树业绩，使得陈朝十分畏惮。陈主给其边将写信说："卢潜仍在寿阳，听说还不能返北，此虏不死，是我们的祸患，你们应该对他严加防范。"显祖始平淮南，给其十年优抚。期满之后，也就是天统、武平中，税额繁重，名目杂多。高元海执政，又断禁渔猎，贫寒之家无法生活。胡商负担官债利息，宦官陈德信怂恿他们全部推卸给淮南的富豪之家，令州县向这些人家索债。又敕送突厥马数千匹来到扬州境内，令土豪们收买。钱收入官府后，又出敕搜刮江、淮间的马匹，全部送进官厩。因此百姓不安，切齿嗟怨。卢潜则想法慰抚，兼行威逼，所以才获宁静。

武平三年（572），征为五兵尚书。因为卢潜戒酒断肉，信仰释氏，扬州吏民大设僧会，用香花装饰道路，流着眼泪为他送别。卢潜十分感叹，说："过些日子，我大概会再来的。"抵邺城没有多长时间，陈将吴明彻渡江进攻淮南，朝廷又拜卢潜为扬州道行台尚书。五年，与王琳等人一同被陈俘虏。很快就死在了建业，时年57岁。其家用钱将尸体买回，葬入祖茔。赠开府仪同三司、尚书右仆射、兖州刺史。无子，以弟士邃、子元孝为继嗣。

吴明彻指挥陈军英勇奋战，打死长孙洪略，打败了破胡，收复了秦

郡、泾州。（泾州，南朝梁置，治所在沛县。今安徽天长市西北的石梁镇）。陈军挟雷霆之威，乘胜进军，直指合肥。

陈军将士的兵威大振，继续挥师北进……

第十七章　克历阳黄法氍立功

太建五年三月，陈军大都督吴明彻与监军、都官尚书裴忌领兵 10 万，挥师北伐北齐，吴明彻首攻秦郡（治今江苏六合），都督黄法氍率部进攻历阳（今安徽和县）。

四月，黄法氍部将鲁广达于大岘（今安徽含山的东北部）击破北齐守军，接着，黄法氍率大军在历阳与北齐守军展开了大战……

历阳，既是一个军事重镇，又是一座古老的县城，因“县南有历水”而得名。据《尚书》《禹贡》《通典》《元和郡县志》《太平寰宇记》等史料记载，在周朝属扬州之邑，春秋属吴，吴亡入越，越亡入楚。战国楚东侵至泗上，遂属楚。秦始皇嬴政兼并六国，将天下分为 36 郡。置历阳县，属九江郡。

南北朝时期的宋永初三年（422），历阳郡属南豫州，辖历阳、乌江、龙亢三县。文帝元嘉七年（430），罢南豫州并豫州，历阳郡属豫州。元嘉八年（431），历阳郡辖历阳、乌江、龙亢、雍邱、酂县五县。北齐天保六年（555），北齐高欢与南梁陈霸先在历阳议和，遂改历阳为和州。

历阳位于安徽省东部，长江下游西岸。东南与芜湖市裕溪口紧连，南与无为市以裕溪河为界，西与含山县接壤，西北隔滁河与全椒县毗邻，东北与江苏省南京市一桥之隔，东面紧靠长江，隔江面对南京、马鞍山、芜湖三大城市。

历阳县境为南北长，东西窄，地势由西北向东南倾斜。南部及沿江一带地势较为平坦，为长江冲积平原，沟河港汊纵横交错，水库、坑塘星罗棋布。西北部多为波状起伏的丘陵、岗地。

历阳最有名的古迹是霸王祠，是为纪念西楚霸王项羽而建的，历史已相当久远。霸王祠位于和县乌江镇东南侧的凤凰山上，左濒滔滔长江，乃西楚霸王项羽垓下兵败，溃退至乌江自刎处。前220年西楚霸王项羽10万大军在垓下，被刘邦的数十万大军围住后四面楚歌而兵败，美姬自刎。后项羽率精兵突围而出，只有26骑相随，被追到了乌江。当地的亭长已经为其准备了渡江的船只，但项羽无颜见江东父老，不肯过江。把马送给了乌江亭亭长。自己徒步持兵器连杀追兵。项羽不愿被俘，拔剑自刭而亡。乌江亭和抛首石都是项羽壮烈挥刀的历史见证。

史书记载霸王祠最盛时有厅、殿、厢、室99间半。有正殿、享殿、东西殿、衣冠冢以及祠外爱情藤廊、三十一响钟、戏马台、相思树、驻马河、抛首石、乌江亭等多个景点。享殿后是墓区，通往墓台的石板神道为古松掩映，旁立4对石人石兽，粗犷简约。墓台四周有仿白玉栏杆，中立“西楚霸王衣冠冢”碑石一方。墓成椭圆状，左侧有地下墓道。历代政要人物、文人墨客都来此凭吊、题诗题词，历史文化浓重。

踏入祠内，迎面便是享殿。在享殿的门前，立着香炉和烛台。香炉上篆刻着“拔山盖世”四个大字。烛台上挂满了红烛燃尽后留下的条条红泪，台前香烟袅袅不散，寄托着后人对项羽这位天地男儿的景仰。享殿里供奉着一尊2.6米高的仿青铜霸王立像，立像上方悬“叱咤风云”横匾，祠内有霸王的黄杨木巨型雕像一尊，只见霸王身体前倾，双眼圆睁，一手仗剑，一脚向前踏出，威风一如往昔。

历阳镇淮古街贯穿着文庙、戟门、镇淮楼、四牌坊、古井、和阁、文昌塔以及陋室等著名历史文化景点。在乌江一带，每逢农历初一和十五，霸王祠里项羽的雕像前总是香烟缭绕，四乡八镇的村民们都赶来参加一场小型庙会。

历阳当江淮水陆之冲，左挟长江，右控昭关，梁山峙其东，濠滁环其北，为“淮南之藩维”、“江表”之保障。

据古籍记载，长江下游渡口有二。一是瓜州渡：京口（今镇江）与对江广陵（今扬州）通道。二是横江古渡：历阳与对江采石通道。长江流向由西向东至境改为南北向，“天门中断楚江开，碧水东流至此回”，故名横江。凡自淮西来者，必趋渡江，进取京陵。南略北地，亦由采石渡江而西。南北起事发难，历阳当其要冲。

《史记·伍子胥列传》记载伍子胥为逃杀身之祸，弃楚奔吴，出昭关（今含山西北小岘山），至江，问道于浣纱女，求渡于渔父。历阳有伍员坊，浣纱祠，渔邱古渡等胜迹，《历阳典录》对伍子胥途经历阳，逃楚奔吴的史事，作了详尽的记述。

鲁昭公十七年（前525），吴伐楚战长岸（今和县西梁山），吴败，楚获吴先王宝船“余皇”，“置于岸，环堑而困之”。后吴将公子光施骄兵之计，将宝船夺回。史称此战为“长岸之战”。后楚在西梁山天然洞窟处，依山筑阁，名曰“怒吴阁”，命困船之所为“余皇坑”。今洞窟依旧窕然险峰，惜阁体不存，余皇坑亦不为后人所见。

《方舆考评》载：东汉末年，孙策自历阳横江浦渡江，占有江东，建立东吴王朝。《三国志·孙破虏讨逆传》载：时吴景尚在丹扬，（孙）策从兄贲又为丹扬都尉，繇至，皆迫逐之。景、贲退舍历阳。繇遣樊能、于麋东屯横江津，张英屯当利口，以拒（袁）术。术自用故吏琅琊惠衢为扬州刺史，更以景为督军中郎将，与贲共将兵击英等，连年不克。策乃说术，乞助景等平定江东。术表策为折冲校尉，行殄寇将军，兵财千余，骑数十匹，宾客愿从者数百人。比至历阳，众五六千。策母先自曲阿徙于历阳，策又徙母阜陵，渡江转斗，所向皆破。莫敢当其锋，而军令整肃，百姓怀之。

《晋书·王睿传》载：晋太康元年（280），晋武帝命王睿讨伐东吴。睿以高大战船组成水师，顺江而下，直指金陵。孙皓凭借长江天险，在天门山（东为当涂博望，西为历阳梁山）激流中暗置铁锥，并加以千寻铁链横锁江面，企图以断楼船通行。结果王睿一鼓作气，越天门，过三山，直捣石头城。“千寻铁锁沉江底，一片降幡出石头”。孙皓遂成亡国之君。东晋咸和二年（327），历阳太守苏峻起兵反晋，自横江济牛渚，攻取建康（今南京），后为晋军陶侃所杀。南朝宋大明七年（463），孝武帝刘骏亲临历阳梁山，检视水师。北齐天保六年（555）南梁，北齐协和于历阳，改历阳为和州。

从以上历史记载，足见历阳作为军事重镇，自古以来，实为兵家必争之要冲。

陈朝都督黄法氍率大军来到历阳，北齐守军在小岘筑城。小岘，是山名。在安徽省含山县。南北朝时与大岘山同为军事要冲。清顾祖禹《读史方舆纪要·江南十一·含山县》说道：“大岘山：县东北十三里，一名赤焰山 。又有小岘山，在县北二十里。”

敌军北齐占据了小岘山（今安徽省马鞍山市含山县西北)，在小岘构筑城堡。陈都督黄法氍派左卫将军樊毅分率军在大岘布兵御敌。樊毅大败北齐军，俘获了全部人马器械。

据《陈书卷十一·列传第五》有载：“五年，大举北伐，都督吴明彻出秦郡，以法氍为都督，出历阳。齐遣其历阳王步骑5万来援，于小岘筑城。法氍遣左卫将军樊毅分兵于大岘御之，大破齐军，尽获人马器械。”

黄法氍又制造了抛物机和步舰，高高竖起拍竿，向城中抛石抛火，逼攻历阳城。驻守历阳的北齐兵众处于困境之中，十分惊恐，乞求向陈朝投降。于是，黄法氍减轻了攻城的强度，可是，历阳的北齐兵众又顽固地防守城池。黄法氍大怒，亲自率领士卒攻城，用抛物机把火球抛到城楼和城墙的女墙上。这时，天又下着大雨，城墙倒塌。陈军乘势攻破了历阳城。黄法氍恼怒那些不守信用的北齐兵将，传令杀掉了北齐守城的全部兵将。

见《陈书卷十一·列传第五》有载：“于是乃为拍车及步舰，竖拍以逼历阳。历阳人窘蹴乞降，法氍缓之，则又坚守，法氍怒，亲率士卒攻城，施拍加其楼堞。时又大雨，城崩，克之，尽诛戍卒。”

接着，北齐后主高纬派历阳王率领步兵、骑兵5万多人，前来救援历阳。陈朝都督、仪同黄法氍派左卫将军樊毅分兵在大岘（今安徽省马鞍山市含山县北）抵御，黄法氍率军勇猛攻击，彻底地打垮了北齐5万援军。俘获了北齐的全部人马和军械。

夏四月二十八日，陈宣帝诏令北伐诸军所杀北齐兵，尽行埋掩。《陈书卷五·本纪第五·宣帝》记载：“癸亥，诏北伐众军所杀齐兵，并令埋掩。”自古用兵打仗，各自掩埋尸体。有时也出于人道的原则，战胜一方除了掩埋战友的尸体以外，也有掩埋敌方尸体的。而陈宣帝特地下诏令陈军将士把所杀的敌国北齐兵众的尸体进行掩埋。这在古代军史上有明文诏令的，确是首次。充分体现了陈宣帝“施仁政”“重道义”的习惯作风!

陈军以摧枯拉朽之势，横扫淮南北齐军。二十九日，南谯太守徐木曼攻克石梁城（此石梁城不是泾州政府所在地，当在安徽省巢湖以南）。

五月初四，瓦梁城降（瓦梁城当在江都郡六合县界。今江苏省南京市六合区境）。

初八，阳平郡城降（以地形志考之，梁置淮州，治淮阴城，其属有阳平郡，治阳平城，其地当在淮阴城西）。

初九，南谯太守徐木曼又攻克庐江郡城（按地形志，梁置庐江郡，治潜县。今安徽省安庆市潜山县）。

五月十一日，黄法氍收复了历阳城（今安徽省巢湖市和县）。接着，黄法氍乘胜挥师进军合肥（即合州）。合州是南朝梁武帝太清元年（547）七月甲子日设合州于汝阴（今合肥）。后来，东魏于太清二年（548）抢占了合州。东魏及北齐初年，仍为合州治（今合肥）。陈、北周仍沿旧制。

合肥是淮河流域最重要的经济政治文化中心，也是贯穿南北经贸交通上的重镇，历来就是兵家必争之地。

合肥以西，是大别山脉东端的隆起地带，皖西山地，主峰天柱山等都在1000米以上；合肥以东张八岭一带，散布着老嘉山、琅琊山等。山谷中有施水与肥水，合肥可以说是坐落在这南北狭窄通道的必经之路上。

以“寿县—合肥—和县”划分的战略防御西线中，合肥的得失直接关系南北方主动权的得失。合肥作为连接江淮的战略枢纽，在这套防御体系中，战略地位是非常重要的。合肥的重要性在于它的地理位置处于长江、淮河、滁河三大水系的枢纽地带。

若北方政权在西线方向突破了淮河，就可以通过连接滁河和淮河之间的河网长驱直入，南方没有任何反抗防守的余地。

但是由于多个高耸的山脉在西部位置进行了阻挡，北方只能通过流经合肥城北的滁河进攻六合，再逼近南京这一条路线。或者选择通过南淝河进入巢湖，再通过如今的裕溪河突破濡须口进入长江水道。合肥的位置就成为必经的关隘之地。

南北朝时期，北方要是南侵必过长江，而江南政权必定会沿长江南岸布防。假如战争不顺利，北军必定会驻军安庆，而为安庆提供后勤保障的

必是合肥，反之假如南军北伐也必会对合肥用兵，毕竟合肥是打通北方战线的门户。

无论从经济、军事的作用来说合肥毕竟是南北必争的军事要冲和咽喉要道，拿下合肥就可以制衡南北力量对比的平衡性，合肥依托江淮平原的物产优势和贯穿南北的交通的经济优势成了强大的中原重镇，其军事意义重大。

因此，陈朝北伐北齐，首要的就是要夺回江淮防线。合肥就是此次兵争中的重要军事重镇其中之一。

合州（合肥）的北齐守军，被陈朝都督黄法氍的勇猛吓破了胆，看见陈军黄法氍的旗帜，吓得立刻投降。黄法氍下令陈军将士不能掠夺，亲自抚慰安民，并与投降的北齐兵将结盟，把他们全部放回北方。见《陈书卷十一·列传第五》有载："进兵合肥，望旗降款，法氍不令军士侵掠，躬自抚劳，而与之盟，并放还北。"

南陈朝廷按照功劳，升任黄法氍为侍中，改封为义阳郡公，食邑2000户。同年，迁任都督合州、霍州诸军事、征西大将军、合州刺史，增邑500户。

十四日，北齐高唐郡城降（梁置高唐郡。今安徽省安庆市宿松县）。

十六日，陈宣帝诏令征南将军、开府仪同三司、南豫州刺史黄法氍移镇历阳。凡北齐改县为郡者一律恢复为县。

陈朝的北伐大军继续向前，连续攻城夺地，逐渐收复梁朝武帝萧衍因"侯景之乱"而失去的淮南之地……

第十八章　陈军众将连夺城

五月二十日，南陈齐昌太守黄咏攻克北齐的齐昌外城。

齐昌，为蕲春郡蕲春县。旧曰蕲阳，梁改蕲水。后来，北齐改蕲阳县为齐昌县，设置齐昌郡（今湖北省蕲春县蕲州镇附近。）

蕲春，据晋代刘伯庄《地名记》记载："蕲春以水限多蕲菜（水芹菜）"，因之得名，蕲春意为蕲菜之春。历史上另称蕲阳、齐昌、蕲州。

蕲春地处湖北东部，大别山南麓，长江中游北岸。地形狭长，形如船帆，地势北高南低，地貌复杂。北部为山区，层峦叠嶂，峡谷幽深，风光俊美；中部为丘陵地带，岗峦起伏，绿树成荫，风景旖旎；南部为平畈围区，湖泊棋布，港汊纵横，渔稻飘香。境内最高点为青石镇境内的云丹山主峰。

云丹山是大别山东南第一峰，云丹尖海拔千米以上，雄奇的山势，多姿的流水，造就了一个避暑纳凉的世外桃源。

蕲州镇位于长江中下游北岸大别山南曲，是个偏僻的小镇。大别山龙脉彼起此伏，舞龙般一直舞到蕲州镇，生动非常；弯弯曲曲、浩浩荡荡的长江水，像玉带那样轻飘流过蕲州，然后缓缓东流，呈现环抱形状，又被巴水、湍水河兜裹，成为"水抱格"。它的西北方有桐柏山和大别山挡住西北风，形成"环山格"。所以蕲州镇真正是一块"山环水抱"的风水地理宝地。是富贵双全的风水地理格局，堪称世间少有。

汉末以来，蕲春以地处"吴头楚尾"，扼控长江，战略地位显要，历来受到军政者所重视，先后设郡、州、府、路、行政督察区专员公署于境内；蕲春长期为郡（州、路、府、专区）和县两级政府机构所在地，历为鄂东政治、经济、文化和军事中心。

正因为蕲春（齐昌）地处"吴头楚尾"，扼控长江，战略地位显要。

南陈黄咏率军攻下北齐的齐昌外城后，北齐国主高纬立即派遣尚书左丞陆骞领兵2万救援齐昌，从巴水、蕲水之间出兵，和陈朝的西阳太守汝南周炅遭遇。

南陈将领周炅留下身体瘦弱的士兵，设疑兵抵挡北齐军队，自己率领精锐的士兵，于戊辰（初四）日，从小路阻击敌军背后，大败北齐军队。

据《陈书》记载：周炅，字文昭，汝南安城人。其祖父周强，为齐太子舍人、梁州刺史。父亲周灵起，为梁通直散骑常侍，庐、桂二州刺史，爵为保城县侯。

周炅少时豪爽气侠，有将帅之才。梁大同年间为通直散骑常侍、朱衣直阁。太清元年（547），出任弋阳太守。侯景之乱时，元帝秉承帝旨改授周炅为西阳太守，封为西陵县伯。侯景派兄子侯思穆据守齐安，周炅率骁勇之士偷袭，大破之，活捉侯思穆并斩之。因战功授任持节、高州刺史。当时周炅据守武昌、西阳二郡，招募士卒，兵力强盛。侯景将领任约抢占樊山，周炅与宁州长史徐文盛阻击沈约，杀其部将叱罗子通、赵加娄等人。接着乘胜追击，多次取胜，任约兵众死伤殆尽。承圣元年（552），周炅升任使持节，都督江、定二州诸军事，戎昭将军，江州刺史，晋伯爵为侯爵，食邑500户。

陈武帝即位，王琳盘踞上流，周炅以辖州归顺他。到王琳派其将领曹庆等人攻打周迪时，又派周炅带兵夹击，被侯安都击败，活捉了周炅并押送京都。陈文帝放了周炅，并授任他为戎威将军、定州刺史，兼西阳、武昌二郡太守。

天嘉二年（561），留异盘踞东阳谋反，陈文帝征召周炅回京都，欲令他征讨留异。周炅未到京都而留异乱平，周炅又回原地镇守。天康元年（566），周炅因参与平定华皎有功，授任员外散骑常侍。太建元年（569），升任持节、龙骧将军、通直散骑常侍。

太建五年（573），晋升为使持节，西道都督安，蕲、江、衡、司、定六州诸军事，安州刺史，改封为龙源县侯，增加食邑到1000户。同年周炅随都督吴明彻北伐，所向披靡，一月之内，占领12城。北齐派尚书左丞陆骞率众2万人从巴州、蕲州出征，与周炅相遇。周炅大败陆骞军，缴获的器械马驴，不可胜数。

五月己巳（初五），征北大将军吴明彻的军队到达峡口（湖北省宜昌市兴山县），攻克峡口这个淮水北岸的城池；防守南岸的北齐军人弃城逃走。周炅攻克巴州（南朝梁于太谷郡北始置巴州，辖境除拥有整个巴河流域外，还南接今南部县，西南有今蓬安全部，并延伸至南充、武胜等）。淮北（别称相城，地处安徽省东北部）、绛城（绛城，为虹县城）和谷阳（今安徽固镇谷阳城）的士民，都各自诛杀驻防的北齐军队的长官，献城投降。

五月二十一日，南陈庐陵内史任忠进军北齐东关，攻克东西二城（东关东、西二城，吴诸葛恪所筑也。今安徽省马鞍山市含山县西南）。东关，地处含山县境南部的淮南线上，是一处著名的古战场，早在三国时就是魏、吴角逐之地。东汉建安十六年（211），孙权接受大将吕蒙的建议，在东关附近建立了“濡须坞水口”的军事设施，派朱桓等率水兵把守。

今安徽含山县西南濡须山上。三国吴诸葛恪筑城，隔濡须水与七宝山上的西关相对。北控巢湖，南扼长江，为吴、魏间的要冲。南北朝时仍为军事重地。

任忠率军把东关附近的“濡须坞水口”的军事设施，也一起攻克了下来。濡须，古水名，源出今安徽巢湖，经无为东北，含山西南成如溪流入长江，即今裕溪河的前称，古代是江淮北上的交通要道，历朝都为兵家必争之地。

而“东关”则为堡坞名，是在东汉建安十七年（212）由孙权派人筑以拒曹的关寨，卡住濡须河口，形成东关，当时又名濡须城，又因其寨似“偃月”故称为偃月城或偃月坞。原先城上还刻有“濡须坞”三字，相传字为孙权所书，但人们习惯通称它为“东关”。东关镇有一处高墩，就是当年东关守将放牧战马的地方。

南陈将领任忠，攻下军事重镇东关之后，又率军攻克了蕲城（五代志：庐江郡襄安县，梁曰蕲。今安徽省巢湖市无为县西南）。蕲城，位于安徽省北部。魏晋南北朝时置蕲城郡。浍河穿境而过，古有陈胜吴广起义，后有淮海战役，是安徽省发现最早的古城之一。

陈胜吴广起义点——点将台，陈胜之妹陈雪花墓地——雪花山，后人纪念陈胜吴广而建的三贤庙、庙前陈胜手植的红果树历历在目。秦二世元年（前209），陈胜、吴广领导的农民起义就是在蕲县大泽乡（今大泽乡镇）爆发的。

曹魏代汉，改名蕲阳县。南朝宋，蕲县属谯郡。南朝梁中兴二年（502），置蕲郡领蕲县。北朝东魏武定六年（548），改蕲郡为蕲城郡，改蕲县为蕲城县，蕲城郡领蕲城县。北朝北齐，蕲城郡领蕲城县，改属仁州。南朝陈，蕲城郡领蕲城县。

接着，南陈任忠于二十三日，又攻克北齐的谯郡城（此地在合州之南谯郡城，是蕲县界。今安徽省巢湖市东南）。

陈朝将领任忠，看来也是一位能战之人。据《陈书》载：任忠，字奉诚，乳名蛮奴，汝阴人。少时贫贱，乡里人看不起他。长大后，他多谋善变，体力过人，尤善骑射，乡里少年都归附他。梁鄱阳王萧范任合州刺史，闻其名声，招引他陪伴左右。侯景之乱，任忠率乡里数百人，随晋熙太守梅伯龙讨伐侯景的部将王贵显于寿春，每战必胜。当时土豪胡通聚众抢取强夺，萧范命任忠与主帅梅思立联军讨平胡通。接着随萧范长子萧嗣率众入援，正赶上京师陷落，于是他即戍守晋熙。侯景乱平，任命为荡寇将军。

王琳立萧庄，命任忠为巴陵太守。王琳败后，任忠归附陈朝，迁任明毅将军、安湘太守，接着随侯瑱征讨巴、湘，累迁至豫宁太守、衡阳内史。华皎起兵，任忠参与策谋。华皎乱平后，陈顼因为任忠在华皎起兵之前密告朝廷，便放而不治罪。太建初年，随章昭达讨伐欧阳纥于广州，因功授任直阁将军，迁任武毅将军、庐陵内史，服官期满，入京任右军将军。

太建五年（573），众军北伐，任忠率兵取西道出发，击退北齐历阳王高景安于大岘，接着北进至东关，又攻下东西二城。又进军蕲、谯，全都攻下。抄小道袭击合肥，驻军外城，接着攻下霍州。因功授任员外散骑常侍，封为安复县侯，食邑500户。

经过吴明彻率军不懈的围攻，守卫秦郡的北齐兵将终于投降了。从四月辛亥日，程文季率敢死队拔除了秦州城前水渠里设置的木桩和栅栏之后，北齐后主高纬派遣仪同三司尉破胡率 10 万大军前来增援。北齐军选拔身材高大的西域胡人和鲜卑大力士，以及善射箭者，组成前锋。萧摩诃单骑冲入北齐军阵营，斩杀西域胡和几名鲜卑族的大力士，打败前来增援的北齐大将、仪同三司尉破胡等北齐军队，缴获许多物资军械。经过 38 天的攻击，直到五月二十三，守卫秦郡的北齐兵将才正式投降。《陈书卷九·列传第三》记载："齐遣大将尉破胡将兵为援，明彻破走之，斩获不可胜计，秦郡乃降。高宗（陈宣帝）以秦郡明彻旧邑，诏具太牢，令拜祠上冢，文武羽仪甚盛，乡里以为荣。"

因为秦郡是吴明彻的故乡。陈宣帝五月癸巳二十八下诏，令当地官府准备了祭祀用的猪、牛、羊等物品，使地方官到吴明彻的家祠和祖坟祭拜，文武仪仗中用鸟羽装饰的旌旗，祭祀场面非常隆重和盛大，吴明彻所在的县郡乡邻百姓们，都感到无比的荣光！

北伐陈军继续横扫淮南、淮北的北齐兵众，五月二十九日，陈军又夺取了北齐瓜步（江苏省南京市六合区东南长江畔）、胡墅（今江苏省南京市西北石头城对岸）二城投降（二城皆在六合县界，临江）。

据史载：瓜步，步者"埠"也。山名，在南京市六合区东南，亦名桃叶山。水际谓之步，古时此山南临大江，又相传吴人卖瓜于江畔，因以为名。

南北朝时，瓜步曾经为军事争夺要地。公元 450 年，南朝刘宋文帝发动了元嘉北伐，但是被北魏太武帝击败，后北魏拓跋焘反攻刘宋，十月从黄河北岸出兵，连续击溃宋军多路主力，十二月率兵至此，凿山为盘道，设毡殿，隔江威胁建康（今南京市）。南朝宋鲍照《瓜步山楬文》："瓜步山者，亦江中眇小山也。徒以因迥为高，据绝作雄而凌清瞰远，擅奇含秀，是亦居势使之然也。"

当时，北魏与大夏、柔然发生了连年的激烈战争。宋文帝刘义隆认为有机可乘，便遣使要求拓跋焘归还占去的河南、山东各地。拓跋焘一笑置之，并不理睬，对南朝使者一顿责骂。宋文帝大怒，即命到彦之为将，于公元 430 年率军北伐。到彦之率军 5 万由水路进军山东。

其时魏军主力正在北方作战，河南各地兵少，见宋军到来，便纷纷撤兵而去。宋军收复了很多失地，一直推进到黄河南岸，前锋窥伺潼关。到彦之认为魏军无力两面作战，宋军正可巩固战果，便把全军摆成一字长蛇阵，守卫在黄河南岸2000余里长的防线上。

然而到了隆冬黄河冰封之后，魏军突然大举渡河南下。宋军因防线过长，各处都很薄弱，一下就被击溃，连失洛阳、虎牢数城。到彦之初时轻敌，后畏敌如虎，率军往水路南逃，狼狈不堪。

为挽救败局，宋文帝急命檀道济北援。檀道济一路硬闯，与魏军打了30多仗，胜多败少，攻到济南但是己军也损失惨重，粮草军资被北魏军袭击，一时略尽。又听说此时滑台已失陷，宋军已无力再北进，檀道济便引军南归。北魏军抓住这一战机，切断了檀道济军的运输线，又发起追击。危急时刻，檀道济唱筹量沙，在夜间将仅剩的粮米铺在沙子上，装出军粮很多的样子。魏军得知后，一时犹疑，不敢急追。檀道济又故作镇静，命全军放慢速度，大摇大摆南撤，使魏军将领安颉更加相信宋军有诈，终于放弃了追击，檀道济方得全军而归。

元嘉北伐，以刘宋的惨败而结束。刘宋的核心统治区域被北魏远征军大幅度、大纵深地穿插，不但使得刘宋军队损失惨重，还使得刘宋的民众被魏军屠杀掳掠，家园被付之一炬，损失不计其数。刘宋长江以北的六州之地一片荒芜。魏军兵分五路，展开全线反攻，刘宋军队“北伐败辱，数州沦破”“诸将奔退，莫不惧罪”“百守千城，莫不奔骇”。

拓跋焘本人率军抵达彭城，路过盱眙时，拓跋焘命人向臧质要美酒，臧质封了一坛人尿给他。拓跋焘大怒，挥军来攻。宋军顽强守御，此战异常惨烈，双方士兵的尸体遍布城壕内外。拓跋焘连续变换攻城方式，终因城固而无法得手。一个月后，魏军伤亡严重，并且“疾疫死者甚众”，只得退军。魏军一路北撤，困守孤城的各处宋军也都不敢追击，眼睁睁看着魏军北归。

这次北伐以刘宋的完全失败告终，而其时北魏尚是两面作战，并且国力远不如刘宋，犹得取胜，可见南、北方军队战斗力的差距有多大！北方人高马大，南方人体质矮小，且无战马。南方军队的营阵，挡不住北方骑兵长刀挥舞、战马奔腾的冲杀。南方军队如果也要组建骑兵队伍，草地牧马就是个大问题。南方缺乏大面积的牧马草地。南北对阵，在骑兵上就是一个明显的弱势。

陈朝将士英勇奋战，接连夺取了胡墅城。这是一个军事要塞，在今江苏省南京市长江北岸，与清凉山隔岸相对。离六合县东约 30 里的滨江，南对石头城。《陈书·高祖纪》也有记载：南朝梁绍泰元年（555），徐嗣徽据石头城，北齐遣翟子崇等诸将“领兵万人，于胡墅渡米粟 3 万石马千匹，入于石头”。随后，陈霸先“遣侯安都领水军夜袭胡墅，烧齐船千余艘”。《资治通鉴》记载：南朝梁绍泰元年（555），陈霸先“使侯安都夜袭胡墅，烧齐船千余艘”，就是此地。

由于陈朝军队接二连三攻陷北齐的历阳、瓜步等军事重地，北齐朝廷一片慌乱。《北齐书卷四十三·列传第三十五》载：“陈将吴明彻寇淮南，历阳、瓜步相寻失守。”赵彦深于起居省密访文宗曰：“吴贼侏张，遂至于此，仆妨贤既久，忧惧交深，今者之势，计将安出？弟往在泾州，甚悉江、淮间情事，今将何以御之？”

北齐赵彦深私下向秘书监源文宗讨教计策。据《北齐》载：赵隐，字彦深，自称是南阳宛城人，汉朝太傅赵喜的后代。他的高祖父赵难任齐州清河太守，有突出的政绩，便在清河定居下来。清河后来改为平原，所以他又是平原人。赵隐为了避讳北齐皇室的隐字，将自己的字彦深改为名字。父亲赵奉伯，在魏做官，位至中书舍人，任洛阳县县令。彦深显贵以后，朝廷赠封他为司空。

彦深自幼丧父，家境贫寒。他侍奉母亲十分孝顺。10 岁时，他曾遇见司徒崔光，崔光对宾客们说：“古人看人的眼睛便可以了解这个人，这个孩子将来一定有远大的前程。”他性情聪明敏捷，长于文字与筹算，安于闲适，乐于修性，不随便与人交往，被正确的议论所推服。清晨，常亲自打扫门外，却不愿让别人看见，已习以为常。

最初，他任尚书令司马子如的最低级的宾客，专门抄写文书。司马子如很欣赏他抄写得没有错误，想带他到尚书省参观。他的靴子里没有毡，衣服和帽子都很破旧，子如送给他新的。子如任用他为书令史，过了一月多，又补为正令史。神武帝高欢在晋阳，要选送两个史才，司马子如推荐了赵彦深。后来，高欢任子如为开府参军，子如破格任彦深为水部郎。文襄帝高澄任尚书令，负责铨选人才，要淘汰曹郎一级的官吏。彦深出身寒微，被调出京城任沧州别驾，他拒绝任职，不去上任。子如告诉了高欢，将他征补为大丞相功曹参军，专门掌管机密。文告书札大多由他起草，被称为出手敏捷。高欢曾与他对面而坐，让他起草军令，用手摸着他的额头说：“如果上天让你长寿，你一定大有作为。”高欢还常对司徒孙腾说：“彦深小心谨慎，自古以来就没有像他这样的人才。”

高欢去世，他的丧事暂时秘而不发。文襄帝高澄担心黄河以南会发生变乱，便亲自前去巡视安抚，便把后方的事情委托给彦深，任命他为大行台都官郎中。临出发时，高澄握着赵彦深的手说：“我把我的亲兄弟托付给你，希望你能理解我的心情。”朝廷内外宁静无事，都得力于赵彦深。等高澄回到京城，为父亲高欢发丧，对彦深大加赞扬，便翻开登记郡县的簿册为他挑选，封他为安国县伯。他跟随高澄征讨颍川，当时引水淹灌城池，城墙上的雉堞都将被淹没。西魏的将领王思政还想死战到底，高澄派彦深只身进入城内去劝谕王思政，第二天全城投降，彦深拉着思政的手一起走出城门。高澄异常高兴。这之前高澄对他说过：“我昨夜做梦打猎，遇见一群猪。我用箭射，都被射中获取，独有一头大猪没有得到，你说替我获取，不大一会儿你将这头猪送上。”这时，高澄笑着说：“昨夜的梦应验了。”便解下思政的佩刀送给彦深，说：“要使你经常获得这样的好处。”

文宣帝高洋即皇帝位，彦深仍参与军国机密，被晋封爵位为侯。天保初年，迁升为秘书监。因为他办事忠诚谨慎，天子每次到郊庙祭祀，都命他兼任太仆的职务，担任文宣帝的陪乘。他又转任为大司农。文宣帝有时外出巡游，就命彦深辅助太子管理朝廷的政务。后来他调出京城，任东南道行台尚书、徐州刺史。为政注重恩惠信誉，被官吏百姓所怀念。他经常到下面巡视，所率军队驻扎过的地方，士大夫和平民都不断追思，称为赵行台顿。文宣帝亲自写玺书对他慰劳勉励，征请他到京城任侍中，仍掌管朝廷机密。

武成帝河清元年（562），他晋爵为安乐公。多次迁升，为尚书左仆射、齐州大中正，负责监修国史，又升迁为尚书令，晋位为特进，被封为宜阳王。后主武平二年（571），被朝廷授予司空的官职。因被祖王廷构陷，调出京城任西兖州刺史。武平四年，重被征进朝廷任司空，又转任司徒。母亲去世，因守丧辞去官职，不久，又被朝廷以原来的官职起用。武平七年六月，他暴病去世，享年70岁。

彦深历事几个朝代，好几位皇帝，经常参与朝廷的机密大政。他温柔谨慎，喜怒不形于色。自从孝昭帝皇建年以来，朝廷对他的礼遇又有加重，天子每次召见，有时让他坐在御榻上，常常喊他的官职名称而不叫他的名字。凡是选拔人才的事情，都先让他铨选确定。他提携奖励的人物，都以品行学业为主要标准。轻浮浅薄的人，他根本就看不上。孝昭帝掌握朝中大权以后，朝臣们大多秘密劝他即皇帝位，独有彦深却不进言。孝昭帝曾对王晞说："如果说大家都认为我称帝是天下归心，为什么不见彦深出来说话？"王晞把这些话告诉给赵彦深，他不得已，才上表陈请孝昭帝称帝。他就是这样被时论所重视。他说话谦逊，不曾用骄矜傲慢的态度对待别人，所以，他或者离开，或者和大家相处，都能长时间互相往来。

他的母亲傅氏，很有节操和见识。彦深3岁时，傅氏便丧夫寡居，家里人想让她改嫁，她誓死不从。彦深5岁时，母亲对他说："家里贫穷，你年龄又小，我们怎么生活？"彦深哭着说："如果上天可怜我们，我长大以后当报答母亲。"母亲被他感动，对着他痛哭流涕。彦深任太常卿后还家，不脱朝服，先拜见母亲，跪下来陈述自己幼小丧父，蒙母亲教训养育才有今天。母子相对哭泣了很久，然后才换上便服。傅氏后来被朝廷加封为宜阳国太妃。

北齐的宰相善始善终的只有赵彦深一个人。然而，他奏请朝廷，任命自己的儿子赵叔间为中书郎，颇招致很多议论。当时，冯子琮的儿子冯慈明、祖珽的儿子祖君信都相继任中书郎，所以，当时有谣谚说："冯、祖及赵，弄脏了中书省的凤凰池。"其中，赵叔间的品德和才干最为低劣。

陈朝军队横扫淮南北齐军，接二连三夺取北齐的军事重镇。赵彦深私下问如何对付陈军的进攻？源文宗说："吴地的贼寇十分嚣张，竟然到了这种地步。老弟以前曾经是秦、泾二州的刺史，熟悉长江、淮河间的情

况，现在用什么办法去抵抗他！”

源文宗说：“朝廷的精兵，一定不肯多配给将领，人数在几千以下，正好成了陈朝的食饵。尉破胡的人品，您是知道的，打败仗的事，不是早晨就在晚上。国家对待淮南，有如将蓬蒿当箭，失去它并不可惜。按照我的想法，不如专门委派王琳，到淮南去招募三四万人，因为风俗习惯相通，能够出力卖命；同时派以前的将领带兵驻屯在淮北。况且王琳对陈顼，一定不肯俯伏称臣，这是很清楚的。我以为这是最好的计策。如果不对王琳推心置腹，还派别人去对他予以牵制，反会酿成祸患，更不能这样做。”

赵彦深长叹说：“老弟的计策确实能取胜于千里之外，但是争论了10天，已经不被采纳。时局到了这种地步，没有什么可说了！”两人相视流泪。源文宗名彪，以字行于世，是源子恭的儿子。

他们是想把淮南之地，让给王琳。只要王琳能在淮南地区站稳脚跟，就等于在南陈和北齐之间建立了一块可靠的缓冲区，北齐就可以专心应对来自北周的威胁。

但是，北齐后主高纬不接纳这个建议。主要原因是对王琳不放心！让王琳全权经营淮南之地，也许是养虎伤人。王琳此人聪明狡诈，又心狠手辣。此前，他狡兔三窟，对北周、北齐、南梁都奉表称臣，甚至与南陈的留异、周迪、陈宝应等地方豪强、军阀割据都有联系。即便王琳或许不会反水投降南朝或后梁萧岿，但也不排除王琳或许被北齐豪门士族和军政大佬拉拢，同样遗患无穷。

六月初六，南陈郢州刺史李综攻克北齐滠口城（今湖北省武汉市黄陂区西南20公里）。

六月十一日，南陈将领任忠攻克北齐合州外城。合肥主城，此前已降黄法氍，任忠又攻克合州外城。外城离主城相距30多里。

合肥的城池，三国以前在城区的西北方，涵盖逍遥津、教弩台、三孝口、四牌楼这些地名的整个老城区，那时都在城外。

合肥最早的城墙历史可以上溯到东汉初年，合肥侯鉴镡在今合肥西北面，建起了一座古城墙，史称“汉城”，后衰败成为空城。东汉末年，扬州刺史刘馥在合肥侯国的古城原址上，重建了一座新汉城。三国时期，为抵御吴王孙权的进攻，镇守合肥的魏国大将满宠在“汉城”西边另筑一座“新城”，先后两次成功地阻止了吴王孙权以及东吴大都督诸葛恪的重兵围攻。

六月十六日，北齐淮阳、沭阳二郡的守将都弃城逃跑。沭阳，因位于沭水之阳而得名，简称沭，古称厚丘、怀文等，地处徐州、连云港、淮安、宿迁四市结合部，属鲁南丘陵与江淮平原过渡带。

沭阳县历史悠久，从考古已发掘的古遗迹和古墓葬可以看出，从新石器时期到西周、战国、汉、唐等重要历史时期沭阳境内都留下了人类活动的遗迹。

相传秦末沭阳人虞姬，文武兼备，随项羽南征北战，留下了《霸王别姬》的千古绝唱。楚汉相争后期，项羽趋向败局，项王被汉军围困垓下，兵少粮尽，夜闻四面楚歌，哀大势已去，面对虞姬，在营帐中酌酒悲歌：“力拔山兮气盖世，时不利兮骓不逝，骓不逝兮可奈何，虞兮虞兮奈若何？”歌词苍凉悲壮，情思缱绻悱恻，史称《垓下歌》。这位叱咤风云的人物，竟也流露出了儿女情长、英雄气短的哀叹。随侍在侧的虞姬，怆然拔剑起舞，并以歌和之：“汉兵已略地，四方楚歌声；大王意气尽，贱妾何聊生。”虞姬的这一首《和垓下歌》，既是历史上少见的绝命悲歌，也是爱情的悲歌，虞姬为了让项羽不再有牵挂，唱完《和垓下歌》，拔剑自刎。

项羽悲恸万分，在仓促间只好于垓下草草掩埋了虞姬，随即项羽带着600骑兵连夜突围而出，被汉军追至乌江边，乌江亭长说江东还是霸王的地方，汉军没有船，让霸王渡江东山再起。项王说，自己当年与江东8000子弟出征，已全部战死，自己不愿苟且偷生，并无颜面再见江东父老，谢绝了乌江亭长的好意，将乌骓马送给乌江亭长引渡，然后率领28个子弟兵执短兵器和杀来的汉军再次拼杀，最后项王见到自己的旧部下吕马童，说：不是我项羽不能打，而是天要亡我，我又奈何？既然老朋友都来了，那就让老朋友得万户侯（刘邦当时用重金购项羽首级）。于是慷慨地自刎在乌江边，将头扔给了吕马童。

项羽是一个性格暴躁的人，却也是个用情专一的人。他始终爱着虞美人，成为民间传说上的一段佳话。项王南征北战，昼夜厮杀。作为妾的虞姬，随军行动，项羽战到哪里，她就跟到哪里。就这样，在项羽领兵出战时，她给他鼓励，寄予深情厚望，保佑平安归来；在项羽凯旋归营时，她以翩跹舞姿，千般柔情，万般妩媚，欢歌娱曲给他祝贺；在项羽遇到挫折的时候，她便以“胜败乃兵家之常事”的话给他抚慰；甚至她还会穿了战靴，披上绣甲，骑马跟着项羽在阵上冲锋，做他坚强的后盾。有了这一强大的精神支柱，项羽越战越勇，所向披靡。

霸王别姬，出自《史记·项羽本纪》，是最为动人的故事之一。虞姬忠于爱情，为让项羽尽早逃生，拔剑自刎。其情，惊天地！其义，泣鬼神！

据《情史·情贞类》记载：“（虞姬和歌之后）姬遂自刎。姬葬处，生草能舞，人呼为虞美人草。”就是说，在虞姬血染的地方就长出了一种罕见的艳美花草，人们为了纪念这位美丽多情又柔骨侠肠的虞姬，就把这种不知名的花叫作“虞美人”。

清朝诗人何浦《虞美人》云：“遗恨江东应未消，芳魂零乱任风飘。八千子弟同归汉，不负军恩是楚腰（虞姬）。”认为8000楚军被迫投降刘邦，没有一人像虞姬那样的坚贞。

清朝还有一位女诗人许氏，以虞姬的口吻作诗一首：“君王意气尽江东，贱妾何堪入汉宫；碧血化为江边草，花开更比杜鹃红。”虞姬如此大义凛然、忠于爱情的美德传颂不已。她的感人故事，在一代又一代人的心中留下了不可磨灭的烙印。虞姬，这个美丽的名字，将是我们心目中不朽的传奇。

陈朝军队横扫北齐军，接二连三夺取了石梁城、瓦梁城、阳平郡城、庐江郡城、历阳城、高唐郡、齐昌外城、东关西二城、蕲城、谯郡城、秦州城、瓜步、胡墅、滠口城、合州外城、淮阳等城池。

随着沭阳城的攻克，陈军将士也把项王和虞姬这段英雄与美人的悲壮故事，传遍了江南……

第十九章　驱祖珽齐姬祸国

自从北齐的和士开掌权以来，朝政体制毁坏紊乱。到祖珽执政时，颇能收罗荐举有才能声望的人，得到内外的美誉。

据《北齐书卷三十九·列传第三十一》记载：祖珽还准备调整政务，筛选淘汰官员，开始奏请罢黜京畿府，合并于领军府，原有百姓，归入郡县。宿卫都督等号位，依从旧的官名，官号以及标志官吏身份品级的服饰，也一同依照旧例。

祖珽又打算罢免宫中的太监和小人之流，推诚朝廷，重顿朝纲，陆媪（陆令萱）、穆提婆和祖珽的主张很不一致。

陆媪（陆令萱）、穆提婆是什么人呢？据《北史》《北齐》记载：陆令萱（？—576），又称陆媪，北齐宫廷女官。她是东魏（原为西魏）将领骆超妻子，骆超以谋反罪被杀，陆令萱配入掖庭为奴。后来又被分配给长广王高湛的儿子高纬当乳母，高纬称她为“乾阿你”“姊姊”（北齐时称母亲为“姊姊”），高纬母胡氏也对她很是赏识。

高演病死，弟弟高湛继承帝位，是为武成帝。封胡氏为皇后，立6岁的高纬为皇太子。陆令萱的地位也发生了变化，抚养皇太子，也就是未来的皇帝，因此她对皇太子更是百般献媚。武成帝和胡皇后看到皇太子在陆令萱的抚养下，长得茁壮懂事，特别高兴，对陆令萱也更加恩宠，封她为郡君。郡君为古代贵族女人的尊贵封号，开始于汉武帝时期，汉武帝封她的母亲王太后的母亲为平原郡君，从此以后历代唯皇族宗室公主及朝廷四品官以上官员之妻才有享受这一封号的资格。陆令萱以一个奴婢的身份能受此殊荣，足见她在北齐王朝的地位以及在胡太后和高纬心目中的地位。

高湛传位给高纬。9岁的高纬继承皇位，称为后主。太上皇高湛病死，后主临政。陆令萱的权力也越来越大，成为宫中一切事务的总管，在后宫占有举足轻重的地位。人的权欲是无止境的，权越大，其权欲也越强，陆令萱就是这样，她从一个奴才，一跃成为具有显赫权力的人物，便更加嗜权如命，贪婪追求。她的这种权欲与胡太后的权欲逐渐形成了对立的矛盾，二人都想把小皇帝控制在自己手中，在暗中开始争夺权势的角逐。

在后妃的废立上，高纬继帝位时，太上皇高湛出于政治的原因，为他选择了执掌三军的太尉斛律光的女儿为妻子，并立为皇后。可当小皇帝逐渐长大，却喜欢上了皇后带来的侍婢穆黄花。陆令萱知道高纬宠爱穆黄花，便收她做养女，而穆黄花也深知陆令萱与高纬的关系，做陆氏养女正合心愿，两人一拍即合，相互利用。

胡太后为了笼络小皇帝，加深母子感情，扩大自己的势力，便将自己哥哥的女儿引进宫中，高纬对她一见钟情，爱不释怀，立即封为弘德夫人，不久进位昭仪。

穆黄花生下皇子高恒，陆令萱一面让高纬封穆黄花为弘德夫人，一面设计把高恒给斛律皇后为养子，使高恒被立为太子。穆夫人的儿子成了太子，对陆令萱更加感激不尽，二人关系也更加亲密。

胡太后是个生活放荡的女人，生性好淫。武成帝在位时，她就与佞臣和士开勾搭成奸。后来又与寺院的和尚私通。胡太后的丑事被暴露出来，后主大怒，把胡太后幽禁于北宫。从此，胡太后在皇帝眼中的地位一落千丈。取而代之，陆令萱填补了这一位置。这就激起了她想做皇太后的野心。她让自己的亲信侍中祖珽为之请命，由于在朝官中阻力太大，陆令萱的图谋没能实现，但此时她已经是一个无冕的皇太后了。

陆令萱多次劝说高纬立穆夫人为皇后，胡太后坚决拒绝，后来立胡昭仪为皇后。但陆令萱对此并不死心，以穆夫人的儿子高恒是太子为由，日夜游说劝说，终于使穆夫人被立为左皇后。穆夫人对此并不满足，老是缠着陆令萱出主意，陆令萱便又想出一个无中生有，借刀杀人之计。这一天，陆令萱在与胡太后闲谈时，忽然叹了一口气，说道：“真是人心不可测呀，亲侄女竟然说出那种话来。”胡太后连问何事，陆令萱欲言又止，摆摆手，摇摇头，说：“这话可不便说出来。”胡太后追问再三，陆令萱才说："前皇后对皇上说'太后行为多有不法不足为人刑训'。"胡太后最怕人揭她伤疤，尤其是自己亲手扶起来的亲侄女竟然如此说自己，不由火冒三丈，立刻叫人把胡皇后唤来，不容分说，当然命侍女把她头发剃光，遣送回家。胡太后听信谗言，自剪羽翼，从此再也没有与陆令萱抗衡的能力。

公元573年，后主立穆夫人为皇后。因为陆令萱是穆皇后之母，所以号称"太姬"，视一品，班列在长公主上面。至此，陆令萱终于取得后宫中的最高权力。

陆令萱控制了后宫后，并不满足，又把魔爪伸向朝廷。后主高纬长期生活在深宫里，过惯了舒适的生活，没有经历过大风大浪，因而不解民情，不懂政务，遇事优柔寡断，毫无主见。陆令萱把他一手抚养长大，自幼听惯了她的话，所以成为后主以后对她仍是言听计从，陆令萱则以此控制了皇帝，干预国政，朝廷中的奸臣大都聚集在她的门下，任她驱使，其中比较有名的奸佞小人有和士开、高阿那肱、祖珽等，还有她自己的儿子穆提婆。和士开在武成帝时就很受宠爱，他日夜陪着武成帝高湛玩乐，以致高湛一刻都离不开他，授他以侍中官职。和士开身居要职，不思报国为民，却曲意媚主，引诱皇帝荒淫，不理朝政，以此来保住自己的位置并且达到控制朝权的目的。和士开见陆令萱的权势越来越大，就拜她为"养母"，求其庇护。陆令萱则极力笼络和士开，企图通过他来把持朝政，扩大自己的势力。因此二人勾结在一起，朝中许多奸佞之臣都依附在她们周围。高阿那肱就是其中典型的一个。他见和士开深得高湛和胡皇后的喜爱和信任，又拥太子高纬为帝，权高位重，就与他结交，两人关系非常密切。他又见陆令萱既是皇帝的乳母，又是皇后的养母，主宰后宫，权倾朝野，便拜陆氏为养母，与陆氏的儿子穆提婆兄弟相称，陆令萱对他也是极力笼络。陆令萱不断在后主面前美言保举，使高阿那肱职位不断升迁，而后主对他也非常宠信。陆令萱的儿子穆提婆，也因她的位置，而摆脱身为奴隶的命运，并且由陆令萱奏请太上皇，准许他入宫侍奉皇上。穆提婆颇有母风，很会讨小皇帝的欢心，使小皇帝对他极为信任和宠爱，朝夕与他相处，十分亲近，并给朝中要职。

祖珽看到陆令萱深得皇帝的宠信，操纵朝政，便投靠了陆令萱。陆令

萱深知祖珽是一个有才智但缺少德行的人，认为是一个可利用之人，因此，奏请皇上，把他调入朝廷，作为自己的同党。

陆令萱聚集了许多朝廷同党，专擅朝政，秽乱宫闱，贪污纳贿，奢侈享乐，使北齐王朝政治日益腐败。一些正直的大臣，如太尉赵郡王高叡、左丞相斛律光、琅琊王高俨等对此非常不满，为国家的前途命运担忧，反对奸臣专权，祸国殃民。

太尉赵郡王高叡等人上疏后主，揭发和士开的罪行，请求后主将他调离朝廷出京外任。后主不允。高叡屡次当面指责和士开罪过，冒死劝谏，胡太后竭力阻止。后主在胡太后和陆令萱的劝解下，不采纳高叡等大臣的意见，并设计谋害了高叡。

高俨是武成帝高湛的第三个儿子，后主高纬的胞弟。幼时，深受武成帝和胡太后的喜爱。武成帝当初有意易储，陆令萱与和士开用计使后主提前登基继位，才保住帝位。当年，高俨对陆令萱和和士开就怀恨在心，如今看见他们专权横行，更加不满。于是，和士开、穆提婆等与陆令萱密谋，除掉高俨。后经过一番设计，陆令萱和祖珽等杀掉了高俨。

左丞相斛律光对于陆令萱母子和祖珽的所作所为非常气愤，经常大骂一顿。祖珽知道后又恼恨又害怕，暗中寻找陷害斛律光之策。斛律光是皇后的父亲，兄弟子侄都掌握着国家军事大权。在北齐王朝，是仅次于皇族的大贵族。斛律光本人擅长骑射，武艺超群，率兵为将，有奇谋韬略，久经战阵，屡建奇勋，成为北齐王朝的支柱。周国将领都很害怕他，陆令萱也很害怕斛律光，几番拉拢，都遭到斛律光严词拒绝，因此十分仇恨他，便寻找机会以便除去他。当时，北周的统治者是周武帝宇文邕，是一个比较有作为的帝王，他力图扫平宇内，统一中国。因此，早已觊觎北齐王朝，唯独惧怕斛律光，几次交战都失败。当得知北齐王朝奸臣当政，陆令萱、祖珽等与斛律光有仇隙时，便使用反间计离间后主与斛律光的关系。这正合陆令萱、祖珽等人的心意，陆令萱指使祖珽和自己的儿子穆提婆（皇上赐姓穆）诬陷、并杀死左丞相斛律光。不久，斛律皇后被废黜。

陆令萱等人先后除去了朝中重臣高叡、高俨、斛律光等人，使朝权完全控制在他们手中。他们为所欲为，争权夺势，祸乱国家，使朝政更加腐败。由于祖珽势力的不断增长，势力渐渐与陆令萱不相上下，陆令萱便与对方较量了一场争权夺势的斗争。她利用自己控制后宫的有利条件，不久就战胜祖珽，使祖珽失势，罢免他侍中等职，贬为徐州刺史。接着使她的儿子穆提婆接替祖珽，为尚书左仆射，集军政大权于一身。

穆提婆（527—577 年 11 月），本姓骆，其父骆超，其母陆令萱。其父骆超因谋反被杀。骆提婆与母亲陆令萱被编入北齐的掖庭中，成为奴仆。后来，陆令萱被派给太子高纬做了乳母，深受胡太后喜爱。陆令萱一步登天，贵不可攀。高纬即位之初，骆提婆靠着母亲陆令萱的关系，得以侍奉高纬，朝夕相随，关系亲密。北齐后主高纬提拔骆提婆为仪同三司，加授开府，又授武卫大将军、秦州大中正。后，任侍中，封食邑乐陵郡等几个郡县，恩宠更盛。官至左右仆射、领大将军、录尚书，封城阳郡王，甚至高纬还追赠其父骆超为司徒公、尚书左仆射、城阳王。

据《北齐书》记载：当时和士开乃朝中大贵，武成帝高湛在位时，已是皇上心腹，后主高纬亲政后，更大受恩宠，身为高纬心腹的骆提婆当然也跟和士开同流合污，私修宅第，暗亏公款。被朝臣指责，年仅 14 岁的琅琊王高俨怒，聚武士设计杀了和士开。朝政落入另一个权臣祖珽手中，却被宰相斛律光所讨厌。斛律光被祖珽和陆令萱、骆提婆诬陷而死。朝政由祖珽与陆令萱共同控制。

但祖珽得势后，想扳倒陆令萱，欲独揽朝政。祖珽从贪婪成性的骆提婆身上查找贪污把柄，以此扳倒陆令萱，还想以胡皇后为靠山。陆令萱知道后，马上在后主高纬的面前进谗言，排挤祖珽，使祖珽被贬到北徐州。后来，陈国攻打北徐州，骆提婆不派援军，想借陈军之刀杀祖珽。

善于投机钻营的陆令萱结好高纬宠爱的宫女穆邪利，就提议收穆邪利为义女，并让儿子骆提婆改姓穆，是为穆提婆。穆邪利得到陆令萱的帮助，被高纬册封为皇后之后，陆令萱号称太姬，位尊第一品，地位比皇家的长公主还高。

572 年，穆提婆、陆令萱母子俩权倾朝野，为所欲为，买卖官爵，贪敛财物，他们每次给别人的赏赐都会动用到官库库银。自太后以下的人，都唯陆令萱是从。陆令萱洋洋得意，甚至还曾在北齐后主高纬的面前骂穆

提婆说："奴断我儿！"奴指的是穆提婆，儿指的是高纬。可见陆令萱当时的气焰多么嚣张！

但是，北齐朝臣对穆提婆的评价，却还算好。说穆提婆为人虽然平庸低劣，沉迷于声色，奢侈至极，却不仗势欺人。穆提婆虽然掌控朝政，却性情很和善，不害忠良（虽陷害过娄定远，但娄定远不算忠良，他也曾害过赵郡王高叡），因此穆提婆反倒受当时的士大夫的赞赏。

后来穆提婆与韩凤一同利用建造晋阳宫的机会，上奏让韩凤的表舅段孝言去监造晋阳宫，却暗中让工匠们去修自己的住宅，这件事给陈德信知道了，就告知后主高纬，高纬很是生气，于是就到晋阳一探究竟，发现真有此事，就把穆提婆与韩凤在晋阳工程中除名。

576年11月，北周武帝宇文邕领北周大军东征北齐，穆提婆贪生怕死，劝北齐后主高纬逃到别处。577年1月，穆提婆投降北周，其母陆令萱自杀。北周武帝封穆提婆为柱国、宜州刺史。同年11月，穆提婆想以宜州为根据地，起兵复国，并呼吁温国公高纬相呼应。结果，连累高纬等北齐皇室子侄一起被北周冤杀。

当初，祖珽还没有失势，便想惩处陆媪母子的违法乱纪行为。祖珽向御史中丞丽伯律暗示，叫他弹劾主书王子冲接受贿赂，他因为知道这件事涉及穆提婆，想把他和贪赃罪联系起来，希望两人连坐，并嫁祸陆媪。如果祖珽成功把陆媪母子扳倒，北齐朝政就有可能向好的方向发展。

祖珽又担心后主沉溺于亲小人的恶习之中，所以想借用后党作为自己的后援，请求拜皇后之兄胡君瑜为侍中、中领军，又征召胡君瑜的兄长梁州刺史胡君璧，想任命他为御史中丞，陆媪知道后心怀不满，想方设法进行诋毁，马上奏请皇帝把胡君瑜调出为金紫光禄大夫，解除中领军之职（北齐制度：金紫光禄大夫从二品，中领军第三品。君瑜既解中领军，有品秩而无职事），胡君璧依然回镇梁州。后来皇后（胡后）被废，也主要由于这个原因。释放王子冲，没有责问王子冲的罪。

祖珽，字孝征，范阳遒县（今河北省涞水县）人，也有说他是猷县（今河北定县）人。父亲祖莹，东魏护军将军。起家秘书郎，迁秘书丞，领中书舍人事，免。文襄帝（高澄）嗣事，复为功曹参军。文宣（高洋）

受禅，召直中书省，除尚药典御。武成帝（高湛）即位，拜中书侍郎，出为安德太守，转齐郡太守，入为太常少卿、散骑常侍、假仪同三司。北齐后主（高纬）即位，拜秘书监，寻徙光州、海州刺史，入为银青光禄大夫、秘书监，加位开府仪同三司，进侍中、尚书左仆射，监国史，加位特进，封燕郡公，寻解职，出为北徐州刺史。

祖珽初为秘书郎，后迁尚书仪曹郎中。北齐真正的创始人东魏大丞相高欢（鲜卑名贺六浑）见其所作的《清德颂》，喜之，遂召见口授三十六事，祖珽出而书之，一无所失，大为所赞。兰陵公主（魏孝文帝女）出嫁蠕蠕（柔然），著作郎魏收（《魏书》作者）作《出塞》《公主远嫁》诗两首，祖珽皆和之，时人均广为传抄吟咏。并州定国寺新建成，高欢欲请人作词，问相府功曹参军陈元康，元康荐珽才学并解鲜卑语，珽二日成之，其文甚丽，高欢悦之。

祖珽为人极其善于钻营，他长于以胡桃油作画，又擅阴阳占卜，因此以画进之长广王高湛言："殿下有非常骨法，孝征梦殿下乘龙上天。"湛谓曰："若然，当使兄大富贵。"及皇建二年（561）即位，是为武成皇帝，遂拜祖珽中书侍郎。帝于后园使珽弹琵琶，和士开（太子高纬养母陆令萱养子）胡舞，各赏物百段。和士开深忌之，乃使出祖珽为安德太守。

祖珽知道和士开为宠臣，当他出入为太常少卿的时候，大肆结纳陆令萱母子（令萱子穆提婆先后为尚书左右仆射、领军大将军、录尚书事）及和士开。当时皇后爱少子东平王高俨，祖珽私下与和士开说："君之宠幸，振古无二。宫车一日晚驾，欲何以克终？"和士开因求策于祖珽，祖珽曰："宜命皇太子早践大位，以定君臣。若事成，中宫少主皆德君，此万全计也。君且微说，令主上相解，珽当自外表论之。"

当时有彗星出，太史奏有易主之象，祖珽于是上书，言："陛下虽为天子，未是极贵。案《春秋元命苞》云：'乙酉之岁，除旧革政。'今年太岁乙酉，宜传位东宫，令君臣之分早定。且以上应天道。"并上魏献文禅子故事，高湛从之，为太上皇，后主高纬即位，于是，拜祖珽秘书监，加仪同三司，大受亲宠。

祖珽受宠，因此有志于宰相。先与黄门侍郎刘逖友善，于是上疏弹劾侍中尚书令赵彦深、侍中左仆射元文遥、侍中和士开罪状，令刘逖上奏皇帝。刘逖惧，不敢上奏，此事泄露。祖珽于是和高湛有一段争斗。

祖珽此次与高湛论战，言辞之犀利无礼，为古今罕见，矛头直指高湛。而究其本源，却是为了争权，他差一点身死名灭，真不知道该说他是聪明还是愚鲁，而且与他一贯的阿谀奉承的风格大相径庭，实为异数。其人之自负傲慢，为追逐功名而抗上不礼，又大有一股强项之态，竟然并存于他一身，真可称之为罕见。

祖珽又深有谋略，善于断事。高湛死后，后主忆扶立之功，为海州刺史。当时陆令萱、穆提婆当权，祖珽乃与令萱弟悉达书曰："赵彦深心腹阴沉，欲行伊、霍事，仪同姊弟岂得平安！何不早用智士邪?"和士开亦以珽能决大事，便弃除旧怨，虚心待之以为谋主。又与陆令萱言于后主曰："襄、宣、昭三帝，其子皆不得立，令至尊独在帝位者，实由祖孝征，又有大功，宜重报之。孝征心行虽薄，奇略出人，缓急真可凭仗。且其双盲，必无反意。请唤取，问其谋计。"后主从之。遂入为银青光禄大夫、秘书监，加开府仪同三司。和士开死后，祖珽说陆令萱出司空赵彦深，以珽为侍中。在晋阳又通密启，请诛琅琊王。其计既行，权势日大。后来灵太后被幽，珽欲以陆令萱为太后，便撰魏帝皇太后故事，为令萱言之。谓人曰："太姬虽云妇人，实是雄杰，女娲已来无有也。"令萱亦称珽为"国师""国宝"。由是拜尚书左仆射，监国史，加特进，入文林馆，总监撰书；封燕郡公，食太原郡，给兵 70 人。所住宅在义井坊，旁拓邻居，大事修筑。陆令萱亲自往行，自此威震朝野。

祖珽掌权以后，开始大肆陷害忠良，当时斛律光以军功累官至大将军，又袭咸阳郡王，拜左丞相。他有一个女儿做了皇后，两个女儿是太子妃，子弟皆封侯作将，还娶了三位公主。其弟羡为都督幽州刺史，是北齐名将，敌国畏之。斛律光甚恶祖珽，曾遥见窃骂："多事乞索小人，欲作何计数！"又谓诸将云："边境消息，处分兵马，赵令恒与吾等参论之。盲人掌机密来，全不共我辈语，止恐误他国家事。"当时的北周名将韦孝宽深知其人为北周大患，又是北齐庭柱，所以用反间计，散布谣言，珽闻言大喜，因斛律光之女皇后无宠，便以谣言闻上：曰："百升飞上天，明月

（斛律光，字明月）照长安。”令其妻兄郑道盖奏之。后主问珽，珽证实后又伪造谣言说：“高山崩，槲树举，盲老公背上下大斧，多事老母不得语。”珽并云：“盲老公是臣”，自云与国同忧戚，劝后主行，还说“其多事老母，似道女侍中陆氏（陆令萱）”。后主问韩长鸾、穆提婆等，并令高元海、段士良密议之，众人未从。因光府参军封士让启告光反，遂灭其族。后来北周武帝灭北齐，入邺城时曾说“如斛律光在，我焉能入此地”，遂追封斛律光官爵以表彰其人功业。

祖珽又求为领军，后主许之，命侍中斛律孝卿署名。孝卿密告高元海，元海语侯吕芬、穆提婆云：“孝征汉儿，两眼又不见物，岂合作领军也？”明旦面奏，具陈珽不合之状，并书珽与广宁王孝珩交结，无大臣体。珽亦求面见，后主令引入。珽云：“与元海素嫌，必是元海谮臣。”后主不善作伪，不能隐之，便曰：“然。”于是祖珽列元海共司农卿尹子华、太府少卿李叔元、平准令张叔略等结朋树党。遂除子华仁州刺史，叔元襄城郡守，叔略南营州录事参军。陆令萱又唱和之，终于使元海出为郑州刺史。

祖珽此时大权在握，总知骑兵、外兵事。内外亲戚，皆得显位。后主亦令中要数人扶侍出入，着纱帽直至永巷，出万春门向圣寿堂，每同御榻，论决政事，委任之重，群臣莫比。而自和士开执事以来，政体隳坏，祖珽遂致力朝政，他的治政能力颇强，又推崇高望，一时间官人称职，内外称美。

祖珽复欲增损政务，沙汰人物。便要奏罢京畿府并于领军，事连百姓，皆归郡县，而宿卫都督等号位都从旧官名，文武服章并依故事。还欲黜诸宦官、内侍及群小，推诚各地名士。这一来，得罪了陆令萱、穆提婆母子，于是陆令萱、穆提婆和诸宦官更共谮毁之，无所不至。后主问陆令萱三问，陆令萱乃下床拜曰：“老婢合死，本见和士开道孝征多才博学，言为善人，故举之。此来看之，极是罪过，人实难容，老婢合死。”后主令韩凤检案，得祖珽伪造诏书 10 余份，后主因为以前曾与其重誓所以不杀，遂解珽侍中、仆射，出为北徐州刺史，这场宫廷权力斗争最后以祖珽失败而告终。

祖珽一天天受到北齐后主高纬的疏远，加上诸多宦官对他的诋毁，几乎达到了无所不至的程度，其日子越来越不好过了。后主问太姬（陆令萱），太姬默然不语，第三次问后，太姬突然起身跪拜说："老婢该死！听和士开称赞孝征多才博学，说是大好人，所以推荐了他。现在看来，罪孽深重，人的实情难以深知。老婢该死！"

后主高纬命令韩长鸾调查核实情况，搞清楚了祖珽诈矫出敕和受赐10多件事，后主因为曾经和祖珽立下重誓，所以没有杀他，只解除了祖珽的侍中、仆射之职，派祖珽出任北徐州刺史。祖珽求见后主，韩长鸾很是厌恶，派人将他推出柏阁。祖珽坚决要求拜见，坐在地下就不动。韩长鸾又让军士把祖珽拖走，放入朝堂，大肆讥诮责骂。

祖珽被韩长鸾、陆媪母子陷害和排挤，就动身去了徐州。北齐后主武平四年（573）五月，撤掉了祖珽开府仪同、郡公，只做徐州刺史。

北徐州乃与南陈交界，陆令萱、穆提婆等人以祖珽为刺史，实际是想借南陈军之手除掉他。因此在南陈军进攻徐州的时候，提婆欲徐州城陷而杀祖珽，所以虽知危急，不遣救援。祖珽也知道不可能指望救援，于是不闭城门，令守军都下城静坐，街巷禁止人行，鸡犬不听鸣吠。陈军见此情形，莫测所以，怀疑是人走城空，所以不设警备。至夜，祖珽忽令大叫，鼓噪震天。陈军大惊，登时走散。后复结阵来攻城，祖珽又乘马亲自出击，并令录事参军王君植率兵马，亲临战场。陈军先闻祖珽是盲人，以为必不能抗拒，哪知道突然见他亲在沙场，弯弓纵箭，于是相与惊怪，畏之而罢兵，祖珽且守且战10余日，陈军终于退走。

陈军退走了，反而令朝中的穆提婆觉得遗憾，他们想借刀杀人，很想城陷后，让祖珽被陈军俘虏。他们虽然知道祖珽守城的情况非常紧急，却不派军来援助祖珽。

祖珽自幼天资过人，事无难学，凡诸才艺，漠不关心，好读书，工文章，辞藻刚健飘逸。于文章之外，又工音律，善弹琵琶，能作新曲。并识懂四夷之语，擅阴阳占候之术，而医术尤为所长，为当时名医。其人之博学多才冠绝当时，为南北朝时的一大奇才，人又神情机警能断事，故少有美名，为时人所推崇。

祖珽生活放纵淫乱，与陈元康时常作声色游。一日邀友至家，出山东大文绫与连珠孔雀罗令诸妇为赌博戏，又迎参军元景献之妻赴席与众人递寝。还长期与寡妇王氏公开往来，并言："丈夫一生不负身。"

祖珽又有盗窃癖。有一次，胶州刺史司马云宴客，祖珽盗铜碟两面，厨人请求搜客，结果在祖珽怀中找得了。一般的人见这深以为耻。高欢请诸僚，丢失了金叵罗（酒器），御史中尉窦泰请在席的人都去冠，又在祖珽的发结上找得了。高欢看重祖珽的才学而不责罚他。祖珽为尚药丞时，又盗胡桃油，朝廷发觉后，免去了祖珽的官职。文宣帝高洋每次见到祖珽都呼他为"贼"。

东魏武定七年（549），陈元康与高澄（高欢子）同时遇害，元康临死前让祖珽帮忙写自己的遗书，遗书中说自己在祖喜那里放了一些东西，让家人以后问祖喜要，元康死后，祖珽没有把遗书给元康的家人，而是自己去用遗书的内容质问祖喜，祖喜承认元康在自己那里放了金 25 锭，祖珽让祖喜把金锭给自己，只给了祖喜 2 锭。

祖珽又盗元康藏书数千卷，祖喜于是告诉元康两个弟弟叔谌、季璩等。叔谌向吏部尚书杨愔申诉，杨愔以"恐不益亡者"，元康弟弟才停止追索。高洋当宰相时，祖珽又盗官书一部，夜晚收捕祖珽，按法律当绞死祖珽，高洋用以前高欢之事，免掉祖珽的死罪。后有客来，请求售卖《华林遍略》。高澄召集很多善书之人，一日一夜抄写完毕。然后退还书，曰："不需要。"祖珽竟然又盗《华林遍略》数页，拿去换钱去赌博，高澄为此，责杖 40 以处罚祖珽。

祖珽除有盗窃癖外，还贪污不断。先，珽为并州仓曹参军，胁典签陆子先命请粮之际，令子先宣教出仓粟十车，送僚官，高欢问之，珽自言不署，归罪子先，高欢信而释之。珽出而竟然言曰："此丞相天缘明鉴，然实孝征所为。"小人得意之情溢于言表。又与令史李双、仓督成祖等作晋州启事，请粟 3000 石，代功曹参军赵彦深告高欢，给城局参军。事过典签高景略，景略疑其不实，密以问彦深。彦深等答曰并无此事，遂被推检，高欢大怒，决鞭 200，配甲坊，加钳刓。后珽又被高洋之命拟补令史 10 余人，居中大肆受贿，卖官鬻爵。

司马光在《资治通鉴》开篇就给"小人"作过定义："才胜德谓之小

人”，而且小人“挟才以为恶者，恶亦无不至矣”。祖珽的人生无疑就是这句论述最为贴切的注脚：一个文武双全、才华横溢的才子，同时也是一个奸诈机巧、聚敛贪财的小人。

祖珽此人，文武并驰，才华横溢，一时无双。但品行恶劣，既有盗窃癖，又贪污成性，结党营私，陷害忠良，阿谀奉承，偏又有时不谀皇帝，为打击对手不惜以性命作注，而且还不见好就收，凡此种种，实在是很难给这个人一个很贴切的评价，但是像他这样患有盗窃癖，集诸多恶行和才华于一身，善于阿谀投机而又有强项之举的丞相，实在在历史上很难再举出第二人来，所以虽然说他第一，却是不知道说他是什么第一？

也真是中国历史上的一个奇葩人物！

第二十章　陈将军周灵克齐昌

五月乙酉（二十日），南齐昌太守黄咏率部属攻克了北齐的齐昌外城。

齐昌外城主要是作为军事防御之用。与齐昌的主城区相距不远，互为掎角之势。蕲州西有长江，北有赤龙湖，这就有了天然的外围屏障。

齐昌原为蕲阳县。北齐改为齐昌县，以罗州和齐昌郡治所，在今湖北蕲春县蕲州镇附近。蕲州镇位于湖北省东陲，蕲春县南端，长江中下游北岸，背靠大别山脉，面临长江黄金水道，历为交通要塞。西与彭思镇相邻，东接武穴，南面与阳新县黄颡口镇隔江而望。

蕲州镇在长江中下游北岸大别山南曲，大别山龙脉此起彼伏，生动非常，而逶迤浩荡的长江水，则如玉带般流过蕲州，呈环抱之势，又被巴水、湍水河所兜裹，成为“水抱格”；在西北方分别有桐柏山和大别山挡住西北风，形成“环山格”。号称中国第一风水宝地。

蕲州古城筑于南宋，全为石砌，依凤凰、麒麟二山而起，临长江而池，壮丽别致，规模庞大。据嘉靖《蕲州志》载，“城周九里三十三步，高一丈八尺，东南北阔一十七丈八尺，两侧天堑弥漫，不可以丈尺计。有城门六，城垛二千一百六十五个，城上吊楼九百九十间”。

古蕲州城墙高耸，湖泊沟壕环绕，城内居民繁错，滨江四十里长街，商船泊岸者众，商贾云集，贸易繁荣。蕲春有“四宝”闻名于世。蕲竹、蕲艾、蕲龟、蕲蛇则是特色代表。蕲竹源于西周，别名笛竹，蕲竹所织的竹席，据说质软如棉，折叠似布，人卧其上，百病痊愈。蕲竹所制的竹笛，音响清亮，有着“蕲春竹笛天下知”的美誉。蕲艾与其他艾的不同在于更香且入病治疗效果更好。百姓们喜欢用它来熏室，用以消毒杀菌和驱蚊。《本草纲目》记载：“（艾叶）自成化以来，则以蕲州者为盛，用充方物，天下重之，谓之蕲艾。”此表述被历代医籍转载，蕲艾也因此而闻名。

还有蕲龟，因背腹上下生有绿毛，俗称绿毛龟。由于野生蕲龟稀少，被视为珍品，它的药用价值也极高。另外一个，就是蕲蛇为蝰科动物五步蛇，其鼻（吻鳞和鼻间鳞）尖尖上翘，称“尖吻蝮”“翘鼻头”；背有 24 个方形花斑，称“棋盘蛇”；背部棕黑色，头侧土黄色，腹部乳白色，并有黑色念珠斑，称“白花蛇”；又善扑火，叫“火蛇”，《尔雅》载：“蛇死后皆闭，惟蕲州花蛇开。”蕲蛇为剧毒蛇，相传人被咬伤，不出五步即死，故称“五步蛇”。蕲蛇头扁，呈蛇头扁，呈三角形，背黑褐色，头腹及喉部白色，散布有少数黑褐色斑点，称“念珠斑”。蕲蛇虽毒，却是中国的名贵传统中药，是封建王朝皇上指定进贡的珍品。

蕲州的自然风光，尤其迷人。东北的麒麟山如麒麟蹲伏，气势磅礴；西南的凤凰山山势轩昂，如一只凤凰展翅欲飞，雄伟壮观。城内与城外，湖光山色。山、水、城融于一体，有良好的自然风光。这里佛道盛行，有 99 座牌坊，99 座寺庙。

蕲州城是鄂东最大的城池，它位于湖北省东部，东临江西省，地处长江中下游，丘陵居多，有凤凰山、麒麟山等，是湖北省的历史文化名镇。城内有雨湖、二里湖、莲花湖等，而蕲州的山沿西北至东南连绵不绝，三面有青山环绕，可以说有独具一格的地理位置优势，城内的湖与山与城外的群山与长江遥相呼应，有极好的军事防御功能。蕲州城三面环水，临江靠湖，“左控匡庐，右接洞庭”，在历史上是兵家必争之地。

就在黄咏攻占了齐昌外城之后，秋季七月戊辰（初四），北齐派尚书左丞陆骞领兵 2 万救援齐昌，北齐派军队 2 万援助齐昌（今湖北省蕲春县东北），北齐兵众从巴水、蕲水之间出兵。

面对来势汹汹的北齐援兵，陈朝的西阳太守汝南周炅沉着应战。

太建五年，周炅升任使持节、西道都督安蕲江衡司定六州诸军事、安州刺史，改封为龙源县侯，增赐食邑合计以前赐予的共 1000 户。随都督吴明彻北伐，所攻即克，一月之中，连取 12 城。

周炅与陆骞的北齐兵相遇后，周炅当即留下身体瘦弱的士兵和辎重，布置疑兵在路口正面抵挡北齐军队，周炅自己率领精锐的士兵，从偏僻小路阻击敌军背后，把陆骞全军打得大败，缴获的器械马驴，难以计数。

被陈朝将领周炅打得大败的北齐陆骞，字云仪，历任中书舍人、黄门常侍。武平末年，为吏部郎中。后任尚书左丞。南陈吴明彻率军北伐北齐，陆骞率2万兵马来援救齐昌，被周炅打得落荒而逃。之后，任中山太守，以政绩著称于时。

周骞的母亲上庸公主是聪明智慧的妇人，很有志向和节操，生有陆印、陆骏、陆杳、陆骞、陆抟、陆彦师六个儿子。所以邢邵经常对人说："蓝田生玉，果然不是假话。"上庸公主教育训导各个儿子，都遵循规范和道理。其父陆子彰去世后，陆印虽然创伤巨大悲痛深重，出于天性，然而行为依照礼度，都受到母亲的教训。陆印兄弟相伴在父亲的坟墓旁结庐帐，背土成坟，北齐朝廷非常嗟叹欣赏，下诏书加以褒扬，将陆家所居住的里改为孝终里。

就在周炅打败北齐陆骞援军的次日，即七月初五，征北大将军吴明彻率军到达北齐的峡口。所谓峡口，就是两岸相对，岸上筑两城，以扼守淮流。这里的峡口，是指安徽省淮南市凤台县西南的地方。

凤台县，隶属于安徽省淮南市，古称州来，又谓下蔡，位于淮河中游，淮北平原南缘，北邻亳州市蒙城县，西北接亳州市利辛县，西连阜阳市颍上县，隔淮河南望淮南市寿县，东连淮南市区。县域呈东南、西北斜形，东汉俱属九江郡。

三国时，属魏国的淮南郡。晋末南北分裂，战事频繁，县境来去无常，又在县境内设置了很多屯兵的城戍。南北朝时，下蔡属北魏，太和十九年（495）置下蔡郡。

南陈的兵众攻克北岸城，南岸的守军弃城逃跑。周炅接着带兵，攻克了北齐的巴州。其他的淮北、绛城、谷城相继投降。

绛城，就是虹县城。在今安徽省蚌埠市五河县西北。五河县的名称，是因境内淮水、浍水、漴水、潼水、沱水五水汇聚而得名。五河县隶属安徽省蚌埠市，地处安徽省北部，淮河中下游 ，东接江苏省泗洪县，南与安徽省滁州市明光市、凤阳县接壤，西同蚌埠市和固镇县毗邻，北界泗县、灵璧县，五河县地处皖东北淮河中下游。三国时，属魏谯郡（今亳州谯城区）。南朝前期，属宋、齐、梁等国。北魏，复名虹县，又名绛城。

向南陈军队投降的还有谷城。此城属谷阳县，后齐置谷阳郡。今安徽省蚌埠市固镇县谷阳城。固镇县隶属于安徽省蚌埠市，位于安徽省东北部，淮河中游北岸，著名的“垓下之战”发生在县境内，留下了“四面楚歌”“霸王别姬”等动人故事。谷阳城建于西汉初，北魏太和年间，改谷阳城为谷阳镇，俗称谷镇，后逐步演变为今名固镇。

周炅继续率军队前进，攻取了巴州。巴州，后齐设置巴州于黄冈，今湖北省黄冈于太谷郡北始置巴州，辖地最宽时，巴州领归化、哀戎、遂宁、义阳、木门、北水、伏虞、义安、隆城、梓潼、东宕渠、新兴、景阳等13郡，梁广、曾口、其章、始宁、平川、义阳、伏强、池川、难江、宣汉、安固、仪陇、大寅、相如、朗池、安汉、汉初、宕渠、绥安等19县，其境域除拥有整个巴河流域外，还南接今南部县，西南有今蓬安全部，并延伸至南充、武胜等地。

由于陈军的威猛，连下数城，令北齐军毫无斗志。当地民众，先后杀死驻防城池的北齐官吏，向南陈军队献城投降。

二十四日，南陈前鄱阳内史鲁天念攻克北齐黄城的小城，齐军退却，防守大城。黄城，即今湖北省武汉市黄陂区东。

二十五日，陈朝分割南兖州之盱眙郡属谯州。北朝东魏，改西徐州置，治所在涡阳城。即今安徽省蒙城县城关镇涡河北岸。初领8个县。北周末，改治城，领5个县。北齐、北周辖境有所扩大。

二十九日，月晦，夜晚出现光明。北齐黄城的大城投降南陈。黄城，三国时刘表设，在今湖北省武汉市黄陂区前川街道定远村。三国时刘表为荆州刺史，以此地当江、汉之口，惧怕东吴入侵，建安年间，派遣黄祖于此筑城镇遏，因名黄城。

北齐置南司州，治黄城，在今武汉市黄陂区东北，领安昌一郡。辖境相当今河南省淮河以南、竹竿河以西，湖北省大洪山以东，倒水以西，应城市、武汉市黄陂区以北地区。包括今黄陂区，安陆市，广水市，黄州区，新洲区，新县，大悟县，麻城市，红安县等地。

梁大通二年（528）改名北司州，东魏武定七年（549）改名南司州。北周平北齐改名申州。南朝陈太建五年（573）入陈，改名司州。

《读史方舆纪要》（卷七十六）记载：“黄城今县治。陈大建五年，伐齐，克黄城，以为南司州，治安昌郡，即此。昌郡北齐置，治黄城，领黄陂，孝感，黄州，麻城等县。”

《汉阳府志》（卷之九）“县河在南郭外，上自滠河来，径鲁台山西流入于江”“庙儿山在县西五里，谚云水绕庙儿山，黄陂出状元”。

冬十月初二，北齐的郭默城（今湖北省黄冈市黄梅县南）投降南陈。又将蕲阳县境东部（土断）于曲陵之（今安陆）永兴流人置于郭默城。

黄梅县地处湖北省东部，长江北岸。东与安徽省宿松县接壤，西与本省武穴市毗连，南与江西省九江市隔江相望，北与本省蕲春县山水相依，襟鄂、皖、赣三省，连华中与华东两大经济区，素有“鄂东门户”之称。

因黄梅地处吴头楚尾，荆楚文化与吴越文化在此激荡交融，形成了独特的黄梅文化现象。黄梅是佛教禅宗发祥地、黄梅戏发源地、全国武术之乡、楹联之乡、诗词之乡和挑花之乡。

黄梅县地势北高南低，呈三级阶梯状倾斜，北部山地属大别山余脉，中部为丘陵及垄岗平原，中南部为湖泊，南部为滨湖沉积平原和沿江冲积平原，平原和湖泊。

十月初五，以中书令王玚为吏部尚书。据《陈书》载：王瑒，字子玙，司空冲之第十二子也。沉静有器局，美风仪，举止蕴藉。梁大同中，起家秘书郎，迁太子洗马。元帝承制，征为中书侍郎，直殿省，仍掌相府管记。出为东宫内史，迁太子中庶子。丁所生母忧，归于丹阳。江陵陷，梁敬帝承制，除仁威将军、尚书吏部郎中。贞阳侯僭位，以敬帝为太子，授王瑒散骑常侍，侍东宫。寻迁长史兼侍中。

陈霸先入辅，以为司徒左长史。永定元年，迁守五兵尚书。陈文帝嗣位，授散骑常侍，领太子庶子，侍东宫。迁领左骁骑将军、太子中庶子，常侍、侍中如故。王瑒为侍中六载，其父王冲曾经为王瑒辞领中庶子，陈文帝顾谓王冲曰：“所以久留王瑒于承华，政欲使太子微有王瑒风法耳。”

陈伯宗嗣位，王瑒以侍中领左骁骑将军。光大元年，以父忧去职。陈宣帝即位，太建元年，复除侍中，领左骁骑将军。迁度支尚书，领羽林监。出为信威将军、云麾始兴王长史，行州府事。没成行，迁中书令，寻加散骑常侍，除吏部尚书，常侍如故。王瑒性宽和，及居选职，务在清静，谨守文案，无所抑扬。寻授尚书右仆射，没有拜官，加侍中，迁左仆射，参掌选事，侍中如故。王瑒兄弟 30 余人，居家笃睦，每岁时馈遗，遍及近亲，敦诱诸弟，并禀其规训。太建八年卒，时年 54 岁。赠侍中、特进、护军将军。丧事随所资给。谥曰光子。

冬十月己亥，陈宣帝任命特进、领国子祭酒周弘正为尚书右仆射。戊申（十五日），南陈朝廷撤除南齐昌郡（今湖北省黄冈市蕲春县）。

陈宣帝非常赞赏吴明彻的军事才能，提升他的官号为和戎将军、散骑常侍，增赐食邑合计以前赐予的共 1500 户。

吴明彻深荷圣恩，指挥陈朝北伐军队，攻向北齐占据的寿阳……

第二十一章　围攻寿阳明彻晋升

吴明彻六月三十攻克仁州（梁置仁州，治赤坎城，在山阳县界），授职为征北大将军，晋爵为南平郡公，增加食邑至2500户。

接着，吴明彻率军七月初五又攻克峡石（峡石口。两岸筑城，以扼淮流。峡石，在今安徽省淮南市凤台县西南处）岸上的两座城池。

吴明彻乘胜挥师，进逼寿阳（寿县），北齐朝廷慌忙派王琳率军守卫寿阳（今安徽省六安市寿县）。《北齐书卷八·帝纪第八》有载：六月，陈将吴明彻率军向前推进，围困北齐寿县。

秋七月初一，陈宣帝册封镇前将军、开府仪同三司吴明彻晋号征北大将军。

七月戊辰（初四），北齐巴陵王王琳和扬州刺史王贵显守卫寿阳的外城，吴明彻认为王琳初到这里，人心还不稳定，于丙戌（二十二日），吴明彻率大军乘夜晚攻城，半夜打败敌军，北齐军退据相国城和金城（二城皆在寿阳城中。相国城，刘裕伐长安所筑，故名。金城，寿阳中城也。自晋以来，率谓中城为金城）。

《陈书卷五·本纪第五·宣帝》载："丙戌（二十二日），吴明彻克寿阳外城。"

寿阳，又称寿县、寿春。寿春城有两重，即外城（郭），或曰罗城；内城，或曰子城。按春秋战国时诸侯筑城，即普遍采取内外两层的形制，即孟子所言"三里之城，七里之郭"。尤其是各国的都城基本上都采用外郭围绕宫城的建筑布局。

寿春在西汉前期曾作为淮南国的都城，也应有宫城和外郭两重。大小城垒内外相套的设防制度。据《水经注》卷三二《肥水》所言，寿春城内原来就有小城，曰中城或金城，刘裕在东晋末年移镇寿春时，又在郭内

筑了另一座内城，曰相国城。

所谓外城，或称为郭、外郭，《管子·度地》曰：“内为之城，城外为之郭。”或称罗城。城内的空间广阔，可容纳10余万人。寿春城郭之内面积巨大，能够容纳大量的人员和物资。

寿春外城的城门，据文献所载有以下几座：

1. 长逻门。为外城东门。

2. 象门、沙门。为外城西门。

3. 石桥门（草市门）。为外城北门。

4. 芍陂门。为外城南门。

所谓内城，又称子城。东晋南朝时期，寿春城内有两座内城——金城（或曰中城）和相国城。《读史方舆纪要》卷二一引《广记》云：“‘寿阳城中有二城，一曰相国城，刘裕伐长安时筑；一曰金城，寿阳中城也。自晋以来中城率谓之金城。’按曹魏时已有小城，则裕所筑者相国城也。”

在郭城西北角修筑小城以增强防御能力，在魏晋南北朝的城垒建筑中相当流行，如曹魏和西晋都城洛阳的金墉城，也是此类城防工事。金墉城所在地势高亢，北倚邙山，俯瞰城区，是故城的制高点，具有重要的军事价值。金墉城由三座南北毗连的小城组成，彼此有门道相通，总平面略呈目字形。金墉城内另筑有一座高楼，可用于瞭望敌情。

寿春外郭之内建筑两座分列的小城，而非套城。内城又分东、西两城。两城略呈长方形，之间隔墙实即西城的东墙。

不仅如此，寿春城外的不远处，还修筑有小城。与大城形成犄角之势，相互支援，以分散敌人围攻的兵力。此外，寿春城北还有一座小城，名为玄康城。

在魏晋南北朝时期，既有大小二城相套的建筑形制，也有大小二城相邻并峙的格局，这在当时的军事筑垒当中也很常见。

这样的建筑格局，完全出于军事防守之需要。有着很高的军事战术价值。在冷兵器时代，属于易守难攻的建筑格局。

寿县，位于安徽省中部，淮河南岸，八公山南麓。东邻长丰县、淮南市，西隔淠水与霍邱县为邻，南与肥西、六安县毗连，北和凤台、颍上县接壤。

西晋初，徙扬州治所于建邺（今南京）。永嘉时，划扬州西部地区为豫州，寿春为淮南郡治所，隶于豫州。

东晋孝武帝时，因避帝后郑阿春讳，改寿春为寿阳。太元八年（383）前秦苻坚将兵攻占寿阳，淝水之战晋师大破秦兵，收复寿阳。

南北朝时，宋改寿阳为睢阳，为豫州治所，兼南梁郡治。南齐取代宋，复称寿阳，为豫州治所。作为南方政权，都有一个相同的防御战略——守（长）江必先守淮（河）。如果北军过了淮河，江东王朝会陷入巨大的战略被动。而要守住淮河，往往要守住淮河中段的重镇寿春（今安徽省淮南市寿县）。

寿春位于淮河南岸，战略地位异常重要。如果江东王朝控制寿春，进可北图中原，退可南守江东。而中原王朝控制寿春的话，则进可南图江东，退可北守中原，是历代南北各王朝争夺的重中之重。比如三国鼎立，曹魏控制着寿春，对东吴构成了巨大的战略压力。反之，如果孙权控制寿春，就轮到曹魏皇帝睡不着觉了。东吴大臣朱桓曾经告诉孙权，“先取寿春，占有淮南，然后北上进攻洛阳，中原可定。”

不仅是东吴，而是任何一个南方政权，如东晋、宋、齐、梁、陈朝要想守住江南半壁，一般都要“守江必先守淮”。三国东吴和南北朝的陈朝没有控制淮河防线，导致在与北方王朝的竞争中处在劣势。因此，陈宣帝太建北伐，主要目标就是要收复寿春、合肥、广陵等淮南地区。

而寿春（寿县）在南朝的战略地位，我们可以参考宋杰发表在《史学集刊》上的论述：寿县在南北朝时，成为“汉”“胡”政权争夺的热点，主要是因为寿县具有重要的战略地位和军事价值。该地位居水陆交通枢要，拥有利于防御的自然环境，水土沃衍，物产丰饶，因而备受南北作战双方的重视。

自永嘉之乱以始，中原胡骑纵横，烧杀劫掠，汉族士民纷纷避乱南渡。东晋定都建康、偏安江左之后，中国的政治军事形势再度演变为南北割据对抗，而双方争战的热点区域之一，就在淮南的寿春（后因避简文帝郑太后名讳而称寿阳）。东晋南朝的历代政权皆以其为要镇，屯驻重兵，修筑坚城，作为抗击北敌入侵的前哨阵地。而十六国及北朝的统治者南征时，也屡屡向这一地区用兵，力图控制该地，以便打开进军江南的大门。

寿春成为各方政治势力激烈争夺的军事战略要地，主要有几个条件：

一、寿春的水运交通发达。

战争打的是粮草和军械。参战将士和战马驮畜的粮草给养消耗甚巨，从后方往前线的运输保证是战役行动必须解决的首要问题。古代舟船航运要比陆地车畜人力转运效率高得多，而且能够大大节省费用，因此利用江淮之间的水道和汉水作为主要的运输方式。

淮河上下千余里，地域辽阔，而寿春由于位置居中，水旱道路交汇，是南方政权防守淮南的重心所在。一旦北方发生变乱，有机可乘，南方政权出兵中原，往往也是经过这三条路线：即东由广陵、淮阴、彭城而入三齐，西自江陵、襄樊而趋南阳，中则由合肥、寿春而赴河洛。寿春地区及淝水、濡须水航道极受交战双方重视。

二、防御的地形和水文条件。

寿春地处淮河干流南岸的平原，周围多有山水环绕，在地理形势上形成一个相对独立的区域。寿春之北，邻近淮河有八公山、紫金山、硖石山等低山丘陵，构成一道天然的屏障，可依凭险要设立城戍，抵抗来犯之敌。特别是西北的硖石山，为淮河中游的著名峡口，雄峙于水流两岸。《读史方舆纪要》卷二一曰："硖石山，州西北 25 里，夹淮为险，自古戍守要地，上有硖石城。"硖石、下蔡的东西戍所能够树栅阻舟，封锁沿淮上下的交通。

寿春西境，是大别山北麓平缓坡地向淮北平原的过渡地带，有决（史河）、灌、沘（淠）河、泄（汲）诸水，北经六安、蓼县（今霍邱、固始）一带，流注于淮水。其地水网密布，对步兵、骑兵的行进会产生不利影响，守方还能采取人工决水的方法来淹没道路，断绝陆上交通。

寿春以东的淝水，以南的黎浆水、芍陂以及西境诸川，都可以利用陂塘堤堰，平时蓄水以防涝救旱，战时决水以阻滞敌军。

寿春南过芍陂，沿淝水而下，是大别山余脉构成的低山地带，即江淮丘陵。它向东延伸 200 余公里，是长江与淮河间的分水岭。在江淮丘陵中部的将军岭附近，有一处狭窄的蜂腰地段，即古代施水、肥水（今东肥河、南肥河）的分流处。《读史方舆纪要》卷二六引邑志曰：“肥水旧经（合肥）城北分二流，一支东南入巢湖，一支西北注于淮。”这两条河流原不相通，只是在夏水暴涨时才汇合到一起。后经人工开凿疏浚，使肥水与施水、巢湖及濡须水连起来，形成邗沟之外的另一条南北水道，能够贯通江淮。在这条狭窄通道之上，设有六朝的军事重镇合肥，它依托江淮丘陵为道路要冲，是寿春南境的门户。因地势险要，城垒坚固，曾有力保护了寿春地区的安全，被誉为“淮右襟喉，江南唇齿”。

四周有利的地形、水文条件，也是寿春具有较高军事地位价值的原因之一。

三、物产丰饶的自然环境。

寿春的自然条件得天独厚，它位处淮河干流南岸的平原和丘陵地带，土质肥沃，地面平缓，比较适宜于大规模的农垦建设。当地的气候温暖，降雨量充沛，加上河流众多，陂塘星列，具有丰富的水利资源，对发展农业极为有利。便于农业垦殖，以故物产颇丰。

为了保证前线作战的物资需要，魏晋南北朝历代统治者皆于此招募流民，广开屯田，积聚粮草，作为固守淮南的经济基础。

《晋书》卷二六《食货志》载曹魏时邓艾曾建议朝廷在两淮大兴屯田，“可省许昌左右诸稻田，并水东下。令淮北二万人、淮南三万人分休，且佃且守。水丰，常收三倍于西，计除众费，岁完五百万斛以为军资。六七年间，可积三千万斛于淮上，此则十万之众五年食也。以此乘敌，无不克矣。”

因此，寿春地处交通枢纽，在南北战争的边界地带位置居中；周围山水环绕，便于守备；丰饶的自然环境，又能为当地驻军提供物资；所以它在东晋南北朝时备受作战双方的重视，必欲取之以控制全局，掌握战争的主动。

而作为寿春城本身的防御体系，也是非常值得关注的。

首先，坚固的城墙。由于北方游牧居民自幼从事骑射训练，军队多为骑兵，行动迅速，具有很强的冲击力。但是“习于野战，未可攻城”。南方军队与北方骑兵对阵，则毫无优势可言。不如依托城池防守来迫使对方下马强攻，这样可以扬长避短，增大敌人的伤亡，拖延时间以待来援，或者使攻方负担不起人员和物资消耗，因而被迫撤兵。出于防守的需要，守军都会把修筑坚固、厚实的城垒当作第一要务。

其次，城池的布局，也是十分的讲究攻防互救。寿春的城防体系包括寿春城及其近郊的若干小城，这是寿春城市筑垒的主体部分。寿春城依山傍水而建，充分利用了周围的地形和水文条件。《太平寰宇记》卷一二九言寿州，“其城临淝水，北有八公山，山北即灌水，自东晋至今，皆为要害之地”。

从史料记载中，可以看到，南北朝寿阳守将在抵御敌人进攻时，采取在城外另筑小城的做法。例如《南齐书》卷二五《垣崇祖传》载其守寿阳，“乃于城西北立堰塞肥水，堰北起小城，周为深堑，使数千人守之”。在大城附近另筑小城的防御体系配置在当时是很常见的。

寿春城池的防守通常有两种战术策略。第一种战术，是放弃外城，收缩兵力，进入内城防御。

第二种战术，即坚持在外郭防守，如果失利，被敌人攻陷后再退保内城，依托第二道防线进行抵抗，这样可以有更多的周旋余地。

寿春城池虽然坚固，但是在通常情况下，防御作战的一方绝不愿意困守孤城；如有可能总是在其周边的紧要地点设置城垒戍守，以迟滞敌人的进攻，且分散对方的兵力，借以争取时间，等待救援。

寿春城的周边，还有数十个重要城戍如下蔡、硖石、马头戍、潘城（潘溪戍）、湄城、梁城、黄城、郭默城、苍陵、死虎垒、安城、黎浆、建安、阳（羊）石等；“一城见攻，众城必救。”这样就能达到相互牵制、攻防互救的效果。此外还在寿春周边地区河流入淮的几处水口（肥口、颍口、汝口、洛口、涡口）也设置了戍所，屯驻军队，以防止敌人船队由支流驶入淮河，或从淮河进入支流。

寿县古城四面环水，北面是淝水，其余三面都有护城河。古城东南西北方向各有一门，分别为宾阳门、通淝门、定湖门、靖淮门。为提高防御性，各门配有瓮城，而且瓮城外城门和内城门是巧妙地错开的。如西门的外门朝北，北门的外门朝西，东门内外两门平行错置，因此有“歪门邪道”之说。除此之外，城内北部东西两侧各有一个泄水涵闸，既可向城外排水，又可防止外水倒灌。

寿县古城集坚固和强大防御功能于一体，真可谓固若金汤。高大坚固的城墙，宽宽的护城河，再配上守城良将，当真是易守难攻。

就在北齐军人在前线舍命战斗的时候，北齐后主高纬仍大逞淫威。壬子（十八日），北齐后主到南苑游玩，随从官员被赐死的有60多人。北齐军心大受影响。

癸丑（十九日），出现祥云。陈朝豫章内史程文季攻克北齐的泾州城。乙卯（二十一日），南陈宣毅司马湛陁攻克北齐新蔡城。接着，二十九日，南陈黄法氍攻克北齐金州城。吴明彻进军仁州（梁置仁州，治赤坎城，在山阳县界），甲子（三十日），攻克州城。

陈朝大军进逼寿春城，吴明彻指挥部属乘夜发起进攻，半夜打败敌军。王琳带着北齐守军，从外城退据城内的相国城和金城，继续抵抗。《陈书卷九·列传第三》有载：“进克仁州，授征北大将军，进爵南平郡公，增邑并前二千五百户。次平峡石岸二城。进逼寿阳，齐遣王琳将兵拒守。琳至，与刺史王贵显保其外郭。明彻以琳初入，众心未附，乘夜攻之，中宵而溃，齐兵退据相国城及金城。明彻令军中益修治攻具，又迮肥水以灌城。城中苦湿，多腹疾，手足皆肿，死者十六七。”

七月丙戌二十二日，吴明彻命令部队加紧修治进攻器械，又逼肥水灌城。大水涌进城内，城中很潮湿，很多人都患痢疾，手脚都肿了，死者达十分之六七。

寿阳城内，一片溃败狼藉。

第二十二章　杀忠臣北齐失人心

南陈名将吴明彻包围寿阳之时，恰好北齐后主高纬将要去晋阳巡幸。

北齐朝中的大臣崔季舒和张雕商议，认为："寿阳被围困，派遣大军去打仗，信使往返，应该向皇上禀告调度。况且路上的人们会互相惊恐，以为皇上去晋阳，是由于害怕陈国的进攻而避开南陈的敌人。如果不向皇上启奏劝阻，只怕朝野上下的人心惊慌浮动。"

于是，崔季舒便和随驾的文官联名进谏。当时，显贵大臣赵彦深、唐邕、段孝言等人，和崔季舒的意见不一致，崔季舒和他们争辩，没有结果。

此前，有天文星相预测，说是北齐朝廷将有大臣相继被诛。后来，果然应验。《隋书二十一·志第十六·天文下》有记载："四年五月癸巳，荧惑（火星）犯右执法（星名，太微南四星曰执法）。占曰：'大将死，执法者诛，若有罪。'其年，诛右丞相斛律光，明年，诛兰陵王高长恭，后年，诛右仆射崔季舒，皆大将死，执法诛之应也。"

后来，果然如《隋书二十一·志第十六·天文下》所预测的一样，在斛律光被诛不久，北齐兰陵王高长恭、大臣崔季舒等人也相继被杀。

被冤杀的北齐兰陵武王高长恭，容貌漂亮而且勇敢，因为邙山一仗的胜利，威名大振，武士们讴歌他，作《兰陵王入阵曲》，北齐后主因此对他产生妒忌。等到高长恭代替段韶督率军队进攻定阳，却聚敛财物，他的亲信尉相愿问他道："大王受朝廷的重托，怎能这样？"高长恭没有回答。尉相愿说："岂不是以邙山的大捷，给自己抹黑吗？"高长恭说："是这样。"尉相愿说："朝廷如果忌恨你，就会由这件事给你定罪名，这不是躲避灾祸而是招来灾祸！"高长恭哭着俯身向他问计，尉相愿说："王以前既然有功劳，这次打仗又得到胜利，威名太重。最好假托有病在家，不要参与现时的事情。”高长恭同意他的话，但是没有能隐退。等到江、淮用兵，恐怕再次被任命将军，叹息说：“我去年脸上长痈，现在为什么不发出来！”从此有了病不肯医治。北齐后主派使者送去毒酒将他害死。

据《北史》记载：兰陵武王高长恭，又名孝瓘，文襄帝的第四子。多次升迁，官至并州刺史。突厥的军队攻入晋阳，他率军奋力抗击。芒山一役失败，长恭为中军。他率领500骑兵再次冲入北周的军队，进至金墉城下，被周军包围，形势十分危急。城上的守兵不认识他，他脱下头盔让他们看清自己的脸，守城士兵派弓箭手援救他，于是获得大胜。将士们共同歌唱，就成了《兰陵王入阵曲》。他历任司州牧，青、瀛二州刺史，很收受了一些贿赂。他后来任太尉，与段韶一起讨伐柏谷，又攻打定阳。段韶患病，长恭指挥他的军队。前后因多次立功，另外被封为巨鹿、长乐、高阳等地的郡公。

芒山大捷后，后主对长恭说：“深入敌阵太远，失利了恐怕后悔不及。”他对答说：“自己家里的事就分外舍身，不知不觉就攻入敌阵很深。”后主嫌他把国事称为家事，他因而被猜忌。在定阳，他的僚属尉相愿对他说：“您既然受朝廷重托，为什么这样贪婪残忍？”他没有回答。相愿说：“难道不是因为芒山大捷，害怕以威武的名声遭到猜忌，想自己弄坏自己的名声？”他答道：“是这样。”相愿说：“朝廷如果猜忌您，这样违犯法律会受到处罚，求福反而使祸患很快降临。”他热泪滚落，跪下请求远祸保身的办法。相愿说：“您以前既立有大功，这次又获取胜利，声威大增，应该称病在家，不要再参与朝政。”长恭认为他说的话很对，但是没有退身。江淮贼寇扰乱，他害怕再出任为将，领兵打仗，叹息道：“我去年脸上肿胀，今天为什么不再发作？”从此，有病也不治疗。武平四年（573）五月，皇帝派徐之范送去毒药让他喝。他对妃子郑氏说：“我用忠心对待朝廷，没什么对不起天子的，而为何却让我喝鸩酒呢？”郑氏说：“为什么不求见天子呢？”他说：“天子怎么能见得着呢？”便喝下毒药死去。朝廷赠封为太尉。

高长恭面貌温和而胸怀壮志。作为将领，他事必躬亲，每得到好吃的东西，虽然是一个瓜、几个水果，一定与将士们共同食用。最初他在瀛州，行参军阳士深上表列举他贪赃的罪状，他被免去官职。讨伐定阳时，阳士深也在军中，害怕他报复，他听了说：“我根本没有这个意思。”便找出阳士深小的过失，打了他20杖，让他安心。他曾经入朝后出来，仆从们都走了，只剩下他一个人。他独自走回来，没有责罚任何人。武成帝奖赏他的功劳，命贾护为他买了22个小妾，他只要了一个。他家有1000两的债券，临死时全部烧掉。

当陈国名将吴明彻包围寿阳之时，北齐后主高纬恰好要去巡幸晋阳宫。崔季舒等一批文官劝阻齐主不要去晋阳，容易令人产生临阵逃跑之嫌。

而北齐朝中的奸臣韩长鸾，却对后主高纬说：“那些汉人官员联名上书，规劝皇上不要驾临并州，其实未必不想造反，应当对他们全部加以诛杀。”

北齐后主高纬还真的听从了奸臣韩凤的话，把上奏反对巡幸晋阳的大臣崔季舒、张雕、刘逖、封孝琰、裴泽、郭遵等人召到含章殿杀掉，尸身丢弃于漳水。

崔季舒就这样被冤杀了，实在令北齐朝野为之心寒！

据《北齐书》载：崔季舒，字叔正，博陵安平人氏。父瑜之，魏鸿胪卿。崔季舒少年时为孤儿。聪明机敏，涉猎经史，长于尺牍，有当世之才。17岁，为州主簿，被大将军赵郡公琛器重，并向神武作了推荐。神武亲自检查丞郎有无缺额后，补崔季舒大行台都官郎中。

文襄辅政，转崔季舒大将军中兵参军，并且十分地宠信他。认为在魏帝的身旁，应该安置自己的心腹，故擢崔季舒为中书侍郎。文襄行中书监，将门下的大事移归中书处理，由于崔季舒通音乐，所以内伎也统统隶属该部。内伎属中书，从崔季舒开始。文襄每每向魏帝上书，或进谏，或奏请，因文辞繁杂，崔季舒就帮助修改润饰，所以就起到了很好的劝诫作用。静帝回报高祖的霸朝，时常同崔季舒讨论，说：“崔中书是我的奶母。”转黄门侍郎，领主衣都统。崔季舒身在魏廷，心却归顺了霸朝，密谋大计，均能参与。正是这样的缘故，使得宾客辐辏，倾心相接，而甚得声誉，其势力超过了崔暹。暹曾经在朝堂上背着人的面向崔季舒跪拜，说："暹如果得到了仆射之职，就该感谢叔父您的恩德。"其权重达到了如此地步。

这个时期，勋戚权贵们多有不法，都受到了文襄的惩罚，朝臣们认为是崔季舒以及崔暹等人的操纵，于是非常怨恨妒忌他们。文襄遇难，文宣准备赶赴晋阳，黄门郎阳休之劝崔季舒陪同前往，说："一天不朝，其空隙可以放刀。"崔季舒爱好声色，心在闲逸，故没有请求从行，准备恣意行乐。司马子如与崔季舒旧有矛盾，这样他便和尚食典御陈山提等人一同条列其过失，致使崔季舒、崔暹各受鞭笞200，流放北边。

天保初，文宣帝知道崔季舒无罪，追拜其为将作大匠，又迁侍中。不久兼尚书左仆射、仪同三司，大得恩遇。乾明初，杨愔依照文宣遗令，罢免了他的仆射之职。遭母丧解除所有官位，起复，除光禄勋，兼中兵尚书。出朝为齐州刺史，因派人赴南朝互市，加之又有赃贿事，受连坐，被御史弹劾，遇赦令而未加追究。武成居藩，曾患病，文宣下令崔季舒帮助治病，崔季舒竭尽了心力。太宁初，追还朝廷，引入宫中慰勉，拜度支尚书、开府仪同三司。营建昭阳殿，敕令崔季舒监造。由于判事的格式不合标准，被胡长仁检举，出为西兖州刺史。因为进奉典签到吏部之事，遭责罚而被免官，再加上前往广宁王宅，受鞭打数十下。武成帝死，朝廷不准他进入哭泣官员的队列。好长时间，才拜他为胶州刺史，迁侍中、开府，食新安、河阴二郡干。加左光禄大夫，待诏文林馆，监撰《御览》。加特进，监修国史。崔季舒一向嗜好图书文籍，晚年更是精勤，他推荐人才，奖劝文学，时论称美，远近闻名。

祖珽执掌朝政，奏请崔季舒总监内作。祖珽被逐出朝廷，韩长鸾认为崔季舒是祖珽党，也准备把他赶走，适逢车驾将要巡幸晋阳，崔季舒同张雕商议：伪称寿春被敌包围，需要派出大军救援，信使往返，当有人节度；加之道路小人，互相惊恐，都说大驾向并州，是为了躲避南寇；如果不加奏启报告，人心必定发生动摇，于是便同从驾的文武百官联名进谏。此时贵臣赵彦深、唐邕、段孝言等开始也站在崔季舒一边，不久，心生疑惑，改变了主意。崔季舒同他们进行争论，也没有决定下来。长鸾便向皇帝上书说："汉儿文官们联名进谏，声称车驾不要巡幸并州，事实上不一定没有叛逆之心，应该将他们全部斩首。”帝马上召集在奏疏上署名了的官员于含章殿，将崔季舒、张雕、刘逖、封孝琰、裴泽、郭遵等为首的一批人，全部杀死在殿庭之中，韩长鸾又下令弃尸于漳水。朝官之外参与签名的，也要给以鞭笞，幸亏赵彦深苦谏，帝才作罢。崔季舒等家的成年男子发配北边，妻女子妇收留在奚官局，小男下蚕室，资产也全部没收入官。

同时被杀的还有张雕、封孝琰等人。张雕是北齐的国子祭酒，教授北齐后主经书任侍读，后主对他很器重。张雕和得宠的胡人何洪珍相勾结，穆提婆、韩长鸾等对他很厌恶。何洪珍推荐张雕为侍中，加开府仪同三司，向后主上书奏报国家财政收支的事情，大受后主的信任，常常叫他“博士”。张雕意识到自己出身低贱，做到大臣，要立功报答皇恩，对别人议论褒贬，无所顾忌，节约宫廷中不急需的开支，制止约束后主周围骄横放纵的大臣，常常规劝责备宠臣显贵，对后主议兴议革，后主也很倚仗他。张雕便把澄清朝政作为己任，意气很高，权贵和宠臣对他都很嫉恨。

尚书左丞封孝琰，是封隆之的侄儿，和侍中崔季舒，都受到祖珽的厚待。封孝琰曾经对祖珽说：“您是衣冠宰相，和别人不一样。”后主的亲信们听后，大为痛恨。

韩凤，是后主高纬身边的宠臣之一，也是北齐后期的权臣。据《北史》记载：韩凤，字长鸾，是昌黎宾屠（今辽宁义县）人。青州刺史韩裔之子。韩长鸾少而聪察，颇有膂力，擅长骑射。初为禁军都督，保护太子高纬。高纬即位后，备受宠信，袭爵高密郡公，迁开府仪同三司，拜侍中、领军将军，封昌黎郡王。总管机要，联合高阿那肱、穆提婆把持朝政，合称“三贵”。掌权期间，排除异己，败坏朝纲，加速北齐王朝灭亡。

韩长鸾虽为汉人，却已被鲜卑化，对于汉人非常歧视。每次朝中大臣有事请教韩凤都不敢看他，且常会受到韩凤呵斥：“狗汉人实在令人受不了，只有杀了才行。”

韩长鸾出身武官世家，韩凤从小聪明，有洞察力，体力出众，善于骑射，因为家世的关系，得以进北齐皇宫当武官，后来升迁为禁军都督。

当时武成帝高湛在位，太子高纬尚年幼（未满 9 岁），武成帝高湛选择20人作为东宫禁军侍卫，韩凤在这份名单中。高纬特别喜欢跟韩凤嬉戏。每次韩凤一到东宫，高纬就会牵着韩凤的手，说："都督看儿来。"此后高纬数度召见韩凤，一起在东宫嬉戏游玩。

年幼的高纬即位后，大权仍在其父太上皇高湛之手。这段时间，韩凤一直为高纬心腹。武成帝高湛驾崩后，高纬正式亲政。韩凤袭爵高密郡公，升任开府仪同三司。权臣和士开被库狄伏连等人杀害后，高纬深感悲愤，下令咸阳王斛律光、宜阳王赵彦深在凉风堂彻查此案。本案的内情，全靠韩凤传递信息，包括这件事背后的主谋琅琊王高俨，利用此案发动政变，也是被韩长鸾说服骗进宫去处死了。此后，高纬加深对韩长鸾的信任，把传报文武百官、宫中守卫等大事都交给韩凤去处理，并升韩凤为侍中、领军将军，总管内省机要大事。

当时高纬重用的宠臣很多，文武派系之间也多有摩擦。祖珽，是盲人文官，与韩凤同为高纬重用。一次，韩凤与祖珽在高纬面前讨论军国大事，祖珽与韩凤意见不合，就说："强弓长矛，容许互相推托；军国谋划，怎么能发生争执?"韩凤回答说："各自发表意见，怎么有文武优劣的分别!"

后来祖珽参与陷害左丞相、咸阳王斛律光谋反事件，当时有谣言说斛律光会谋反，祖珽就诬陷斛律光，因为斛律光是北齐名将，武将派系的韩凤替斛律光说话，说斛律光不会干这种事，高纬正犹豫不决时，胡人宠臣何洪珍劝高纬说："既起了疑心，不如就施行，不然让人知道了该怎么办。"高纬也觉得何洪珍说得有理，而丞相府佐封士让（斛律光的手下）也告发斛律光正带兵回京，高纬才决定除掉斛律光，高纬跟韩凤也因这件事产生了裂痕。丞相、国丈兼大将斛律光被诛杀。高纬一直不跟韩凤说话，后来两人的君臣关系得到释怀，封韩凤为昌黎郡王。

斛律光被杀后，祖珽依附女侍中陆令萱，很快迈向权臣之位，独揽朝政，取代了和士开、斛律光的政治位置。后来祖珽失势，受高纬冷落，宦官们趁机一一告发祖珽的罪状。高纬把祖珽的案子交给韩凤审理。当初祖珽提拔过平原王段韶的弟弟段孝言。祖珽一旦出事，段孝言利用自己与韩凤是表舅与表侄的关系（韩凤的母亲鲜于氏，是段孝言姨妈之女），投靠了韩凤，联合韩凤一起揭发祖珽的罪名。韩凤审查的结果，是祖珽曾十几次以皇上之名向大臣勒索钱财。高纬得知后，非常生气。但又与祖珽曾有不杀誓约，于是贬祖珽为北徐州刺史。祖珽一直想向高纬解释，打算面见高纬，但韩凤与祖珽不和，不让他见高纬，韩凤派人推祖珽出柏阁，祖珽坐在地上不走，韩凤恼怒，命士兵强拉祖珽，并在朝堂上挖苦了祖珽一番。祖珽在上徐州的路上，被昔日的部下省事徐孝远告发祖珽曾在斛律光死后，以皇命和私人名义取走斛律光的财宝，使祖珽又被朝廷削夺开府仪同三司和郡公的爵位，这期间祖珽也被韩凤穷追猛打和斥责。

祖珽、何洪珍都是陷害过斛律光的人，祖珽被贬后，韩凤开始对付祖珽、何洪珍的派系，祖珽当权时，曾提拔崔季舒等人，而何洪珍所提拔的张景仁有个同族兄弟叫张雕，韩凤便视这些文官为眼中钉。

由于韩凤是武官出身，所以对待武官都很好。即使遇到品级最低的武官，韩凤都一样地对他们友好。

后来，韩凤之子韩宝仁娶公主为妻，高纬曾来到韩宝仁家，赏赐韩氏一门的亲戚，并赐晋阳一座宅第给韩凤，公主生下韩昌满月时，高纬上韩凤家大摆宴席。此后，高纬把北齐一切军国大事交给韩凤，同时与高阿那肱、穆提婆控制朝政，迫害北齐朝政。

有人上奏南安王高思好将会造反，由于高思好的儿子之妻，是韩凤的女儿，所以韩凤以扰乱人心的罪名，要求高纬杀掉那告密者。后来，高思好果然造反，那告密者的弟弟趴在地上要求朝廷追赠其亡兄，韩凤却不给通报。

南阳王高绰，是高纬的亲弟弟，以荒唐残忍出名，高纬非常宠爱高绰，韩凤担心自己地位受到威胁，于是离间他们兄弟俩，使高绰被贬为齐州刺史，高绰在上任的路途上，韩凤又命高绰的亲信诬告高绰谋反，并上奏高纬，高纬不忍心杀高绰。于是，命胡人何猥萨跟高绰相扑，让何猥萨当场掐死高绰。

韩凤曾上奏后主高纬派段孝言去监造晋阳宫，当时陈德信从驿道上去监察晋阳宫工程，竟发现段孝言让工匠去修自己的宅第，同时也让工匠去修韩凤与穆提婆的宅第，陈德信质问段孝言后，并回朝禀明高纬，高纬得知后，起驾晋阳一探究竟，得知韩凤还把官马借给别人，高纬勃然大怒，将韩凤和穆提婆除去朝中一切职务，却没给他们定罪。之后，高纬下令拆除韩凤的房屋，公主也和韩凤之子韩宝仁离了婚，后来韩凤也被带到邺郡受吏部审查。

北齐有高纬这样的昏君，又有陆媪母子这样的小人，有韩凤之类的奸臣，还有祖珽这么奇葩的“盗臣”，致使北齐先后诛杀了斛律光、高长恭、崔季舒等人，北齐朝廷已大失人心，军无斗志。北齐的朝政日益崩溃。

后来，北周大举进攻北齐，齐军节节溃败。后主却带着爱妃冯淑妃等去打猎，战报频频传来，左丞相高阿那肱压着不报，致使贻误战机，齐兵惨败。后主带着冯淑妃、穆提婆等北齐军逃后又回邺都，慌忙传位给 8 岁的太子高恒。

穆提婆见大势已去，投降北周。北周为了动摇北齐军心，封穆提婆为柱国大将军，宜州刺史，同年十月，被杀。从此，北齐的将领不断降周，加速了北齐的灭亡，陆令萱看见自己的儿子穆提婆降周后，她带着对权力欲望的眷恋和不舍，被迫自杀。一个是祸国妖女，一个是败国昏君，他们的存在，使北齐成了一个短命的王朝，仅存在了 28 年。这是后话。

第二十三章　攻寿阳吴明彻当先

吴明彻率军围攻寿阳（又称寿春、寿县）。

北齐后主高纬派王琳到寿阳，招募兵士以抵抗陈朝的军队，又加封王琳为巴陵郡王。王琳与刺史王贵显守卫寿阳。吴明彻趁夜攻城，打败北齐守军。王琳带着守城的北齐兵，从寿阳外城，撤退到寿阳主城。主城里有相国城和金城这两城互为对峙。王琳率军撤退到主城，继续与陈朝大军对抗。

陈军总指挥（征北大将军）吴明彻命令部队加紧修治进攻器械，又在淝水筑堤（肥水过寿阳城而入淮。然后引流入城，交络城中，吴明彻堰之以灌城，其势顺易），引淝水灌城。

淝水，源出肥西、寿县之间的将军岭。分为两支：向西北流者，经200里，出寿县而入淮河；向东南流者，注入巢湖。淝水也为合肥的护城河提供了源头。

历史上有名的“淝水之战”中的淝水也是在这里发生的。此战对于保护以汉人为主的江南文明有着重要的意义！因此，在此介绍一下此战情况和影响。

太元三年（378）二月，前秦王苻坚派征南大将军、都督征讨诸军事、守尚书令、长乐公苻丕，武卫将军苟苌和尚书慕容率领7万步、骑兵进犯襄阳，让荆州刺史杨安率领樊州、邓州的兵众作为前锋，征虏将军始平人石越率领1万精锐骑兵出鲁阳关，京兆尹慕容垂、扬武将军姚苌率领5万兵众出南乡，领军将军苟池、右将军毛当、强弩将军王显率领4万兵众出武当，会合攻打襄阳。分三路合围襄阳，总计投入兵力17万。

四月，前秦的军队抵达沔水以北，梁州刺史朱序认为前秦的军队没有舟船，未做防备。等到石越率领5000骑兵渡过汉水，朱序才惊慌固守中城。石越攻克了他的外城，缴获了100多艘船只，用来接运其余的兵众。长乐公苻丕统领众将领攻打中城。慕容垂攻下了南阳，抓获太守郑裔，与苻丕在襄阳会合。襄阳守将朱序死守近一年后，于太元四年（379）二月城破被俘。苻坚又派彭超围攻彭城，秦晋淮南之战爆发。谢安在建康布防，又令谢玄率5万北府兵，自广陵起兵，谢玄四战四胜，全歼敌军。谢安因功封建昌县公，谢玄封东兴县侯。

苻融率25万先锋军队。苻坚率步兵60万、骑兵27万，共112万大军（实际上仅30万到达战场）前来。东晋以谢安之侄谢玄为先锋，率领经过7年训练，有较强战斗力的“北府兵”8万沿淮河西上，迎击秦军主力。

太元八年（383）五月，桓冲倾10万荆州兵伐秦，以牵制秦军，减轻对下游的压力。八月初二，苻坚派遣阳平公苻融督率张蚝、慕容垂等人的步、骑兵共25万人作为前锋，任命兖州刺史姚苌为龙骧将军，督益、梁州诸军事。

八月初八，苻坚发兵长安，亲率步兵60万，骑兵27万，开始大举南侵。九月，苻坚抵达项城，凉州的军队到达咸阳，梓潼太守裴元略率水师7万从巴蜀顺流东下，幽州、冀州的军队也抵达了彭城，东西万里，水陆并进。阳平公苻融等人的部队30万人，先期抵达颍口。东晋面对大军压境，下达诏令，任命尚书仆射谢石为征虏将军、征讨大都督，任命徐、兖二州刺史谢玄为前锋都督，与辅国将军谢琰、西中郎将桓伊等人，统率8万兵众抵抗前秦。并让龙骧将军胡彬带领5000水军援助寿阳。共分三路兵马北上迎击前秦军。

十月，前秦阳平公苻融等攻打寿阳。十八日，攻克寿阳，擒获平虏将军徐元喜等人。慕容垂攻下了郧城。苻融进军攻打胡彬退守的硖石。前秦卫将军梁成等率领5万兵众驻扎在洛涧，沿淮河布防以遏制东面的部队。苻坚自认为能速战速决，并派已是前秦尚书的朱序前去劝降谢石，朱序却私下提示谢石宜先发制人，击溃前秦的先锋部队。他说：“秦军虽有百万之众，但还在进军中，如果兵力集中起来，晋军将难以抵御。现在情况不同，应趁秦军尚未全部抵达的时机，迅速发动进攻，只要能击败其前锋部队，挫其锐气，就能击破秦百万大军。”谢石起初认为秦军兵力强大，打算坚守不战，待敌疲惫再伺机反攻。听了朱序的话后，认为很有道理，便改变了作战方针，决定转守为攻，主动出击。

十一月，谢玄派广陵相刘牢之率领5000精兵开赴洛涧，揭开了淝水大战的序幕。秦将梁成扼守山涧部署兵阵迎击。刘牢之取得洛涧大捷，斩杀了梁成、梁云以及弋阳太守王咏，秦军折损10多名大将及数万大军。刘牢之又派部队阻绝了淮河渡口，歼灭前秦军队1.5万人，抓获了前秦扬州刺史王显等人。

晋军西行，与秦军对峙淝水。十二月有人向苻坚建议后退决战。诸秦将认为阻敌淝水畔比较安全，但苻坚认为半渡而击可主动对决。当秦军后移时，晋军渡水突击。朱序、张天锡等人在秦军阵后大叫：“前线的秦军败了！”秦军阵脚大乱，随后晋军全力出击，大败秦军。谢玄、谢琰和桓伊率领晋军7万，战胜了苻坚和苻融所统率的前秦15万大军，并阵斩苻融。

淝水之战，前秦军被歼和逃散的共有70多万。唯有鲜卑慕容垂部的3万人马尚完整无损。苻坚统一南北的希望彻底破灭，不仅如此，北方暂时统一的局面也随之解体，再次分裂成更多的地方民族政权，鲜卑族的慕容垂和羌族的姚苌等其他贵族重新崛起，各自建立了新的国家，苻坚本人也在两年后被姚苌俘杀。

中国南北分立的局面继续维持。东晋乘胜北伐，收回黄河以南故土，但不久，因丞相谢安去世和前线主帅谢玄退隐而转为守势。

此战的胜利者东晋王朝虽无力恢复全中国的统治权，但却有效地遏制了北方少数民族的南下侵扰，为江南地区社会经济的恢复和发展创造了条件。淝水之战也成为以少胜多的著名战例，载入军事史，对后世兵家的战争观念和决战思想产生着久远影响。

淝水之战的结果使东晋王朝的统治得到了稳定，最重要的作用是使得流落到南方的汉族中原文化得以延续和发展，为隋唐大一统王朝奠定了厚实的汉文明基础。可以说淝水之战保住了中华文化的核心部分并使之从“五胡乱华”后得到喘息和重新崛起的机会。

同样的，作为南朝最后一个正统的汉政权陈朝，以弱小的国力，对抗北方鲜卑政权北齐、北周的南下入侵，保护着汉族血脉和汉文明的延续，其功甚伟！

此次“太建北伐”的陈军攻城夺地，开疆拓土，所向披靡，北齐守军连连溃败——

六月十九日，吴明彻派遣程文季围攻泾州。

七月二十二日，吴明彻攻克了寿阳外城。

八月初二，北齐山阳城（江都郡山阳县，旧置山阳郡。今江苏省淮安市）投降南陈。初九日，北齐盱眙城（盱眙县亦属江都，旧置盱眙郡。今江苏省淮安市盱眙县）投降南陈。

八月初九日，程文季再次攻克了盱眙。

十五日，南陈撤除南齐昌郡（今湖北省黄冈市蕲春县）。

十九日，戎昭将军徐敬辩攻克海安城（海安城，在海陵县东，今为海安镇）。青州的东海城（东海郡，梁置南、北二青州，今朐山县。今江苏省连云港市西南）投降。南陈平固侯陈敬泰等人攻克北齐晋州城（梁置晋州，因晋熙以为名。北齐称江州，今安徽省安庆市潜山县）。

九月初一，北齐阳平城（江都郡安宜县，梁置阳平郡。今江苏省扬州市宝应县）投降南陈。

初九日，南陈高唐太守沈善度攻克北齐马头城（钟离郡涂山县，齐置马头郡。今安徽省蚌埠市怀远县南）。北齐安城（永安郡黄冈县，齐置齐安郡，今湖北省黄冈市黄州区）投降南陈。

十三日，南陈左卫将军樊毅攻克北齐广陵的楚子城（此广陵非江都之广陵。梁武帝置楚州于汝南郡之城阳县，治楚城，即楚子城今河南省驻马店市新蔡县境）。

二十四日，南陈前鄱阳内史鲁天念攻克北齐黄城的小城，齐军退却防守大城（谯州下蔡郡有黄城县。下蔡在淮北，而黄城在寿阳西。今湖北省武汉市黄陂区东）。

二十九日，夜晚出现光明。北齐黄城的大城投降南陈。

冬十月初二日，北齐郭默城（今湖北省黄冈市黄梅县南）投降南陈。

十三日，程文季仍随吴明彻围攻寿阳。

陈朝吴明彻进攻寿阳，筑起围堰引肥水灌城。程文季率兵众筑堰，出力最多。程文季为人处事严格急躁，管理部下严厉整肃，前前后后所攻下的城垒，大抵都是用筑坝拦水灌城的办法，土木沙石的运取，一动工就数万人。每逢立阵安营役用人力，程文季必定身先将士，每夜早起，直到天黑工作不停，军中没有谁不佩服他的勤劳能干。

每逢战斗，程文季常为尖兵，齐军对他非常忌惮，称他为程虎。因有战功，程文季被陈朝任命为散骑常侍、明威将军，增赐食邑 500 户。又兼任新安内史，提升官号为武毅将军。

程文季在淝水筑堰，使滔滔淝水，冲入寿阳城内。被陈军四面围困的寿阳城，此时变成一片泽国，城内的军民，被迫开启了“城内看海”的模式。

从七月二十二日至十月十三日围困寿阳城，吴明彻率军昼夜攻城，城内河水侵漫，城里的百姓患浮肿和腹泻病的很多，病死的人互相枕藉。

北齐行台右仆射琅琊人皮景和率军前来援救寿阳。因为尉破胡刚打了败仗，胆怯懦弱的皮景和不敢贸然前进。于是，他把军队驻扎在淮口。

北齐后主见皮景和不敢进军，便派使者屡次去催促皮景和率军向前开进。皮景和没有办法，只好硬着头皮，向前推进。才渡过了淮河，部众有几十万人，距离寿阳还有30里时，皮景和传令扎营驻军，又不敢前进了。

据《北齐书》载：皮景和，琅琊下邳人。他的父亲皮庆宾任北魏淮南王的开府中兵参军。孝明帝正光年间，因出使遇到变乱，便定居在广宁的石门县。

景和从小聪明敏捷，善于骑马射箭，一开始就成为高欢的亲信。后来跟随高欢征讨北魏长广王步落稽，高欢怀疑敌人有埋伏，命皮景和率领五六个骑兵深入一个山后，遇上 100 多个敌人，双方交战，他射杀数十人，敌兵无不应弦而倒。高欢曾命他射杀一头野猪，只一箭就将野猪射死，他深得高欢的赏识。被任命为库直正都督。

天保初年，他被北齐朝廷任为通州刺史，封爵为永宁县子。他因身体健壮，又有武功，因而被朝廷派去进攻库莫奚，穿越黄龙，讨伐契丹，平定稽胡，进击蠕蠕，每次都立下战功。多次升迁，官至殿中尚书、侍中。

他在武职官员中又长于吏治，加之性情平和，所以，朝廷常授给他很好的差使。北齐、北周通好后，北周的使臣不断来访，朝廷常命景和接待。每次与使者一起射箭，百发百中，很被使者推崇敬重。

武平时，朝廷的狱案大多让中黄门等监察，又常命皮景和复查。他依照法律，实事求是，因此，案件处理得没有过宽和过严的。后来，他被朝廷授予特进，封为广汉郡公，迁任领军将军。琅琊王假借圣旨杀死和士开，领兵到达西关，朝廷内外惊慌失措，不知道应该怎么办，景和请求后主到千秋门，亲自发布命令。事情平息后，被任命为尚书右仆射。

南陈将领吴明彻进攻淮南，北齐朝廷命他率兵抵御。他被任命为领军大将军，封为文城郡王。有个阳平人叫郑子饶，诈称皈依佛门，设立斋会施舍饭食，用的米面并不多，可是供应吃的斋饭却很多，原因是他偷偷地把做好的斋饭放在地下藏起来，然后再把饭和饼拿出来施舍，愚蠢的人认为他有很大的神力，因而，郑子饶在魏、卫之间颇被人们迷信。他将要作乱，阴谋泄露，便悄悄渡过黄河聚众造反，称为长乐王，攻破了乘氏县。皮景和派骑兵将叛军打败，擒获了郑子饶，押送到邺城将他烹杀。

南陈将领吴明彻围攻寿阳，朝廷派皮景和与贺拔伏恩救援。这时，与吴明彻交战的军队大多被打得倾覆瓦解，唯有皮景和的军队完整地归来。他被任命为尚书令。武平六年（575）去世。朝廷追赠他为太尉、录尚书。

正当吴明彻指挥陈朝大军围攻寿阳城之时，北齐派大将军皮景和率领几十万援军前来援助寿阳。王琳等守卫寿阳的北齐兵众，闻讯大军来援，军心大振！对陈军的攻击，抵御得更加猛烈。

陈朝的将领也十分担心！纷纷问征北大将军吴明彻，道：“牢固的城池还没有攻克，敌人强大的救援部队就在附近，不知道您的计策将如何制订?”

的确，这个时候，是最考验人的！眼前的寿阳城还没攻克，而敌人的援军却已来到眼前。怎么办？是打还是退？据《陈书卷九·列传第三》载：会齐遣大将军皮景和率兵数十万来援，去寿春30里，顿军不进。诸将咸曰：“坚城未拔，大援在近，不审明公计将安出?”明彻曰：“兵贵在速，而彼结营不进，自挫其锋，吾知其不敢战明矣。”

吴明彻胸有成竹地对将领们道：“用兵贵在迅速，而敌人扎营不进，

自己折损自己的锋芒，我知道敌人不敢交战，这一点是明确的了。”

于是，吴明彻穿上铠甲，戴上头盔，一马当先，亲自指挥部队从四面发起了新一轮的猛攻……

第二十四章　克寿阳斩首王琳

乙巳（十三日），陈军大都督吴明彻穿上铠甲，戴上头盔，亲自指挥部队从四面发起了新一轮的猛攻……

寿阳城内，北齐守军为之震动和恐慌。陈军集中优势兵力，在北齐援军皮景和还没发动进攻之前，就连夜一鼓作气，攻克了寿阳。生擒王琳、王贵显、扶风王可朱浑孝裕、尚书卢潜、左丞李騊駼等人。

北齐大将军皮景和率领的几十万援军，惊闻寿阳城连夜已被攻克，哪敢再进军？他惊慌害怕地带着他的队伍落荒而逃。这就是《北齐书》里记载的："与吴明彻交战的军队大多被打得倾覆瓦解，惟有皮景和他的军队完整地归来。"陈军缴获了皮景和逃跑时扔下的骆驼、马匹、兵器和粮草等全部物资。

王琳被捉住以后，以前部下的将士很多在吴明彻的军队里，王琳一向都得将士之心，看见王琳的人都抽泣着低下头来，不忍抬头看他。吴明彻派军队把王琳、王贵显、扶风王可朱浑孝裕、尚书卢潜、左丞李騊駼押送到京师。

王琳的体态容貌安闲文雅，喜怒不形于色；记忆力强而头脑敏捷，军府里的僚佐官吏多到上千人，王琳都知道他们的姓名；不滥施刑罚，不重钱财，爱护部下，很得将领和士兵的欢心，虽然失地，留居在邺城，北齐人都很敬佩他的忠义。此次受北齐后主高纬的诏任，派他驻守寿阳城，因战事不利，被陈朝征北大将军吴明彻所擒。

吴明彻原先只是派亲兵把王琳、卢潜等人押送到建康。但见王琳的故旧亲朋相继寻门路、找关系，求情放归王琳，还争相送款送物给王琳。吴明彻担心在押送王琳去建康的路上，发生变故。于是，十月十三日，吴明彻果断下令，派亲信在城东北 20 里之处，追杀了王琳，传送他的首级到

建康，王琳当时48岁。

吴明彻这一果断决策，无比英明！王琳这个长期与江南汉族政权南梁、南陈为敌，甘当鲜卑北齐的爪牙，祸害江南民众的汉族人的叛徒，其罪恶滔天，早当杀之！

而对王琳所谓“念其忠义”的都是北齐朝廷的官员和受其恩惠者。翻遍史书，没有看到王琳对汉族人民有何“忠义”之举，倒是看到王琳在闻知陈武帝病逝后，就迫不及待地联合鲜卑北齐1万多杂胡兵众和2000多铁甲骑兵打上门来。结果，反而被陈朝军队打得落花流水，逃奔北齐。史书里编造了一个故事情节“为他哭的人悲声如雷。有一个老人用酒肉来祭奠他，哀悼完毕，收他的血，放在怀中离去”的美化王琳这个江南叛贼、鲜卑北齐走狗。但只要仔细推敲，这些故事情节并不可信！试问一个无名无姓的老人，收取那些洒落在地上的王琳的血放入怀中，这是干吗呢？史书里如此美化一个鲜卑北齐的走狗，美化一个汉族人的叛徒，其意何在？

王琳是什么人？据《南史》记载：王琳，字子珩，会稽山阴人，出身军人之家。梁元帝萧绎做藩王时，他的姐妹都成为萧绎的妻妾并受到宠爱，他因此不到20岁便能跟随在萧绎左右，从小好武，于是就做了军官。太清二年（548），元帝派他进奉1万石米到建邺，还没赶到，都城已经陷落，于是就把米沉在江心，轻舟而回荆州。后来逐渐升任岳阳内史，凭军功封建宁县侯。侯景派他的部将宋子仙占据郢州，王琳攻克郢州，擒获子仙。又跟随王僧辩破侯景。后来官拜湘州刺史。

王琳果敢强劲超越常人，又能折节下士，所得到的赏赐不据为己有。他部下万把人，多是江淮一带盗贼。平定侯景的功劳，他和杜龛都当推第一。他仗恃有功在建邺横行暴虐，王僧辩禁止不住，怕他作乱，奏请杀了他。王琳也疑心招祸，令他的长史陆纳带领他的军队到湘州，他自己不带武装到江陵见元帝谢罪并说明情况。临行前向陆纳等人说：“我要是回不来，你们怎么办？”众人都回答说：“愿和你同死。”挥泪而别。到了江陵，元帝把他交给司法官吏处置，而派遣廷尉卿黄罗汉、太舟卿张载到王琳军中宣布处置王琳命令。陆纳等人和兵士们对使者大哭，不肯接受这命令。于是扣押黄罗汉，杀了张载。张载性情刻薄，被元帝信任，荆州人恨他如仇人，所以陆纳等人顺应大家的心意，抽出他的肠子系在马腿上，让马围着他转，把他肠子抽光气绝而死，又把他的肉一块块割下来，用尽五刑而斩首。

元帝派王僧辩讨伐陆纳，陆纳等人败逃长沙。当时湘州没有平定，武陵王萧纪进兵的气势又很盛，江陵上下惶恐不安，人人都另有打算。陆纳上书申述王琳无罪，请求恢复他原来的职位，自己甘愿做奴婢。在这种形势下，元帝把王琳用铁链锁起来押送前线交给王僧辩。当时陆纳正出兵交战，碰上王琳押到，僧辩把王琳送到楼车顶上让陆纳看。陆纳等人都扔下兵器下拜，全军痛哭，说："请求放王郎入城我们就出城投降。"于是把王琳放进城内，陆纳等人便投降了。湘州平定，恢复了王琳以前的职位，让他去抗击武陵王萧纪。平定萧纪后，委任他为衡州刺史。

元帝生性爱猜忌，因为王琳的部众势大，他又能得军心，所以把他派到岭南去，又任命他为都督、广州刺史。他的朋友主书李膺，是元帝所信用的人，王琳对他说："我承蒙提拔，常想尽力效命以报国恩。如今天下尚不太平，把我调到岭南，如果万一国家有急难，怎能使我效力呢？我想皇上不过是怀疑我罢了，我的欲望有限，难道还能和他争做皇帝吗？为什么不让我做雍州刺史，使我坐镇武宁。我自然会让兵士从事耕种，也能作为国家的屏障，如果有紧急情况也可让朝廷得知，强似远放岭南，相距万里，一旦国家有变故，该怎么办！我不愿长期待在岭南，正是出于为国家考虑罢了。"李膺赞同他的话却不敢替他上奏，因此王琳还是率领他的部众镇守岭南去了。

元帝被西魏围攻进逼，于是征召王琳来救援，委任他为湘州刺史。王琳军队驻在长沙时，已听说西魏攻下了江陵，立梁王萧詧为帝，于是为元帝举哀，三军戴孝。派遣别将侯平率领水军攻萧詧的西梁，王琳屯兵长沙，向四方传送檄文，制定进攻的计划。当时长沙的藩王萧韶和镇守长江上游，诸将推举王琳为盟主。侯平虽然不能攻过江去，却屡次打败梁军。又因为王琳鞭长莫及，便翻脸不受他的指挥，王琳派兵讨伐他，不能胜。加上长期作战，军队劳累不堪而不能有所进取，于是就派使者到北齐奉表称臣，并献驯象；又派使者到西魏表示归附，要求归还他的老婆孩子；同时也到梁朝称臣。

陈武帝杀了王僧辩以后，拥立梁敬帝，以侍中、司空的官位征召王琳。王琳不从命，大量修造船舰，为攻击陈武帝做准备。王琳的部将张平宅乘坐的一条战舰，每到要打胜仗时，就发出野猪一样的叫声，因此王琳的上千条战舰，都以野猪命名。陈武帝派大将侯安都、周文育讨伐王琳，代梁自立为帝。安都叹息道："我们怕是要打败仗了，已经师出无名了。"迎战王琳军于沌口。王琳乘坐平肩舆，手执钺指挥作战，擒获安都、文育，其余的人也都一个不漏。只有周铁武一人因背恩被杀。把安都、文育捆起来，放在王琳所乘的舰船上，派一名太监看守他们。王琳把湘州的军事指挥机关迁到郢城，率 10 万大军，在白水浦练兵。王琳巡视了部队说："可以作为勤王之师了，温太真又算得了什么呢!"南江的首领熊昙朗、周迪怀有二心，王琳派李孝钦、樊猛和余孝顷去讨伐。三人吃了败仗，都被周迪抓获。安都、文育等人也都逃回建邺。

当时，西魏攻下江陵时，永嘉王萧庄年方 7 岁，逃避在别人家里。后来王琳把他接到湘中，护送他东下。等到敬帝即位，萧庄到齐国为人质，王琳请求迎萧庄回国为梁主。齐文宣帝派兵护送萧庄回去，并派兼中书令李騊駼带诏书拜王琳为梁丞相、都督中外诸军、录尚书事。又派中书舍人辛悫、游诠之等带上玉玺文书到江南表彰他们的功劳，自王琳以下都有赏赐。王琳于是派遣他哥哥的儿子王叔宝率他势力范围内十州刺史的子弟到北齐都城邺城为质，并拥立萧庄在郢州篡梁为帝。萧庄委任王琳为侍中、使持节、大将军、中书监，改封为安成郡公，其他官职都承继以前梁朝的任命。

等陈文帝即位，王琳辅佐萧庄驻军濡须口。北齐派遣扬州道行台慕容俨率兵到长江边，来声援王琳。陈朝派遣安州刺史吴明彻从江中溯流而上，要偷袭湓城。王琳派巴陵太守任忠大败吴明彻，明彻只身脱逃。王琳军队趁势东下，陈派太尉侯瑱、司空侯安都等抵御他。侯瑱等人因为王琳军气势正盛，便引军入芜湖避其锋芒。当时西南风很急，王琳认为得了天助，打算直取扬州，侯瑱等慢慢从芜湖出来跟在他后面。等到交战时，西南风反被侯瑱利用，王琳兵点燃火把往侯瑱的船上扔，反而都烧光了自己的船。王琳战舰大乱，兵士跳水而死的有十之二三。其余的都弃船上岸，被陈军几乎杀光。

当初，王琳命左长史袁泌、御史中丞刘仲威掌军事保卫萧庄，等他兵败，袁泌就投降了陈朝。仲威带着萧庄投奔到历阳，又把他送到寿阳，王琳不久与萧庄一同入齐。齐孝昭帝派王琳到合肥，纠集旧部，再图进取。王琳于是修理战船，分派人去招募淮南民众，这些人都愿意和他同心协力。陈合州刺史裴景晖，是王琳的哥哥王珉的女婿，请求用自己私人下属为齐军做内应，齐孝昭帝委派王琳和行台左丞卢潜率兵前去接应。王琳迟疑不决，景晖怕事情泄露，就投奔了齐国。齐孝昭帝赐王琳印封文书让他镇守寿阳，准许他部下将帅还都跟从他，任王琳为骠骑大将军、开府仪同三司、扬州刺史，封他为会稽郡公。又增发他军饷，还赐给他一班铙吹乐器。王琳水陆军严阵以待，准备待机而动。这时陈朝与齐结好，所以齐使王琳以后再作打算。

王琳在寿阳，与行台尚书卢潜不和，屡次产生矛盾，被召还邺城。齐武成帝置而不问，任命他为沧州刺史。后来又任他为特进、侍中。王琳所住房子的屋脊无故破裂剥落，出来几升红色的蛆，落地后变成血，并蠕动。有龙从他门外的池中跃出，生出云雾，白昼昏暗。这时陈将吴明彻攻打北齐，齐帝派领军将军尉破胡等出兵救援秦州，并令王琳等参与谋划。王琳对自己的亲信说："如今太岁在东南，岁星居于牛斗的位置，太白已经升高，这些天象都对客军有利，我们将有丧败。"又对破胡说："吴兵势头很猛，要用长远之计来胜它，要谨慎不要轻易出战。"破胡不听。与陈军战，大败。王琳单骑突围，幸免逃脱。逃回到彭城，齐国令他就地到寿阳去，并准许他招募军队。又晋封他为巴陵郡王。陈将吴明彻进兵围寿阳，堵肥水灌城。而齐将皮景和等屯兵在淮西，居然不去救援。明彻昼夜攻打，城内水气侵袭，人人浑身肿胀，死者和重病人互相枕藉。从七月攻城到十月，城陷王琳被抓获，百姓都哭泣着跟随他不去，吴明彻怕生变乱，把他在城东北 20 里杀死，时年 48 岁。

王琳死后，北齐追赠他统领 15 州诸军事、扬州刺史、侍中、特进、开府、录尚书事，谥为忠武王，用辒辌车给他送葬。

看看，鲜卑北齐对死去的汉族败类王琳，可谓恩宠之极！“追赠他统领15州诸军事、扬州刺史、侍中、特进、开府、录尚书事，谥为忠武王，用錂辌车给他送葬”。但王琳勾引鲜卑北齐大军践踏南中国大地，屠杀江南人民，抢掠奸淫祸害江南汉人的罪恶行径，是令广大的江南民众无比痛恨的！而《北史》《北齐》这些史书都成书于隋灭陈之后的隋唐。隋朝是禅代鲜卑北周政权之后的王朝。这些史官出于维护北方鲜卑人为主导的隋王朝的利益，极尽美化这个汉族人的叛徒，其目的就是鼓励更多的江南汉族人来为北方王朝卖命。所谓的“民族大融合”的背后，都是江南民众的斑斑血泪。著名的明末清初的思想家王夫之一针见血地揭穿王琳的实质：“琳乃首施两端，偏奉表于二夷，观望以拒陈，遂受高齐骠骑之命，终为异类矣。”

北齐的寿阳城被陈军攻陷后（陈宣帝太建五年十月乙巳十三日），北齐的韩凤和穆提婆获得战败的消息，仍然不停止握槊的游戏，对北齐后主高纬说：“本来是别人的东西，随他拿走好了。”《北齐卷五十·补列传第四十二》也有记载：寿阳陷没，凤与穆提婆闻告败，握槊不辍，曰：“他家物，从他去。”这再次说明了寿阳本属江南，鲜卑北齐不断夺取江南汉族政权的城池土地和民众。以血腥的屠杀、残暴的占领，以抢掠奸淫的方式，对江南民众犯下的滔天罪行是不可抹杀的事实。而王琳助纣为虐，为鲜卑北齐守卫寿阳，对抗江南唯一正统的汉族政权陈朝，其罪当诛！

北齐后主高纬派韩凤率军到黎阳去黄河边上筑堡防守，韩凤、穆提婆却说：“假使国家把黄河以南的地方都丢掉了，还可作一龟兹国。更可怜人生短暂，应当及时行乐，何必为此忧愁！”这么混账的话，竟然还赢得后主高纬周边近臣们的附和、赞成。后主听了也大喜，开怀饮酒，击鼓起舞。不过，后主高纬还是放心不下他的天下，仍旧派人到黎阳去沿着黄河一带筑城，派军队守卫。

且说陈军将领吴明彻将王琳斩杀后，将王琳的首级，传送到了陈朝京都建康。

陈朝廷下令，把王琳的首级，悬挂在京都朱雀航，示众三天！

朱雀桥即朱雀桁，历史上又称大航、大桁、朱雀航，为东晋时建在内秦淮河上的一座浮桥，时为交通要道，是六朝时期分布在石头城至清溪之间秦淮河上二十四座浮桥中最大、最重要的一座浮桥。朱雀桥位于南京市秦淮区中华门城内的武定桥和镇淮桥间，地处夫子庙秦淮风光带。因面对六朝时期都城正南门的朱雀门，故而得名。

王琳悬首示众三天！——这就是长期与江南汉政权为敌、卖命于鲜卑北齐、勾引北齐大军屠杀和鱼肉江南民众的汉民族罪人王琳的可耻下场！

第二十五章　吴明彻登坛受皇封

吴明彻亲自披挂上阵，指挥陈朝大军发起四面进攻。寿阳城攻克后，生擒王琳、卢潜等北齐的主要将领。

北齐后主闻讯，派兵1万多人于十四日到达颍口（颍水入淮之口，寿县西正阳关），被陈朝将领樊毅率军打败，齐军落荒而逃。接着，齐兵于十八日援救苍陵（颍口、寿阳之间），又被樊毅率领的陈朝兵众打得四处逃窜。

据《陈书》记载：樊毅，字智烈，南阳湖阳人。其祖父樊方兴，梁散骑常侍、仁威将军、司州刺史、鱼复县侯。父亲樊文炽，梁散骑常侍、信武将军、益州刺史、新蔡县侯。樊毅出自将门，少习武善射。侯景之乱，樊毅率家兵随叔父樊文皎援台城。文皎于青溪阵亡，樊毅带宗族子弟赴江陵，归属王僧辩，征讨河东王萧誉，因功授职为假节、威戎将军、右中郎将。樊毅代兄樊俊任梁兴太守，领三州游军，随宜丰侯萧循征讨陆纳于湘州。军驻扎巴陵，还未安营扎寨，陆纳潜军夜袭，营内叫嚷不安，将士们惊恐不已，樊毅只与左右数十人，于营门前奋力拼杀，斩10多首级，接着击鼓传命，军心才定。因功授职为持节、通直散骑常侍、贞威将军，封为夷道县伯，食邑300户。不久任天门太守，晋爵为侯，增加食邑到1000户。西魏围攻江陵后，樊毅率兵赴援，江陵陷落后，被岳阳王拘捕，不久逃回。

陈武帝受禅，樊毅与弟樊猛起兵响应王琳，王琳败后投奔北齐，太尉侯瑱遣使招樊毅，樊毅率子弟和部下回朝。天嘉二年（561），授任通直散骑常侍，接着随侯瑱进讨巴、湘，累迁至武州刺史。太建初年，转任丰州刺史，封为高昌县侯，食邑1000户。入京任左卫将军。太建五年众军北伐，樊毅率部攻打广陵楚子城，攻下，又击退北齐军于颍口，北齐军援助沧陵，再次攻克。

冬季，十月二十三日，陈宣帝下诏将寿阳恢复为豫州（北齐称扬州），以黄城（黄陂县东）为司州。任命吴明彻为都督豫、合等六州诸军事、车骑大将军、豫州刺史。《陈书卷五·本纪第五·宣帝》记载：梁朝末叶收复悬瓠，划分寿阳为南豫州，如今又收复此城，可以还归豫州。以黄城归属于司州，下属于安昌郡，渡湍归汉阳郡，三城依照梁朝建制设义阳郡，一并属于司州。

陈宣帝还特地派谒者（皇家礼宾官）萧淳风去寿阳举行对吴明彻的册封典礼。并下诏说：

“寿春是古都会，有淮河、汝水环绕，地势险要，控制黄河、洛水，地理位置重要。重臣吴明彻，图谋宏伟，一举攻克。他远大的谋略压倒当世。往日夷族在这里驻扎，营造天子基业，乌烟瘴气。如今一举扫平，恢复我疆土，功勋卓著，应任都督豫州、合州、建州、光州、朔州、北徐州六州诸军事、车骑大将军、豫州刺史，增封食邑至3500户，其他职衔不变。”

十月二十四日，陈军将士在城南建起土坛，高数丈。20万军众，环立坛下。旗分五色，兵列八方，在阳光的照耀下，旌旗、战鼓、兵戈和铁甲，威武雄壮。吴明彻登上祭坛，检阅20万将士，然后向京都建康的方向，跪拜陈宣帝。接着，礼宾官宣读皇帝册封的圣旨，吴明彻跪拜，领受皇帝的册命。拜授礼仪结束后，吴明彻在礼宾官的引导下，退下祭坛，三军皆呼万岁，声震山谷。有功将士，皆封官晋爵，在场的北伐将士们，无不欢呼雀跃，都感到十分的荣耀！

陈宣帝也在建康京都的宫殿里，设宴备酒与众臣相贺。陈宣帝举杯对徐陵说：“奖赏您能识别人才。”徐陵连忙离开座席，谦恭地说：“这都是陛下的圣明决策，不是臣的力量。”

随后，陈宣帝诏任征南大将军、开府仪同三司、南豫州刺史黄法氍为征西大将军、合州刺史。

陈军继续北伐。吴明彻指挥将士们乘胜攻城，连战连捷：十月二十六日，南陈湛陁攻克北齐齐昌城（今湖北省黄冈市蕲春县东北）。十一月十

二日，北齐淮阴城投降（江都郡山阳县有淮阴郡。今江苏省淮阴市）。

据资料所载，淮阴区位于江苏省北部平原的中心。地形平坦，以废黄河为分水岭，向南北两侧逐渐倾斜低洼。运北地区，其地势西高东低，由西向东呈微波形斜面，而其中有部分洼地（夏家湖地区），由北向洪泽湖边呈波状倾斜。

淮阴是千年古县。是汉初三杰之一的淮阴侯韩信故里。这里演绎了漂母“一饭千金”的千古佳话。司马迁《史记·淮阴侯列传》记载：“信钓于城下，诸母漂，有一母见信饥，饭信，竟漂数十日。信喜，谓漂母曰：‘吾必有以重报母。’母怒曰：‘大丈夫不能自食，吾哀王孙而进食，岂望报乎！’”漂母将无私的母爱授予萍水相逢的韩信，而她激励韩信的话语更使韩信振作精神。后来，陈胜、吴广在大泽乡揭竿而起，拉开反抗暴秦的序幕，韩信乘势而起，仗剑从军。在楚汉战争的历史舞台上，韩信运筹帷幄，自由驰骋，一展帅才雄风，挟不赏之功，名高于天下。楚汉战争胜利后，刘邦封韩信为楚王。韩信被封为楚王后所做的第一件事就是找来漂母，赐谢千金，一饭千金的典故由此而来。

漂母离世后，韩信令十万大军每人兜一兜土，为漂母的坟墓添土，使漂母墓“周回数百步，高十余丈”，成为中国历史上罕见的平民大墓。韩信这样做已经不仅仅是感激漂母当年对他的无私帮助，而是对漂母的善良表示出由衷的敬意。

漂母由其真心、真善、有始有终，不但得到千金回报，还流芳青史，在中国古代历史人物画卷中占有一席之地。与“孟母三迁”“岳母刺字”被后世誉为“中华三母”之一。

韩信是中国古代伟大的军事家，他出身贫贱，从小就失去了双亲。建立军功之前的韩信，既不会经商，又不愿种地，家里也没有什么财产，过着穷困而备受歧视的生活，常常是吃了上顿没下顿。他与当地的一个小官有些交情，于是常到这位小官家中去吃免费饭，可是时间一长，小官的妻子对他很反感，便有意提前吃饭的时间，等韩信来到时已经没饭吃了，于是韩信很恼火，就与这位小官绝交了。

为了生活下去，韩信只好到当地的淮水钓鱼，有位洗衣服的老太太见他没饭吃，便把自己带的饭菜分给他吃，这样一连几十天，韩信很受感动，便对老太太说："总有一天我一定会好好报答你的。"老太太听了很生气，说："你是男子汉大丈夫，不能自己养活自己，我看你可怜才给你饭吃，谁还希望你报答我。"韩信听了很惭愧，立志要做出一番事业来。

在韩信的家乡淮阴城，有些年轻人看不起韩信，有一天，一个少年看到韩信身材高大却常佩带宝剑，以为他是胆小，便在闹市里拦住韩信，他轻蔑地对韩信说："别看你身材高大，又喜欢带刀佩剑，其实你是个胆小鬼！"

韩信不予搭理。那年轻屠户又当众侮辱他说："怎么你不吭声呢？难道你不承认吗？那好，如果你不是胆小鬼，就刺我一刀；要是你不敢刺我，那就承认你是胆小鬼，从我的胯下爬过去吧！"

韩信把那年轻屠户看了好一会儿，又想了一想，居然真的低头俯身从他的胯下爬了过去。那人哈哈大笑，满街的人也都嘲笑韩信，认为他胆小怕事。

后来，项梁率兵起义，韩信仗剑从军，但一直没有什么名气，项梁兵败后，韩信又跟随项羽的部队，也只做到郎中官。他多次向项羽献计都没有得到采纳。当汉王刘邦率兵进入蜀地时，韩信从楚军中逃出来投奔了汉军。开始仍然没有得到重用，只做了一个管理粮仓的小官。后来终于得到萧何的赏识，被萧何全力保举给刘邦做了大将军。从此一举成名，为刘邦打下了半壁江山。

垓下会战彻底打败了项羽后，刘邦封韩信为楚王。韩信到达封地，找到当年曾分给他饭吃的那位老大娘，赏给黄金 1000 两作为报答。又找到那位亭长，只赏给他 100 钱，对他说："你是个小人，做好事有始无终。"最后，他召来那位曾让他受到胯下之辱的屠户，不但不杀他，反而还任命他为楚国中尉，并对将领们说："他是一个壮士。当时他侮辱我时，我难道真的不敢杀他吗？不是的。但我杀了他就不能成名，不能实现自己的抱负了，所以我忍辱而达到了现在的境地。我真该谢谢他啊，他磨炼了我的意志！"

韩信在楚汉相争的历史大决战中，叱咤风云、纵横捭阖，谱就了辉煌的历史篇章，其卓著战绩堪称世界战争史上的奇观。韩信不仅为开创两汉400多年基业建树了丰功伟绩，而且也为我国由秦末纷乱走向重新统一和发展，做出了巨大的贡献。楚汉战争胜利后，刘邦曾将韩信封为淮阴侯，淮阴因韩信更加知名，韩信也成为淮阴文化的一个象征。

在陈朝20万大军的攻击下，北齐守军接连败退。

十一月十八日，南陈威虏将军（品第八，秩600石）刘桃根攻克北齐朐山城（东海郡有朐山县。今江苏省连云港市西南）。

十九日，陈朝将军樊毅攻克北齐济阴城（今安徽省滁州市明光市东北旧县）。

二十七日，南陈将军鲁广达等人攻克北齐北徐州（琅琊。山东省临沂市）。陈朝任命鲁广达为徐州刺史，在此镇守。

鲁广达治政干练，礼贤下士，吏民都服他。到了服官期满，都上表请求留任，于是，陈宣帝诏令鲁广达留任二年。太建五年众军北伐，夺取淮南旧地。鲁广达与北齐军战于大岘，大破之。斩杀敷城王张元范，俘虏不可胜数。接着又攻下北徐州，陈朝授任鲁广达都督北徐州诸军事、北徐州刺史。不久加任散骑常侍，入京任右卫将军。

北徐州，设置于北魏永安二年（529），治所在丘县（今山东省临沂市兰山区古城村）。辖境相当于今山东新泰、临沂、费县、平邑等市县，北周宣政元年改名沂州。

沂州，古称琅琊，是东夷文化的核心发祥地。东汉时，改琅琊郡为琅琊国，光武帝子刘京将琅琊国迁都开阳，自此开阳称琅琊。晋室南渡后，琅琊郡兰陵萧氏家族荣登南朝政坛，建立齐梁两代王朝。

当陈朝大军逼近徐州时，北齐的北徐州百姓纷纷起兵响应陈朝的军队，直逼北徐州的州城（琅琊），祖珽下令大开城门，禁止人们在大路上行走，城中一片寂静。响应陈军的人们猜不出其中缘故，怀疑人走城空，不设防备。

祖珽突然叫人击鼓，鼓声震天，响应陈军的人们都被吓得逃走。不久又重新聚结起队伍向州城进发，祖珽命令录事参军王君植领兵进行抵抗，自己骑马到阵前引弓向左右两边射箭。响应陈军的人们早先听说祖珽只是一个瞎子而已，以为他一定不能出来，这时忽然见到祖珽，人们大为吃惊。

北齐朝中的权臣穆提婆知道北徐州兵乱，却故意不发救兵，存心让州城攻陷，想借陈朝军人的刀来杀了祖珽。祖珽也明白朝中奸臣的意思，他且战且守，十几天以后，响应陈军的人们终于散去。北齐朝臣穆提婆得知响应陈朝军队的人都退去了，没能借刀杀祖珽，反而感到非常遗憾！

第二十六章　得天恩诏还叛逆首级

十一月，陈宣帝下诏，把王琳的首级挂在建康市示众。

王琳的旧部下梁朝骠骑府仓曹参军朱蠕，写信给陈朝的尚书仆射徐陵，请求得到并安葬王琳的首级，信上说：

我私下以为司马氏将灭亡时，徐广是晋朝的遗老；曹魏将衰败时，司马孚是魏室的忠臣。已故的梁朝建宁公王琳，正当离乱的时期，担当一方之长的责任，尽管上天讨厌梁朝的失德，但他还想匡正延续梁朝的纲纪，空怀申包胥的志向，最终犯下苌弘那样的错误，以致遭到杀害，首级被送到千里以外。希望皇上的恩德博大宽厚，明文诏示，像司马昭那样宽恕向雄对王经的痛哭，像汉高帝那样准许安葬田横。不要使寿春城下，只传来为报效诸葛诞而死的士兵的消息，沧州岛上，有为田横死难而悲伤的同情者。

徐陵赞许朱蠕的义气，并替朱蠕向陈宣帝启奏。又加上吴明彻也屡次梦见王琳向他讨还头颅，所以，朱蠕、吴明彻二人都先后向陈宣帝上书而获准。

太建五年十二月初一，因为徐陵、吴明彻和朱蠕等人上书，请求归还王琳的首级。于是，陈宣帝颁《还王琳等首诏书》说：

古时背反朝廷之人，尽其全族诛杀，之所以收藏其首级，乃是为了告诫后世。近来所杀只是本人，子嗣或许还活着，斩首悬挂示众已是足够，免不了还要永息兵戈，长期与邻国和睦相处。人人都有恻隐之心，有仁怀之人自然不忍心杀人。兹有熊昙朗、留异、陈宝应、周迪、邓绪等以及今之王琳的首级，一并归还其亲属，以示光扬宽大仁恕之道。(《陈书卷五·本纪第五·宣帝》)

南陈朝廷按照陈宣帝的圣意，把熊昙朗、留异、陈宝应、周迪和王琳的首级都还给他们的亲属。于是，朱𬊤就和开府主簿刘韶慧等人带着王琳的首级到淮南，暂时埋在寿县八公山旁。曾经受过王琳好处的故旧亲友来参加葬礼的有几千人。

朱𬊤等人从小道偷偷跑到北齐，与北齐商议把王琳的首级接过来。不久有扬州人茅智胜等五人秘密护送王琳的灵柩到北齐的京都邺城。

北齐追赠王琳为开府仪同三司、录尚书事，谥号忠武王，用辒辌车（古代的丧车）运灵柩去埋葬。

史书对王琳多有美言粉饰之处。比如：王琳体态容貌安闲文雅，站立时头发拖到地上，喜怒不形于色。虽然没有学问，而记忆力强，思维敏捷，军府里的僚佐官吏多到上千人，王琳都记住他们的姓名，不滥施刑罚，不重钱财，爱护部下，很得将领和士兵的欢心。年轻时任将帅，屡经战乱，平素有忠义的节操。虽然本来的计划没有成功，邺人也因此看重他，待遇甚为丰厚。到失败，为陈军抓获。吴明彻想成全他，而他手下的将领多数为王琳的旧吏，争着为他请求保全性命，并送给王琳财物，吴明彻因此嫉妒他，所以遭受灾祸。当时，田夫野老，认识与不认识他的人，没有谁不为他悲痛流泪。看他的诚信感人，即使是李将军的循循善诱，恐怕也无以复加啦。

这段文字，值得推敲。王琳投靠北周，又向梁敬帝称臣，最后又投靠北齐，长期从事颠覆南方汉族政权的罪恶勾当，多次勾结鲜卑北齐大军攻击南梁、南陈，抢掠和屠杀南中国民众，犯下滔天大罪！对这样一个投靠鲜卑敌国的汉族叛徒，无数次引导鲜卑北齐军队屠杀、抢掠、奸淫江南民众的败类，王琳的手上沾满了勾结鲜卑北齐残害江南人民的鲜血！南中国民众早当人人得而诛之！

不能因为王琳用小恩小惠收拢了少数人为他卖命，就无耻地抬高这个汉人可耻的败类，而贬低南陈战将吴明彻！吴明彻原本先是想保全王琳的性命，但并不是嫉妒王琳这个汉族的败类受到旧友亲朋的爱护！当时斩杀王琳，是出于军旅急务的正确决策！如果任由王琳的旧友亲朋托人情、找门路，势必会发生王琳伺机脱逃甚至重新夺取寿阳城等突发事变。作为当时的北伐军事主帅吴明彻也是无法负担得起这个重要责任的！

陈宣帝诏令还给叛乱者的首级，那是作为佛教信徒的陈宣帝体现出来的宽宏大量和天恩大德！陈宣帝是在家受戒的佛教弟子。在他执政的14年间，不遗余力地为推动和弘扬汉传佛教而努力！陈宣帝的宽宏大度，并不能成为美化投靠鲜卑外邦、出卖汉族利益的王琳这个败类的理由。

南陈朝廷，不同于此前的东晋、宋、齐、梁等封建王朝。南陈即使发生朝臣叛乱或皇族内讧，也都是点到为止，决不政治丑化。而且胸怀博大，充满温情！

先说侯安都吧，再说皇族内讧，再讲吴明彻被北周生俘之后的事，足可说明以上观点。

侯安都是陈武帝的老将，不仅忠心耿耿于陈武帝，更是忠心耿耿于陈王朝。特别是在陈武帝病逝后，“时皇子昌在长安，内无嫡嗣，外有强敌，宿将皆将兵在外，朝无重臣，唯中领军杜棱典宿卫兵在建康。”（见《资治通鉴·陈纪一》）

当时南陈的内忧外患太严重了。整个江南四分五裂，北方又有两个强邻，亲儿子陈昌的回归之日又遥遥无期。如果帝位长期空悬，随时会引发不测之事。众臣议由临川王陈蒨继位。但皇后却犹豫。“皇后以昌故，未肯下令，群臣犹豫不能决。安都曰：‘今四方未定，何暇及远！临川王有大功于天下，须共立之。今日之事，后应者斩！’即按剑上殿，白皇后出玺，又手解蒨发，推就丧次，迁殡大行于太极西阶。皇后乃下令，以蒨纂承大统。”（见《资治通鉴·陈纪一》）

当时，真得得亏了侯安都果断行事，促使陈蒨继位称帝，完成了朝政更替，稳定了风雨飘摇的南陈政权。

可是，考验人的还在后面。王琳勾结北齐，率大军进攻南陈。“王琳闻高祖殂，乃以少府卿吴郡孙瑒为郢州刺史，总留任，奉梁永嘉王庄出屯濡须口，齐扬州道行台慕容俨帅众临江，为之声援。”（见《资治通鉴·陈纪一》）

紧接着，一直不放陈昌回国的北周，此刻立时放归陈昌，好使陈昌与堂兄陈蒨争夺帝位，造成南陈内乱。“高祖殂，周人乃遣昌还。”（见《资治通鉴·陈纪一》）

真是上天在保护江南汉族民众。新上位的南陈皇帝陈蒨是整个六朝中难得一见的有为明君。他派侯瑱、侯安都和徐度率军迎战王琳，陈军在芜湖大获全胜，大败王琳和北齐军。王琳带着妻妾和10多个亲信逃往北齐。从《资治通鉴·陈纪一》可以看到："王琳至栅口，侯瑱督诸军出屯芜湖，相持百余日……琳军大败，军士溺死者什二三，余皆弃船登岸走，为陈军所杀殆尽……琳乘舴艋冒陈走，至湓城，欲收合离散，众无附者，乃与妻妾左右十余人奔齐。"

南陈打败王琳并夺回湘州之后，陈昌终于回到了自己的国家。但更尴尬的现实等着他：南陈已经有了新皇帝陈蒨，而且陈蒨刚在不久之前的芜湖大战中，大败王琳，大获全胜，得到了朝臣的普遍认可。但，陈昌却自恃陈武帝唯一嫡子，是陈朝唯一合法的继承人，写信给陈文帝，言辞不逊。"琳败，昌发安陆，将济江，致书于上，辞甚不逊。"（见《资治通鉴·陈纪二》）陈文帝收到陈昌的信，很不高兴。就召侯安都来商议。《资治通鉴·陈纪二》载："上不怿，召侯安都从容谓曰：'太子将至，须别求一藩为归老之地。'"

而侯安都的态度非常明朗，毫不含糊地说："自古岂有被代天子！臣愚，不敢奉诏。"《资治通鉴·陈纪二》载："因请自迎昌。于是群臣上表，请加昌爵命。庚戌，以昌为骠骑将军、湘州牧，封衡阳王。"

侯安都是忠于陈王朝的。陈朝是江南汉民众和汉文明最后一块赖以生存之地。经过"衣冠南渡"的汉人们，已经退无可退。再退就是汪洋大海了。侯安都爱护这个汉政权的陈朝，他不允许有人搞乱陈朝。哪怕是陈武帝的嫡子，也不能搞乱陈朝。因为这是汉文明最后的栖息之地！所以，侯安都自请去迎接陈昌。

如果侯安都自私、有个人野心的话，此刻正是侯安都利用陈昌太子夺权，甚至伺机自立为王的大好机会。但是，正因为侯安都忠心于陈武帝，更忠心于陈王朝。所以，后面的史载是："渡江，于中游船坏，献王陈昌溺薨。"（见《陈书·衡阳献王陈昌传》）

史书上是说侯安都把陈昌推入江中溺亡。但是，从《上虞祁山陈氏族谱》《义门陈氏族谱》中所载，陈昌并没有死。而且，史书上所载陈昌溺

亡是560年，而陈昌却在560年生下了儿子陈仁。据族谱载，陈昌生有三子即陈定、陈泰和陈仁。

如果《陈氏宗谱》载事是真，那么，陈昌当年（560）应该没有“溺亡”。陈昌本人是带着他的怀孕妻子，跑回了老家吴兴。侯安都迎棺回京的应该是一只空棺，在当时盛大而隆重的前皇太子陈昌的安葬仪式上，没有任何人（包括章皇太后）有任何机会去开棺验明正身，就把灵柩下葬于王陵。这，就有一个极大的漏洞！也是一个“造假”的空子！这里不排除侯安都奉旨劝说陈昌以大局为重，隐居于世！以陈昌的聪明和智慧，他也不会被敌国北周所利用，与堂兄陈文帝争夺皇位而导致陈朝内乱。陈昌隐居于世，既可躲避北周间谍的追踪，也可避开其他势力的暗杀。

从公元560年陈昌“溺亡”事发后，侯安都、毛喜等当事人的反应来看，特别是陈昌的母亲章皇太后和一帮忠心于陈武帝的文臣武将们的反应来看，可以大胆推测：陈昌的确没有死，而是隐居于世。陈朝君臣共同参演了一场“大戏”给敌国的北周看。从族谱所载“自隋平，昌由武康徙居上虞小越”来推断时间，陈昌生于537年，到隋平陈589年，彼时陈昌“由武康徙居上虞小越”已有52岁。因此浙江省上虞县的《上虞祁山陈氏宗谱》所载，应该是真！

侯安都忠心于陈武帝，他不会杀死陈昌。陈文帝从小就失去父亲，深受陈武帝的喜爱和栽培。陈文帝一生信仰佛教，终身受戒，恪守佛律。他也不会杀死堂弟陈昌。陈昌“读书一览成诵，明于义理”，也是聪明之人，也决不会被敌国北周所利用，与堂兄争夺帝位而致陈朝内乱。透过历史迷雾，让人们看到南陈权力斗争中“点到为止”的温情！

再说侯安都，因居功自傲、骄横跋扈、非法集会和目无王法等，发展到最后，侯安都甚至率领将士携带兵刃上殿，于是陈文帝就干掉了他。“司空侯安都恃功骄横，数聚文武之士骑射赋诗，斋中宾客，动至千人。部下将帅，多不遵法度，检问收摄，辄奔归安都。……因出蔡景历表，以示于朝，乃下诏暴其罪恶，明日，赐死，宥其妻子，资给其丧。”（见《资治通鉴·陈纪三》）

侯安都被赐自尽之后的情况：侯安都的妻儿获得了宽恕，国家甚至负担了侯安都的丧葬费用。陈朝帝王不但没有丑化他，在几年之后，陈宣帝还追封了侯安都的功绩。“太建三年，高宗追封安都为陈集县侯，邑 500 户，子亶为嗣。”（见《陈书卷八·列传第二》）

这哪里像是给一个乱臣贼子的待遇呢？再看看陈昌和陈伯宗的待遇，谁敢说南陈的几位皇帝不是仁慈的呢？就连被俘的将士，陈朝皇帝都是尽力照顾。按说陈朝大将吴明彻最后被北周生擒，陈朝必定不会再对他有任何表示的，然而，不仅陈宣帝活着的时候尽心照顾被北周俘虏的吴明彻等将士，即使陈宣帝死后，陈后主叔宝也念念不忘那些被俘的陈朝将士。南朝陈至德元年（583），陈后主下诏褒奖了吴明彻的一生功绩。此举虽然有笼络军心，安抚南陈政局稳定的作用，但也是陈后主对吴明彻百战百胜的谋略、勇猛以及正直的赞赏。吴明彻被敌国北周所俘，不久后病死在长安。陈朝皇帝仍然在吴明彻死后追封其为邵陵县开国侯，食邑 1000 户，其子吴惠觉嗣爵。

纵观六朝各代，几乎每次内讧都是血流成河。唯一的只有南陈朝却“点到为止”，充满温情。决不斗争扩大化，也决不丑化对方。

纵观中国历史，无论哪个朝代，多少都出过几个暴君。但在乱世的南北朝，唯独只有一个朝代——南陈朝没有出过一个暴君。

陈朝三代五帝都是善终的。这是历代王朝中唯一的奇迹！

即使陈朝灭国之后，陈皇子孙都没有遭受屠杀，都安然活了下来。陈皇子孙不仅都活了下来，还世代延绵，裔播海内外。这也是世界一大奇观！

中国历史上的王朝不断更迭，产生过几百个皇帝，但能够得到善终的皇帝实在太少。梁朝几代皇帝都无善终：梁武帝活活被饿死，简文帝被土壤压在头上闷死，梁元帝在投降后仍受尽侮辱被闷死，还有萧正德、萧栋、萧纪、萧渊明等，都贵为王侯，下场却都很悲惨。就连隋文帝杨坚、宋太祖赵匡胤、康熙、雍正这样的有名皇帝，也都有被谋杀的传闻。隋文帝被儿子弑父夺位，宋太祖被胞弟上演了烛影斧声，康熙被雍正谋杀，雍正被一个叫吕四娘的女子谋杀。还有的皇帝不是被权臣杀了，就是被宦官毒杀。

唯一的只有南陈朝三代五帝，都是善终。虽然有的病死，但都没有被谋杀、被毒杀、被横死的。这确实是中国历代皇帝中的奇迹！

陈朝一共有五位皇帝：开国皇帝陈霸先、陈蒨、陈伯宗、陈顼、陈叔宝，陈国的这五个皇帝均得善终。陈武帝、陈文帝、废帝陈伯宗都是病逝的。虽然陈伯宗的病逝，有人说是陈宣帝派人弄死的，但没有任何证据，也没有任何必要（暗弱的陈伯宗完全威胁不到大权独揽的陈顼）。陈朝第四位皇帝陈顼的能力超强，他铲除了盘踞在广州的欧阳纥势力，解除了眼前最大的威胁，他与当时实力很大的北周、北齐两个鲜卑国互通友好，稳定局势，利用这短暂的安宁大力恢复生产，休养生息。紧接着，陈宣帝举兵北伐，打得北齐满地找牙！

在南陈军队第二次北伐与北周争夺徐州失败后，陈宣帝还想进行第三次北伐，不过身体不济了，最终于582年病逝。陈叔宝继位的时候，陈朝已经岌岌可危。陈叔宝虽然亡国了，但被隋朝好酒好菜地招待着，活得逍遥快活，过得醉生梦死，最后还安享晚年。终年52岁，病死在洛阳。

纵观中国历史，大凡被灭国的皇室子孙，往往被追杀殆尽。当初北周灭北齐屠尽北齐高氏，隋灭北周又屠了宇文一族。而陈朝被灭国之后，陈朝皇室都没有遭到屠杀。隋文帝宽待陈朝皇室子孙，都“给田以安”，让陈氏子孙繁衍生息下来。

后来，隋炀帝杨广封陈叔宝的女儿陈婤为贵人。也许是因陈婤之宠，杨广下令将陈氏子弟又召回了长安。对陈氏有才子弟，随才叙用。于是，陈朝皇室子弟为官为相，并为守宰的，遍布天下。而在众多陈氏子弟中，义阳王陈叔达混得最为出色，他是陈宣帝的儿子、陈后主的异母弟。陈叔达不仅在隋朝为官，享受荣华富贵；就是到了唐朝，他照样为官，竟然还坐上了大唐宰相的位置。

陈朝皇室子孙繁衍昌盛，播迁于海内外。陈宣帝的第六子陈叔明有一支江州义门陈氏，自开元年间迁到江州定居，他们繁衍到北宋的时候，创造了3900余口、历15代、330余年聚族而居、同炊共食、和谐共处不分家的世界家族史奇观！是中国古代社会中人口最多、文化最盛、合居最长、团结最紧的和谐大家族，成为古代社会的家族典范而名动朝野！

后来，宋仁宗在文彦博等重臣上疏建议下，将义门陈人分迁全国72个州郡（144县），分拆大小291庄（另加43官庄共334庄）。从此，一门繁衍成万户，万户皆为新义门。中国包括港澳台陈姓人口7000多万，全球陈姓9800多万。

陈朝三代五帝都能善终，陈皇子孙不仅没因亡国而被屠杀，反而裔播南北，繁衍昌盛。究其原因，是陈朝艰难地守护了华夏汉文明、延续了南中国汉族血脉、陈朝三代五帝都为推动汉传佛教的传播和发展作过贡献。还与陈文帝体恤孤寡，爱护忠良，诏修古忠烈祠；与陈宣帝诏令北伐将士掩埋所有战死者（无论敌我双方）的遗体，和此次诏还王琳、熊昙朗、留异、陈宝应、周迪等叛逆者的首级等善德也许有关。

陈朝虽然只有短短的33年，却有一位“六朝第一英主”的陈霸先和两位南朝难得一见的有为明君陈蒨、陈顼，这不能不说是中国帝王史上的奇迹！

陈武帝、陈文帝、陈宣帝为保护南中国汉族的繁衍生息，为保护华夏汉文明不被北方强大野蛮的鲜卑人灭绝，他们奋发图强，励精图治。兴修水利，开垦荒地，鼓励农民生产。使国家比较安定，政治较为清明，社会经济得到了一定的恢复与发展。南陈创造的被史学家称为“天嘉之治”（陈文帝）、“太建之治”（陈宣帝）都是南朝少有的成功！

第二十七章　周灵追斩田龙升

太建五年（573）十二月初四，北齐的谯城守军向南陈军队投降。

谯城，在安徽省西北部，西、北、东三面分别与河南省周口市的鹿邑县，商丘的睢阳区、夏邑县、永城市交界，东南与涡阳、南与太和接壤。是亳州全市的政治、经济、文化中心。是道家思想和道教文化的发源地，是中医药文化、酒文化的发源地，是中华文明发祥地之一。

谯城古称“谯”“亳”，从商成汤王建都开始，是一座具有3700多年历史的古城。魏文帝曹丕把谯（亳州）定为陪都，元末刘福通拥韩林儿为帝，建立大宋政权，定都于此，亳州因而被称为“三朝古都”而名扬海内外。

在悠久的历史长河时，谯城涌现出无数灿若星辰的风流人物：有一代圣君商汤；有集政治家、军事家、文学家于一身的一代枭雄曹操；有中医外科鼻祖华佗；有天资文藻、博闻强识的魏文帝曹丕；有出口成章、七步成诗的曹植；有在中国文学史上占有重要地位的“建安七子”；有在军事上震古烁今的张良、曹仁、曹洪、夏侯渊、许褚等人。

这里主要讲一下“曹操运兵道”。这个又称“曹操藏兵道”的军事设施，始建于东汉末年，是魏武帝曹操为其军事需要，专门修筑的地下军事战道，因最初用于运送士兵，故称“曹操运兵道”。

据史书载：曹操多次运用地道战术取得战争胜利，曹操在讨伐董卓失败时，曾率军返回家乡，以图再起，但因其兵少将寡，曹操为不暴露弱点，出奇制胜，在家乡修筑的地下军事防御战道，也就是亳州古地下道，他把数量不多的士兵从地道内暗暗送出城外，再从城外开进城内，反复多次，迷惑敌人，出奇制胜。

运兵道位于安徽省亳州市老城内主要街道下，以大隅首为中心，向四面延伸分别通达城外。是中国现存最古老、保存最完整的地下大型军事设施。古地道有单行道、平行双道、上下两层道、立体交叉道四种形式。地道以浑砖结构为主，即全部用砖砌筑，地道顶部青砖紧密排列形成弧形穹顶，受到重力时砖块平均受力，不易坍塌。由此可见这种建筑模式已被熟练运用，对古代建筑的研究是十分有意义的。

运兵道以其复杂多变的地道种类迷惑敌人。地道的照明、通风、陷阱设置精密合理，攻守兼备。集指挥、防守、运兵、阻截为一体。内设有猫耳洞、障碍券、障碍墙、陷阱、绊腿板、指挥室等多种军事设施。猫耳洞主要分布在单行道的两侧，或大或小，没有统一规格。障碍券是古地道内常见的障碍之一，主要设置在单行道内，采取突然降低券顶的方法，不熟悉道内环境的人，稍不留神，就会被碰得头破血流。障碍墙设在道内“T”形转弯的地方，地道的一端筑有一条下宽上窄的砖墙，使人的活动在此处受到限制。陷阱位于单行道地墁以下，采取突然降低地面的方法，稍不小心就会掉下去，或碰破皮肉，或扭伤筋骨。绊腿板设在大隅首东西走向的单行道内，在道壁下端将木板横向卡在槽内，人走到此处不注意就会被绊倒。指挥室位于大隅首西侧上下道之下道向北 20 米处，砖木结构，平面呈“串”字形。

曹操运兵道包括谯望楼和古地道两个部分。整个地道经纬交织，纵横交错；布局奥妙，变化多样；立体分布，结构复杂；有单行道，平行双道，上下两层道，立体交叉道四种形式，并设有猫耳洞、障碍券、障碍墙、陷阱、绊腿板等多种军事设施。从双行道下来，到达的这个地方是曹操的办公室，也就是中心指挥点，这个地方是离地面最高的地方，6 米多高。这里面出土了很多围棋子，而且高度比较高，宽度也比较宽，而且这个地方是中心点，无论怎么走，东西南北都是相通的，所以说这个地方就是曹操的办公室。运兵道规模宏伟，工程浩大，被誉为“地下长城”。

在古运兵道的出口处，有一块石碑上刻有“衮雪”二字。这“衮雪”两字是至今发现的曹操留下的唯一书法笔迹。字体采用汉代八分（隶书）体。气宇轩昂，字如其人。据传说，汉建安二十四年（219），曹操驻兵汉中褒谷口，运筹国事，见褒河流水汹涌而下，撞石飞花，即兴有感，挥笔

题写“衮雪”二字。当时的随从提醒道：“衮字缺水三点”。曹操拊掌大笑：“一河流水，岂缺水乎！”遂成千古美谈。

北齐占有谯城这么重要的军事重镇，却在陈朝大军横扫淮南，所向皆捷的气势下，大多兵众弃城而逃，只余下少数将领，向陈军投降。

可见北齐后主高纬和他恩宠的陆令萱、穆提婆、韩长鸾等近臣们，迫害忠良，屠杀斛律光、高长鸾等自损“干城”的行为，是多么的不得人心？以至于军无斗志，望风而降。

陈军捷报频传，陈宣帝心情灿烂。十二月十四日，立皇子陈叔明为宜都王，陈叔献为河东王。由于陈氏皇族人丁稀少，宗室力量薄弱，陈宣帝有意加强宗室的力量。

陈叔明（562—614），吴兴长城（今浙江长兴）人，字子昭，陈宣帝第六子。母何淑仪，为长沙王叔坚同母弟。南朝梁敬帝绍泰元年乙亥（555）六月初十生。仪容美丽，举止和弱，状似妇人。娶郁氏、万氏，生五子：志能、志龙、志熙、志静、志范。陈叔明体貌魁梧，仪容俊美，襟怀坦荡，举止宽和，敦尚名节，谨遵法度。太建五年，立为宜都王（注：又参《隋陈叔明墓志铭》封王时年 12 岁），寻授宣惠将军，置佐刺史。陈叔明之后一脉相承，皆以孝义传家，开创了中国有名的“江州义门陈”。后人皆尊公为义门一世祖（或义门发源祖）。

陈宣帝当时想到的是，先祖文赞公只生有三子：谈先、霸先、休先，到父辈谈先也就生了长兄陈蒨和他本人陈顼。霸先只有一子陈昌。休先也只有一子陈昙朗（却死在北齐）。陈皇宗室的人丁也确实太单薄了。

所以，陈文帝（陈蒨）和陈宣帝（陈顼）也就想多选嫔妃，多生儿子，以加强宗室的力量。可没料到陈叔明这一支江州义门陈氏家族，经过隋、唐繁衍到宋朝时，竟然创造了 3900 余口、历 15 代、330 余年聚族而居、同炊共食、和谐共处不分家的世界家族史奇观，是中国古代社会中人口最多、文化最盛、合居最长、团结最紧的和谐大家族，成为古代社会的家族典范而名动朝野。

后来，宋仁宗在文彦博等重臣上疏建议下，将义门陈人分迁全国 72 个州郡（144 县），分析大小 291 庄（另加 43 官庄共 334 庄）。从此，一门繁衍成万户，万户皆为新义门。中国包括港澳台陈姓人口 7000 多万，海外陈氏分布在朝鲜、越南、缅甸、新加坡、菲律宾、印度尼西亚、美国、加拿大、澳大利亚等全球各地。全球陈姓 9800 多万。

因为陈叔明一支后来繁衍成江州义门陈而名著全球，特此多写一笔。

北伐北齐的陈军将领任忠，接着攻克了霍州（今安徽省六安市霍山县）。

同一天，陈宣帝诏令北伐将领、安州刺史周炅入朝。《陈书卷十三·列传第七》：“仍敕追炅入朝。”

可没有想到，周炅奉旨入朝之后，当初向南陈投降的后梁定州刺史田龙升，就率领长江以北的 6 个州、7 个镇反叛，归附北齐。北齐派历阳王高景安率领军队接应。

高景安，原名元景安。他为什么改了姓呢？据《北齐书》记载：北齐天保十年（559），太史上奏说：“今年应当除旧布新。”齐文宣帝对元韶说：“汉光武帝刘秀什么原因可以中兴汉朝？”元韶说：“是因为诛杀刘氏宗族没有杀尽。”

于是，齐文宣帝诛杀元氏宗族来做厌胜之术，在五月诛杀了元世道、元景式等 25 家血缘较近的北魏宗室，其余 19 家也都被囚禁限制行动。七月，大肆诛杀元氏，自追尊魏昭成帝拓跋什翼犍以下的后裔全被杀光。

元景安血缘关系较远，请求改姓高。元景安的堂兄元景皓说：“怎么可以抛弃自己的宗族，追随其他的姓。大丈夫宁为玉碎，不为瓦全。”元景安向齐文宣帝报告了这些话，还牵扯到元景皓的另一堂弟元豫，说元豫也附和元景皓。元豫供称：“那时我用衣袖掩住元景皓的嘴巴，说：‘哥哥不要乱说话。’”再问元景皓当时的情形，与元豫所说相同，元豫被免罪，元景皓被收捕后诛杀，他的家属被迁徙到彭城。唯独赐给元景安一人姓高，元家其他人都任凭本姓。

元景安是魏昭成帝拓跋什翼犍的五世孙。高祖拓跋虔，北魏陈留王。父元永，元永年轻的时候担任奉朝请，从积射将军就被元天穆推荐给尔朱荣，参与拥立北魏孝庄帝，赐爵代郡公，加将军、太中大夫、二夏、幽三州行台左丞，持节招纳降户 4000 余家。尔朱荣又启封元永朝那县子，邑

300户，持节南幽州刺史，假抚军将军。天平初，高欢以元永为行台左丞，不久元永担任颍州刺史，又担任北扬州刺史。天保中，朝廷征召元永为大司农卿，迁银青光禄大夫，依例降爵为乾乡男。大宁二年，迁金紫光禄大夫。

元景安沉着机敏又有才干器局，年少即精于骑射，善于侍奉别人。最初担任尔朱荣大将军府长流参军，加宁远将军，又转尔朱荣大丞相府长流参军。高欢平定洛阳，领军娄昭推荐元景安补任京畿都督，又经父亲元永启奏封代郡公，加前将军、太中大夫。后来元景安随孝武帝西入关中。

天平末，东魏西讨，元景安临阵回归东魏，高欢赞许他，即补任元景安为都督。兴和中，元景安转领亲信都督。邙山之战，元景安力战有功，赐爵西华县都乡男，代郡公如故。高澄入朝，元景安随从来到邺城。

当时江南诚心归附，朝贡接连不断，元景安因为宽容而有气量，每次南梁使者来到，都令元景安与斛律光、皮景和等人在梁使面前表演骑射，见到的人都称赞。

高澄掌权后，元景安启奏请求减去自己的封地分赐给将士，于是朝廷封元景安石保县开国子，食邑300户，加安西将军。朝廷又授予元景安通州刺史，加镇西将军，转子为伯，增邑通前600户，余如故。天保初，元景安加征西将军，别封兴势县开国伯，带定襄县令，赐姓高氏。天保三年，元景安随从大军在代川击破库莫奚，转领左右大都督，余官并如故。天保四年，元景安随从大军在黄龙讨伐契丹，领北平太守。后来多次跟从文宣帝击败柔然，迁武卫大将军，又转领左右大将军，兼七兵尚书。

当时刚刚修筑长城，镇戍还未修建，突厥强盛，朝廷忧虑突厥可能侵扰边境，于是诏令元景安与诸军沿着边塞守备。元景安统率军队众多，且所部军人财货很多，所以贿赂公行。文宣帝闻知，派使者审问追查，与元景安同行数人都被查出贪污受贿，唯独元景安一点都没有触犯。文宣帝深深赞叹，于是下诏将被贪污的赃绢500匹赐给元景安，以表彰他的清廉。

元景安又转任都官尚书，加仪同三司，食高平郡干，又拜仪同三司。乾明元年，元景安转七兵尚书，加车骑大将军。皇建元年，元景安又兼侍中，驾乘驿马疾行赶赴邺城，慰劳百官，巡行视察各省的风俗人情。

孝昭帝高演曾与群臣在西园宴射，参加宴会的文武官员有200余人。用野兽的头作为箭靶，把箭靶放置在140余步的距离处，射中者赐予良马及金玉锦彩等。有一人射中兽头，离鼻子寸余。只剩下元景安还有最后一箭未射，高演令元景安射出，元景安慢慢休整仪容，拉满弓，一箭射中兽鼻。高演深深赞赏，特赐予元景安马两匹，玉帛杂物等。

大宁元年，朝廷加元景安开府。二年，元景安转右卫将军，不久转右卫大将军。天统初，元景安判并省尚书右仆射，不久出任徐州刺史。四年，元景安担任豫州道行台仆射、豫州刺史，加开府仪同三司。武平三年，朝廷进授元景安行台尚书令，刺史如故，封历阳郡王。元景安在边境，与敌境相邻，不互相侵扰，边境得以安和。管区内蛮人较多，元景安恩威并施，大家都得安宁，到了武平末年，被元景安招抚的蛮人交赋税者达数万户。六年，朝廷征召元景安任领军大将军。齐亡入周后，元景安以大将军、大义郡开国公的身份率军讨伐稽胡，战死。这是后话。

且说当初，西梁萧詧的定州刺史田龙升以城降陈朝，陈宣帝诏封田龙升为振远将军、定州刺史，封赤亭王。这样的待遇，是相当丰厚的。

陈宣帝不知为什么，屡诏周炅入朝。周炅奉旨入朝后，田龙升就占领长江以北的六州七镇叛入北齐。北齐派历阳王高景安的军队接应。这个高景安与陈军对阵，从来没有赢过。北齐武平四年（573）五月，南陈进攻北齐，都督吴明彻进军秦郡，以黄法氍进军历阳，元景安率领步兵和骑兵5万人来支援，齐军在小岘修筑城池，南陈左卫将军樊毅和庐陵内史任忠在大岘防御，大败齐军，北齐的人马和兵器全部被陈军缴获。

此次（十二月），南陈定州刺史田龙升献出长江以北的6个州和7个军镇，向北齐投降。陈宣帝很恼火，立即诏任周炅为江北道大都督统领众军征讨田龙升。

田龙升命令弋阳太守田龙琰带着2万名士兵于亭川布阵，高景安则于水陵、阴山支援，田龙升又引渡另外的部队驻扎山谷。

周炅分配好军队进攻，周炅身先士卒地率领骁勇的部队首先发起进攻，击败田龙升。田龙琰望尘而逃，陈军将士一路追击，最后把奔逃中的田龙升斩杀；高景安也逃回了北齐。

江北淮南之地全部被南陈收复。周炅以功增食邑到2000户，进号平北将军，定州刺史，依然担任持节、都督，赐女妓一部。

陈宣帝为什么一再诏令周炅入朝？田龙升为什么一叛后梁再叛南陈？从史料上找不到有关田龙升更多的信息，这个失败者被周炅追斩后，连个立传的机会也没有。

周炅于太建五年（573）随都督吴明彻北伐，所攻即克，一月之中，连取12城。同年七月初四，北齐遣尚书左丞陆骞领兵2万从巴水、蕲水之间出兵，与周炅相遇。周炅留下身体瘦弱的士兵和辎重，布置疑兵正面抵挡北齐军队，自己却亲率精锐士卒通过偏僻小路拦击对方后军，把陆骞全军打得大败，缴获的器械马驴，难以计数。

周炅继续前进，攻取巴州（后齐置巴州于黄冈，今湖北省黄冈市）。于是，江北各城和谷阳的士人及民众杀死驻防军队的长官，献城投降。陈朝廷提升周炅的官号为和戎将军、散骑常侍，增赐食邑合计以前赐予的共1500户。

当年十二月，陈宣帝又下诏书将周炅追调入朝。周炅奉旨入朝后，田龙升率领长江以北的6个州、7个军镇反叛归附北齐，齐人派历阳王高景安领兵接应他。周炅率陈军众追击并斩杀了田龙升、田龙琰。北齐高景安逃脱，于是将长江以北一带地方全部收复。

陈宣帝因战功增赐周炅食邑合计以前赐予的共2000户，提升官号为平北将军，任命为定州刺史，持节、都督职仍旧，又赏赐女妓一部。

太建八年（576），周炅在任上去世，年64岁，追赠为司州刺史，追封为武昌郡公，谥号是壮。儿子周法僧继承，官至宣城太守。

第二十八章　宽刑免租求大同

南朝陈国君臣深受汉文明的熏陶，是汉文明的继承者和坚定的守卫者。他们对孔子《礼记·礼运》篇中对“大同世界”的理想描述：“大道之行也，天下为公。……是故谋闭而不兴，盗窃乱贼而不作，故外户而不闭，是谓大同”极为憧憬！

孔子说的世界是在一位贤明君主的领导下，君爱臣民，臣民拥护君王的世界大同，君君臣臣，父父子子，世界到处调理规矩，百姓生存安定天下得以太平。前提达到这种效果必须人人贤德。其中心思想是“天下为公”，即天下的人都没有了私心。个人所做的一切工作与努力都是为了使社会更加美好。大同世界分为两个阶段，分别为小康社会与大同社会，它是孔子为我们描绘的关于未来世界的美好蓝图。

太建六年（574）春，正月初一，陈宣帝下诏曰：

帝王以四海为家，将百姓视为儿女，一件事处理失当，至夜仍诫勉不已，而天下未能统一，更是忧虑得寝食不安。朕继承帝业，思量大展宏图，上符合天意，下协洽臣民的心意，选拔将帅出兵，大力拯救沦陷于异族的百姓。一个节气还未过去，获胜的消息便接连而至，拓地数千里，连接攻取的城池数百个。

那些遗存下来的夷狄愚蠢至极，毒害沦陷区百姓，江淮一带的少年，尚有抢劫偷盗之举，乡间里巷的无赖之徒，时常干出不可见人之事，将领同部下士兵，不顾刑法典章。

现今废除残酷的刑法，从而使朝廷的仁慈在民间传颂。又逢元旦之喜庆，边荒之人也来臣服，才刚刚目睹朝廷的风仪，应该对他们广施恩泽，可以赦免长江以西淮河以北的南司、定、霍、光、建、朔、合、豫、北徐、仁、北兖、青、冀、南谯、南兖十五州，和郢州的齐安、西阳二郡，江州的齐昌、新蔡、高唐三郡，南豫州的历阳、临江二郡的士民，罪过无论轻重，全部予以宽免。将帅官府，军人犯法，自当依照平常法律处置。

随后，陈宣帝诏任翊前将军新安王陈伯固为中领军，晋号安前将军；以安前将军、中领军晋安王陈伯恭为安南将军、南豫州刺史。

皇上亲临太庙祭祖。不久，传来捷报：北齐广陵（今河南省信阳市息县）的中城投降南陈。接着，北周派使者来南陈聘问。高丽国平原王高汤派使者献上地方特产。

按照每年的旧例，陈宣帝举行亲耕籍田仪式。盼望国家风调雨顺，百姓农业生产五谷丰登。前方将士在吴明彻的率领下攻城夺地，开疆拓土；后方将士负责保境守土之任。陈宣帝诏任中权大将军、开府仪同三司淳于量为征西大将军、郢州刺史。

郢州城亦称郢城，位于武汉市武昌蛇山，南朝刘宋就三国孙权所建夏口城扩建而成，为其所置郢州州治。宋孝建元年（454），孝武帝刘骏把荆、湘、江、豫 4 州中的 8 郡划出设置郢州，以削弱方镇势力，郢州州治即设在夏口城内。

自刘宋以后，齐、梁、陈一直以此城为郢州州治。东晋安帝义熙年间（405—418），河南汝南一带居民大量流入夏口，夏口也属侨置的汝南县，为江夏郡治所在地。南北朝时期，南朝宋设置郢州，并在东吴始建夏口城的基础上，进行城垣的修葺和扩建，此亦今武汉最古老的郢州城垣遗址。郢州隶属江夏郡，郡、州、县治所同设在夏口，从此夏口又有“郢城”之称。及至齐、梁、陈各朝，郢州城皆为江夏郡和郢州治所。

从郢州地理位置可以看出，郢州就是陈朝建康的门户。陈宣帝诏任淳于量为征西大将军、郢州刺史，主要是防备北周的武力或者通过北周扶植的傀儡政权——盘踞在江陵的西梁萧岿势力，趁陈朝大军横扫北齐之机，乘虚突袭陈朝京都。令淳于量在此驻军，可以确保陈朝侧翼的安全。

据《陈书》载：淳于量，字思明。祖先是济北人，世代居住在京师。父亲淳于文成，在梁朝官至将帅，当过光烈将军、梁州刺史。

淳于量年轻时修缮自己的住处，身材高大，容貌英俊，有才干和谋略，熟悉射箭骑马。梁元帝任荆州刺史时，淳于文成分给淳于量一路人马，吩咐他前去侍奉。初任湘东王常侍，兼任西中郎府中兵参军。先后迁任府佐、中兵、直兵，兼任中兵、直兵10多年，在府中聚集了很多武器、士兵。

荆州、雍州交界地带，蛮族多次反叛，山大王文道期积蓄势力，为边境祸患，中兵王僧辩征讨，连续打了几仗都不顺利，派淳于量援助王僧辩。淳于量抵达，和王僧辩联合，大败文道期，杀了蛮族酋长，俘虏了上万人。按照功劳封淳于量为广晋县男，食邑300户，授职为涪陵太守。历任新兴、武宁二郡太守。

侯景之乱，梁元帝一共派了5支军队去援救京师，淳于量参与其中的一支。台城陷落，淳于量回到荆州。元帝秉承皇帝旨意以淳于量为假节、通直散骑常侍、都督巴州诸军事、信威将军、巴州刺史。侯景西进攻打巴州，元帝派都督王僧辩去占据巴陵。淳于量和王僧辩联合抵抗侯景，大败侯景的部队，生擒其部将任约。进攻郢州，活捉了宋子仙。又随王僧辩打败平定了侯景。承圣元年（552），按照功劳任淳于量为左卫将军，封为谢沐县侯，食邑500户。不久淳于量出任持节，都督桂州、定州、东宁州、西宁州诸军事，信威将军，安远护军，桂州刺史。

荆州陷落，淳于量守卫桂州。王琳割据湘州、郢州，多次派使者征召淳于量，淳于量表面上虽然和王琳来往，但暗地里派使者抄小路归依陈霸先。陈霸先受禅称帝，任命淳于量为持节、散骑常侍、平西大将军，送给他一部鼓吹，都督、刺史等职全部不变。不久晋号为镇南将军。又任命为都督、镇西大将军、开府仪同三司。

陈文帝继位，晋号淳于量为征南大将军。王琳被平定后，多次请他入朝。天嘉五年（564），征召为中抚大将军，常侍、仪同、鼓吹等职和待遇全部不变。淳于量手下将帅，大多怀恋本土，都想逃进山谷，不愿入朝。陈文帝派湘州刺史华皎征讨衡州境内的黄洞，并且派兵迎接淳于量。天康元年（566），淳于量抵达京都，因为在路上滞留，被有司奏知皇上，免除其仪同之职，其他不变。

光大元年（567），送给他一部鼓吹。华皎反叛，派淳于量为使持节、征南大将军、西讨大都督，统率大舰，从郢州、樊浦拒敌。华皎被平定，并逼降了北周的将领长胡公拓跋定等人。按功劳授职为侍中、中军大将军、开府仪同三司，晋封为醴陵县公，增加食邑1000户。尚未受职，又出任使持节，都督南徐州诸军事，镇北将军，南徐州刺史，侍中、仪同、鼓吹等官职和待遇不变。

太建元年（569），晋号为征北大将军，给扶。三年，突然到江阴王萧季卿那里买梁朝皇陵内的树木，萧季卿被免职，淳于量被免去侍中之职。不久又官复侍中。五年，征召为中护大将军，侍中、仪同、鼓吹、给扶等官职和待遇都不变。

吴明彻向西讨伐，淳于量赞成他的行动，派第六子淳于岑率领手下人马从军。淮南被攻克平定，淳于量被改封为始安郡公，增加食邑1500户。太建六年出任使持节，都督郢州、巴州、南司州、定州诸军事，征西大将军、郢州刺史，侍中、仪同、鼓吹、给扶等官职和待遇不变。七年，征召为中军大将军、护军将军。九年，因为公事免除侍中之职。不久又官复侍中。太建十年，吴明彻失败，晋升淳于量为使持节、都督水陆诸军事，又任命为散骑常侍，都督南兖州、北兖州、谯州诸军事，车骑将军，南兖州刺史，其他都和以前一样。十三年（581），晋升为左光禄大夫，增加食邑500户，其他官职不变。十四年四月去世，时年72岁。追任为司空。

在对外用兵的同时，陈宣帝加大了安民、抚民政策。《陈书卷五·本纪第五·宣帝》记载：三月初三，陈宣帝下诏曰：

> 去年南川禀报说多有歉收，所督征的田租迄今仍未上交。豫章等六郡太建五年（573）的田租，可延后其一半至秋交纳。豫章又欠交太建四年（572）之检首田税，也延后至秋交纳。南康一郡，岭下多有应酬接待。民间尤为衰落疲困，太建四年田租未交纳者，可特许免除。希望能够毫不懈怠地开展垦殖，这样年有所得，才能富裕起来。

夏季四月初十，有彗星现。彗星运动的时候后面好像有个尾巴，形状像扫把，故得名为扫把星。认为是上天给予人间的一种战争警告和预示。也指会给人们带来灾难或厄运。

于是，次日（十一日），陈宣帝下诏曰："谨慎小心，心怀善良，是一国之主的崇高德行，拯救苦难危急的百姓，是先圣垂范的通则。近来出师征伐，立意于救济百姓。青州、齐州是从前属地，胶州、光州乃是才士荟萃之乡，长期遭受凶恶的戎狄统治，争先归附有道的圣朝之治，为此抛弃了他们的农耕蚕桑，完全不顾衣食来源。而朝廷大军无力接待，只好在道路上住宿休息，朐山、黄郭一带，布满了车马营帐，百姓们扶老携幼，跋涉于草丛荒路之上，既丧失了他们生存的本业，又全都无所事事地流浪，就难免发生饥馑和时疫流行，难免流离失所。可派遣大使勤加抚慰，又拿出阳平仓中的谷米，拯救倒悬的饥民，并且供给流民粮种。鼓励与督责男女百姓，就近耕种土地。石鳖等处的山地，让他们随意开垦耕种。”

陈宣帝发布这道诏令，同时派官员去督导，这个措施真是一举多得：既安置了流民，又平息了可能发生的难民事变，还发展了农业生产，增加粮油产量，促进了农商经济的恢复。

六月初三，尚书右仆射、领国子祭酒周弘正卒。周弘正是朝廷旧臣，历经梁武帝、梁简文帝、梁元帝、梁敬帝、陈武帝、陈文帝、废帝、陈宣帝共八位帝王之臣。此前已有介绍，在此不再重复。到太建五年（573），授任尚书右仆射，祭酒、中正职务不变。不久令侍太子讲《论语》《孝经》。太子以弘正为朝廷旧臣，德高望重，于是对他以礼相待，虚心请教，像对老师那样敬重他。

周弘正特善玄言，又通晓佛经，即便是博学之士名望之僧，莫不请他质疑。太建六年（574）死于任上，时年 79 岁。宣帝下诏说：“追踪往事褒扬大德，已为常规。已故尚书右仆射、兼国子祭酒、豫州大中正周弘正，他见识独到，精通技艺学业，学识渊博，资质深厚，其道浸染学门，在百官中德高望重，猝然离世，朕十分悲伤。可追赠侍中、中书监，办丧事所需，酌量资给。”便出宫临哭，谥号简子。所著《周易讲疏》16 卷，《论语疏》11 卷，《庄子疏》8 卷，《老子疏》5 卷，《孝经疏》2 卷，《集》20 卷，都流行于世。子周坟，官至吏部郎。

陈宣帝为加强皇族宗室力量，于十四日，诏令以中卫将军、扬州刺史鄱阳王陈伯山为征北将军、南徐州刺史，以中护军衡阳王陈伯信为宣毅将军、扬州刺史。

据《陈书》史载：陈伯山（550—589），字静之，吴兴郡长城县（今

浙江长兴）人，南陈宗室大臣，陈文帝陈蒨三子。

陈伯山为人英伟，举止娴雅，喜愠不形于色，陈蒨非常器重他。当初陈霸先建立陈朝时，刚刚得到天下，诸王受封时仪注多有阙漏，及至陈伯山受封时，陈蒨意欲隆重其事，天嘉元年（559）七月丙辰日，封陈伯山为鄱阳王。陈蒨乃遣散骑常侍、度支尚书萧睿持节兼太宰告于太庙；又遣五兵尚书王质持节兼太宰告于太社。同年十月，陈蒨到临轩策命，又敕令王公已下并宴于鄱阳王府第。仍授任陈伯山为东中郎将、吴郡太守。

天嘉六年（565），转任为缘江都督、平北将军、南徐州刺史。天康元年（566），进号为镇北将军。

陈废帝时期，叔父陈顼辅政，不欲令陈伯山驻守边境，遂于光大元年（567），徙封陈伯山为镇东将军、东扬州刺史。

太建元年（569），陈顼即位后，征陈伯山入朝为中卫将军、中领军。太建六年（574），又任命为征北将军、南徐州刺史。寻为征南将军、江州刺史。太建十一年（579），入朝为护军将军，加开府仪同三司，仍给鼓吹并扶。

陈叔宝即位后，进号为中权大将军。至德四年（586），出为持节、都督东扬丰二州诸军事、东扬州刺史，加封侍中，余职并如以前。祯明元年（587），母亲严淑媛逝世，因而去职。明年，又起任为镇卫大将军、开府仪同三司，给班剑10人。祯明三年（589）正月薨，当时年仅40岁。

因为陈伯山性格宽厚，风度仪表优美，又于诸王中年岁最长，后主陈叔宝深深敬重他，每当朝廷有冠婚飨宴之事，必定使陈伯山为主。及严淑媛逝世，陈伯山居丧时因为孝顺而出名。陈叔宝曾经驾临吏部尚书蔡征的府第，因此往吊唁严淑媛，陈伯山号恸殆绝，因此，起为镇卫将军，陈叔宝仍谓群臣曰：“鄱阳王至性可嘉，又是西第之长，豫章已兼司空，其亦须迁太尉。”未及下诏而陈伯山逝世，后来，正值陈朝覆亡，遂无赠谥号。

据《陈书》载：陈伯信（？—589），字孚之，吴兴郡长城县（今浙江长兴）人，南陈宗室大臣，陈文帝陈蒨七子，衡阳献王陈昌嗣子。

天嘉元年（560），封衡阳郡王（今湖南株洲），奉衡阳献王陈昌之祀，任宣惠将军、丹阳尹，置佐史。

陈宣帝太建四年（572），为中护军。六年（574），为宣毅将军、扬州刺史。加侍中、散骑常侍。十一年（579），进号镇前将军，太子詹事，其他如故。

陈后主陈叔宝祯明元年（587），出为镇南将军、西衡州刺史。祯明三年（589）隋灭陈渡长江，陈伯信与临汝侯陈方庆都被东衡州（韶州）刺史王勇杀害。

冬季十月初九日，北周派御正弘农人杨尚希、礼部卢恺到陈朝聘问。对于这次北周使者到陈朝进行哪些外交事务，史书上没有明载。

但《周书》《隋书》有这两人的传记。从他们的传记中，是否可以推测，他们来陈朝的外交活动或使命？

杨尚希是弘农人。杨尚希童年时就失去父亲。11 岁时，辞别母亲请求到长安接受学业。范阳人卢辩见了对他感到惊异，让他进入太学学习，杨尚希专心钻研，孜孜不倦，同辈的人都很佩服他。

北周宣帝宇文赟的时候，派杨尚希安抚慰问山东、河北，到相州时宣帝驾崩，他跟相州总管尉迟迥在驿馆发丧。杨尚希出来对身边人说："蜀公哭泣不哀伤而且眼神不安定，将会有别的图谋。我们不离开，将遭受灾难。"就连夜逃跑。等到天亮的时候，尉迟迥才发觉，命令几十个骑兵追赶，没有追上，杨尚希就回到京城。

北周高祖宇文邕因为杨尚希宗室的声望，又背离尉迟迥到京城，待他很优厚。等到尉迟迥在武陟驻兵，高祖宇文邕就派杨尚希率领宗室兵马 3000 人镇守潼关。不久任命他为司会中大夫。

隋文帝杨坚继位，任命杨尚希为度支尚书，爵位升为公。一年后，离京担任河南道行台兵部南书，加封银青光禄大夫。杨尚希当时看到天下分的州郡太多，就上表说："从秦代统一天下，停止封侯，改设郡守，汉代、魏朝到晋代，邦邑设置多次更改。我看现在郡县数量，比古代多出一倍多，有的地方方圆不到百里地，（却）几个县并列设置；有的地方户数不到 1000，（却）两个郡分开管辖。配备的官员又多，资财耗费一天天增多，官吏士卒成倍增长，征收的粮食赋税一年年减少。这就是所说的人口少官员多，十只羊九个人放牧。现在要保存重要的去除空闲的（职位），把小的（郡县）合并为大的，国家就不会缺少粮食布帛，挑选任用官员就容易得到贤能的人才。”皇帝看了奏表赞美嘉奖他，就废除了天下诸郡原有的设置。后来杨尚希历任瀛州刺史，兵部、礼部两部的尚书。

杨尚希生性敦朴淳厚，又因为自己精通学业，有很好的声望，被朝廷重视。皇上常常在太阳起来时上朝，太阳西斜仍不感到疲倦，杨尚希进谏说：“周文王因为忧愁勤政而缩短了寿命，武王因为安闲快乐而延长了寿命。希望陛下总领要点，责成宰相去负责。繁杂琐碎的事务，不是适宜皇上亲自去处理的。”皇上高兴地说：“您真是关爱我的人啊。”杨尚希向来有脚病，皇上对他说：“蒲州出产美酒，足以用来养病，委屈您到那里去任职。”于是杨尚希离开京城担任蒲州刺史，兼任本州宗团骠骑。杨尚希在蒲州，有很多惠民的政事，又引来瀵水，建堤坝防洪，开垦稻田几千顷，百姓依靠这些得到好处。杨尚希在任上去世，谥号“平”。

卢恺，字长仁，涿郡范阳人。父亲卢柔，死在西魏中书监上。卢恺生性孝顺友爱，神情聪悟，略涉文献，善于写文章。北周齐王宇文宪，任他为记室。这以后袭爵位，当容城伯，食邑 1100 户。随宇文宪讨伐北齐，卢恺游说柏杜镇，让该镇投降。卢恺升任小吏部大夫，增加食邑 700 户。染工上士王神欢，曾贿赂人，想升官，冢宰宇文护提拔他当计部下大夫。卢恺劝谏宇文护说：“古时能登高赋诗的，可以当大夫。求贤人委官职，理应审慎。现在王神欢出身于染工，又无特殊之处，只因家中富有，自求当官，就与士大夫并列，恐怕讥讽之声要传到国外去。”宇文护终于让这事作罢。

建德年间（572—577），卢恺增加食邑 200 户。一年多后，转任内史下大夫。周武帝宇文邕在云阳宫，让各地挑选老牛，想用来烹给士人吃。卢恺进谏说：“过去田子方买老马，君子以为美谈。过去奉皇上明示，想以老牛之肉招待士人，恐怕有损仁政。”周武帝宇文邕称赞他的话，从而作罢。

卢恺转任礼部大夫，为出使陈国的副使。此前，出使他国的，多按他国礼节行事。到卢恺为使者，全按本国礼节行事，陈国人不能使他屈服。

从《周书》《隋书》里的记载，可以看到，他们来陈朝访问，可能不是什么好事。在北周邀请陈朝联合伐齐的行动中，陈朝是处于弱势的。但由于陈军横扫北齐，所向披靡。处于战胜国地位的陈朝君臣，也不会让北周占什么便宜。

冬十一月十九日，陈宣帝诏令北伐军用兵之地，一概免除赋税徭役10年。

第二十九章　强国力北周灭佛

太建五年（573）八月十九日，北周太子宇文赟纳杨氏为妃。杨妃是大将军随公杨坚的女儿。这在当时是一件并不起眼的事。可是，谁曾想到，就是这件并不起眼的事，最后使杨坚利用女儿的有利身份，以外戚之便利，夺取了北周的政权，代周建隋。

北周太子是一个什么样的人呢？先不看他的传记，只看下面几件小事吧。当年三月十三日，北周太子宇文赟在岐州捉到两只白鹿献给周武帝宇文邕，北周武帝下诏说："在品德，不在祥瑞。"

太子喜欢和小人亲昵接近，左宫正宇文孝伯对北周国主武帝说："皇太子受到天下的注目，但没有听到他品德的名声，臣有愧于担任宫官，实在应该由臣负责。况且皇太子年纪还小，志向和学业还不成熟，请陛下精选正派人，作为他的良师益友，调理培养皇太子的素质，希望他每天每月有所进步。如果不这样，后悔就来不及了。"

周武帝正容肃然起敬说："你世代为人耿直，忠于职守。听到你这番话，可见你的家风。"宇文孝伯拜谢说："说这话并不难，难在接受这番话。"武帝说："正派人哪有超过你的！"于是任命尉迟运为右宫正。尉迟运是尉迟迥的侄儿。

北周武帝宇文邕曾经问万年县丞南阳人乐运说："你说皇太子是怎样一种人？"乐运答道："是中等人。"武帝回头对齐公宇文宪说："百官花言巧语谄媚我，都说皇太子聪明有特殊的才智。只有乐运的话忠诚坦率。"并向乐运询问中等人的样子。乐运答道："像齐桓公就是中等人；管仲为相就可以使他成就霸业，竖貂辅政就会使国家混乱；可以使他为善，也可以使他为恶。"周武帝说："我明白了。"于是精选宫官辅助皇太子，提拔乐运当京兆丞。皇太子听说后，心里很不高兴。

太建六年（574）五月，北周发生了一件影响中国历史的大事件：

据《周书卷五·帝纪第五·武帝上》："丙子，初断佛、道二教，经像悉毁，罢沙门、道士，并令还民。并禁诸淫祀，礼典所不载者，尽除之。"这就是轰动朝野、影响历史的"北周武帝灭佛"事件！

北周武帝宇文邕（543—578），鲜卑人。他在位18年，死时仅35岁，史称北周武帝，是南北朝时期著名的政治家和军事家。据《周书》记载：周武帝宇文邕，字祢罗突，是太祖（宇文泰）的第四个儿子。母亲是叱奴太后。

大统九年（543），宇文邕生于同州，当时有神光照耀室内。宇文邕年幼时就懂得孝敬，聪明机敏，表现出才识和天赋。宇文泰为之感到惊异，说："能完成我志向的，必定是这个孩子。"12岁时，被封为辅城郡公。

孝闵帝宇文觉登基后，拜宇文邕为大将军，出镇同州。世宗宇文毓即位，升宇文邕为柱国，授蒲州诸军事、蒲州刺史。武成元年（559），宇文邕入都为大司空、治御正，晋封鲁国公，兼任宗师。世宗宇文毓十分亲近他，朝廷凡有大事，多同他商议。宇文邕性格深沉，识见宏远，不是因为世宗垂问，他始终不轻易发表意见。世宗宇文毓常常叹息道："此人不言，言必有中。"武成二年夏四月，世宗驾崩，遗诏将帝位传给宇文邕。

宇文邕一再谦让，百官劝谏，才不得不从命。二十一日，宇文邕即皇帝位，史称周武帝。宇文邕聪明有远识，性果决，有智谋，能断大事。他刚即位时，朝权掌握在宇文护手里。宇文护是宇文泰的侄子，西魏时，曾任大将军、司空。大定二年（556），宇文泰病重临终之前，曾郑重地对宇文护表示过，自己的诸子都年幼，而且外敌势力庞大，所以要求宇文护总揽军政，继承自己的志向。宇文护表面许诺下来。第二年，他拥立宇文觉为帝，建立了北周政权。宇文觉秉性刚烈，特别厌恶晋公宇文护的专权。宇文邕深知宇文护的势力已经长成，故而采取了韬光养晦的策略。即位伊始，他不敢暴露自己对宇文护的不满。保定元年（561）正月，宇文邕就以大冢宰、晋公宇文护为都督中外诸军事。而且在日常极力讨好宇文护。周梁躁公侯莫陈崇随宇文邕一同到原州，夜里，他执意回到长安去。众人都认为这件事有些奇怪。侯莫陈崇自以为聪明，便对自己周围亲近的人扬言宇文护已经被诛杀。有人把侯莫陈崇的话传了出去。宇文邕听说后，立即召诸公于大德殿，当着众人的面责骂侯莫陈崇，侯莫陈崇惶恐谢罪。就在这一天夜里，宇文护派兵冲进侯莫陈崇住所，迫使他自杀了。宇文邕通过实际行动，表明自己对宇文护绝无二心。不久，宇文邕又用韬晦之计表彰宇文护，诏称："大冢宰晋国公，亲则懿昆，任当元辅，自今诏诰及百司文书，并不得称公名。"在诏书之中不得称晋公宇文护之名，可见宇文邕对宇文护暂时"尊崇"之程度。

宇文护的母亲被北齐俘虏，母子分离35年，后来北齐将她放回，宇文邕对她也竭力奉承，凡是赏赐她的物件，一定是极尽奢华。每到四时伏腊，宇文邕都是率领皇族亲戚向宇文护之母行家人之礼，被称为"觞上寿"。用此来博得宇文护的欢心。由于宇文邕表面上的尊重、曲从，宇文护没有像对宇文觉、宇文毓那样对待他。然而在暗中，宇文护还是时时要挟宇文邕，专横跋扈，总想取而代之。

保定四年（564），宇文邕在宇文护的策划下发兵攻打北齐。十一月，柱国、蜀国公尉迟迥率大军围困洛阳，齐国公宇文宪于邙山围困齐军，晋公宇文护的军队驻扎于陕州。十二月，权景宣攻打北齐豫州，齐刺史王士良在内外夹攻之下投降了北周。但因为北齐武成帝高湛派高长恭与并州刺史段韶、大将军斛律光前往洛阳救援，因为惧怕北周的兵力强大，不敢前进。段韶利用谋略打败北周军队。宇文邕与宇文护想吞并北齐的初步计划被遏制。这次战役的失败，使得宇文护在北周的威望大大降低，为周武帝宇文邕后来的夺权创造了一定条件。

宇文邕吸取两位兄长的教训，表面上与堂兄相安无事，任其专权。暗中却在慢慢积聚力量，寻机诛护。建德元年（572），宇文邕决心铲除宇文护。宇文护从同州返回长安，宇文邕便与他一同来见太后，宇文邕一边走，一边对宇文护说："太后年事已高，但是颇好饮酒。虽然我们屡次劝谏，但太后都未曾采纳。如今兄长入朝，请前去劝谏太后。"说着，又从怀中掏出一篇《酒诰》交给宇文护，让他以此劝说太后。宇文护进到太后居处，果然听从宇文邕所言，对太后读起了《酒诰》。他正读着，宇文邕举起玉珽在他脑袋上猛地一击。宇文护跌倒在地，宇文邕忙令宦官何泉用刀砍杀宇文护，何泉心慌手颤，连砍几刀都没有击中要害。这时，躲在一旁的宇文邕同母弟卫公宇文直跑了出来，帮忙杀死了宇文护。

诛灭宇文护势力，是周武帝宇文邕一生中的大事。它使宇文邕避免了走短命皇帝的老路，把北周从内乱倾轧中解救出来。宇文护被杀后，北周的大权才真正开始掌握在宇文邕手中。宇文邕除去了心头之患，开始了一系列的改革措施，他在父亲宇文泰所建立的基础上，终于使原来弱于北齐的北周，转弱为强。随后将宇文护的儿子、兄弟及亲信斩尽杀绝。诛杀宇文护之子宇文会、宇文至、宇文静，以及伏侯龙恩、大将军万寿、大将军刘勇等人。大赦天下，改元建德。

在诛杀宇文护及其亲信后，宇文邕削弱大冢宰的权力，规定六府不必总听于天官大冢宰，使它的权力虚化，以加强皇权，又改诸军军士为侍官，表示军队从属于皇帝和国家化。再取消兵源的种族限制，一境内凡男悉可为兵，大大扩充了军力。又限定地方行政长官与其僚属的关系，以防止地方上的私人化。为了使兄弟诸王发挥辅助的作用，建德三年（574）正月，宇文邕册封柱国齐国公宇文宪、卫国公宇文直、赵国公宇文招、越国公宇文盛、滕国公宇文逌等兄弟为王爵。

宇文邕继续推行均田制，改进和发展府兵制度，将府兵指挥权从中外都督诸军事府收回由皇帝掌握，并开始招募均田户农民充当府兵，扩大兵源，充实军事力量，准备兼并北齐。

这样一名出色的政治家和军事家，为什么灭佛呢？尤其不可思议的是，周武帝原本也是信佛之人，可为什么突然灭佛了呢？

笔者认为最主要的原因有三点：

1. 周武帝即将对北齐用兵，需要大量的军备粮草，而佛寺、道观不用向国家缴税、纳捐，经过多年的积累，佛、道两家已富得冒油。佛、道们不光有信众香火钱，还占有了大量农田土地，免交赋税。正如后世的唐睿宗曾经说过的："天下十分之财，佛占七八。"北周武帝要用兵打仗，财力从哪来？当然首先要向佛寺、道观开刀了。

2. 用兵打仗需要兵源。一些民众想躲避兵役，往寺院、道观一钻，大量青壮年都当和尚、道士去了，对国家兵源就造成极大的影响。甚至一些敌对国家的重要将领，战败后往寺院、道观里“遁入空门”。对追究敌方将领的战争罪责也造成了极大的不便。特别是这些敌方将领躲避一时，等到风头一过，又死灰复燃，扯旗造反，对统治不利。

3. 寺院、道观大殿里金光闪闪的金像、铜像，既是对社会财富的浪费，也是国家急需的资源。捣毁寺院、道观可以收回金子，用于军备军费开支，那些大量的黄铜，可以铸造铜钱，以促进货币流通。后世的柴荣也曾经灭佛，直言不讳地说：“佛是佛，像是像，佛连身上的肉、眼都能施舍，砸佛像铸钱，佛也会同意的。”

周武灭佛原因是很复杂的，除以上三点主要原因外，周武帝之所以毁佛法，兼及道教，还有卫元嵩、道士张宾等人的怂恿。据《广弘明集》卷七《叙列代王臣滞惑解》载言：天和二年（567），有一个叫卫元嵩的人给周武帝上书，认为“唐、虞无佛图国安；齐、梁有寺舍而祚失者，未合道也。但利民益国，则会佛心耳。夫佛心者，大慈为本，安乐含生，终不苦役黎民。”因此，他建议周武帝灭佛。他的意见深受周武帝的赞赏。

卫元嵩是什么人呢？据《周书》记载，卫元嵩是当时北周的大臣，受到武帝的信任，在他年幼时曾经出家为僧，有过一段做和尚的经历，只不过后来由于种种原因他最终还是还俗了，并且成了一名国家的大臣。

就是这个曾经皈依过佛教的卫元嵩，在做官之后，产生了想要改革佛教的想法。于是他上书武帝，其大意为不信佛的唐虞出现了盛世，而笃信佛教的齐国和梁国反倒灭亡了。因此他建议，国家应该“省寺减僧”，即削减寺庙数量，并且减少出家的人数，并且将佛教严格遵守的清规戒律一律废除，规定僧人同样可以结婚生子，并且同样需要缴纳赋税和服劳役。周武帝听后，深以为然，于是采纳了卫元嵩的建议，决心改革佛教。

周武帝经过深思熟虑之后，采取了三个步骤：

第一步：是召集群臣、道士、僧人亲自讲述《礼记》，以此来表示自己崇儒的态度。周武帝在进行这一步的时候，所有的僧人、道士，包括儒家人士，都没有想到周武帝的真实意图。

第二步：召集群臣、道士、僧人，自由讨论三教优劣。经过多次的讨论，直到排列出儒家第一、道教第二、佛教第三，这才初步达到了周武帝的目标。

在这个阶段，三教名士，有多次交锋。道士张宾也上书请求废除佛教。于是，周武帝召集群臣及名僧、道士，讨论三教的优劣，意在压低佛教的地位，定儒为先，道教为次，佛教为后。

可是，当时执掌朝政大权的大冢宰宇文护，是笃信佛教，不表同意，加上道安、甄鸾等上书诋毁道教，因此，虽经多次讨论，三教未能定位。

周武帝对权臣宇文护从感情上就产生反感。宇文护支持的佛教，周武帝更加反感。建德元年（572）周武帝诛杀了宇文护，排除了这个政敌，周武帝才开始独掌朝政大权。次年十二月，周武帝又召集群臣、道士、名僧进行辩论，开始定出以儒教为先，道教为次，佛教为后的位次。由于名僧僧勔、僧猛、静蔼、道积等奋起抗争，极力诋毁、排斥道教，又使这次的位次未能付诸实现。建德三年（574）五月，周武帝再次召集大臣、名僧、道士进行辩论。这一次，“帝升高座，辨释三教先后，以儒教为先，道教为次，佛教为后”。把佛教抑为最末，事实上已是灭佛的前奏。

第三步：通过自由辩论，佛、道之间争论不休，双方都互相排斥对方，都在互相揭对方的老底，想要借周武帝之手除掉对方。在周武帝的刻意引导之下，儒教并没有受到任何影响，反而佛、道身上劣迹斑斑。这就是周武帝要的结果！可以说，周武帝的目的达到了！

可惜，当时有些佛教徒不知周武帝用意所在，还一个劲地争辩不休，说明佛教当在道教之上，心里很不服气。在会上，佛、道两家斗争非常激烈。据《续高僧传·智炫传》记载，智炫在辩论时力挫道士张宾，周武帝为道教护短，斥佛教不净，智炫答道：“道教之不净尤甚！”

周武帝说不过和尚，又恨道士不争气，于是，干脆硬行下诏。五月十七日，北周武帝宇文邕诏令：“断佛、道二教，经像悉毁，罢沙门道士，并令还民。”诏令发布之后，立即实施。“融佛焚经，驱僧破塔，……宝刹伽蓝皆为俗宅，沙门释种悉作白衣。”

于是，一场摧毁寺观、烧毁经书、驱逐僧侣等行动，在北周全境轰轰烈烈地开展了起来。此时蜀新州果愿寺僧僧猛，进京与武帝论述不宜灭佛，静蔼法师也面见周武帝论其灭佛之过，都被逐出宫殿之外，宜州僧人

道积，与同伴七人绝食而死，其事迹极为壮烈。

其实，励精图治，最重儒术的周武帝，早就认识到寺院占有大量肥沃土地和人口，又不承担徭役租税，严重影响国家财政收入和兵士来源，削弱了国力。周武帝之前信佛，只是为了迎合权臣宇文护而已。

宇文护，又名萨保，是宇文泰的侄儿。西魏时，曾任大将军、司空。公元556年，宇文泰病重临终之际，曾要求宇文护辅佐少主，宇文护表面许诺。第二年，他立宇文觉为帝，建北周。宇文觉“性刚果，恶晋公护之专权”。宇文护见他不服，不久将他毒死，另立宇文毓为帝，为北周明帝。北周明帝在位四年后，宇文护又将他毒死，改立北周武帝——宇文邕。在武帝掌权之前，大权为宇文护掌握。宇文护大力推行佛道，因此当时的武帝也对佛道极力推崇，这可能也是明哲保身迫不得已之举。

宇文邕登基后，把目标定为消灭北齐、统一北方。为此决定集中精力搞好内政，增强国力。而当时北齐国力已是江河日下，渐渐失去了在经济上和军事上与北周对抗的实力。

宇文邕于是于保定三年（563）联合突厥出征北齐，屡屡获胜，攻占北齐20余城。后因突厥撂了挑子，北周军队孤军奋战最后失败。这次失败使宇文邕摸清了双方的实力对比，决定继续发展和增强北周的国力。但掌握国家政权的宇文护像一座大山一般挡在他亲政的路上。宇文邕决定先除掉宇文护，扫清亲政的障碍。宇文邕与对宇文护不满的大臣多次商议，终于拟定诛杀宇文护的计划。

建德元年（572），宇文邕设计在太后宫里杀掉了宇文护，随后将其儿子、兄弟及亲信斩尽杀绝。终于迎来亲政。亲政后，宇文邕把注意力集中在内政上，发展生产，吸收均田农民充当府兵，扩充军备加强实力。

周武帝诛杀宇文护，把大权收归己有后，于次年十二月，又召集道士、僧侣、百官再次讨论佛、道、儒三教的问题。这一次，“帝升高座，辨释三教先后，以儒教为先，道教为次，佛教为后”。把佛教抑为最末，事实上已是灭佛的前奏。当时有些佛教徒不知周武帝用意所在，还一个劲地争辩不休，说明佛教当在道教之上，心里很不服气。而另一些明眼人却看透了周武帝的心事，指出：“若他方异国，远近闻知，疑谓求兵于僧众之间，取地于塔庙之下，深诚可怪。”

周武帝在毁法之前多次召开大会辩论三教先后。他命司隶大夫甄鸾，详研佛道二教，定其浅深。结果甄鸾作《笑道论》，讥讽道教。道安作《二教论》，唯立儒教、佛教，认为道家应当归属于儒教。建德二年（573），周武帝决定三教先后，以儒为先，道次之，佛教最后。

建德三年（574）五月，周武帝开始议毁法，召僧道会集京师。张宾与僧人智炫辩论不胜，周武帝乃亲自上场斥佛门不净，智炫直揭武帝护短。武帝不悦而退，为示公平，便下敕禁断佛道二教。周武帝于二教相残，已甚厌倦，故灭佛的同时连道教及各种民间宗教一并罢黜。

次月，武帝又下诏立通道观。使“圣哲微言，先贤典训，金科玉篆，秘迹玄文，所以济养黎元，扶成教义者，并宜弘阐，一以贯之。”通道观的学士共120人，都是儒、道、佛的名流。他们的任务是研究三教的哲理，探讨宏深的“至道”和幽玄的“理极”，并达到弥合三教的分歧，使“争驱靡息”的目的。

周武帝这次灭佛比较彻底。建德六年（577）北周灭北齐后，接着把废除佛教的政策推广到北齐境内。武帝亲自到邺城（北齐国都，今河北临漳县西南20公里漳水边上），召僧人入殿宣布废佛令，下令在原齐国境内灭佛，寺院等“准毁之”。

当时，有僧众500余人，都在俯首听命，独慧远和尚厉声抗辩说：“陛下今恃王力，破坏三宝，是邪见人，阿鼻地狱不论贵贱，陛下安得不怖？”

武帝听后大怒，眼睛直瞪着慧远说：“但令百姓得乐，朕亦不辞地狱诸苦。”慧远反驳说：“陛下以邪法化人，现种苦业，百姓当共陛下同堕地狱，何处有乐可得？”武帝不听劝告，把废佛运动在原北齐境内铺天盖地地发动起来。

周武帝灭佛，目的是为了扩大财源，巩固政权，在方式方法上比较高明：

第一，这次灭佛，是经过多次辩论之后做出的，各方面都有思想准备。

第二，这次没有采取坑杀僧、尼、道士和捣毁寺观的做法，而是将寺观赐给王公，让僧尼等还为编户。对于那些知名的高僧、道士，或以政府官员的身份送到通道观进行研究工作，或者量才任以官职，如以昙为光禄大夫、法智为洋川太守、普旷为岐山郡从事等。总之，方式方法比较温和。

据《房录》卷十一章记载：其时“毁破前代关山西东数百年来官私所造一切佛塔，扫地悉尽。融刮圣容，焚烧经典。八州寺庙（出）共40千，尽赐王公，充为宅第。三方释子减300万，皆复军民，还归编户”。《历代三宝纪》等佛教史籍也有记载，周武帝灭佛共毁寺庙4万座，一切经像尽毁于火；寺院财产，簿录入官，强迫300万僧、尼还俗，相当于当时总人口数十分之一的人重新成为国家编户，这对急需兵源和财力的封建朝廷来讲，其意义之重要不言而喻。

南北朝时期，佛、道二教极度兴盛。周武帝却独树一帜，毁佛断道，但并不屠杀僧侣，显示了其统治的高度灵活性。相比之下，南朝的梁武帝过度推动佛教的发展，“南朝四百八十寺，多少楼台烟雨中。”给国家带来沉重的负担，反衬周武帝统治政策的英明！

周武帝灭佛，时间较长，涉及面广，触动深，成绩可观，这一点是值得充分肯定的。因此当时有人称赞说：“帝独运远略罢之（指灭佛），强国富民之上策。”灭佛事实上也起到了“民役稍希，租调年增，兵师日盛。东平齐国，西定妖戎，国安民乐”的作用。正因为北周成功地开展了灭佛运动，才使北周有了充足的财力、兵源，国力大大增强，为北周灭齐乃至北周统一北方都奠定了坚实的基础。

第三十章　陈宣帝保护汉传佛教

北周进行轰轰烈烈的灭佛运动，使北方的大德名僧纷纷南渡，如僧靖嵩“遂与同学法贵、灵偘等三百余僧，自北徂南，达于江左”。

由于当时佛教已深入民间，北周大规模灭佛必然引起民情恐慌、社会震荡。因此，陈宣帝反其道而崇佛，以达到收揽人心、争取舆论之目的。对于来南陈投靠的众僧，“陈宣帝远揖德音，承风迎引，令侍中袁宪至京口城礼接登岸。……所司供给，务令周洽”。

佛教到南陈的时候，已成了维系社会安定的重要道德支柱。陈武帝时，出于政治上的需要，仿效梁武帝萧衍的做法，信奉佛教。他开始修复被侯景破坏的佛寺，设无遮大会，大行布施，并舍身为寺奴。他还出展佛牙（即南齐高僧法献从西域取回的佛牙），亲自礼拜。其后陈代诸帝亦学他的榜样。陈文帝即位后，任宝琼为京邑大僧正，也在太极殿设无遮大会，召集僧众举行《法华》《金光明》《大通方广》《虚空藏》等忏，在每一忏法中，文帝都亲笔撰发愿文，自称菩萨戒弟子皇帝，如他所御撰的忏文有妙法莲华经忏文、金光明忏文、大通方广忏文、虚空藏菩萨忏文、方等陀罗尼斋忏文、药师忏文、娑罗斋忏文等。修建佛寺60所，写经50藏，度僧尼2万余人。为皇太后大舍宝位，行清净舍身大法。

文帝天嘉年间，有一位洪偃法师，才重一时，甚为文帝所敬重。当时齐国有一位才华高绝的崔武子，出使陈国，陈国早惮崔武子的大名，知道他要来，竟无一人敢出任接待伴对之职，文帝临时决定请才学双优的洪偃法师任接待武子之职。崔武子与洪法师畅谈以后，竟使那位目空一切的崔武子，加叹而归，敬佩不已。从此洪法师即为全国朝野所钦仰。因此，朝廷上下都劝迫法师返俗为官，于朝廷出任重职。

陈宣帝继位后，对佛教弘化也是不遗余力，他受过菩萨戒，在他亲撰胜天王般若忏文中，一开始就说：“菩萨戒弟子皇帝，稽首十万诸佛，无量尊法，一切贤圣等。”在陈宣帝看来，“如来付嘱必俟仁王，般若兴隆期于圣运。弟子纂承洪绪思弘大业，愿此法门遍诸幽显。”陈宣帝礼敬慧思、智顗等高僧，为天台宗的成立创造了有利的条件。

周武帝下令摧毁寺佛塔，焚烧经书佛像，把寺院全都改成普通建筑，禁止各种宗教活动，强迫出家人还俗。大量出家人都逃往陈朝政权控制的江南一带，二祖慧可大师就在这一时期逃到了安徽的岳西县隐居。

智顗禅师等一些人翻山越岭，到达南陈境内，眼下面临的现实问题是没地方住，没有饭吃，怎么办？又恰逢灾荒年，百姓都不够吃，化缘讨吃都难。智顗禅师就跟大家讲，愿意留下饿肚子的就留下，不愿意的就出去找饭吃，各自随意。当时，有些弟子就离开了禅师。

陈宣帝了解到智顗禅师的困难，便诏令当地官府从税收财政里划拨了一些资金，给禅师解决了问题。离开禅师的那些修行人，又回到禅师的身边来了。

后来，智顗禅师克服种种困难，开始化缘找资金，修建寺院。得到了陈宣帝的大力支持，在天台山修建了一座寺院。给起了寺名“修禅寺”，陈宣帝特地派官员送来匾额，由当朝吏部尚书毛喜题字。这个匾额相当于是朝廷颁发的许可证。智顗禅师高高悬挂在寺院门前，吸引了更多的弟子前来修行。

智顗禅师 44 岁，开始讲《金光明经》。他见当地杀生业很重，很多人从事捕捞业，还有海潮退潮时，很多海生物被困在渔民下的各种捕鱼工具中，数量巨大，很多都没有人收，就烂臭在那里。

智顗禅师心生慈悲，就经常跟渔民们讲杀生的过患，不少渔民因此改行。后来，他发现这个事情，仅靠一己之力救的命还是有限，想做好做大，必须得到朝廷的支持，于是他就给陈宣帝写信。

陈宣帝收到信后，下令把部分水域划为专门放生用。从此，形成了中国汉传佛教寺院建有放生池的传统。这一慈悲护生放生的传统，一代一代地流传下来，包括著名的杭州西湖，就是一个放生池，三潭印月的景观也是为放生设计建造的。

智顗禅师直到去世，一共建了36座寺院，不仅为佛教事业做出了不可磨灭的贡献，也拉动了当地的旅游经济，提供了附近民众的就业。寺院门前杂货商铺、美食摊点，生意火热。

智顗禅师60多岁圆寂，临终前写好了遗嘱以及交代了各项身后事，然后又拿出了一张他亲自设计的寺院图纸，地址也选好了，让弟子们在他去世之后接着修建寺院。化缘对象也做了预言和安排。据说，后来的弟子，拿着图纸和大师的遗嘱，去找到化缘（投资人）对象时，人家感动得当场就跪了！

这个庙后来真的就动工修建了起来，就是现在天台山的国清寺。智顗禅师真是“不为自己求安乐，但愿众生得离苦”的活菩萨啊。

智顗禅师的师傅是慧思禅师。是佛教天台宗第二代祖师。他从北周的朝政动态，敏锐地知道北周武帝即将要灭佛，便率40余僧徒从光州（今河南潢川）南下，入住南岳衡山。慧思是河南上蔡人，俗姓李，15岁出家，20岁受具足戒。以后游化各州，声誉远播。

果然，慧思祖师离开北周，南下陈境不久，周武帝果然发动了轰轰烈烈的毁寺院、焚经书、驱逐僧人等灭佛事件。

也有人推测，慧思禅师南下衡山，也有遭同门排挤的原因。当时北方地区佛门内部斗争十分激烈，慧思多次遭到迫害，甚至被人下毒。为躲避同门谋害，慧思不得不南逃，先是逃至光州，后来再到衡山。

衡山是道教圣地。道教势力比较强大，对初来乍到的慧思自然十分排斥。于是，以慧思为首的僧人，与以南岳九仙观道长欧阳正则为首的道士，为争夺南岳展开了一场激烈冲突。

慧思禅师为给自己入住道教圣地的衡山找一个正当理由，先将一具枯骨和一些僧用法器埋在地下。然后当着道士的面，将遗骨和法器挖掘出来。接着宣称，自己此前的“一生”“二生”都曾在衡山出家修行，现在已是第“三生”，还将继续在此修行。

道士们当然不是那么好忽悠的。既然慧思“编故事”，那道士们也就将计就计，反咬慧思祖师一口。于是，道长欧阳正则也安排人偷偷将一些兵器埋在山上，然后诬陷慧思私藏兵器，是北齐派来的间谍。

道士一般都会看风水之类的，他看到这股紫气对于佛法有利，因此想当然地认为佛法兴盛了，那么道教就要衰落了，于是就想方设法地、不择手段地来陷害慧思大师。其陷害的手段是：凿断岳心、钉石为巫蛊事和埋兵器于山上。

对于巫蛊历代都是以严刑来惩治的，汉律规定巫蛊者处死，北魏律规定："巫蛊者，负羖羊，抱犬，沉诸渊。"《佛祖统纪》卷三十七"法运通塞志第十七之四"，那里的注是解释巫蛊二字的，其文云："汉江充奏，戾太子为巫蛊事。蛊者，惑也，谓巫者左道。或众埋木人，为咒诅事。今道士欲以巫蛊事陷师也。"

"汉江充奏，戾太子为巫蛊事"是一个典故。是说在汉武帝刘彻晚年的时候，年老多病，因此总是怀疑别人下蛊诅咒他，于是下令让江充去调查。而江充正好和当时的太子有矛盾，害怕将来太子当了皇帝后收拾自己。于是，江充就指使一个姓胡的巫师，事先在太子宫中埋下小木人，然后带人去挖掘，以此来诬陷太子。

这个时候汉武帝不在首都长安，正在甘泉宫避暑养病。太子知道有人陷害，心里非常害怕，想在汉武帝知道之前把这件事情摆平。于是发兵杀了江充和那个胡巫，然而这样一来，大家都以为是太子造反了。当时的丞相刘屈牦出兵平乱，死者数万人，太子兵败逃亡，后来自杀了。汉武帝明白太子是被冤枉的，太子只是过于惶恐，想杀江充以表明自己的清白而已，并无造反之意，于是，汉武帝诏令"族灭江充家"，并造"思子宫"以表对太子的哀思。

上文借汉武帝时发生的诬陷之事，来指明现在的欧阳正则，也是用巫蛊之事来陷害慧思大师。

欧阳正则老道先把兵器埋在山上，以此来作为诬陷慧思大师是北齐派来的间谍。要知道，当时陈、齐两国处于敌对状态，而慧思大师又是从北周到北齐南迁到陈朝境内的，如果真的私藏兵器，那这种间谍行为是绝对不能容忍的。

欧阳正则带着一伙道士，把这三件事准备就绪之后，他就带领道士赴京城告御状说："这个北方来的僧人是受了北齐的招募和指使来做这些事情的（指上面所说的三件事情）。”因诡奏曰：“北僧受齐募而为之。”

当时南方政权是陈朝。陈宣帝接状后，立即派人前往衡山调查。使者到了衡山，刚想渡过石桥的时候，看见两只老虎挡道，连连号叫，使者为之惊惧，于是又退回山下。

负有皇帝命令的使者，必须完成任务。于是，第二天，使者再次上山，却仍有老虎挡道。

使者觉得此事并不简单，道士所言可能有假，于是对老虎说：“我们上山见禅师，只是想了解情况，绝无坏意。否则，任汝所伤。”说也奇怪，使者说完这话后，老虎竟然自行退去。

使者见到慧思大师后，说明来意，慧思大师就说：“请施主先行一步，我会接着赶到。”

从南岳衡阳郡到当时的首都金陵（建康、南京），其直线距离超过700公里，过了七天以后，慧思禅师猜测使者差不多快要到皇宫了，他这才开始拿着锡杖，现神通，前往金陵（江苏南京）。

四个城门的守城人都看见慧思大师从城门经过。使者不久之后，也随即赶到了，时间刚刚好，于是一同前行进见皇帝。

陈宣帝正坐在便殿之内休息，忽见慧思大师从空中冉冉下来，清净幢相不同寻常。即知是慧思禅师前来。何况，深受陈宣帝尊崇的智者大师正在金陵弘法。陈宣帝知道慧思大师是智者大师的师父。对慧思禅师早已有闻。

因此，当陈宣帝目睹了慧思大师的神通示现，就明白这样一位超脱世外的高人，怎么会去做一些世俗违法之事呢？

于是，对慧思大师一句话都没有询问，就令审案惩处捏造事实冤枉好人，胆大欺君的欧阳正则等14名道士。朝廷有司奏道：“欺君之罪，当斩弃市。”就是在闹市处死，并把尸体暴露街头。这种执行死刑的方式始于秦代，《史记·秦始皇本纪》云：“有敢偶语《诗》《书》者，弃市。”

慧思大师慈悲为怀，向陈宣帝请求说：“伤害别人的性命，这并非我的本意。祈请皇上能够释放他们，让他们仍旧归还山中，供给服侍僧众，这样也足以显示对他们的惩罚了。”

陈宣帝听了慧思大师的这个请求后，马上就同意了。并“敕有司冶铁为十四券，识道士十四名，周回其上，封以敕印，令随师还山。”就是说陈宣帝敕令朝廷主管司法的官员，制作 14 个铁券，铁券上标记欧阳正则等 14 人的姓名，盖上朝廷大印，令他们随大师回山服役。

慧思大师从陈宣帝便殿出来以后，皇帝让慧思大师暂住在栖玄寺。在这期间，慧思大师曾经前往瓦官精舍寺院，碰到下雨的时候，衣服不会被淋湿，脚踩在烂泥地上也不会脏。因为智者大师一到金陵就是住在瓦官寺，当时僧俗负笈来学者不可胜数，法运非常隆盛。慧思大师来到了金陵，智者大师拜见了自己的师父。而慧思大师前往瓦官精舍，也去看望自己的徒弟。途中碰到了僧正慧皓（慧暠）。僧正，为统管全国僧尼事务的最高僧官，又称僧主。慧皓惊叹道：“此神异人，何以至此。”言外之意是说：我们真有福德啊，能够见到这样的高僧大德。

于是，“举朝道俗，倾心归仰”。就是说不管是在家的还是出家的，都诚心归依仰慕。

陈朝有名的大都督吴明彻（在《陈书》卷九有传，字通昭，兖州秦郡人），也很是惊奇仰慕慧思禅师，也经常来听慧思大师讲经说法。他想供养慧思大师一个犀牛角做的枕头，但他又不敢直说。毕竟犀牛角做的枕头也算是“伤物害慈”之类。

尽管吴明彻没有说，但慧思禅师以他的修行功力，却能洞悉其心。通过他心通知道了吴明彻的想法，便对吴明彻说道：“你如果想供养枕头的话现在就可以。”

按理说，慧思大师这样的苦行僧是不会接受的。但慧思大师为了能够摄受他，同时也护念他难得的一片善心。吴明彻听了慧思禅师的话，大为惊讶称异！

慧思在京城日久，便欲返回山里。陈宣帝亲自设素宴，为大师饯行。慧思回到衡山后，那被有司审判的欧阳正则等 14 名道士，前来致谢！一来向慧思禅师表达救命之恩的谢意；二来说明自己年老体弱，不能亲自到寺院服役，愿意用道观的田地来补偿赎身。赎身，用财物换回人身自由。

慧思禅师当然明白欧阳正则这 14 名道士也是当地颇有名望的人，怎么好意思到寺院去服役舂米呢？既然欧阳正则这些道士愿将道观的田地送给寺院作为赎身的补偿。慧思也正好卖个人情给他们。于是同意了。慧思大师说："如果你们想留下田地供养三宝，那就满足你们的愿望吧。"于是称这些田地为"留田庄"，民间也有把它称作"道士赎身庄"的。

衡山是道教的圣地，为了阻止其他道士的纠缠和骚扰，慧思大师把陈宣帝所赐铁券都收藏起来，请工匠把它刻在石碑上用来记述这件事情，碑额为《陈朝皇帝赐南岳慧思大禅师降伏道士铁券记》，简称为《铁券记》。

从此，佛教寺院就在衡山落脚下来了。

再说慧思大师的弟子智者禅师，在京城弘法。智者大师，是中国佛教天台宗的开宗祖师。俗姓陈，家居荆州华容（今湖南华容县）。17 岁时梁末兵乱，家庭分散，颠沛流离，遂至长沙寺出家。陈文帝天嘉元年（560），至光州（今河南光山）大姑山，从学慧思法师，终成法华的著名学者。陈光大元年（567），智顗带领法喜等 27 人赴南京弘传禅法，名声大振，朝野风闻。

陈宣帝太建元年（569），智者大师受沈君理之请，居瓦官寺，开讲法华经题，树立新的教义，奠定了天台教观的基础。

沈君理，字仲伦，娶武帝陈霸先长女，官至仪同。当智顗至瓦官寺讲经之日，引起朝廷震动。陈宣帝特敕停朝一日，令群臣往听。仆射徐陵、光禄大夫王固、侍中孔焕、尚书毛喜、仆射周弘正等人俱于智顗门下受戒，成了菩萨弟子。

陈宣帝第二子始兴王陈叔陵出任湘州刺史，朝中公卿百官皆以礼物远道相送。陈叔陵回到京城时，都到瓦官寺，聆听智师说法，倾心供养，礼物如山堆积。智师叹道："我昨夜梦见强盗，今天看到了这些礼物。这是用毛绳截骨来绞杀我啊，使我想起庄子说的曳尾泥涂中的神龟了！"

于是，智师便遣散弟子，对他们说："当年，南岳慧思大师南下，由于说法合乎时，故心弦相应，法镜屡明，教化甚广。但是，当我来到瓦官寺时，40 人共坐修道，只有 20 人得法；第二年，百多人共坐修道，也只有 20 人得法；又第三年 200 人共坐修道，只有 10 人得法。以后徒众愈来愈多，得法愈来愈少。这样，我被缘境所牵，既妨害了自行，又影响了对人的教化；你们还是各随方便，我决心实现我的宿志隐山去了！蒋山太近，不是避俗嚣之处。据《天台山地记》中说，那里有仙宫，晋代高僧白道猷的说法是可信的；孙绰《游天台山赋》将它比作海上蓬莱。若在此山栖隐，采食山上的野果，饮啜山涧的清泉，可以满足我平生的愿望了！”

陈宣帝听到这一消息，下敕文留智师住瓦官寺弘法。仆射徐陵往瓦官寺见智师，涕泪潸然，恳请留住。但智师志意已定，不听劝留，便在陈大建七年（575）九月，去天台山游历山水。

不久，陈宣帝发下诏书说：“智者禅师是法界雄杰、法门的宗师，他的教导，遍及僧俗，是国中有名望的人物！可从始丰县上缴的税赋中，拿出一部分租米，供寺院僧众开支；派遣两户居民，做寺院打柴挑水等工作，免除官府的差役。”

从此，离开寺院的僧众又重新回来，但智师不因宣帝的诏书感到高兴，仍然过着平静的亦农亦禅的生活。

因为天台山地邻大海，百姓以捕鱼为业。有的在溪上架设渔梁，有的在海中架设渔簏。秋天水一涨，大小鱼填满渔梁，日夜两番涨潮退潮，鱼儿喽喽满簏，鱼骨成山，蝇蛆嗡嗡，响声如雷。非但水陆可悲，更痛船夫滥杀生灵。智师为此发大慈大悲心，变卖陈宣帝所赐的衣物，并劝诸善信乐助，用钱赎买渔簏一所，永作放生之池。

当时，临海内史计诩，到郡城就任后，请智师讲《金光明经》。智师济物无偏，立即前往。他以慈修身，使见到他的人都生欢喜之心；以慈修口，使听到他声音的人，都发心行善。循循善诱，劝人相信因果。合境渔人听经后，都改恶从善，好生去杀。潮水绵亘300余里，始丰溪上的簏梁共63所。渔人一致永远放弃，使之成为法池。一日所救的生灵（鱼类）上亿万数，何止《金光明经》中说的十千鱼群呢？

智师乘方舟（两舟相并）在海上讲《金光明经·流水品》。还散粳粮给鱼食，作财、法二施。船出海口，远望芙蓉山，山峦重叠，像红莲花刚开；横石孤垂，像已萎的莲花将落。智师说：“当年我曾梦见游海边，与这情景非常相似。”同行的僧人慧承、郡守钱玄智，都写文章咏叹。文繁不录。

计诩回到京城，后因别事坐罪，被判死刑羁押在大理寺。临斩首的前一天，他很盼智师能救他一命。当夜梦见群鱼亿万，不可胜数，口中都吐泡沫来濡润他。第二天一早，朝中忽然降旨，免除计诩的死罪。

讲经的那天中午，空中忽起瑞云，黄紫赤白，状如月晕，凝聚在虚空，远远地遮盖寺顶；又见黄雀群飞，展翅嘈嘈，栖集在檐栋上，半日方飞去。智师说："这是江鱼变成黄雀，来到这里谢恩啊！"智师派门人慧拔，将此事奏闻朝廷。陈宣帝即降敕旨说："（始丰溪）严禁捕鱼，永为放生之池！"

陈文帝第八子永阳王，时为东阳刺史，多次写信请智师出山开讲。智师遂赴会稽讲经，并行方等忏法。永阳王与子同受净戒，白天聆听讲说，夜晚修习坐禅三昧。

智师对弟子智越说："我想劝永阳王修福禳祸，你看行得通吗？"智越说："这样做，王府中的官吏，必有是非讽语。"智师说："我若能为王息灭讽语，也是一桩善事。"永阳王后来出游，从马上坠下，几乎死去。智越因此想起当时劝阻智师为王修福禳祸，忧愧伤心。智师亲率众僧，为王作观音忏法，专心致志。永阳王渐醒过来，靠着茶几坐着，见一梵僧，手捧香炉一直进来，问王道："病势怎么样？"永阳王流着汗，无话回答。梵僧便绕王一圈，香气缭绕，向右旋转，王觉病痛和烦恼顿时消除。智师是用戒慧先熏陶王心，再用灵验使他目睹。王亲历此事，怎能不信啊！

永阳王伤愈后，亲写《发愿文》说："令人敬仰的天台大师，德如道安、慧远，道如昙光、昙猷（四人皆晋代高僧），远近道俗，倾心崇拜，云集麾下。他绍承没落的像法，显露出慧日的强光，以救世俗，游走在法门，贯通禅理，有为之结已经断离，无生法忍已经现前。弟子（永阳王自称）宿业深重，在情爱之水中沉沦，虽亲尝法味，犹未除蒙蔽之心；徒仰禅悦，但尚怀散乱的思虑。日月飞逝，光阴如箭，有离有合，叹息何言？爱法敬法，如水长流。愿生生世世，在天台大师座下，常修供养，像智积供奉智胜如来；像药王供奉雷音正觉，安养兜率宫中，同修一乘佛法。"

陈朝三代五帝，对佛教都有弘扬之功德！著名佛教学者黄忏华先生概括陈代诸帝奉佛的情况说："建康（今南京）旧有700余寺，因侯景事变受到严重破坏，到了陈代，多数修复。陈武帝（557—559）曾设四部无遮大会，到大庄严寺舍身，由群臣表请还宫。他对于文学，据说‘广流《大品》，尤敦三论’。嗣位后的陈文帝（560—565），任宝琼为京邑大僧正，也在太极殿设无遮大会并舍身，招集僧众举行《法华》《金光明》《大通方广》《虚空藏》等忏，并别制《愿辞》，自称菩萨戒弟子。陈宣帝（569—582）命国内初受戒沙门一齐习律五年。陈后主（583—588）也在太极殿设无遮大会舍身大赦。”（《中国佛教》一，页30）

唐智升《开元释教录》卷七关于陈代的译经，与《续高僧传》所记有所不同。他说：“自武帝（陈霸先）永定元年（557）丁丑至后主（陈叔宝）祯明三年（589）己酉，凡经五主三十三年，缁素三人所出经、律、论及集传等，总四十部一百三十三卷。”

陈代的佛教，由于朝廷的支持，诸帝又都奉佛，总的说来，是兴盛的。特别是梁末侯景之乱被破坏的佛寺，绝大多数都得到了修复。据统计，陈代有寺院1232所，僧尼3.2万人。这个寺院和僧尼的数字和梁代相比，虽然少了很多，但在侯景大破坏之后的短期内恢复到这种程度，也是很不容易的事。

周武帝宇文邕不仅在北周采取灭佛运动，甚至在北周灭亡了北齐之后，北周仍然把灭佛行动延续到北齐辖境内，进行轰轰烈烈的灭佛运动。使北方僧人无路可逃，只能涌向南陈境内。大量僧侣从北方流入南方，这给南陈带来了沉重的国家负担！也促使南、北佛教思想得以相互融合，汉传佛教得以兴盛。陈宣帝、陈后主（包括陈武帝、陈文帝）出于政治人才的考量和社会稳定的需要，尽力弘扬佛法，为保护汉传佛教和华夏汉文明作出了卓越的历史贡献！

第三十一章　陈攻徐州周动心

太建六年（574）正月二十三日，在陈朝北伐军队的强大攻势下，广陵城牙城里的齐军将士向陈军投降。

此前，陈朝的左卫将军樊毅已经攻克了广陵楚子城。现在，广陵城的牙城也落入陈军手中，那么，广陵城的主城区，也指日可待。

广陵城，地处长江中下游平原东端，江苏省中部，东与泰州、盐城市交界；西通南京，与六合、天长县接壤；南临长江，与镇江、常州隔江相望；北接淮水，与淮安、盐城市毗邻；中有大运河纵贯南北。

广陵郡古运河、廖家沟三条河流呈“川”字形南北贯通境内。古运河最具扬州水文化特色，是古代盐商漕运的唯一通道；水上运输干线。

公元前319年，楚怀王在邗城基础上筑广陵城，广陵之名始于此。秦始皇统一中国后，设广陵县。汉代，今扬州称广陵、江都。吴王刘濞受封广陵，建立吴国，借助近山临海之利，“即山铸钱”“煮海为盐”，盐铁两大“官卖”业迅速发展；兴修水利，开盐河，种稻栽桑，进一步奠定了广陵水路交通运输的基础。

春秋吴国为伐齐国而开凿邗沟，春秋战国时期开凿运河基本都是为了征服他国的军事行动服务的。例如吴王夫差命人开凿邗沟的直接目的是运送军队北伐齐国，公元前360年魏惠王开凿的鸿沟，基本都是为了征服他国的军事行动服务的。吴王夫差在蜀岗上筑邗城，并开凿中国历史上最早的人工运河之一邗沟，沟通江淮水系，为扬州开发之始。

胥溪、胥浦是大运河最早成形的一段，是运河的萌芽时期，相传是以吴国大夫伍子胥之名命名。当时统治长江下游一带的吴国君主夫差，在吴国早已攻克楚国、越国之后，挡在他面前的只有齐国，夫差为了北伐齐国，争夺中原霸主地位，他调集民夫开挖自今扬州向东北，经射阳湖到淮安入淮河的运河（即今里运河），因途经邗城，故得名“邗沟”，全长 170 公里，把长江水引入淮河，成为大运河最早修建的一段，运河就是为水上运输而生的。至战国时代又先后开凿了大沟（从今河南省原阳县北引黄河南下，注入今郑州市以东的圃田泽）和鸿沟，从而把江、淮、河、济四水沟通起来。

吴王此后在艾陵（今山东泰安）打败齐国。公元前 482 年，在黄池（今河南封丘西南）率精锐大会诸侯，与晋争霸，结果吴国被越国偷袭所灭。夫差虽然身死，但是他留下来的不仅有扬州的雏形，而且这些古运河仍在使用。

古运河的开掘加强南北交通和交流，巩固朝廷对全国的统治，加强对江南地区的经济建设，促进了中原文化和南方文化相融合，并且方便南粮北运。漕运之便，泽被沿运河两岸，不少城市因之而兴，积淀了深厚独特的历史文化底蕴。有人将大运河誉为“大地史诗”，它与万里长城交相辉映，在中华大地上烙了一个巨大的“人”字，同为汇聚了中华民族祖先智慧与创造力的伟大结构，还促进了扬州、苏州、杭州等沿岸城市的发展，反映了交通对聚落发展的巨大影响。

三国时期，魏吴之间战争不断，广陵为江淮一带的军事重地。扬州作为东部防线的最后门户守卫着南方经济的命脉。

对于东部防线来说，它依靠运河连接淮河和长江。古运河邗沟和大运河都是在扬州城汇入长江，所以一旦北方政权攻克下淮安，就可以沿着运河南下，直接抵达扬州。

除此以外，广陵还扼守着瓜洲，被称为长江门户的城市，所以扬州可以说是江南政权的最后一道防线。扬州在历史上也发生过多次战争，虽然作为南方经济的重要城市，也有城墙和护城河的保护，但是多次被攻克，被北方战马的铁蹄一次又一次踏过。

到了和平时期，扬州更显其位置的重要性。作为运河和长江的中转站，它既是南北货物的交易中心，同时也承担着周转湖广、苏浙等地粮食的重担，以及赋税运往北方的任务。所以扬州的兴衰也关系到南北地区的经济命脉。

北齐为了防止陈朝军队渡过淮河，于太建六年五月十一日，派皮景和屯兵在西兖州，加强军事戒备。淮河干流发源于河南省桐柏县桐柏山老鸦叉，东流经河南、安徽、江苏三省，淮河下游水分三路。主流通过三河闸，出三河，经宝应湖、高邮湖在三江营入长江，是为入江水道，淮河流域地处中国东部，介于长江和黄河两流域之间，流域西起桐柏山、伏牛山，东临黄海，南以大别山、江淮丘陵、通扬运河及如泰运河南堤与长江分界，北以黄河南堤和泰山为界与黄河流域毗邻。

西兖州，是曹州的古称。北魏孝明帝孝昌三年（527）置西兖州，因当时其东有兖州，故名。《尚书·禹贡》记载：禹根据地理概况，依照名山大川的自然分界，把中国划分为冀、兖、青、徐、扬、荆、豫、梁、雍九大区域，故曰九州。“兖”通“沇”在许多史书上都已得到证实。而“沇”演变成“兖”，古人有这样的说法：“沇”字的篆文立水旁写作横水置于“允”上，后又隶变为“六”，改为“兖”字。因此，“沇”的本义为水名，今“兖”的意义是后人附加的。

西兖州初治定陶（今菏泽市定陶区西北）。不久移左城（今菏泽市定陶区西南）与济阴郡同治。领沛郡、济阴郡，辖七县。北周改称曹州。

定陶古称陶，上古时期为华夏部落活动的核心区域，因尧又叫陶唐氏，遂得名为陶丘，是一座历史悠久的古城，早在新石器时代，人类就在这里渔猎耕种，繁衍生息。

秦始皇二十六年（前221）始置定陶县。据《史记》载：春秋末期，范蠡助越灭吴后，辗转至陶，“以陶为天下之中”，遂在此定居经商，“十九年间，三致千金”，被后人尊为商祖，死后葬于陶，定陶之名由此而始。

定陶是一座历史悠久的中原古城，早在4000多年前人类就在这里渔猎耕种，繁衍生息。自春秋至西汉800多年间，一直是中原地区的水陆交通要道和古代重要都会。公元前12世纪，周武王封其六弟振铎为曹伯，建曹国，都陶丘。西汉建元三年改济阴郡，后又改为定陶国，东汉时不久又改为济阴郡。据《史记》载：春秋末期，范蠡助越灭吴后，辗转至陶，遂在此定居经商，“十九年间，三致千金”，被后人尊为“商界鼻祖”，死后葬于陶。《汉书·地理志》：“禹贡陶丘在县西南，有陶邱亭。”据《说

文解字》："定，安也。"定陶之名由此而始。

定陶位于中原中部地区，曾有"天下之中"一说，自春秋至西汉 800 多年间，一直是中原地区的水陆交通要道和古代重要都会。历史悠久，名人辈出。春秋时期智力超强的范蠡晚年曾定居定陶，统率能力前五的吴起，出生定陶，大文学家谷梁赤、左丘明都是定陶人。

定陶发生过很多政治、军事上的大事件。比如刘邦登基称帝，就是在定陶。那是前 202 年 2 月，刘邦兑现了先前的诺言，封韩信为楚王，彭越为越王。受封的韩信和彭越联合原来的燕王臧荼、赵王张敖以及长沙王吴芮共同上书刘邦，请他即位称帝。前 202 年 2 月 28 日，刘邦在山东定陶汜水之阳举行登基大典，定国号为汉。

定陶还发生过多次大战：第一次定陶大战，是秦末章邯破项梁的定陶之战。那是秦二世二年（前 208）七月，项梁率楚军击秦，在东阿（今山东阳谷阿城镇）、濮阳（今河南濮阳西南）东、定陶、成阳（今山东鄄城旧城镇东南）、雍丘（今河南杞县）连破秦军。数胜之后，项梁低估秦军力量，放松警惕 。八月，章邯得到秦二世的兵力支援，即率部进攻项梁，大破楚军于定陶，项梁战死。

第二次定陶大战，是东汉曹操灭吕布定陶之战。那是东汉献帝兴平二年（195），在曹操统一北方的战争中，兖州刺史曹操攻占定陶（今山东菏泽市定陶区），驱逐奋威将军吕布势力的作战。

曹操攻吕布濮阳之战后，重整旗鼓，于是年正月，击败侵入定陶（今山东菏泽市定陶区西北）的吕布军。五月，曹操向驻军巨野（今山东巨野东北）的吕布部将蒋兰、李封发动攻击，吕布亲自援救，被曹操击败，撤退而走。曹操歼灭巨野守军，斩蒋兰、李封，乘胜进驻乘氏（今山东巨野西南）。

此时，曹操获悉徐州牧陶谦已死，打算趁机夺取徐州，再回军消灭吕布。谋士荀彧指出：兖州（治廪丘，今山东郓城西北）是您成就霸业争夺天下的基地。当前应抓紧战机，收割熟麦，储存粮秣，积蓄实力，先集中力量消灭心腹之患吕布。然后进军讨伐割据扬州的袁术，控制淮、泗流域。如远征徐州，吕布必定乘虚而入，兖州郡县可能陷落吕布之手。前攻徐州多所杀戮，必然人自为战，无降服心，即能破之，亦难据有。倘若徐州军民坚壁清野，严阵以待，一时不能攻克，您将陷于进退失据，无家可归的危险境地。

曹操采纳荀彧的意见，放弃进攻徐州的企图。不久，吕布从东缗（今山东金乡）出发与陈宫会合，率1万大军，进击曹操。当时，曹操军在外收麦，留营者不过千人。营西有长堤，其南为树林。曹操当即集结部队，以主力埋伏在长堤之后，派一部兵力列阵挑战。吕布以为曹操兵少，率军急攻，被曹操诱入设伏地域后，伏兵突起，步骑联合夹击，吕布军大败溃逃。曹操紧随追击，进抵吕布营寨，吕布无力出战，又恐被曹军围攻，遂连夜弃营撤往徐州。曹操乘胜攻取定陶城，并分别派出部队收复兖州各县。

第三次定陶大战，是在近代的解放战争中，刘邓大军定陶之战。1946年8月下旬，国民党军集结14个整编师、32个旅共30余万人，从徐州、郑州等地，分东西两路进攻晋冀鲁豫解放区。晋冀鲁豫野战军在刘伯承、邓小平领导下，以部分地方武装阻击东路国民党军，主力部队集结于定陶以西地区对抗西路国民党军。9月3日，国民党军整编第三师行至定陶以西大杨湖、大黄集，晋冀鲁豫野战军对其发起进攻。经过3天激战，全歼整编第三师，俘虏师长赵锡田。7日，野战军又在定陶、考城地区歼灭整编第四十七师大部。此次战役歼灭国民党军4个多旅1.7万余人，其中俘1.2万余人，粉碎了国民党军对晋冀鲁豫解放区的进攻。

定陶曾经发生多次大战，足见定陶的军事战略地位很重要。作为当时的军事重镇，北齐派皮景和驻军防守定陶，以阻止陈军渡过淮河。

陈朝军队的将士们在前线拼杀，后方的朝廷公正地给予论功行赏。太建六年（574）十二月戊戌（十二日），陈朝任命吏部尚书王玚为右仆射，以度支尚书孔奂为吏部尚书，主官吏考绩黜陟。

当时陈朝刚收复淮、泗，对攻战有功及投降归附的人论功行赏的事纷纭复杂。孔奂鉴别人才精到敏捷，不受别人的请托，处理事情从不拖拉，人们都心悦诚服。

湘州刺史始兴王陈叔陵，屡次向吏部官员暗示，要求任命自己为三公。孔奂毫不客气地说："穿兖服的官职，本来是从品德的标准来推举的，未必都是皇帝的亲属。"并把这件事报告给陈宣帝。宣帝感到很奇怪，说："始兴王（陈叔陵）怎么突然想做三公，况且朕的儿子当三公，必须排在我侄子鄱阳王（陈伯山）之后。"孔奂说："臣的想法，和陛下的旨意一样。"

孔奂秉公执事，深受同僚和皇帝的敬佩。秋去春来又一年，陈朝北伐仍在进行中。《陈书卷五·本纪第五·宣帝》记载：太建七年（575）二十日，南陈左卫将军樊毅攻克北齐的潼州城（今江苏省徐州市睢宁西南）。

睢宁，是江苏省徐州市下辖县，名字由水系睢水取"睢水安宁"之意而得来。位于江苏省西北部，徐州市东南部，是徐州"一城两翼"中的重要一翼。

徐州，古称彭城，历史上为华夏九州之一，具有5000多年的文明历史和2500多年的建城史，地处江苏省西北部、华北平原东南部，长江三角洲北翼，自古便是"北国锁钥、南国门户、兵家必争之地"。

徐州的交通十分便利，四通八达，便捷的交通更加方便部队布置阵容，部队运兵神速，可以在一定时间内迅速进入作战状态。是一座具有很高军事战略地位的城市。

不仅如此，徐州的地理位置得天独厚，它的北翼、东翼、西翼三面被黄河环绕，形成了自然的水幕屏障。这样依山傍水的环境，自古以来都是易守难攻，但是这样的地方通常是炙手可热的、大多政权想要争夺的地方。

这样的咽喉之地，在当时可以说是起到了"一战定江山"的效果，占领了此地就相当于占领了中国的半壁江山。

自古以来，发生在徐州的战争，仅史料记载的就多达400多起，年代最远的发生在公元前21世纪，即彭伯寿征讨西河；最近的一次，发生在1948年11月，即淮海战役。当然，最著名的莫过于秦汉交替时期的彭城之战。那一战，楚霸王项羽仅率3万骑兵便击溃了56万诸侯联军，并险些活捉了刘邦。那么，徐州为何会成为兵家必争之地呢？

从地理上看，徐州一直是南北交界，处于北京和南京的中心位置，是防卫苏南税收重镇的屏障，可以说苏南的富庶和徐州的屏障作用密不可分。它扼守在交通要冲，北可控制华北平原，南下可攻打江南，西去可以进中原腹地，东推可有海港作退路。而且徐州虽属于华北平原，但周围却多山，易守难攻。加上黄河经常改道，流经徐州，有黄河天险据守。

徐州是中国南北的“咽喉”，虽属淮海平原，但鲁南山地却一直伸延至此。这在冷兵器时代，无疑是徐州的天然屏障，说其“一夫当关，万夫莫开”亦不为过。

其次，古代但凡打大仗，谁能在最短的时间内完成军事部署就可以赢得先机。这里所说的军事部署，起支撑作用的就是物资粮草。古代缺乏大型机械，主要以人力和畜力运输为主。而人力和畜力运输往往不及水运来得便捷。而徐州自春秋战国时代就有畅通的水路。例如徐州北面和东面有泗水环绕，西面有汴水流过。从泗水而上，可通曲阜、定陶；从汴水向西，可直达开封、洛阳；沿泗水南下，可抵达淮河重镇淮阴。

徐州物产丰富，也容易征集粮秣。曾有古籍如此描述徐州，“有地宜粮，有山宜林，有滩宜果，有水宜鱼”。很显然，资源丰富以及气候适中给徐州吸引了大批的居民来此定居。百姓既多，兵源征集便有了可靠的保障。

当然，无论是古代还是近代史上，徐州还有两种矿藏不可忽略，那就是煤矿和铁矿。汉代，徐州便有皇帝设立的铁官，宋代设利国监和宝丰监，专管开矿炼铁之事。这是徐州军事实力的标志之一，谁拥有徐州，谁就拥有制造武器的重要资源，就地取材，以煤炼铁，以铁造兵器。

陈军北伐，逼攻徐州，目的是构建一道完整的“江淮防线”。江淮防线涵盖了“兵家必争之地”的几座城市。首先就是徐州。

因此，陈朝大都督吴明彻挥军所向徐州。

陈朝战将樊毅等人，攻克徐州外围城池——潼州城（今江苏省徐州市睢宁西南）之后，接着又在二月二十三日攻克了北齐下邳（今江苏省徐州市睢宁县北古邳镇）、高栅（今江苏省宿迁市西）等 6 城。樊毅连战连捷。

据《陈书》载：樊毅字智烈，南阳湖阳人。其祖父樊方兴，梁散骑常侍、仁威将军、司州刺史、鱼复县侯。父亲樊文炽，梁散骑常侍、信武将军、益州刺史、新蔡县侯。樊毅出自将门，少习武善射。侯景之乱，樊毅率家兵随叔父樊文皎援台城。文皎于青溪阵亡，樊毅带宗族子弟赴江陵，归属王僧辩，征讨河东王萧誉，因功授职为假节、威戎将军、右中郎将。樊毅代兄樊俊任梁兴太守，领三州游军，随宜丰侯萧循征讨陆陈书纳于湘州。军驻扎巴陵，还未安营扎寨，陆纳潜军夜袭，营内叫嚷不安，将士们惊恐不已，樊毅只与左右数十人，于营门前奋力拼杀，斩十多首级，接着击鼓传命，军心才定。因功授职为持节、通直散骑常侍、贞威将军，封为夷道县伯，食邑 300 户。不久任天门太守，晋爵为侯，增加食邑到 1000 户。西魏围攻江陵后，樊毅率兵赴援，江陵陷落后，被岳阳王拘捕，不久逃回。

陈霸先受禅称帝，樊毅与弟樊猛起兵响应王琳，王琳败后投奔北齐，太尉侯瑱遣使招樊毅，樊毅率子弟和部下回朝。天嘉二年（561），授任通直散骑常侍，接着随侯瑱进讨巴、湘，累迁至武州刺史。

太建初年，转任丰州刺史，封为高昌县侯，食邑 1000 户。入京任左卫将军。

五年众军北伐，樊毅率部攻打广陵楚子城，攻下，又击退北齐军于颍口，北齐军援助沧陵，再攻克。七年攻下潼州、下邳、高栅等大城。到了吕梁兵败，诏令以樊毅为大都督，晋号平北将军，率部渡过淮水，正对着清口筑城垒，与北周人相持，雨下了很久，城垒被浸坏，樊毅全军回朝。

不久迁任中领军。十一年北周将领梁士彦带兵围攻寿阳，诏令以樊毅为都督北讨前军事，率水军进至焦湖。不久授职为镇西将军、都督荆郢巴武四州水陆诸军事。十二年晋督沔、汉诸军事，因公事免职。十三年征辟授职为中护军。不久迁任护军将军、荆州刺史。

后主即位，晋号征西将军，改封为逍遥郡公，食邑 3000 户，其他不变。入京任侍中、护军将军，到了隋兵渡江，樊毅对仆射袁宪说：“京口、采石，都为要冲，各需精兵数千，战船 200，战船都到江中，水陆共同防卫。假如不这样，大势已去了。”诸将都赞同他的建议。施文庆等人隐瞒隋兵消息，樊毅的计策未能实施。京城陷落，樊毅随旧例入关，不久离世。这是后话。

当年，陈军北伐北齐期间，最密切关注陈朝军队动向的，除了北齐朝廷，就是北周的武帝宇文邕。他当初邀陈伐齐，主要目的是让陈朝军队打前锋，牵制北齐，以利于北周对北齐的歼灭战！

同样是“伐齐”，北周与南陈的动机、目的并不相同：陈朝只是想夺回失去的淮南之地，以便构建“江淮防线”。并不是要灭亡北齐。“唇亡齿寒”的道理，陈朝君臣等精英们早就明白！也就是说，陈朝并不希望北齐亡国。

但是，北周的目的，却是要消灭北齐，进而吞并南陈。北周武帝积蓄国力，是三国当中最强大的王朝。北周有足够的国力，一统天下。

因此，北周密切、高度关注南陈伐齐的军事动态。北周并不希望南陈攻取徐州，以达到构建完整的“江淮防线”。如果南陈军队攻取了徐州，完成了“江淮防线”的防御体系，势必对北周以后“吞并天下”的军事行动，是一个极大的阻碍和威胁！

“江淮防线”在中国漫长的历史长河中，具有极强的军事地位。对于任何一个王朝而言，江淮防线已经不仅仅是一条单纯的防线，更为重要的是，它是一块大面积、大跨度的区域性战略区。无论是对于中原步兵还是边陲骑兵，他们首先要面临的第一道关卡就是越过淮河北翼水系，渡过这趟水系之后，面临的便是江淮防线中最为重要的军事重镇徐州。

徐州恰好位于淮河水系的中心点上，这也同时意味着防守徐州不能坚固单点城池，而是必须要守卫徐州城上下左右的四个面。

徐州城三面环水，只有南翼有通道能够出城，绝佳的战略地位为徐州城提供了绝佳的战略屏障，徐州城的王霸地位也为江淮防线提供了一个绝佳的战略支撑点。

更何况，徐州稳居南北运河的中心点，有利于古代大规模军团快速行军，比起陆地行军，更多的将领们仍旧喜欢选择水路进军，因为这样可以尽最大的可能保存军队实力，即便是要面临徐州这样被水系所环绕的军事重镇，他们仍旧会义无反顾地放弃从襄阳进军，而选择以徐州为战略突破点。

所以，历代以来北方的大规模军团南下侵犯的时候，大多数的人会选择从徐州下手，因为这里有更多的机会冲破防御。

如此一来，整个江淮防线的雏形也就显现出来了，所谓的江淮防线就是徐州、淮河水系、长江防线三个因素组成一个完善的江淮防线。

历代王朝在选择防守的时候往往都是据守在重要的据点，这些据点中有如荆州、武汉、九江、安庆，以及长江北岸重要的军事重镇合肥，守护这些重要的军事重镇也就意味着守护长江防线，只要死死掐住这些据点，整个长江天堑也就能够真正起到防御性的作用。

而合肥和徐州又是长江北岸两个互为战略支撑的军事重镇，它们可以相互驰援，也可以对江淮防线起到双重的防御作用。

北周并不想让南陈构建完整的“江淮防线”体系，担心以后会成为北周一统天下的障碍。南陈一旦完成了“江淮防线”的国防防御体系之后，以南陈目前的经济、军事发展趋势（此次吴明彻率军北伐，出发之时，陈军才 10 万左右，到陈军攻克寿阳之后，竟然发展到 20 多万大军），南陈势必会由防守转为进攻，从而挥军北上，威胁北周，统一天下。

因此，当陈朝将领鲁广达攻取了北齐的南徐州，陈朝任命鲁广达为徐州刺史，在此镇守。北齐的北徐州百姓纷纷起兵响应陈朝军队，直逼北徐州的州城之时，北周武帝就开始行动了……

第三十二章　周伐齐韦孝宽献策

北周武帝宇文邕开始行动了！

周武帝计划征讨北齐，下令边镇增加储备，增添防守的士兵；北齐听到这一消息，也增加修整守御点。

北齐朔州行台南安王高思好，原先是高氏的养子，勇猛矫健，很得边镇的民心。北齐后主派宠臣斫骨光弁到朔州，他对高思好很不礼貌，高思好大怒，便起来造反，说："我要去朝廷清除皇上身边的坏人。"

高思好进军到达阳曲，自称大丞相。在晋阳的武卫将军赵海，仓促间来不及向朝廷启奏，便假借后主的诏命发动军队进行抵抗。北齐后主听说有变，派尚书令唐邕等急驰到晋阳。辛丑（十一日），后主亲自统率军队随后进发。还没到晋阳，高思好的军队失败，只得投水自尽。他部下的2000军队，被刘桃枝包围，一面斩杀一面招降，他们始终不肯投降，直到全军覆没。

当初，有人举报高思好预谋造反，韩凤（长鸾）的女儿是高思好的儿媳妇。因此，韩长鸾偏袒高思好，便向朝廷上奏说："这个人诬告大臣，不把他杀掉就不得安宁。"于是，后主将举报人处死。

后来，高思好果然反叛，兵败身死。举报人的弟弟伏在宫阙下，请求北齐后主高纬授给官职，韩长鸾恼恨交加，不肯替他启奏。

北齐定州刺史南阳王高绰，生性喜欢做残忍暴虐的事情，曾经外出行走，看到有个怀抱婴儿的妇女，便夺下婴儿喂狗。妇女哭喊，高绰大怒，蘸了婴儿的鲜血涂在妇人身上，放狗去咬妇女，还常常说："我是学文宣伯父的为人。"

北齐后主听到后，将他锁送到自己在外地的住处，来了以后又饶恕了他。后主问："你在州里感到最快乐的是什么事？"高绰回答说："捕捉许多蝎子放在容器里，再放进一只猴子，看蝎蜇猴子极其可乐。”后主立即命令在晚上捉一斗蝎子，到第二天清早，才捉到二三升，都放在澡盆里，叫人赤裸身子睡在盆里，这个人被蜇得惨痛喊叫。后主和高绰亲临观看，不住地嬉笑。后主还责备他说：“这样快乐的事，为什么不派驿使赶快来向我报告!”

高绰因此得到后主的宠信，拜他为大将军，从早到晚和后主在一起嬉戏。韩长鸾对此很厌恶。后来，高绰被派出为齐州刺史。临出发前，韩长鸾派人诬告高绰要造反，上奏说：“这是违反国法，不能对他饶赦!”后主不忍心公开将高绰处死，便叫宠信的胡人何猥萨和高绰徒手角斗，趁机把高绰扼死了。

北齐后主性格懦弱，说话迟钝口吃，不喜欢见朝廷的官员，如果不是宠爱亲近的人，从不和别人交谈。不愿意别人看他，尽管是三公、尚书令、录尚书事等大官向他奏事，不能抬头看他，都是简要地说一些大概情形，便惊恐地离去。

北齐后主高纬继承了武成帝奢侈过度的余风，以为这是帝王理所应当的享受，后宫的妃嫔都是锦衣玉食，一条裙子的费用，甚至值一万匹绢帛的价钱；宫人们在衣着的新奇精巧上相互竞赛，早上的新衣服到晚上就被当作旧衣服。大兴土木修建宫室园林，壮丽到了极点；对所喜好的反复无常，屡次毁坏后又重新修复。从事土木建筑的各种工匠，没有一时的休息，夜里点起火把照明工作，天冷时用热水和泥。开凿晋阳的西山建成巨大的佛像，一夜间点燃万盆油灯，灯光可以照到宫中。国家有灾异和寇盗，从不谴责自己，只是多设斋饭向僧徒施舍，以为这才是修行积德。喜欢自己弹琵琶，谱成名叫《无愁》的乐曲，周围跟着唱和的侍从多到上百人，民间百姓称他为“无愁天子”。北齐后主在华林园设立贫儿村，自己穿了破烂的衣服，在村中以行乞为乐趣。又画下西部边境一些城池的图样，依照图样仿造，派人穿了黑衣模仿北周的士兵进攻城池，后主高纬自己率领宫里的太监假装在城里抵抗作战。

后主高纬宠信任用陆令萱、穆提婆、高阿那肱、韩长鸾等主宰朝政，宦官邓长、陈德信、胡人何洪珍等都参与机要的权柄，各自引荐亲戚朋党，高居显赫的官位。向他们奉纳钱财可以做官，进行贿赂可以制造冤狱，相互争着对后主欺诈谄媚，败坏朝政祸害百姓。

从前是奴仆的刘桃枝等人都纷纷开府、封王，其他的宦官、胡人、歌舞的艺人、巫师、官府的奴婢等轻易地得到富贵的，大概将近上万人，外姓被封王的有上百人，开府的有1000多人，封为仪同的不计其数，领军一时达到20人，侍中、中常侍有几十人，甚至狗、马、猎鹰等禽兽也有仪同、郡君的封号，有的斗鸡被封为开府，享受相应等级的俸禄。一些受到宠幸的卑鄙小人早晚在后主高纬的周围侍候取乐，一次游戏的费用，动辄超过一万。既而国库空竭，便赐给这些人两三个郡或六七个县，让他们出售官爵收取钱财。因此担任守令的，大都是富商大贾，争相贪污放纵，民不聊生。

鉴于北齐朝政如此溃败，北周大臣韦孝宽上疏武帝陈述三条计策，《周书卷三十一·列传第二十三》中有记载：

第一是：臣在边地多年，曾见到不少可乘之机，但不及时利用，难以成功。所以往年军队出征，只有劳累耗费，没有树立功绩，都是由于失掉机会。为什么？

淮河以南，以前是肥沃的地方，陈氏收拾起梁朝破亡后的力量，还能一举将它讨平；齐人每年去那里援救，都遭到失败而归。现在齐国内有离心外有叛乱，计尽力穷，仇敌之间有了破绽，这种机会不能失掉。现在大军如果发兵轵关，两车并行地前进，兼而与陈朝军队构成犄角之势，共同夹击敌人，并下令广州的义军从三鸦（今河南省平顶山市鲁山县西南）出兵，另外征募山南（周都长安，以褒、汉、荆、襄为山南）的勇猛锐利之士，沿黄河而下，再派遣北山的稽胡（稽胡，南匈奴之余种，散在河东、西河郡界，阻山而居，在长安北），截断对方并州、晋州的通道。以上这些军队，仍旧命令各自征募关、河以外的强壮勇敢之士，给予优厚的爵位和赏赐，派他们作为先驱。高山动摇，河流改道，雷鸣电闪，壮盛迅疾，诸军齐发，直捣贼巢。敌军必定是远远望见我军旌旗就奔逃溃散，我军可所向无敌。用兵一次即可平定天下，眼前实在是大好时机。

第二是：如果国家进一步为以后谋划，一时还没有大举进攻，最好和陈朝一同分散齐国的兵势。三鸦以北，万春以南一带地方，广为屯田，预先储备军粮，招募勇猛强悍的人组成部队。齐国的东南有陈朝和它为敌，双方的军队对峙，我方派出奇兵，就能突破齐国的国界。对方如果派军队来增援，我们可以坚壁清野，等他们远去以后，重又出兵。我们经常以边界一带的军队，调动对方心腹之间的军事主力。我方不须准备隔夜的粮草，对方却有疲于奔命的劳累，一二年中，对方内部必定出现离心而叛变。况且齐主（高纬）昏庸暴虐，政出多门，卖官鬻爵，唯利是图，荒淫酒色，忌害忠良，全国哀号，不胜其弊。由此看来，灭亡指日可待。然后寻找空隙发起迅雷不及掩耳的攻击，等于摧枯拉朽，腐朽的敌人很容易被打垮。

第三是：微臣以为，大周疆土，跨据函谷关和黄河，暗蓄席卷天下之神威，持有高屋建瓴之优势。太祖上受天命，使万物更新，因此二十四年之中，得建大功。向南平定长江、汉水，向西平定巴郡、蜀郡，边境以外无可忧虑，黄河以西也已平定。只有赵、魏，偏偏阻塞不通，正是因为我们三面多有战事，才没有余暇东征。古代的勾践要灭亡吴国，尚且为期十年，周武王征讨商纣，还曾再次出兵。现在如果能在乱世暂时退隐，等待时机，臣认为应当重新表示尊重友邻，重申盟约，安抚百姓和睦大众，互通贸易优惠工匠，养精蓄锐增加声威，等待机会而行动，这好比是用长长的马鞭远远地驾驭拉车的马匹，可以坐待兼并对方。

韦孝宽的三条献策，颇有见地。韦孝宽是什么人呢？据《周书》载：韦叔裕字孝宽，是京兆杜陵人，从少年时起以字代名。世代为三辅大族。祖父韦直善，曾任魏国冯翊、扶风二郡守。父亲韦旭，曾任武威郡守。建义初年，任大行台右丞，加辅国将军、雍州大中正衔。永安二年（529），被任命为右将军、南豳州刺史。当时氐贼多次抢劫偷盗，韦旭见机行事，加以招抚，氐贼一齐归顺，不久，在任期内逝世。追赠司空、冀州刺史，谥“文惠”。

韦孝宽沉毅机敏，平和正直，曾广泛阅读经史典籍。20岁时，萧宝夤在关西作乱，韦孝宽前往皇帝的殿廷，请求担任军队先锋。朝廷嘉许，当即任命他为统军，跟随冯翊公长孙承业西征，每次作战都立下功劳。任国子博士，代理华山郡政事。当时侍中杨侃任大都督，出镇潼关，推荐韦孝宽当了司马。杨侃认为他是一个奇才，把自己的女儿嫁给他。永安年间，被任命为宣威将军、给事中，随即又赐他为山北县男爵。普泰年间，以都督身份随荆州刺史源子恭镇守襄城，由于立功被任命为析阳郡守。当时独孤信担任新野郡守，都隶属于荆州，与韦孝宽感情亲密，政绩治术均有美名，被荆州的吏员称为联璧。孝武初年，以都督身份镇守城池。宇文泰从原州前往雍州，命令韦孝宽随军行动。等到克复潼关，立即任命他为弘农郡守。又参与活捉窦泰，兼任左丞，节度宜阳兵马事。仍然与独孤信入守洛阳城。后来与宇文贵、怡峰接应颍州的徒属，在颍川击败东魏将领任祥、尧雄。韦孝宽又进兵平定乐口，攻克豫州，活捉刺史冯邕。后参与河桥之战。当时大军作战失利，边境动乱，就命令孝韦宽以大将军身份代理宜阳郡政事。随即升任南兖州刺史。这一年，东魏将领段琛、尧杰又占据宜阳，派其阳州刺史牛道恒煽动、诱惑边民。韦孝宽很担心这件事，就派间谍访得牛道恒手迹，命令善仿书法者伪造牛道恒致韦孝宽的信件，谈归降之意，又制造了火烧的痕迹，好像就火而书一样，命令间谍将信件故意遗失在段琛营地。段琛得到伪信后，果然怀疑牛道恒，对牛道恒所筹划的措施一律废弃不用。韦孝宽得知离间见效，乘机出兵突袭，活捉牛道恒、段琛等人，崤、渑二地于是平定。

大统五年（539），晋封侯爵。八年，转任晋州刺史，不久改而镇守玉壁，兼代理南汾州政事。原先山胡仗恃险要，多次盗掠，韦孝宽向他们显示军威与信用，州内于是安定。晋升大都督。

大统十二年，齐神武调集太行山以东所有兵力，立志西侵。由于玉壁地处要道，先下令进攻它。齐神武营地连绵数十里，直达城下，并在城南垒起土山，打算乘机入城。正对着土山的地方，城上原有两座高楼。韦孝宽又在楼顶接上木头，使之更加高峻，准备了许多作战工具来防守。齐神武派使者对城中人说："纵使你们把楼接到天上，我也能夺取城池活捉你们。"于是在城南穿凿地道，又在城北垒起土山，准备进攻工具，日夜不停。韦孝宽挖掘长壕，截断城外地道，并命令战士屯守壕中。城外的敌人从地道中一出来，就被壕中的战士捉住杀死。又在长壕外堆积柴草，备下火种，发现地道内埋伏有敌人，就扔下着火的柴草，用皮囊吹火。火气一冲，敌人都被烧得焦头烂额。城外又造了攻城车，攻城车所到之处，没有不被摧毁的。虽然备有盾牌，但也无法与之对抗。韦孝宽于是缝成布缦，攻城车攻向哪里，布缦就张设在哪里。布缦悬在空中，攻城车竟无法毁掉它。城外又将松枝麻杆绑在长竿上，浸油后点着，想烧毁布缦，连带烧毁高楼。韦孝宽又打造了长铁钩，锋刃锐利，用铁钩遥割长竿，松枝麻杆一齐掉落下来。城外敌人又在城墙四面挖掘地道，共挖了 21 条，分为四路，在地道中立有梁柱。完工后，将柱子浇上油，点火焚烧，柱子折断，城墙也随之崩塌。韦孝宽立即在崩塌处树起木栅抵御，敌人仍无法入城。城外敌人用尽攻击手段，均被韦孝宽一一挫败。齐神武无可奈何，就派仓曹参军祖孝征对韦孝宽说："没有听说派来救兵，为什么还不投降？"韦孝宽回答道："我方城池严固，军粮充裕，攻者徒自劳苦，守者常觉安逸，哪有十天半月就必须救援的道理？我倒担忧你们有回不了家的危险。孝宽是关西男子，必然不当降将军。"停了一会儿，祖孝征又对城中人说："韦城主身享荣禄，或许能够这样，其他的将士，为什么要随韦城主入汤火中呢？"于是向城中射去赏格，说："能杀城主而投降的，可任命为太尉，封开国郡公，食邑万户，赏帛万匹。"韦孝宽在赏格的背面写上字，反射到城外，说："如果有能杀高欢者，依此赏格。"韦孝宽兄弟的儿子韦迁，原住在太行山以东，这时被锁拿到城下，脖颈上架着利刃，说："如果不早点投降，便杀掉韦迁。"韦孝宽慷慨激昂，毫无顾念之意。士卒无不感奋激励，人人有战死的决心。齐神武苦战 60 天，士卒中受伤及病死者十有四五，智谋用尽，军力衰疲，自己又得了病，连夜撤兵而去。后来，齐神武因此事恼恨而死。

魏文帝拓跋宏嘉奖韦孝宽战功，命令殿中尚书长孙绍远、左丞王悦到玉壁慰问，任命他为骠骑大将军、开府仪同三司，晋封建忠郡公。废帝二年（553），任雍州刺史。当初，大道旁每隔一里修一个记里程的土堆，经雨即毁，每次都要修复。韦孝宽到州以后，命令州境以内，凡当置土堆处均种一槐树代替，既不用修复，行人又得到庇荫。

后来周文帝宇文泰见了感到奇怪，问清楚后，说："怎能让一州单独如此？应当命令天下与此相同。”于是下令各州，夹道一里植树一株，十里植树三株，百里植树五株。

恭帝元年（554），以大将军身份与燕国公于谨讨伐江陵，将其平定，由于战功被封为穰县公。回军以后，被任命为尚书右仆射，赐姓宇文氏。

三年，周文帝宇文泰北巡，命令韦孝宽回去镇守玉壁。周孝闵帝登基，被任命为小司徒。明帝初年，任麟趾殿学士，考校图书典籍。保定初年，由于韦孝宽在玉壁立下功勋，于是在玉壁设置勋州，仍任命他为勋州刺史。齐国派使者到玉壁，请求互通贸易。晋公宇文护认为彼此相持日久，绝无来往，一日忽然来请求交易，怀疑另有原因。又因为皇姑、皇世母早先被齐人掳去，想乘着齐人请和的机会，让皇姑、皇世母回来。宇文护就命令司门下大夫尹公正到玉壁，与韦孝宽仔细商议。韦孝宽于是在郊外大设帷帐，让尹公正接待使者，顺便谈到皇家亲属尚在齐地。使者言辞神色十分愉快。当时又有汾州胡人抢劫来一批关东人，韦孝宽将他们放回，并致信一封，详细陈述朝廷欲与邻国交好之意。齐人于是礼送皇姑及宇文护母亲等人返回。韦孝宽善于安抚驾驭部下，能得人心。所派遣到齐国去的间谍，都为他尽力。齐国也有人得到韦孝宽的钱财，暗通音讯。所以齐国有什么动静，朝廷都能预先知道。

当时有一个主帅许盆，韦孝宽托为亲信，令他镇守边境的一座城堡。许盆竟以城堡投靠齐人。韦孝宽大怒，派间谍刺杀他，很快斩其首而归。其人心归向如此。汾州以北，离石以南，居住的都是尚未开化的胡人。他们劫掠居民，阻断黄河通道。韦孝宽很担忧这件事。可是那块地方属于齐国，无法派兵消灭。

韦孝宽打算在生胡入境的险要地方建筑一座大城。于是在黄河西岸征集服劳役者 10 万人，带甲士卒 100 人，派开府姚岳监督筑城。姚岳神色恐惧，认为兵员太少，十分为难。

韦孝宽说：“预计建成此城，十天即可完工。这里距晋州 400 多里，头一天开工，第二天齐人才能知道。假设晋州征集兵马，需要两天才能调集完毕；商讨用兵方略，又自会延滞三天。计算他们的行军速度，两天之内还无法到达这里。我们的城墙足可以建成了。”于是下令筑城。

齐人果然到达边境，怀疑埋伏有大军，停留不敢进。当夜，韦孝宽又命令汾水以南，依傍介山、稷山各村庄就地放火。齐人以为是军营，就退兵自固。大城建成的时间，果然如韦孝宽所言。保定四年（564），升任柱国。当时晋公宇文护将要东征，韦孝宽派长史辛道宪劝说宇文护不可出兵，宇文护不听。后来大军果然失利。孔城陷落，宜阳被围。

韦孝宽对部将们说："宜阳一城的得失并不重要，可是两国争夺它，使军队数年疲劳。对方多有聪明之人，难道还缺乏计谋？倘若对方放弃崤山以东，前来图谋汾水以北。我国的边界必被侵扰。如今应当在华谷和长秋速速筑城，使贼人打消这个念头。如果贼人先我一步行动，我们再下手就很困难了。"于是画了地形，详细陈述了敌我的态势。晋公宇文护命令长史叱罗协对使者说："韦公子孙虽多，总数尚不满百人。在汾水北岸筑城，派谁去镇守呢？"此事于是无法实施。天和五年（570），晋封郧国公，食邑增至1万户。当年，齐人果然解了宜阳之围，平定汾水以北地区，修筑城池固守。齐国丞相斛律明月到汾水东岸，请求与韦孝宽相见。

斛律明月说："宜阳是个小城，而使双方争夺了这么久。如今宜阳已经入了你们的版图，我们想在汾水以北取得补偿，请勿见怪。"

韦孝宽回答道："宜阳是你们的战略要地，汾水以北是我们放弃的地方。我之所弃，你之所图，哪里能算取得补偿？况且您辅佐幼主，地位崇高，名望隆重，理当调和阴阳，安抚百姓，怎么能穷兵黩武，与邻邦结下怨仇？眼下沧州、瀛州一带洪水泛滥，千里不见炊烟，您还想让汾州、晋州之间尸横遍野吗？倘若为贪图寻常之地，使精疲力竭之人再受极大苦难，我私下认为您不该这样做。"

北周韦孝宽的参军曲岩很懂得卜筮。他对韦孝宽说："明年，东朝（北齐）必定要互相大杀。"韦孝宽就命令曲岩作谣歌道："百升飞上天，明月照长安。"百升，暗含"斛"字。又说："高山不摧自崩，槲树不扶自竖。"命令间谍拿了很多这样的文字，丢弃在北齐的邺城附近。北齐权臣祖珽（孝征）知道后，又对这些文字加以润色，以影射斛律光谋反。斛律光竟因此而被北齐后主处死。

建德年间以后，北周武帝立志要平定齐国。韦孝宽上疏陈述三条计策。韦孝宽的奏书呈上以后，北周君主宇文邕把开府仪同三司伊娄谦召进内殿，从容地问他："朕要用兵，以谁为最先的对象?"伊娄谦答道："齐国的执政者沉湎在欣赏歌舞杂耍之中，酷嗜饮酒。他们冲锋陷阵的勇将斛律明月，已经死在谗言之中。上下离心离德，百姓慑于暴政，在路上相见时不敢交谈，只能以目示意。这是最容易攻取的。"北周武帝大笑。

太建七年（575）三月丙辰（初二），周武帝宇文邕派小司寇淮南公拓跋伟、开府伊娄谦等人携带丰厚礼品访问齐国，借此观察北齐有什么可以利用的机会。

就在这和平友好的烟幕下，又一场血肉淋漓的生死大战，即将拉开！……

第三十三章　周武帝密谋攻齐

太建七年（575）四月初十日，陈宣帝到太庙祭祀。

同一天，陈朝的监豫州陈桃根得到一头青牛，献给皇帝。陈宣帝下诏还给百姓。陈桃根又上表，献上丝织的罗纹、锦被两种各200件。

丝绸织品，据说是黄帝的妻子嫘祖发明的。她“养蚕取丝”织绸成衣。丝绸以春桑蚕丝为原料，蚕茧被缫丝之后得到的原料叫作生丝，由于生丝外面有一层胶质包裹，呈半透明状，这层胶质将会使得蚕丝僵硬、缺乏光泽、难以着色。除了少部分生丝织成的织物外，大部分织物还是熟丝织成的，想要获得熟丝就需要将生丝脱胶——在古代这个过程叫作捣练（反复捶打，再通过水洗）。得到了熟丝，就可以开始纺织流程了。

起初中国严密控制着丝绸织造业和养蚕业的技术流传，并禁止其流向外国。丝绸织品技术曾被中国垄断数百年，由于其编制技术在当时是一种复杂的工艺，又因其特有的手感和光泽备受人们的关注，因而丝织品成为工业革命以前世界主要的国际贸易物资。最早丝绸织品只有帝王才能使用，但丝绸业的快速发展令丝绸文化不断地从地理上、社会上渗透进入中华文化。并成为中国商人对外贸易中一项必不可少的高级物品。

陈桃根献上丝织的“罗纹锦”是工艺极高、非常珍贵的丝绸艺术品。先说“罗”吧。这个“罗”为纯蚕丝织物，是采用条形绞经罗组织的丝织物，表面具有纱空眼。在织造时，经纱会不停地抬升再下沉。经线不是相互平行而是互相绞缠的，纬线再从相绞的经线中穿过，这样就使得经纬较为稀疏、通透。质地轻薄、通风透凉，适于制作夏季服饰。

因此，“罗”质地紧密结实，纱孔通风透凉，穿着舒适凉爽，网眼多多却排列有序。所谓“荷叶罗裙一色裁，芙蓉向脸两边开”，所谓罗裙罗裙，款款而行，风姿绰约。所制之衣多有朦胧仙境之美感！

再说“锦”吧，这个“锦”是用彩色经纬丝织出各种图案花纹的纺织品，泛指具有多种彩色花纹的丝织物。锦多为缎纹、斜纹组织，先染线再织布，织成绚丽多彩的提花织物。锦是负有盛名的提花绸，在丝绸里最为华贵，古有“织采为文，其价如金”之说，说其珍贵度和黄金媲美。

“锦”并不只因其材料考究、制作费工而贵重，更重要的是：它是用美丽的五色彩丝织出优美的图案花纹，是一件精美华丽的丝织艺术品。《六书故》云：“织彩为文曰锦”；李时珍《本草纲目》“锦”的释名说：“锦以五色丝织成文章，故字从帛从金……”可见，优美的纹饰和华美的色彩装饰，是构成“锦”华贵的最重要的因素。

“锦”的生产工艺要求高，织造难度大，是古代最贵重的织物。它是一种立体组织，构成数层组织互相嵌合的复杂布料，摸起来要厚一些。这种织物有经起花和纬起花两种，也叫经锦和纬锦。

锦主要分为蜀锦、宋锦、云锦。其中“云锦”最为著名，为中国三大名锦之首。云锦产地在南京，因色泽光丽灿烂，状如天上云彩，故而得名。云锦主要有四大品种，专供御用，用于皇帝龙袍、皇后凤衣、霞帔、嫔妃的宫廷装，异常华美。

云锦更多是一个文化概念，它的皇室特供身份，包括江宁织造局的名号，织就龙袍等，都是它身上的闪光属性。

而云锦本身的分类是繁复的，分成库缎、库锦、妆花，虽然大部分的云锦以缎纹组织为主，但变化也十分繁复，很难一概而论。

“妆花”型云锦虽然数量不是最多的，但是最常被人提及的。妆花也是一种立体的插合结构，由织工在织机前用纬管盘织而成，所以它的花多样性更强，表现形式更加自由。

由于妆花的盘织较为独立，除了蚕丝外，盘织妆花时也可以用一些非主流的线，比如将黄金锤扁切成金线、孔雀羽毛等。用黄金打成箔，切成丝，捻成线，这是一种以金缕或金箔切成的金丝作纬线织成的、用金线显示花纹而形成具有金碧辉煌效果的织锦。特别珍贵！

据史料介绍：“库锦”在缎地上以金线或银线织出各式花纹丝织品，又分为“二色金库锦”和“彩花库锦”两种，多织小花。而“妆花”是

云锦中织造工艺最为复杂的品种，也是最具南京地方特色和代表性的提花丝织品种。这些品种的“锦”，其实就是一种艺术品！

由此可知，陈桃根献给皇帝的200件锦罗和锦被不仅是非常奢华的生活用品，更是非常精致、非常珍贵的艺术品！

但是，陈宣帝却下诏在云龙门外将这200件锦罗和锦被全部焚毁！！！这实在是一件令人非常惋惜的事！

不过，从陈宣帝的角度看，禁止享受奢华，禁止溜须拍马，禁止“上有所好，下必甚焉”，树立清正廉洁的风气，更为重要！

陈宣帝诏令将如此珍贵的锦罗和锦被在云龙门外烧毁，无疑是向全天下人昭示朝廷政治的清正；也是对那些想吹牛拍马、投机取宠的官员们打了重重的一巴掌！

对于北周异常的动态，陈宣帝似乎有些察觉！

三月十七日，陈宣帝诏令陈军加强防务。《陈书卷五·本纪第五·宣帝》记载，诏令豫、二兖、谯、徐、合、霍、南司、定九州用南豫、江、郢所管辖在长江以北的各郡安置举旗归顺的义士，赶赴大军及诸镇备防。

三月二十四日，陈宣帝以新任征西大将军、合州刺史、开府仪同三司黄法氍为豫州刺史，镇寿阳，侍中、散骑常侍、持节、将军、仪同、鼓吹、给扶并如故。改梁东徐州为安州（今江苏省宿迁市）。武州改称沅州（今湖南省常德市，武陵）。将谯州移镇于新昌郡（今安徽省滁州市，顿丘），以秦郡归属于这个州。盱眙、神农二郡又还原隶属于南兖州）。

豫州，初为汉武帝所置十三刺史部之一。辖境约当今淮河以北、伏牛山以东豫东、皖北地。东汉治所在谯（今安徽省亳州市），三国魏以后屡有移徙，辖境亦伸缩不常。东晋、南朝时治所最北在悬瓠城（今河南汝南），最南在邾城（今湖北黄冈西北）。辖境最大时相当今江苏、安徽长江以西，安徽省望江县以北的淮河南北地区。经常只辖有今安徽淮河以南部分地区。北魏治所在悬瓠城。

东徐州，是古代辖区名字，公元525年（北魏孝明帝孝昌元年），置东徐州，治下邳县（今江苏邳县）。梁武帝中大通五年，北魏建义城主兰宝杀东徐州刺史崔庠，降梁，梁置武州治下邳。陈宣帝太建七年，陈将樊毅伐北齐克下邳，陈改东徐州名安州。

安州，是行政区划名，始置于咸康四年（338），安州之名称在中国历史上出现过多次。《梁书·武帝本纪》：大同六年九月，移安州置定远郡（治今安徽省定远县），受北徐州都督，定远郡改属安州。

而武州呢，是南朝梁（502—557）时期置，以武陵（今湖南常德）而名，武州与武陵郡同治临沅（今常德市武陵区），下辖武陵、南义阳和南平等郡。

还有沅州，因沅水而得名。地处湖南省西部。府治芷江（在今湖南省芷江侗族自治县）。下辖：芷江（今湖南省芷江侗族自治县）、黔阳（县治在今湖南省洪江市黔城镇黔阳古城）。陈太建七年（575），武州改称沅州，以沅水命名。沅州治泸阳（今湖南省芷江侗族自治县），下辖武陵、南义阳和南平等郡。

盱眙郡，是江苏省淮安市下辖县，地处长江三角洲地区，位于淮安西南部，淮河下游，洪泽湖南岸，江淮平原中东部；东与金湖县、滁州天长市相邻，南、西分别与滁州市天长市、滁州市来安县和明光市交界，北至东北分别与泗洪县、洪泽区接壤。

南梁时，盱眙郡初属北兖州，后属淮州。武帝末年（549），淮南地区为东魏占领，于县治置盱眙郡，属淮州，郡辖盱眙、阳城、直渎三县。后入北齐，盱眙郡仍属淮州，郡辖考城、盱眙、阳城、直渎四县。

南陈宣帝太建五年（573）八月，盱眙入于陈，九月改属谯州，盱眙郡仍辖考城、盱眙、阳城、直渎四县。

神农郡，领临泽、三归、竹塘三县治。辖境相当今江苏高邮市地。属南兖州。

南兖州，晋明帝太宁三年（325），因“永嘉之乱”北方人大批南下。侨置兖州于广陵（扬州市区）。晋成帝时，兖州改称南兖州，治所于京口（镇江市区）。

齐高帝建元四年（482），南兖州领广陵、海陵、山阳、盱眙、南沛五郡。“侯景之乱”后，被北齐夺取。北齐文宣帝天保三年（552），南兖州归属北齐，并改名为东广州，下置广陵、江阳二郡。陈宣帝太建六年

(574)，东广州入南朝，复称南兖州。

陈宣帝调整郡县、任用官员，做好备战的准备……吴明彻率大军征伐北齐的淮南地区，此时的北周异常动向，已经引起陈宣帝的高度警惕！

六月初三（丙戌）日，陈朝廷为北伐阵亡将士，隆重举行哀悼仪式。以激励陈军将士和全民的昂扬斗志！

陈宣帝不得不考虑最坏的情况：如果北周在进攻北齐的同时，分兵突袭陈境，陈国朝野是否有能力进行两线作战？

这段时间，北周的武帝宇文邕在干啥呢？

据《周书》记载：周武帝单独和内史王谊谋划进攻北齐的军国大事，其他的人都不知道。后来因为各位皇弟的才略，没有超过宇文宪的，周武帝就告诉了他。宇文宪很赞同攻打北齐。

宇文宪还对北周武帝说起杨坚。因为，北周国主武帝向来都是厚待杨坚，齐王宇文宪对武帝说："普六茹坚（杨坚），相貌异常，臣每次看到他，不觉茫无所措；恐怕他不会甘居人下，请及早把他除掉！"武帝也怀疑杨坚，就询问善于看面相的来和，来和却欺骗武帝说："随公杨坚是个信守名分、注意节操的人，可以镇守一方；如果当将领，将会无坚不摧。"

这个杨坚，就是后来建立隋朝，灭了南陈的隋文帝。在此特别介绍一下：据《北史》《隋书》所载：杨坚姿容相貌奇特壮美。来和（畿伯下大夫、长安人）曾经对杨坚说："您的眼睛像晨星，无所不照，当为天下之王，希望您能克制诛杀。"

这话不知可信否？在《隋书·本纪》里却记载是赵昭说的。明帝即位，授右小宫伯，进封大兴郡公。帝尝遣善相者赵昭视之，昭诡对曰："不过作柱国耳。"既而阴谓高祖（隋高祖杨坚）曰："公当为天下君，必大诛杀而后定。善记鄙言。"（见《隋书·帝纪·卷一·高祖上》）

杨坚是弘农郡华阴人。杨坚的远祖是曾在汉朝做过太尉的杨震，杨震的八代子孙叫杨铉，曾在燕做过北平太守。杨铉生杨元寿，杨元寿在北魏做武川镇司马，子孙因而就在那里居住。杨元寿生太原太守杨惠嘏，杨惠嘏生平原太守杨烈，杨烈生宁远将军杨祯，杨祯生杨忠，杨忠就是杨坚的父亲。杨忠跟从周太祖在关西起兵，周太祖赐他姓普六茹，官位升到柱国、大司空、随国公。杨忠死后追封为太保，谥号“桓”。

杨坚的母亲吕氏，在大统七年（541）六月十三日夜，在冯翊般若寺生下杨坚，当时，紫气弥漫厅堂。有一个从河东来的尼姑对杨坚的母亲说：“这个孩子的来历很特别，不可在凡俗中喂养。”尼姑将杨坚安置在客馆，亲自抚养。杨坚的母亲曾抱着杨坚，忽然看见杨坚头上长出角来，浑身出现鳞片。杨坚的母亲十分害怕，以致让杨坚掉在地上。尼姑外出归来见此情景说：“已经惊骇我儿，致使他迟作国君。”（见《隋书·本纪·卷一》）

杨坚龙颜堂堂，额上有五根像柱子的印记连着头顶，目光外射，掌上有“王”字的纹理。身材上长下短，深沉而威严。初入太学，即使是至亲也只能和他亲昵而不敢轻忽他。杨坚 14 岁时，京兆尹薛善征召他为功曹。15 岁时，凭父亲的功勋被授散骑常侍、车骑大将军、仪同三司之职，封为成纪县公。16 岁时，升骠骑大将军，加授开府。周太祖看见杨坚后赞叹地说：“这个孩子的模样气质，不像是世上的凡人！”周明帝继位，授杨坚为右小宫伯，加封大兴郡公。

周明帝曾派善于相面的赵昭（在《北史》里却载是来和）为杨坚看相，赵昭对周明帝假装说：“不过是做柱国的面相罢了。”不久，私下对杨坚说：“您将要做天下的君主，但一定要大开杀戒之后才能安定天下。请好好地记住我的话。”

周武帝即位，杨坚改任左小宫伯。离京出任随州刺史，升大将军。后来武帝征召他回京城，遇上母亲卧病，三年之中，杨坚昼夜服侍，不离左右，世人称他为孝子。宇文护执政，特别忌恨杨坚，屡次想陷害他，因大将军侯伏、侯寿等救助才免于被害。其后杨坚承袭随国公的爵位。周武帝聘杨坚长女为皇太子妃以后，对杨坚更加尊重。

齐王宇文宪对周武帝说：“普六茹坚相貌不同一般，我每次见他，都觉得不知所措。恐怕他不会居于人下，请早除掉他。”周武帝说：“他只不过可做一个将军罢了。”内史王轨多次对周武帝说：“皇太子非社稷主，普六茹坚有反叛的相貌。”周武帝不高兴，说：“如果一定是天命，将怎么办？”

杨坚十分害怕，只得深深地隐藏自己的本来面目。周武帝建德年间（572—578），杨坚率领水军3万，在河桥攻破北齐的军队。第二年，跟周武帝平定北齐，进位柱国。又与宇文宪在冀州攻破北齐任城王高湝，拜授为定州总管。

在此之前，定州城西门久闭不开。北齐的文宣帝高洋在位时，有人请求打开城门，以便于行路。齐文宣帝不答应，说：“以后会有圣人来打开它。”

等到杨坚率军到城下时，城门便开了，人们无不惊奇。不久，杨坚调任亳州总管。周宣帝即位，杨坚凭皇后之父的身份征拜为上柱国、大司马。大象初年，升为大后丞、右司武，不久调任大前疑。皇帝每次巡幸，总是委托杨坚留守京师。当时周宣帝制定《刑经圣制》，其法律非常苛刻。杨坚认为法令苛刻更容易滋长犯罪，不利于教化，恳切地劝谏，皇帝不采纳。杨坚的官职和威望越来越高，皇帝很猜忌。皇帝有四个宠幸的妃子，都是皇后，四家争宠，多次相互诽谤诬陷。皇帝常怒气冲冲地对杨坚的女儿说：“一定要杀尽你们九族！”于是召见杨坚，对左右侍卫说：“假如普六茹坚变了脸色，就杀死他。”杨坚来后，镇定自若，于是作罢。

大象二年（580）五月，任命杨坚为扬州总管。将要去赴任，突然脚病发作，没有成行。十一日，周宣帝去世。周静帝即位时，年龄幼小，不能亲理朝政。内史上大夫郑译、御正大夫刘日方以为杨坚是皇后之父，是众望所归，于是假造诏书，召杨坚入朝总理朝政，统领朝廷内外的军队。宇文氏在藩国的国王，杨坚担心他们谋反，于是以赵王宇文招将把女儿嫁给突厥为借口，征召诸王入京。二十三日，为周宣帝发丧。二十六日，周静帝拜杨坚为假黄钺、左大丞相，文武百官汇集在杨坚门下，听从调遣。以正阳宫为丞相府，以郑译为长史，刘日方为司马，大小官员一一设置。

在周宣帝时，刑罚残酷，百姓害怕，人民没有为朝廷出力的想法。到现在，杨坚大力推崇仁政，法令清正简明，他自己也很节俭，因而天下老百姓都很高兴。六月，赵王宇文招、陈王宇文纯、越王宇文盛、代王宇文达、滕王宇文荄都到达京城长安。相州总管尉迟迥自以为是重臣老将，不服气，于是在东夏起兵谋反。赵魏之士从者如流，10天之间，就聚集了

10 多万人。而宇文胄在荥州，石荽孙心在建州，席毗在沛郡，席毗弟叉罗在兖州，都纷纷响应尉迟迥。

尉迟迥将儿子送到陈朝做人质，请求陈朝出兵援助。杨坚命令上柱国、郧国公韦孝宽征讨他们。雍州牧毕王宇文贤和赵、陈等五王，因民心归向杨坚，因而谋划造反作乱。杨坚抓住并杀死了宇文贤，不追究赵王等人的罪过。于是下诏书，让五王佩剑上殿，入朝不要小步快走，以安定他们的心。

七月，陈朝将领陈慧纪、萧摩诃等进攻广陵，吴州总管于凯打败了他们。陈慧纪是陈武帝陈霸先的从孙，他涉猎不少书史，恃著自己的才学任性使气。陈霸先讨伐侯景时他跟随，配备兵马，也陪同陈霸先讨伐杜龛，南梁期间他获任为贞威将军、通直散骑常侍。陈武帝建立陈朝后，陈慧纪在永定二年（558 年）获封宜黄县开国侯，食邑 500 户，担任黄门侍郎。陈文帝继位，他转任安吉县县令，迁官明威将军军副。当时司空章昭达征讨安蜀城，陈慧纪出任水军都督，在荆州烧毁青泥连结的船只。临海王陈伯宗即位，他在光大元年（567 年）因功除授持节、通直散骑常侍、宣远将军、丰州刺史，增加食邑到一千户。

当时，广陵人杜乔生聚众谋反，刺史元义平息了他。韦孝宽在相州打败尉迟迥，把尉迟迥的首级传到京师，其余党羽全部铲平。起初，尉迟迥作乱时，郧州总管司马消难据州响应，淮南的州县也大多应和。杨坚命令襄州总管王谊征讨他们，司马消难逃到陈朝。这是后话，暂且不讲了。

且看北周武帝宇文邕，与宇文宪、内史王谊策划征伐北齐的事，究竟如何了？

在此，先介绍一下宇文宪。据《周书》史载：齐炀王宇文宪字毗贺突，是宇文泰的第五个儿子。性格通达机敏，有气量，虽在幼年，而神色严峻。最初被封为涪城县公。少年时与宇文邕（后来即位为周武帝）一块学习《诗经》《春秋》，都能综合要点，得其旨意。宇文泰曾赏赐给儿子们良马，让他们自己选择。只有宇文宪选了一匹杂色马。宇文泰询问其原因，宇文宪答道："这匹马颜色特殊，可能出类拔萃。如果从军作战，马夫容易辨认。"宇文泰高兴地说："这个孩子识见不凡，必当成为大才。"

后来随从在陇山上打猎，经过官马牧场，宇文泰每次看见杂色马，都说："这是我儿子的马啊！"命令随从牵来，赏赐给他。魏恭帝元年(554)，晋封安城郡公。孝闵帝登基，授骠骑大将军、开府仪同三司。世宗继位，授大将军。武成初年，被任命为益州总管兼益、宁、巴、泸等二十四州诸军事及益州刺史，晋封齐国公，食邑1万户。

当初，平定蜀地之后，宇文泰认为那里形势险要，不愿让老将去镇守，想在儿子们中挑选人选。遍问宇文邕以下，谁能当此重任？

大家还没有来得及回答，而宇文宪首先请命。宇文泰说："刺史应当安抚部众，治理百姓，不是你所能干的。按年龄授官，应当先轮着你的哥哥们。"宇文宪答道："才能有所不同，而与年龄大小无关。如果试而无效，甘心当面受责备。"宇文泰十分高兴，但由于宇文宪年龄还小，没有派他。世宗遵照先帝旨意，所以有这样的任命。

宇文宪当时16岁，善于安抚驾驭部属，留心治理之术，诉讼集中在一身，而受理不见疲倦。蜀人感激他，共同立碑，称颂他的功德。不久，升任柱国。保定年间，被征召回京，任雍州牧。晋公宇文护东伐时，以尉迟迥为先锋，包围洛阳。宇文宪与达奚武、王雄等人屯兵邙山。其他各军分守险要。齐兵数万人，突然从后面杀出，各军惊恐，纷纷溃散。只有宇文宪与王雄、达奚武率兵抵挡。王雄被齐军杀死，三军震恐。宇文宪亲自督率激励，军心才安定下来。当时晋公宇文护执掌大权，对他十分信任，赏罚之事，都得以参与。

天和三年（568），任命宇文宪为大司马，兼任小冢宰，仍担任雍州牧。四年，齐国将领独孤永业前来侵犯，强盗杀死孔城防主能奔达，据城响应齐军。诏命宇文宪与柱国李穆率兵从宜阳出发，修筑崇德等五城，切断敌军运粮通道。齐国将领斛律明月率军4万，在洛水以南筑起营垒。五年，宇文宪涉过洛水进攻，斛律明月逃走。宇文宪追击到安业，多次交战后才回来。当年，斛律明月又率大军在汾水北岸修城，向西直到龙门。晋公宇文护对宇文宪说："盗贼遍地，军马纵横，使战场之上，百姓困苦。岂能坐视百姓被大肆杀戮，而不想法解救？你说用什么计策？"宇文宪答道："依我看，兄长应当暂且从同州出兵，以作为威慑，我请求以精锐军队在前，根据情况进攻。不仅边境可以安宁，而且能够另有所获。”宇文护表示同意。六年，派宇文宪率兵2万，从龙门出发。齐国将领新蔡王王康德由于宇文宪兵到，连夜率军悄悄逃跑。宇文宪于是向西返回。又掘开汾水，使河水向南淹没敌军营垒，率军重新进入齐国境内。齐人以为宇文宪难以深入，就放松了边防戒备。宇文宪于是渡过黄河，进攻伏龙等四城，两天内全部占领。又攻克张壁，缴获其军用物资，将城垒平掉。当时斛律明月在华谷，无法救援，就向北攻占姚襄城。这时汾州已久被围困，运粮通道被截断。宇文宪派柱国宇文盛运粟接济。宇文宪自己经过两乳谷，袭击齐国的柏社城，将其占领，又向姚襄推进。齐人据城死守。宇文宪令柱国、谭公宇文会修建石殿城，作为汾州后援。齐国平原王段孝先、兰陵王高长恭率大军抵达，宇文宪命令将士结阵以待。大将军韩欢被齐人偷袭，部属奔逃，宇文宪亲自督战，齐军稍退。天色已晚，双方各自收兵。

晋公宇文护被处死以后，周武帝宇文邕召宇文宪入朝，宇文宪免冠请罪。周武帝对他说：“天下者，宇文泰之天下，我继守大业，常恐丢失。冢宰目中无君，欺凌皇上，打算反叛，我因此将他处死，以安定国家。你与我本是同族，同甘共苦，此事与你无关，为什么还要请罪?”诏命宇文宪前往宇文护宅第，收缴兵符、文书等物。随即任命宇文宪为大冢宰。

周武帝处死宇文护等人之后，亲理朝政，打算整顿政治，统一刑令，即便牵涉到宗室中人，也不加以宽容。宇文宪原来被宇文护所重用，从天和年间以后，威势渐大。宇文护欲有所言，大多令宇文宪上奏。皇帝有允许的，也有不同意的，宇文宪担心皇帝同丞相之间互相猜忌，每次都是委婉地说清意思。周武帝也知道他的用心，所以得以免祸。可是仍然因为他威名太大，始终放心不下，虽然遥授冢宰之职，实际上夺去了他的权力。开府裴文举，是宇文宪的侍读，高祖经常驾临内殿，接见裴文举。周武帝对他说：

“晋公反叛的迹象，朝野均知，我之所以含泪将他处死，是为了安定国家，有利百姓。从前魏朝末年动乱，宇文泰辅佐元氏；周朝上承天命，晋公才执掌大权。积久而成的习惯，变成了常规，就认为政令应当这样。

难道有30岁的天子还要被人制约吗？况且近代以来，还有一种弊病，曾经暂为部属的，就礼敬上级犹如君王。这是扰乱社会的权宜之法，不是治理国家的办法。《诗经》说：‘日夜不敢懈怠，用来服侍一人。’一人，只能是天子。你虽然陪侍齐公，但不能形同君臣。再说宇文泰有十个儿子，难道都能当天子？你应当用做人的正道来规劝齐公，使我们君臣和睦，骨肉融洽，不要让我们兄弟之间互相猜疑。”

裴文举拜谢而出，回来告诉宇文宪。宇文宪手抚几案，指着心道：“我向来的心意，您难道不清楚吗？只有尽忠效命，还有什么话说？”

当初，宇文直内心十分忌恨宇文宪，宇文宪权当不知，对他容让。又因他是皇帝同母之弟，更加友爱尊敬。处死晋公宇文护的时候，宇文直坚持请求罪及宇文宪。周武帝说：“齐公的心迹，我全都清楚，不得再有怀疑。”文宣皇后驾崩后，宇文直又秘密报告道：“宇文宪喝酒吃肉，与平时没有区别。”周武帝说：“我同齐王不是一母所生，都不是嫡子，他为了我，而特别自我约束。你应当感到惭愧，有什么理由再去议论他的对错？你是太后最喜欢的儿子，承蒙慈爱。如今只需自勉，不要再没有根据地乱说别人。”宇文直才不再说什么。

当年秋天，周武帝驾临云阳宫，卧病在床。卫王宇文直在京城举兵叛乱。周武帝召见宇文宪，对他说：“卫王反叛，你知道吗？”宇文宪答道：“微臣原来不知道，今天才见到诏书。宇文直如果违背天命，就是自取灭亡。”周武帝说：“从前管叔鲜、蔡叔度被杀，而周公却辅佐周成王完成大业，人心不同，犹如人的外貌各不一样。我只惭愧兄弟之间动兵，这是我的不足之处。”

由此可见，周武帝宇文邕是非常信任宇文宪的。因此，周武帝才与宇文宪、内史王谊秘密商议征伐北齐之事。之后，周武帝又引出一人。

此人是谁呢？……

第三十四章　北周伐齐忽折返

且说当时，周武帝宇文邕与内史王谊、宇文宪秘密商议征伐北齐之事，又引出一人。此人是谁？……

原来，周武帝派纳言卢韫乘驿车三次到安州，去找安州总管于翼，向他询问伐齐的计策，别人都不知道这事。

于翼是什么人呢？他就是当年率军攻陷南梁江陵的主帅于谨的儿子。《周书》有载：于翼，字文若，是太师、燕公于谨的儿子。风度潇洒，有识见器量。11 岁时，娶宇文泰之女平原公主为妻，授员外散骑常侍，封安平县公，食邑 1000 户。大统十六年（550），晋封郡公，加大都督衔，率领宇文泰随从，为皇宫宿卫。升镇南将军、金紫光禄大夫、散骑常侍、武卫将军。

其父于谨平定长江以南，把赏赐的奴婢物品，分给儿子们。于翼什么也不要，只挑选关内名门子弟中有士人风度的给以优遇。宇文泰听说，特地赐给奴婢 200 人，于翼坚决推辞，不敢接受。随即授车骑大将军、仪同三司，加侍中、骠骑大将军、开府仪同三司等衔。六官设置以后，被任命为左宫伯。

孝闵帝登基，出任渭州刺史。于翼之兄于寔原先在该州任职，施政仁惠。于翼又以诚相待，严守信用，施政宽和简要，蛮汉各族百姓都感激喜悦，把他们兄弟比作大小冯君。当时吐谷浑入侵黄河以西，凉、鄯、河三州都被围攻，派使者前来告急。秦州都督派于翼赶去援救，于翼不服从命令。下属的官员都以此为话题。于翼说："攻打进取的战术，不是蛮族的长处。这次敌人来侵，不过是抢掠边境牧民罢了。怎能屯兵城下，多日围攻？抢掠而无所得，势必自行退去。出动军队前往，也一定追不上。我估计这件事已经结束，不必再说。"过了几天传来消息，果然同于翼预计的一样。

贺兰祥讨伐吐谷浑，于翼率领州兵担任先锋，深入敌境。以战功增加食邑1200户。随即征调入朝，授右宫伯。世宗很喜欢文史，建立麟趾学，凡朝内有专长者，不论地位贵贱，都可参加听讲。以至于萧撝、王褒等人以及仆役小人同时成了学士。于翼对皇帝说："萧撝是梁主的嫡子，王褒是梁国的公卿。如今与仆役之流混在一起，恐怕不合尊尚贤能、重视官爵的道理。"皇帝采纳了他的意见，诏命于翼规定次序，于是有了区别。

世宗驾崩，于翼与晋公宇文护一同接受遗诏，立宇文邕为帝。保定元年（561），贬于翼为军司马。三年，改封常山郡公，食邑2900户。天和初年，升任司会中大夫，食邑增至3700户。三年（568），皇后阿史那氏从突厥来到，周武帝行迎亲之礼，命令于翼总管礼仪制度。蛮族虽然素无礼节，可是都害怕于翼的礼法，没有人敢于违犯。后因父亲于谨去世而离职，服丧时过于哀伤，为当时人所称赞。随即下达诏命，令他任职。

周武帝又认为于翼善于鉴别人物，让皇太子及诸王等人的丞相、太傅以下的官员，都委派于翼挑选。他所提拔的人，都为民众所赞誉，当时舆论都认为他能够任用人才。升任大将军，总管内外宿卫兵事。晋公宇文护认为皇帝把于翼视为亲信，心怀猜忌。就让他转任小司徒，加授柱国。虽然表面上职位更高，实际上是疏远排斥他。宇文护被处死以后，周武帝召见于翼，派他前往河东捉拿宇文护之子、中山公宇文训，并代宇文训镇守蒲州。

于翼说："冢宰目无君王，欺凌皇上，自取灭亡。元凶既已除掉，余党也应消灭。可是都是陛下骨肉，而关系疏远者不参与关系亲近者之间的事。陛下不派用诸王，而派用我这异姓臣子，不仅会遭到人们的肆意议论，愚臣也心有不安。"皇帝认为他的话对，就派越王宇文盛代替于翼。

最初，与齐、陈二国的边境，各自修整边防，虽然互通使节，但每年都要交战。由于彼此相当，所以都没有取得什么战果。周武帝亲理朝政以后，打算东征，诏命边境城镇，增加储备，加派士兵。齐、陈二国得到消息，也各自加强边防。于翼规劝道："宇文护执政时，曾经出兵到洛阳，不战而败，损失惨重。数十年积蓄，一下子丢失净尽。虽然原因在于宇文护没有克敌制胜的计策，但也由于敌人已有防备。况且沙场交战，互有胜败，白白损失兵员储备，不是高明的策略。不如解除边境的戒严状态，减少边防军人数，双方继续维持友好关系，让百姓休养生息，对进入我方境内的人员以礼待之。对方也必然喜欢互通友好，以致边防懈怠而疏于防范，然后再突然出兵，一下子便可占领太行山以东。如果依然袭用过去的办法，恐怕不是平定的计谋。”皇帝采纳了他的建议。

建德二年（573），于翼出任安随等六州五防诸军事、安州总管。当时大旱，河水断流。过去的风俗，每逢大旱，要到白兆山祈雨。周武帝已经禁止各种祭祀，将山庙拆除。于翼派主簿前去祈祷，当天就大雨滂沱，这年获得丰收。百姓感激他，聚会歌舞，称颂于翼的功德。

四年，周武帝准备东征，于翼协助策划方略。大军出发时，诏命于翼率领荆、楚士兵2万人，从宛、叶二城出发，向襄城推进，大将军张光洛、郑恪等人都隶属于他。10天之内，就攻占齐国的19座城池。他部下的都督，随便进入村庄，立即斩首示众。百姓因此欢欣喜悦，纷纷归附。

适逢周武帝患病，下令撤军，于翼也回到安州。五年，转任陕、熊等七州十六防诸军事、宜阳总管。于翼认为宜阳无山川屏障，请求移守陕州。诏命允许，任命他为陕州刺史，总管职位不变。当年，大军再次东征，于翼从陕州进入九曲，攻克造涧等城，直抵洛阳。齐国的洛州刺史独孤永业打开城门投降，又迅速攻占黄河以南的九州三十镇。襄城百姓高兴地重新见到于翼，纷纷携酒劳军，竟然堵塞了道路。随即被任命为洛、怀等九州诸军事、河阳总管。不久，调任豫州总管，配置士兵5000人、战马1000匹用来镇守，并配置开府、仪同等官员20名。又诏命河阳、襄州、安州、荆州等四州总管辖境内，凡有武功才干者，任凭于翼征调，人数不限。仪同以下的官爵，可先任命而后上奏。

陈国将领鲁天光包围光州很久，听说于翼到达汝南，急忙退兵而去。霍州的蛮族首领田元显，倚仗险要地形，不肯归附，这时也送来人质请求归附。陈国将领任蛮奴率领所属全部兵力进攻田元显，田元显树起栅栏抵抗，毫无二心。等到于翼回朝以后，田元显便叛变了。于翼能得到蛮族人心，都像这一类事情。大象初年，调他入朝，授大司徒。诏命于翼巡视长城，在边塞设立营垒。西起雁门，东至碣石，建立新垒，改造旧垒，全部设在要害之处。又被任命为幽定七州六镇诸军事、幽州总管。原先，突厥多次入侵抢掠，居民流离失所。于翼早有威名，又加强巡逻，突厥从此不敢再来侵犯边境，百姓得以安居。

于翼为人恭顺节俭，与人无争，常以骄傲自满为戒，因此能一直保持着功绩声名。儿子于玺，官至上大将军、军司马，封黎阳郡公。于玺之弟于诠，官至上仪同三司、吏部下大夫，封常山公。于诠之弟于让，官至仪同三司。

周武帝派人找于谨商讨征伐北齐的事，确定了进攻北齐的时间、方式和将领的任用之后，周武帝才在大德殿召集大将军以上所有官员，告诉他们关于征伐北齐的进军路线、时间和各路负责指挥的将领。这已经是七月二十四日了。

次日（二十五日），北周武帝下诏征讨北齐，对如下将领进行了布置——

任命柱国陈王宇文纯、荥阳公司马消难、郑公达奚震为前三军总管。

越王宇文盛、周昌公侯莫陈崇、赵王宇文招为后三军总管。

齐王宇文宪率领 2 万人进军黎阳。

随公杨坚、广宁公薛迥率领水军 3 万人从渭水进入黄河。

梁公侯莫陈芮率领 2 万人在太行道防守。

申公李穆率领 3 万人在河阳道防守。

常山公于翼率领 2 万人进军陈州、汝州。

北周武帝亲率大军进军河阳（今河南焦作孟州）。孟州市位于河南省西北部，隶属于焦作市，北依巍巍太行，南临滔滔黄河，毗邻黄河小浪底。孟州历史悠久，秦为河雍，汉置河阳。

内史上士宇文弼说："齐氏建国至今，已经有好几代；虽说君主无道，但是胜任藩镇职守的，还大有人在。现在出兵，必须选择进攻的地点。河阳地处要冲，是精兵集中的地方，全力加以围攻，恐怕难以达到目的。以臣的看法，汾曲一带地方，北齐防守的军队既少，地势平坦，攻打那里容易攻克。用兵的地点，以这里为最好。"

民部中大夫天水人赵煚说："河南、洛阳，四面容易遭到敌方的攻击，即使得到这些地方，也很难防守。请从河北直指太原，捣毁齐国的巢穴，可以一举而定。”

遂伯下大夫鲍宏说：“我国强盛各国衰弱，我国安定各国混乱，何必担心攻不克呢！但是先帝在世时屡次进军洛阳，因为对方早有防备，所以常常不能取胜。按臣的计策，向汾川、潞川进兵，直扑晋阳，出其不备，似乎是上策。”北周国主不听他们的意见。鲍宏是鲍泉的弟弟。

七月三十日，北周武帝率领6万人，直指河阴（今河南孟津县东北）。杨敷的儿子杨素请求率领父亲部下充当先头部队，得到周武帝的准许。

八月二十一日，北周武帝才派使者到陈朝聘问。也就是说，周武帝已指挥大军征伐北齐20多天了，这才派人到南陈去，通报进攻北齐的情况。

作为同盟国，北周在进军北齐之前，就应该向南陈通报有关进军路线和此次军事目的。但是，北周自恃强大，或者出于保密的需要，对南陈并没有及时通报，而是在发动战争20多天后，才派使者到南陈探探口风。

北周军队进入北齐境内，下令禁止砍伐树木践踏庄稼，违反者一律斩首。丁未（二十五日），北周国主进攻河阴大城，攻克。齐王宇文宪攻克武济；进围洛口。洛口，又称泺口，是跨越黄河北出济南的门户，也曾是济南的一个重要码头，济南交通上的一个咽喉要塞。宇文宪攻拔了洛口的东、西二城。他接着纵火焚烧了浮桥，把浮桥烧断了。

北齐的永桥大都督太安傅伏，领兵趁夜晚从永桥渡河，进入中城驻守（河阳有三城，南城、北城、中潬是也。今河南省洛阳市孟津市东）。北周攻克南城以后，包围中城，20天也没能攻克。

北齐的洛州刺史独孤永业镇守金墉，北周武帝率军亲自进攻，也没有攻克。独孤永业向当地人询问军情，说：“对方领兵的是什么样的大官，有什么举动?”周人回答说：“是皇上亲自领兵前来，主人何不出去看一看。”独孤永业说：“这次出兵非常匆忙，不出去。”于是，独孤永业连夜置办了2000马槽。北周军队听说后，以为齐军的大队人马快要来了，就撤军解围而去。

九月，北齐右丞高阿那肱从晋阳带兵前来抗拒北周大军。周武帝率军来到河阳时，生了重病，因此不得不于九月初九晚上，撤军回国。

北周水军焚烧了自己的舟舰船只，从陆地撤回。傅伏对行台乞伏贵和说：“北周军队疲惫不堪，我愿意率领2000精骑追击他们，可以打败他们。”乞伏贵和不准许。

北周的齐王宇文宪、于翼、李穆等人都所向披靡，招降和攻拔了30多座城池。因为要撤军，就都放弃了，也不派人守卫。只有王药城是他们觉得要害的地方，才命令仪同三司韩正率军在这里守卫。王药城在今河南巩义市南河渡一带，濒临黄河。《读史方舆纪要》载：“王药城在县东北滨河，高齐时戍守处。后周建德四年，宇文宪等入齐境，降拨20余城，师还皆弃不守，惟以王药城为要害，遣将韩正守之，正以城降齐。”

但孤零零的韩正也很难守住王药城。不久，韩正就举城向北齐投降了。

八月二十六日，北周武帝宇文邕回到长安。

当年的闰九月，陈朝车骑大将军吴明彻率军攻打北齐的彭城。

彭城是哪个地方呢？就是徐州，古称彭城。原始社会末期，帝尧封彭祖于彭城，建立大彭氏国，为五霸之一。春秋战国时，彭城属宋，后归楚，秦统一后设彭城县。秦楚之际，楚义帝熊心、西楚霸王项羽、楚王韩信、楚元王刘交相继建都彭城和下邳。西汉设彭城郡，东汉设彭城国、建都彭城。

三国时，曹操迁徐州刺史部于彭城，彭城始称徐州。魏晋南北朝各代曾设彭城国或徐州，都城或治所多在彭城。

彭城（徐州）为华夏九州之一，自古便是北国锁钥、南国门户、兵家必争之地和商贾云集中心，也是淮海地区的政治、经济、文化中心。如此重要的战略要地，北齐势必派援军来救助。吴明彻早就布置了奇兵，围点打援。

闰九月十一日，陈朝军队在吕梁（今江苏省徐州市铜山区东南25公里吕梁集）打败了几万齐兵。这里有个疑问：在北周武帝率军进攻北齐之时，吴明彻所率的北伐陈军为什么不乘机攻夺徐州（彭城），却要在北周武帝生病后北周九月初九撤军了，才于闰九月去攻夺北齐的彭城呢？吴明彻所率北伐军在北齐境内，是在战争的最前沿，也最能捕捉最佳战机。当北齐守军抵挡北周大军入侵之时，正是吴明彻指挥北伐陈军夺取徐州彭城的最佳战机。

究竟是什么原因，令陈军失去夺取徐州彭城的最佳战机呢？笔者推测：一是军情资讯不及时；二是陈宣帝并不希望北周灭亡北齐，唇亡齿寒，使“三国”失去动态平衡。因此，在北周大举进攻北齐时，北伐陈军才按兵不动。

同月，甘露频繁下降在陈朝宫殿内的乐游苑。闰九月二十六（丁未），陈宣帝前往乐游苑，采集甘露，宴请群臣，并下诏在乐游苑的龙舟山上，修建一座甘露亭。

冬十月初七，陈宣帝鉴于前线作战的情况和整个战争的进程，对后方的军中将领，进行了调整：

以征北将军、南徐州刺史鄱阳王陈伯山为征南将军、江州刺史。

以安前将军、中领军新安王陈伯固为南徐州刺史，晋号镇北将军。

以信威将军、江州刺史、长沙王陈叔坚为云麾将军、中领军。

十八日，立皇子陈叔齐为新蔡王，陈叔文为晋熙王。

十一月三十日，以征西大将军、开府仪同三司、郢州刺史淳于量为中军大将军。

十二月初六，以新任云麾将军、郢州刺史、长沙王陈叔坚为平越中郎将、广州刺史。

以东中郎将、东扬州刺史建安王陈叔卿为云麾将军、郢州刺史。

以宣惠将军、宜都王陈叔明为东扬州刺史。

十二日，以尚书仆射王瑒为尚书左仆射。

以太子詹事、扬州大中正陆缮为尚书右仆射。

以国子祭酒徐陵为领军将军。

从以上后方军队的守备调整情况，可以看出，陈宣帝想把军权控制在皇室宗族的手里。这与当年陈武帝唯才是举，朝臣无派系、军中无先后的用人方式有所不同。

不过，陈宣帝能大胆地放手让吴明彻率 10 万军队（攻克寿阳时已发展到 20 多万，此时近 30 万）挥师北伐，攻城夺地；能重用淳于量等将领，也显示出陈宣帝的过人之处。

第三十五章　诏陈军北伐凯旋

太建八年（576）春正月初一，正是普天同庆新春佳节的时候，在西南方向，有绵延千里的彩色紫云，出现于天空。朝野大众感到万分的吉祥和愉悦。

二月二十三日，陈宣帝颁诏以车骑大将军、开府仪同三司吴明彻晋位司空。司空的官职，是位列“三公”的高官。西周以太师、太傅、太保为三公。东汉以太尉、司徒、司空为三公。据《史记·本纪·夏本纪》中记载，尧崩，帝舜问四岳曰：“有能成美尧之事者使居官？”皆曰：“伯禹为司空，可成美尧之功。”可见舜封禹为司空，让其治水。故西周之前就有司空。东晋、南朝、北魏、北齐为诸公之一。到后来，实际成为朝廷加官或赠官的一种形式，仅为大臣的虚号（荣誉称号），品秩为一品。

接着，陈宣帝于二月又颁《给吴明彻麾钺诏》：“昔者军事建旌，交锋作鼓。顷日讹替，多乖旧章，至于行阵，不相甄别。今可给司空大都督鈇钺龙麾，其次将各有差。”（见《陈书·吴明彻传》）

陈宣帝赐给吴明彻“鈇钺龙麾”。鈇，即“斧”之意。斧与钺形相似。斧钺在古代不仅是用于作战的兵器，而且还是军权和统治权的象征。

钺与斧都形成于春秋时期，斧是一种用途极广的实用工具。钺比斧头大三分之一，杆端比斧多一矛头，长约一尺六寸。钺杆末端有钻。钺在斧头之上加有突出之短矛，长约六寸。使用钺之法，是集斧、矛、枪三者为一体。其用法除有斧、矛和枪之外，还有刺、拨、点、追四法。

钺是一种大斧，刃部弧曲宽阔，两角略微上翘，呈半月形。商朝出现了用青铜铸造的钺。青铜钺的装柄方式为内安柲。钺身多饰有雷纹，并且花纹非常精致美观。商周时代斧钺类型很多，且质料优良。周代有一种空头斧，大多是管形銎，上有孔，以安装斧柄。斧头中含有天然铜、铅、铁、锡、金等多种金属，质地坚韧，做工精良。据《六韬》记载，周武王军中有大柄斧，刃宽八寸，重八斤，柄长五尺以上，名曰“天钺”。由于斧钺形体笨重，杀伤力远不如戈、刀、矛，所以渐渐脱离战场，转而多用于仪仗、装饰之需，成为一种礼兵器。

斧钺是长柄武器，头部沉重，自有一股威猛刚烈之势，是力量与霸主的最好体现，也是军权和国家统治权的象征。在古代，大将接受斧钺就等于被授予军权帅印。这在历史上称为“假黄钺”。

此外，斧钺还被用作刑具。据《史记·周本纪》记载，武王攻克商王王宫后，用黄钺斩了纣王的头颅，悬于太白旗上。直到汉代仍以斧钺为斩首的刑具。由于斧钺是一种斩杀罪人的刑器，所以历史上有“斧钺之诛”的说法。

龙麾，既代表军队统帅的身份，又是指挥军队的一种旗帜。根据《周礼》记载，先秦时期的军旗主要有九种，以旗面标识不同而区别，即“九旗”，“日月为常、交龙为旂（qí）、通帛为旃（zhān）、杂帛为物、熊虎为旗、鸟隼为旟（yú）、龟蛇为旐（zhào）、全羽为旞（suí）、析羽为旌”。这些军旗之中形制、图案都有比较严格的规定和等级区分。

比如：君王的帅旗，旗面绘有日月，有时候还会附有升龙、星斗等图案，杆高九仞，旗面缀有 12 条旒饰（斿），至尊而长大，所以又称“大常”。大常按礼上可兼下，下不可僭上。即天子常旗可附绘其他图案，但其他旗不可绘有日月图案。

王旗为九仞高，诸侯为七仞高等。还有缀于旗面的斿数，代表着天子册封的斿数，根据斿数的多少就能直接看出其爵位。如果说两种标志还不那么明显的话，那么旗面上的图案则能直观地显示出统军将帅的身份，比如军旗上画着交龙，那么军队的统帅身份就是诸侯。

旂作为诸侯帅旗，旗面画相交的两条龙称为交龙，旗杆的杆头还系有铜铃，用以发号施令。《诗经·周颂》叙述了周成王率诸侯祭祀武王，诸侯的帅旗是：“龙旂阳阳，和铃中央。”

古代军队的旗帜，其颜色装饰、旗幅大小、旗杆长短等都有极为严格的规定。通常可以用来判断敌我身份、将领身份、兵力多寡，还可以用来

指挥军队、提升士气。

古今中外，不少国家的军队都拥有战旗，且名称多样。战旗是军人荣誉、英勇和光荣的象征，它提醒军人牢记自己的神圣义务，英勇善战，不惜自己的鲜血和生命保卫国家的尊严。

古代军队里，扛旗的士兵是绝对不允许冲锋陷阵的，因为旗帜是表明主帅的身份和主帅的方位，只需要跟着主帅中军前行就可以了。否则，一旦主帅旗倒下，会被己方士兵认为战败，军队就会溃逃。

古代冷兵器战场上，双方厮杀起来，只靠金鼓声来调动军队，远处的士兵很可能听不到，那么就得靠令旗来指挥调动军队往哪里冲锋了。《吴子》曾说：“将之所麾，莫不从移；将之所指，莫不前死。”古代打仗时，中军主帅会通过不同颜色的令旗指示进攻方位，《武经总要》提到：南方举赤旗；东方举青旗；西方举白旗；北方举黑旗。

前线扛旗士兵在看到主帅指令后，就会扛旗向着指定方位冲锋，而旗帜所属的小队士兵也会紧紧跟着这面旗帜。所以，古代练兵时，首要练的就是教士兵“视旌旗”。

在古代战场上，旗帜的作用非常重要。在双方交战中，敌军为什么不首先干掉扛旗的士兵呢？毕竟扛旗的士兵受体力限制，不会再配备其他武器，要比其他士兵更好对付。

正因为旗帜太重要了，历代军法都作出了严格规定：扛旗士兵如果旗帜举得不正，斩首；旗帜如果丢失，全队斩（甚至家人也会连坐）。因此，扛旗士兵在冲锋时，会受到全队的重点保护，如果敌军开始围攻扛旗士兵时，那只有一种可能，就是这队护旗士兵已经全部战死了。否则，对方绝对会跟你玩命，以保护这面旗帜高高飘扬在阵地。

陈宣帝就是鉴于“往日军事行动都树起旗帜，两军交战都击鼓助阵，近来谬误更替，多与旧章不和，至于队伍，不能互相识别。今日应给司空、大都督鈇钺和龙麾，他的次将也各有差别”。

大都督，为古代军事统帅。魏晋南北朝称“都督中外诸军事”或“大都督”者，即为全国最高之军事统帅。“大都督”一般是统率诸军的大将。陈宣帝把全国最高的军事统帅之职，委托给了吴明彻，是对他最大的信任！

太建六年（574）吴明彻从寿阳奉命入朝时，陈宣帝车马驾临吴明彻的住宅。吴大都督受宠若惊，恭敬跪迎，陈宣帝赐给他一部钟磬、1万斛米、2000匹绢布。

吴明彻竭尽全力报君恩，次年（575）率大军进攻彭城（徐州）。北齐所派援兵先后到达的有几万人，吴明彻大军抵达吕梁，大败北齐军。

为了照顾征战地区民众的生活与生产情况，陈宣帝于二月二十八日，诏令长江以东地区的民众，在太建五年（573）以前所拖欠的夏季征调的租税，一律予以免除。

这道圣旨，既反映了陈宣帝爱护民众之情，又体现了陈朝廷对百姓的恩典。从另一个方面，给百姓免去租税，也展现了国家的实力。

鉴于北周的异常动态，陈宣帝决定收缩战线，撤回北伐军。

此次北伐，除徐州未能攻克以外，其他的淮南之地都已攻克，基本达到了陈宣帝和陈朝精英们事先构想的战略目的。夺取了江淮地区的重镇，下一步要尽快完善和构建起强有力的南陈国防防御体系——“江淮防线”。

于是，夏四月初六，陈宣帝颁《凯旋大会诏》：“元戎凯旋，群师振旅，旌功策赏，宜有飨宴。本月十七日，可幸乐游苑，设丝竹之乐，大会文武。”（见《陈书卷五·本纪第五·宣帝》）

可以想象到，从太建五年出征北伐，至今已是第四个年头了。北伐将士该是多么疲惫，又是多么想家啊！因此，陈宣帝诏令吴明彻率军凯旋，各路兵马整队班师。为表彰有功之人并加以封赏官爵，南陈朝廷摆设庆功宴会。并定于本月十七日，陈宣帝将亲临乐游苑，陈设丝竹之乐，大会文武群臣。

陈宣帝下令北伐军班师回朝后，于四月十一日，陈宣帝亲临陈朝太庙，祭祖。祈祷风调雨顺，国泰民安。

这个时期，吴明彻率领的北伐军在前线，应该知道和关注了北周武帝率军第一次大规模地进攻北齐的军情。陈宣帝也是时刻关注和研究、判断北周军队进攻北齐的动态。并预判北周军队的下一步动作。

转眼到了秋八月，陈宣帝于二十一日，诏任车骑大将军、司空吴明彻

都督南兖州、北兖州、南青州、北青州、谯州五州诸军事，为南兖州刺史。

南兖州，相当于今天的扬州地区。“永嘉之乱”时期，北方汉人一批批南下。晋明帝太宁三年（325），侨置兖州于广陵（扬州市区）。晋成帝时，兖州改称南兖州，治所于京口（镇江市区）。南朝齐高帝（萧道成）建元四年（482）时，南兖州领广陵、海陵、山阳、盱眙、南沛五郡。北齐文宣帝（高洋）天保三年（552），南兖州归属北齐，并改名为东广州，下置广陵、江阳二郡。

陈宣帝太建六年（574），东广州入南朝，恢复旧称南兖州。之前，秦郡隶属南兖州，后来隶属谯州，到陈宣帝任命吴明彻为南兖州刺史时，陈宣帝诏令谯州的秦、盱眙、神农三郡还隶于南兖州。这是因为吴明彻（为南兖州刺史）的缘故。

与吴明彻一起率军北伐的黄法氍，勇猛过人，多立战功。可惜，这位身经百战的著名南陈将领，却于十月病逝在任所，时年59岁。

陈宣帝闻讯，十分痛惜！追任黄法氍为侍中、中权大将军、司空，谥号威。其子黄玩袭封。

黄法氍的史料，《陈书》有载。前文已有介绍。现述太建五年，随吴明彻大军北伐江淮。当时，吴明彻率部去秦郡，黄法氍为都督率部到历阳。北齐派历阳王率领5万步兵骑兵前来援救，驻扎在小岘筑城。

黄法氍派左卫将军樊毅率军在大岘御敌，大败北齐军，俘获了全部人马器械。于是造拍车和步舰，竖起拍车逼向历阳。历阳人窘迫，请求投降，黄法氍于是减缓了攻势，历阳人却又坚守，黄法氍恼怒北齐军的言而无信，他很生气，亲自率领士兵攻城，放拍石击打城楼和矮墙。当时又下起大雨，城崩塌，陈军攻克历阳城，把守城士兵全部杀掉。

黄法氍乘胜进军合肥，敌人看见他的旗帜就投降，黄法氍下令将士不能掠夺，亲自抚慰，并且和他们约定，把他们全部放回北方。陈朝按照功劳升任黄法氍为侍中，改封为义阳郡公，食邑2000户。同年，迁任都督合州、霍州诸军事，征西大将军，合州刺史，增加食邑500户。太建七年（575），黄法氍调任都督豫州、建州、光州、朔州、合州、北徐州诸军事，豫州刺史，镇守寿阳，侍中、散骑常侍、持节、将军、仪同、鼓吹、给扶等职衔和待遇都不变。

黄法氍病逝后，当地民众感念他“以一介之夫，无尺寸之资。奋其勇智，保障乡里”。“见法氍之事，谓其能捍御乡，建立功业，亦有功于民也。于是，命人常奉祀者，正其衣冠，砻石刻文立之祠中，以垂不朽云。”

黄法氍的墓地，在今江西省抚州市乐安县案山村司空岭，墓高1.2米，宽3.9米，拜堂宽3.9米，长3.8米，黄氏后人历有修整。为抚州市第一批市级文物保护单位。

据后世的清乾隆三十年（1765）《南丰县志·坛庙》记载：南丰邑人自建、岁时致祭的有“司空庙”。

这里提到的“司空庙”就是“司空祠堂”。是当地民众为纪念黄法氍护民之功而修建的一座祠堂。堂内立有一道石碑。碑文如下：

黄司空者，名法氍，字仲昭，巴山新建人。梁之巴山，即今之抚州崇仁也。少劲捷，有胆力。步二百里，能跃三丈。颇便书课，阅明簿领出州邑中，为乡闾所惮。侯景之乱于乡里，纠合徒众太守贺翊下江州。法氍监事郡事陈霸先将逾岭入投建业。中途，霸先命周文育屯西昌。法氍遣兵助文育，遂率众出值新干。景遣于庆来袭，法氍败之。梁元帝承制，授交州刺史，领新干令，封巴山县子。梁敬帝即位，改封新建县侯，寻割江西四邑置高州，以法氍为刺史，镇巴山。陈永定三年，王琳遣李孝钦、樊猛、余孝顷攻周迪，且谋取。法氍援迪，擒孝顷等三将，以功授平南将军。未几，周迪反，法氍与吴明彻讨平之。法氍功居多，晋爵为公。太建五年，大军北侵。法氍为都督，出历阳进兵，令望旗而降敛。法氍禁侵掠，躬自抚劳，而与之盟，并放还北。以功，加侍中，改封义阳郡公。又明年，为肃州刺史镇守时，薨，赠司空，谥威武。共历始载本传者，大略如此。予重修邑志，谓：法氍初领兵往来豫章之东境。乡人德之，因立祠焉。今进贤即豫章之东境，其正庙在进贤。此为行祠，今祠在进贤门之外，塔寺之右。其建立岁月世远，莫详求于祀者。乡之耆老胡思汉与其乡人好事者，岁时祀焉。噫！法氍以一介之夫，无尺寸之资。奋其勇智，保障乡里。建功勋业，梁陈之际，名著史册，没世不忘。岂不诚大丈夫哉？故述其本传，以为记，俾来有徵焉！逾七年，碑未立，监察巡按昆明张谦仲江西，阅郡之志。见法氍之事，谓其能捍御乡，建立功业，亦有功于民也。于是，命人常奉祀者，正其衣冠，砻石刻文立之祠中，以垂不朽云。

明正统七年壬戌岁八月吉日重立

前史国子监祭酒兼翰林侍讲嘉议大夫太子宾客

值得一提的是：1989 年出土于南京市南郊雨花区西善桥镇砖瓦厂内的一座南朝砖室墓（见南京市博物馆《南京西善桥南朝墓》，《文物》1993 年第 11 期）。墓志之作当在太建八年冬。为南陈江总撰志文，顾野王撰铭辞，谢众书写。江、顾都以文辞名，而且顾野王身为大著作，总国史之任，与撰王公墓志，当出自朝命。以此志与《陈书·黄法氍传》比照，行文十分接近，而叙事稍详，这说明，修撰墓志时使用了秘书省史馆机关原有的史传资料，而且这种资料与后来的《陈书》非常接近。

陈宣帝继续加强皇室宗族的力量，以牵制日渐复苏的南朝“门阀士族”势力。门阀士族，指以宗族为纽带所形成的封建贵族特权集团。形成于魏晋之际，鼎盛于东晋，从东晋末至南朝逐渐衰落，士族享有特权，把持政权，世代为官，严格等级，标榜门第，构成了强大的社会政治势力。

西晋时虽仍袭用九品中正制，但中正一般只注意被评定者家世的封爵与官位，很少注意真正才能，不能起选择人才的作用，以至于上品无寒门，下品无士族，九品中正制反而成为巩固士族力量的工具。

东晋一朝，门阀士族在政治上居主导地位。南朝宋武帝刘裕从东晋门阀专政、皇权弱小、方镇割据的积弊中吸取教训，努力加强皇权，因而南朝世家大族虽然在社会上经济上的优越地位未变，不仅拥有大量田地，而且封山占水，实行庄园经济，占有广大田庄山泽和附属于土地上的大量依附人口，但实际军政实权大为削弱，政治权力主要已不在他们手中。南朝士庶之别非常严格，士族通过仕宦途径和婚姻关系来维护门阀制度，形成封闭性集团。

“侯景之乱”使世家大族遭受沉重打击。承圣三年（554），西魏军攻占江陵，俘衣冠士族数万口北上。这是对南方门阀士族的一次沉重打击。在陈朝，无论侨姓士族或江南士族，不仅政治上早已无所作为，社会声望和经济地位也都一落千丈，但是门阀势力仍占有重要地位，成为南陈朝廷的掣肘。

陈宣帝以云麾将军、广州刺史长沙王陈叔坚为合州刺史，晋号平北将军（这是六月初六的事）。

陈叔坚，字子成，是陈宣帝的第四个儿子。他母亲原是吴郡中一位开酒店人家的婢女，会看相的人说她必当生下贵子。陈顼还未得志时，因为饮酒的缘故，和她私通，生下了陈叔坚。陈顼富贵之后，不忘那位婢女，拜为淑仪。

陈叔坚年小而又厉害，会因酒而使性子，兄弟们都很害怕他。他喜欢数术、卜筮、风角、熔金、琢玉等技艺，并且深知其中奥妙。起初被封为丰城侯。是太建元年（569）所封。累迁任丹阳县尹。

早先，陈叔坚和始兴王陈叔陵都招集宾客，争夺权力和寻求皇帝的宠信，各不相让。每当朝见时，仪仗队伍不能有先后，必定分道前行，左右随从们经常为争夺道路而发生争斗，甚至把人打死。当宣帝身体有病时，叔坚和叔陵等一同跟着陈后主在宫中侍奉宣帝的疾病。叔陵私下有阴谋，叔坚很怀疑他，暗中观察他的举动。当陈叔陵准备谋逆时，后主因叔坚而得以幸免。由于功绩被晋位骠骑将军、开府仪同三司、扬州刺史。不久又升为司空，将军、刺史职务如故。

接着，陈宣帝于九月二十三日以皇子陈叔彪为淮南王。陈叔彪少年聪慧，善写文章。太建八年（576）九月立为淮南王后，不久任命为侍中、仁威将军，置佐史。陈后主祯明三年（589）陈朝灭亡后，被隋朝迁入关中。在长安去世。叔彪之子陈琼，唐州录事参军。陈琼之子陈彝，左散骑常侍。陈彝之子陈商字述圣，秘书监、许昌县男。陈商之子陈峻。

冬十一月初十，陈宣帝以平南将军、湘州刺史陈叔坚为平西将军、郢州刺史。二十二日，分江州之晋熙、高唐、新蔡三郡为晋州。二十六日，陈宣帝以冠军将军庐陵王陈伯仁为中领军。据《陈书》载：陈伯仁，字寿之，南朝陈朝世祖文帝陈蒨第八子，母王充华。文帝天嘉六年（565），立为庐陵王。宣帝太建初，为轻车将军，置佐史。太建七年（575），迁冠军将军、中领军。寻为平北将军、南徐州刺史。十二年（580），为翊左将

军、中领军。后主陈叔宝祯明元年（587），加侍中、国子祭酒，领太子中庶子。

为了平衡朝政各派势力，陈宣帝于十二月二十三日，诏任新任太子詹事徐陵为右光禄大夫。光禄大夫，相当于战国时代置中大夫，汉武帝时始改为光禄大夫，秩比 2000 石，掌论议应对，在诸大夫中地位最尊，隶于光禄勋。魏晋以后无定员，皆为加官及褒赠之官：加金章紫绶者，称金紫光禄大夫；加银章青绶者，称银青光禄大夫。晋于光禄大夫之外，又添置左右光禄大夫。左右光禄大夫金章紫绶，与光禄大夫加金章紫绶者，品秩第二；光禄大夫银章青绶者品秩第三。自此又有金紫光禄大夫、银青光禄大夫的名号。

当南陈朝议准备北伐时，陈宣帝让朝臣举荐元帅人选。众人都认为淳于量合适，独有徐陵说：“不见得。吴明彻家在淮北，很熟悉当地风俗民情，是位有谋略的将才，当今没有人能超过他。”于是争论了几天仍不能作出决定。都官尚书裴忌说：“我赞同徐仆射的意见。”徐陵随即说：“不仅吴明彻是良将，裴忌也是很好的副帅。”

于是，陈宣帝当天便下诏任命吴明彻为大都督，任命裴忌任监军事。后来，吴明彻攻克了淮南的几十州土地。陈宣帝便设酒庆贺，举杯给徐陵说：“赏给你知人的功劳。”

太建七年（575），徐陵任国子祭酒，因公事的原因被免去侍中、仆射官职。但不久，又加侍中，赐给手杖。太建八年（576）王玚病逝后，陈宣帝诏任徐陵右光禄大夫。徐陵是历经梁武帝、梁元帝、梁敬帝、陈武帝、陈文帝的五朝元老，在朝野有很大的影响力。陈宣帝以徐陵来平衡和稳定朝野关系。

第三十六章　周武帝挥军灭齐

太建八年（576）冬十月一日，北周的武帝宇文邕率领满朝文武群臣在正武殿举行盛大祭祀，为东征北齐而祈祷。

据《周书卷六·帝纪第六·武帝下》中记载：周武帝对文武群臣们说："朕去年因为生病，所以没有能平定逃亡在外的盗贼。以前进入齐的国境，见到对方的所有情况，他们指挥军队，简直同小孩子玩游戏那样。何况朝廷昏聩混乱，朝政被一帮小人操纵，老百姓都在哀号，朝不保夕。上天赐给我们而不去谋取，恐怕会留下后悔。去年进军河阴，只如同用手拍打对方的后背，没有扼住对方的喉咙。晋州原先是高欢起兵发迹的地方，也是镇守统辖要害重地，现在我们去进攻晋州，对方一定要派兵来救援；我们的军队严阵以待，发起攻击后一定可以攻克。然后借着破竹之势，大张旗鼓地向东进攻，足以捣平他们的巢穴，统一天下。"

但是，诸将多不愿意出兵。周武帝用强硬的口气，对将领道："机不可失。凡阻滞我军事行动的人，一定按军法制裁！"众将领再也不敢发表异议了，只得表示听从圣意。

十月四日，北周武帝统领军队东伐北齐。任命越王宇文盛为右一军总管，杞国公宇文亮为右二军总管，随国公杨坚为右三军总管，谯王宇文俭为左一军总管，大将军窦泰为左二军总管，广化公丘崇为左三军总管，齐王宇文宪、陈王宇文纯为前锋，驻守雀鼠谷（今山西省晋中市灵石县西南汾水河谷）。

北周武帝率军大规模东征。宇文宪率领精锐骑兵 2 万人，仍担任先锋，把守雀鼠谷。周武帝亲自围攻晋州。宇文宪向前推进，占领洪同、永安二城，打算扩大战果。齐人烧毁桥梁，固守险要，军队无法前进，于是屯集在永安。

当北周的军队进攻平阳（今山西省临汾市西南尧都区）之时，北齐的后主高纬正在祁连池畔（今山西省忻州市宁武县南管涔山上）大举狩猎。晋州多次派人告急，从早晨到中午，驿站快马多次来到，高阿那肱说："皇上正在兴头上，何必这么急着启奏。"

直到傍晚，军情告急的使者再次到来，着急地说："平阳城已失陷，贼兵就要来到了。"高阿那肱这才意识到问题的严重程度，立即去禀明后主。

北齐后主高纬得知晋州（今山西省临汾市）被围，就率兵 10 万，亲自前来救援。当时，北周的柱国、陈王宇文纯驻军在千里径（千里径在平阳北，汾州界北接太原。今山西省临汾市霍州市东 5 公里处），大将军、永昌公宇文椿屯兵鸡栖原（今山西省临汾市霍州市东北），大将军宇文盛驻守汾水关（汾水关当在霍邑县，南临汾县北。今山西省晋中市灵石县西南），都受宇文宪的指挥。

宇文宪暗中对宇文椿说："战争，是诡诈之道，去留没有一定，要见机行事，不能遵循常规。你现在建立军营，不要搭建营幕，可以砍伐柏树建成圆形的篷帐，表示有营幕的样子。使得军队撤走后，贼兵仍怀疑我军在那里。"

当时北齐后主分拨 1 万人前往千里径，又命军队出兵汾水关，自己亲率大军和宇文椿对阵。宇文盛派人飞奔大营求救，宇文宪亲自率领 1000 骑兵援救。齐军望见山谷中尘土飞扬，都各自急忙后退。宇文盛和柱国侯莫陈芮渡过汾水追击，斩杀俘获齐军很多。不久宇文椿报告齐军已逐渐逼近，宇文宪又回师赴援。正好遇上宇文椿被周武帝诏命追回，于是率军连夜返回。齐军果然以为柏树圆形篷帐是周军营帐，没有怀疑周军已经撤退，到第二天才发觉。北齐后主派高阿那肱率领前军先行进发，仍旧节制调度其他军队的行动。

十月二十九日，北周武帝任命上开府梁士彦为晋州刺史，加授大将军，留精兵 1 万镇守。又派各路兵马攻占北齐国其他城镇，使之先后投降。

十一月初四，北齐后主高纬亲自统率六军到平阳，气势很大。周武帝很害怕，想撤军。打算退回长安去，避开对方的锋芒。开府仪同大将军宇文忻劝说道："以陛下的圣明威武，乘敌人的荒淫放纵，何必担心不能攻克他们！如果齐国出现一个好的君主，君臣同心协力，那么就是有商汤、周武王的声势，也不易讨平对方。现在齐国的君主昏庸、臣僚愚蠢，军队没有斗志，虽有百万之众，实际上是送给陛下的。"

军正京兆王说："齐国的纲纪败坏，到目前已经有两代了。上天庇护嘉奖我们周王室，经过一战而扼住对方的咽喉。古人说的攻取动乱欺凌败亡之国，正在今天。放过他们而自己退走，臣实在不能理解。"

北周国主虽然认为他的话有理，但还是暂且避开齐军锋芒，诏令各军撤退，派齐王宇文宪作为后卫。周武帝退回长安，留下偏师镇守晋州（今山西省临汾市）。其实周武帝内心也很懦弱。倒是北齐的将领真能打仗，可惜就坏在北齐后主和他宠信的奸臣之手。

北周国主留下齐王宇文宪作为后卫的阻击部队，北齐军队追来，宇文宪和宇文忻各领100名骑兵和他们战斗，杀死北齐的勇将贺兰豹子等人，北齐军队便退走。宇文宪带领军队渡过汾水，在玉壁追上了北周国主。

北齐军队围困了平阳，昼夜发起进攻。城里形势危急，城上的敌楼和矮墙都被夷平，残存的城墙，只有六七尺高。双方或是短兵相接，或是马匹可以随意从城墙上进出，城外的援兵不来，人们都感到震惊害怕。梁士彦慷慨从容，对将士们说："如果今天战死，我一定先你们而死。"于是大家激昂奋起，喊声动地，无不以一当百。北齐军队稍稍后退，梁士彦下令妻妾、军民、妇女，昼夜修城，三天修好。北周国主派齐王宇文宪率兵六万驻屯在涑川，远远地为平阳声援。

北齐挖掘地道进攻平阳，城下陷了好几丈，将士们乘势准备进入城内。北齐后主下令暂时停止，把冯淑妃召来一同观看。冯淑妃穿衣打扮，没有及时到来，北周人用木头堵住了下陷的地方，平阳城便没有被攻克。旧俗相传，晋州城西的石头上有圣人的遗迹，冯淑妃想去那里观看。北齐后主恐怕对方的箭会射到桥上，便抽调用来攻城的大木头在离城较远的地方造了一座桥。北齐后主和冯淑妃过桥时，桥梁损坏，折腾了很长时间，到晚上才返回。

北周武帝从东征前线返回长安。因北齐军猛攻晋州，周武帝十一月十九日下诏说："伪齐背弃信约，恶贯满盈，朕因此亲率六军，东征问罪。兵威所及，攻无不克，贼众惶惶，无暇自保。等到我军班师回朝，伪齐竟又纠集贼众，游弋边境，蠢蠢欲动。朕今日再次率领各军出征，抓住机会，务必全歼。"

随后，周武帝命令放回齐国各城镇投降的士兵。三天后，周武帝率大军从长安出发，渡过黄河，与各军会合。于十二月四日，在晋州扎营。

起先北齐恐怕北周的军队突然来到，在城南凿通护城河，从乔山连接到汾水；北齐后主派出大批军队，在护城河的北面列阵。

北周国主命令齐王宇文宪驰马去那里观察。宇文宪回来报告说："这很好对付，请先攻破，然后吃饭。"北周国主很高兴，说："如果像你所说的那样，我就不担心了！"北周国主骑着平时所用的马匹，由几个人跟随到来到阵前巡视，所到之处就称呼主帅的姓名予以慰问鼓励。将士们对被国君了解信任感到很高兴，都想奋勇作战。临战前，随从官员请君主换马。北周国主说："朕独自一人骑着骏马，要到哪里去！"北周武帝要逼近北齐军队，由于有护城河的阻碍而停下来，从早上直到下午，双方相持不下。

北齐后主对高阿那肱说："是打对？还是不打对？"高阿那肱说："我们军队的人数虽多，但能作战的不过10万人，其中生病负伤和在城四周打柴做饭的又占三分之一。从前攻打玉壁时，援军一到就马上退走。今天的将士，怎能胜过神武皇帝时代的将士！倒不如不打，退守高梁桥。"

安吐根说："一小撮贼人，只不过是在马背上刺杀捉住他们，然后扔在汾水中而已！"北齐后主还是犹豫不决。一些太监们说："他是天子，陛下也是天子。他尚且能从老远的地方来，我们为什么只是守着护城河表示出怯弱！"北齐国主说："这话说得对。"于是填塞了护城河把水引向南面。

北周国主见护城河被齐军填平，非常高兴，立即指挥各路军队，向北齐军发起攻击。双方军队刚接触，北齐后主和冯淑妃一起骑着马去观战。东面的部分军队稍稍后退，冯淑妃害怕说："我们的军队打败了！"录尚书事城阳王穆提婆说："皇上快离开！皇上快离开！"北齐后主就和冯淑妃退奔高梁桥。开府仪同三司奚长向后主劝阻说："军队半进半退，是作战时的常规。目前士兵们都完全整齐，没有受到挫折死亡，陛下离开这里又到哪里去！马脚一动，人的情绪就会惊恐混乱，不能重新振作。希望陛下迅速回去安慰他们！"武卫张常山从后面赶到，也说："军队很快就收拢完毕，非常完整。围城的士兵也没有动摇。天子最好返回。如果不相信我的话，请求天子领太监去巡看。"北齐后主将按他所说的去做，穆提婆却拉着北齐后主的胳膊说："他的话难以相信。"北齐后主便带冯淑妃向北退走。

北齐后主慌忙撤退后，北齐的其他军营不知缘故，一时军心动摇，齐军大败。齐主与部下数十骑逃回并州。齐军彻底溃败，几百里内，到处是丢弃的辎重、盔甲和兵器，堆积如山。唯有安德王高延宗全军而回。

北齐后主高纬带着美人上战场，也真是昏君一个！他们逃到洪洞戍地时，冯淑妃正对着镜子涂脂抹粉自我欣赏，忽然后面有杂乱的声音喊叫说贼兵追来了。他们只得起身逃走。原来，北齐后主认为冯淑妃有功勋，准备立她为左皇后，派太监到晋阳去取皇后所穿的礼服等。这时，他们在途中相遇，才知是一场虚惊。北齐后主拉紧马缰绳慢步走，叫冯淑妃穿上礼服，然后继续奔跑。

七日，周武帝进入晋州城，梁士彦见到周主，用手握着周主的胡须哭泣说："臣几乎见不到陛下了！"北周国主也动情流泪。北齐的晋州，治所在白马城，辖平阳郡等 10 郡。

北周国主由于将士疲乏困倦，准备率军回朝。梁士彦勒住周主的马规劝说："现在齐国的军队败退逃散，人心浮动，乘他们恐惧时发起进攻，一定可以打败他们。"北周君主听从了他的意见，握住他的手说："我得到晋州，这是平定齐国的基础，如果不坚决守住，就会大事不成。朕没有前忧，只忧虑后变，你好好为我守住这里！"

于是率领将士们追赶北齐后主和北齐军队。将领们坚持请周主返回长安，北周国主说："放走敌人，祸患就会发生。你们如果有怀疑，朕将独自前去追敌。"将领们不敢再说。

北齐后主进入晋阳（太原），担忧害怕得不知怎么办。北齐后主向朝臣们询问计策，朝臣们都说：“应该减少赋税，停止劳役，以安慰民心；收拾残存的士兵，背城拼死作战，以稳定国家。”北齐后主大赦全国。要把安德王高延宗、广宁王高孝珩留下镇守晋阳，自己去北朔州，如果晋阳失守，就投奔突厥，群臣们都认为不能这样，后主不听。

北齐开府仪同三司贺拔伏恩等宿卫近臣 30 多人向西投奔北周军队，北周国主对他们分别封赏。

北齐的高阿那肱部下还有 1 万军队，在高壁镇守，其余的军队保卫洛女寨。北周国主率领军队指向高壁，高阿那肱望风逃走。齐王宇文宪攻打洛女寨，攻克。北齐有军士举报说高阿那肱勾结西面的北周军队，北齐后主命令侍中斛律孝卿去检查核实，斛律孝卿认为是诬告、胡说。他回到晋阳，高阿那肱的心腹又向他举报高阿那肱谋反，斛律孝卿又认为这是胡说，将举报人杀死。

十一日，北齐后主诏令安德王高延宗、广宁王高孝珩征兵。高延宗进见北齐后主，后主告诉他，自己要去北朔州，高延宗哭着劝阻，后主不听，秘密地派左右先把皇太后、太子送到北朔州。次日（十二日），北周后主和齐王宇文宪在介休会合。北齐开府仪同三司韩建业举城投降，被北周任命为上柱国，封为郇公。

当天晚上，北齐国主准备逃走，将领们都不肯跟从。

十三日，北周军队到晋阳。北齐后主再次大赦全国，把年号改为隆化。任命安德王高延宗为相国、并州刺史，总辖山西的军队，对他说：“并州请兄长自己取走，我现在就要离开这里！”高延宗说：“陛下应该替国家着想不要走。臣愿意为陛下拼死作战，一定能把他们打败。”穆提婆说：“天子大计已定，安德王不能屡加阻挠！”

北齐后主便在晚上破五龙门出走，要投降突厥，随从的官员纷纷散去。领军梅胜郎勒住后主的马加以规劝，这才返回邺城。当时只有高阿那肱等十几人骑马跟随，广宁王高孝珩、襄城王高彦道相继来到，只有几十人和后主在一起。

穆提婆向西投奔北周军队，陆令萱自杀，她的家属都被诛杀。北周国主任命穆提婆为柱国、宜州刺史。下诏告示北齐的群臣说："如果能竭力献计献策，深深通晓上天的意旨，就能授官赏爵，各有所加。如果我们的将领士兵，逃到齐朝，不论贵贱，一律加以扫荡歼灭。"因此北齐官吏都相继向北周投降。

十四日，北齐大军扎营并州，齐主高纬留其从兄安德王高延宗把守并州，自己率领轻装骑兵逃向邺城。留守并州的北齐将帅，请求安德王高延宗说："您不当天子，大家实在不能为您安德王出死力。"

高延宗不得已，于当天即位当皇帝。下诏书说："当今皇帝懦弱无能，朝政由宫里的小人把持，破关在晚上逃遁，不知去了哪里。辱承王公卿士推戴相强，现在只得继承皇帝的大位。"

于是，大赦全国，改年号为"德昌"。任命晋昌王唐邕为宰相，齐昌王莫多娄敬显、沭阳王右卫大将军段畅、开府仪同三司韩骨胡等人为将帅。

大家听到消息，不召而来的人，前后连续不断。高延宗散发王府中的储藏和后宫里的美女赏赐给将士们，查抄没收了十儿家太监。

高延宗看见士兵时，都亲自握住他们的手称呼他们的姓名，众人流泪悲泣出声，争着为他效死；儿童妇女，也都登上房顶捋起衣袖，投掷砖头石块抵抗敌人。

北齐后主高纬听说后，对近臣说："我宁愿让周朝得到并州，不愿让安德王得到它。"左右的近臣说："理当如此。"

北齐后主进入邺城。北周军队包围了晋阳，他们的军衣和旗帜都是黑色，所以城的四面就像黑云一般。

安德王高延宗命令莫多娄敬显、韩骨胡在城南抵抗，和阿干子、段畅在城东抵抗，自己率领众军在城北抵抗北周的齐王宇文宪。高延宗身体肥胖，前看像仰面朝天，后看像俯伏在地，人们常常取笑他的模样。这时，他挥舞长矛来回督战，强劲有力敏捷得像飞一般，指向哪里，谁也抵挡不住。和阿干子、段畅率领1000骑兵直奔北周的军队。北周国主进攻晋阳的东门，当时天色昏暗，便进到城里，放火焚烧城里的佛庙。高延宗、莫多娄敬显从城门进入，两面夹击，北周军队大乱，争着逃出城门，城门间人群填塞挤压，堵住了道路无法前进。北齐人从后刀砍矛刺，北周军队死了2000多人。北周国主左右的人几乎都已死散，自己走投无路。承御上士张寿牵着马头，贺拔伏恩用鞭子抽打马的后部，艰困地出了城。齐人奋勇追击，几乎打中了他。晋阳城东的道路狭窄弯曲，贺拔伏恩和投降北周的皮子信在前面带路，这才幸免于死，这时已经是深夜四更。高延宗以为北周国主已经被乱兵所杀，派人在堆积的尸体中寻找留有长胡须的人，没有找到。当时北齐人打了胜仗，到街坊间饮酒，都喝醉了睡在地上，高延宗无法整理队伍。

北周国主出城以后，非常饥饿，想逃走，将领们也多劝他回去。宇文忻发怒变色而进言：“陛下从攻克晋州以来，乘胜到了这里。现在齐国的伪主劳碌奔逃，关东一带响声震天，自古以来用兵，没有像这次的盛大。昨天破城时，由于将士轻敌，所以遭受一点挫折，这又何必放在心上！大丈夫应当从死中求生，败中取胜。现在破竹之势已经形成，为什么要放弃它而离去！”齐王宇文宪、柱国王谊也认为不能放弃离开，段畅又极力说晋阳城里已经空虚。北周国主于是勒马停止后撤，吹响号角集合军队，不多久军势重新振作。

十七日，高延宗率兵4万出城抵抗，周武帝率各军接战，齐军退却，周武帝乘胜追击，率千余骑兵闯入东门，诏令诸军绕城布阵。

到夜里，高延宗率军排好阵势，步步进逼，城中军队被迫退却，互相践踏，被高延宗打得大败，几乎全部死伤。齐军想关闭城门，因为门下积尸太多，城门竟关不上。周武帝随从数骑，历尽艰险，得以冲出城门。

到天明，率诸军再战，北周攻打东门，大破齐军。高延宗在作战中力量用尽，跑到城北，被北周军活捉，北周占据了并州城。

高延宗被押到周武帝面前，北周国主下马握住他的手，高延宗辞谢说：“我是死人的手，怎敢靠近天子！”北周国主说：“两个国家的天子，并非有怨仇憎恨，都是为了救老百姓而来的，我终究不会加害于您，不必害怕。”请他重新穿戴起衣帽而待之以礼。唐邕等都投降了北周。只有莫多娄敬显逃奔到邺城，北齐后主任命他为司徒。

北齐后主命令立重赏来征募战士，而竟然不拿出东西来。广宁王高孝珩请求：“派任城王高湝率领幽州道的士兵开进土门关，扬言进取并州，独孤永业率领洛州道的士兵开进潼关，扬言进取长安，臣请求率领京畿的士兵出滏口，击鼓前进迎战。敌人听到南北有兵，自然逃走溃散。”又请求取出宫女和珍宝赏给将士。北齐后主听后很不高兴。

斛律孝卿请北齐国主亲自慰劳将士，替后主撰写文辞，并且说：“应该慷慨流泪，以感动激励人心。”北齐后主走出来，面对大家将要发布号令，却忘记了斛律孝卿告诉他的话，便大笑起来（后主高纬也真昏庸到了极致，国破家亡了，居然还傻笑。完全不在状态！天要他灭亡，故令其智昏），左右的人也笑。将士们发怒说：“他们自身还这样，我们何必着急！”都没有打仗的心思。于是只好从大丞相以下，太宰、三师、大司马、大将军、三公等高官，都增加编制授给官职，或者三人或者四人，多到不可胜数。

朔州行台仆射高劢带兵侍卫太后、太子，从土门关一路回到邺城。当时宦官仪同三司苟子溢等人还依仗君主的宠爱放纵横暴，老百姓的鸡猪，被他们放出的猎鹰和猎狗搏击啮咬然后抢走；高劢捉住他们当众宣布，将要把他们处死；太后说情求救，得到赦免。有人对高劢说：“苟子溢之流，说话能使人遭祸得福，你难道不担心后患吗？”高劢捋起衣袖说：“现在西面的敌寇已经占领了并州，显贵的大臣们都弃职叛逃，正因为这帮家伙把朝廷搞得污浊混乱。如果我能在今天把他们杀掉，自己明天被处死，也没有遗憾！”高劢是高岳的儿子。

北齐后主高纬不舍得将宫中的金银财帛奖赏自己的将领，却被北周人占据了。二十三日，北周占领北齐皇宫，北周国主取出北齐宫中的珍宝服用和玩赏的物品以及2000个宫女，颁赐给将士，对立功者按等级加官爵。周武帝任命柱国赵王宇文招、陈王宇文纯、赵王宇文盛、杞国公宇文亮、梁国公侯莫陈芮，庸国公王谦、北平公寇绍、郑国公达奚震等人为上柱国。

封齐王宇文宪之子、安城郡公宇文质为河间王，大将军广化公丘崇为潞国公，神水公姬愿为原国公，广业公尉迟运为卢国公。其他有功之人，也都授予不同官爵。

二十九日，北周武帝诏令军队进攻邺城，命令齐王宇文宪为先驱，任

命上杜国陈王宇文纯为并州总管。

北齐后主领着显贵大臣进朱雀门，赐给他们酒食，询问抵御北周的计策，各人的说法不一，北齐后主不知听谁的好。这时人们的心情恐惧，没有打仗的心思。朝中的士官出城投降，白天黑夜接连不断。

高劢说："现在的叛徒，很多是显贵，至于一般的士兵，还没有离心。请追回五品以上官员的家属，安置在三台，并强迫他们参加打仗，如果不能取胜，就焚烧他们家属所在的三台。这种人都顾惜自己的老婆孩子，一定会拼死作战。况且我们的军队频频败北，敌人一定轻视我们，现在背城决一死战，按理一定能打败他们。"

北齐后主不采纳高劢的意见。懂星象变化的人说，朝廷将会有变革更易。北齐后主叫来尚书令高元海等人商议，决定按照武成帝禅位给他的做法，把帝位传给皇太子。

太建九年（577）正月一日，齐主高纬传位给太子高恒，改年号为承光，自称太上皇。任命广宁王高孝珩为太宰。

北齐众臣认为国事败坏至此，高阿那肱罪大恶极。司徒莫多娄敬显、领军大将军尉相愿预谋在千秋门埋伏士兵，准备要杀死高阿那肱，拥立广宁王高孝珩当皇帝。

恰巧高阿那肱从另一条路入朝上殿，所以没有成功。高孝珩请求抗拒北周军队，对高阿那肱等人说："朝廷不派我去打击敌人，难道不怕我高孝珩起来造反吗？高孝珩如果打败宇文邕，便到了长安，即便造反也干预不了国家的事情！像今天这样的危急，竟还如此猜忌！"高阿那肱、韩长鸾怕他要叛变，便派高孝珩出任沧州刺史。尉相愿气得拔出佩刀砍柱子，叹息说："大势已去，还有什么可说的？"

北齐国主派长乐王尉世辩率领1000多骑兵窥测北周军队的情况，出了滏口，登上土山向西面瞭望，远远地看见一群乌鸦腾空而起，以为是北周军队的旗帜，立即驰马返回；到了紫陌桥，还不敢回头看。

黄门侍郎颜之推、中书侍郎薛道衡、侍中陈德信等劝太上皇帝高纬到黄河以南一带招募士兵，再作策划；如果不成功，就向南投奔陈朝。高纬居然同意了。太皇太后、太上皇后从邺城先去济州；北齐幼主也从邺城向东进发。

北周武帝率军队到了邺城城外的紫陌桥。城外，齐主事先在挖掘壕沟，竖起栅栏。北齐太上皇高纬由上百名骑兵跟从向东出走，派武卫大将军慕容三藏守卫邺城的宫室。

北周武帝率各军将包围了邺城，焚烧邺城的西门。北齐士兵出城作战，北周军队奋勇攻击，大破北齐军队。北周攻占了北齐的首都邺城。

北周军队进入邺城，北齐的王、公以下的官员都向北周投降。慕容三藏还抗拒战斗，北周国主召见他，待之以礼，拜仪同大将军。领军大将军渔阳鲜于世荣，是神武帝时的老将。北周国主先送给他们玛瑙酒杯，鲜于世荣得到后立即将杯子打碎。北周军队进入邺城时，鲜于世荣在三台前不断地击鼓，被北周军队捉住；鲜于世荣不肯屈服，被杀死。活捉了齐国齐昌王莫多娄敬显。周武帝斥责他道：“你有三条死罪：当初你从并州逃到邺城时，带着小妾，却丢弃了老母，这是不孝；你表面上为伪主效力，暗中却向朕通报消息，这是不忠；你表示归降之后，仍然脚踏两只船，这是不信。像你这样的用心，不死还等待什么?”周武帝下令将其斩首。当天，西方天空发出一声雷鸣般的巨响。

邺城陷落时，齐主率数十骑逃向青州。北周大将军尉迟勤率 2000 骑兵追击。二十一日，北齐太上皇高纬渡过黄河到济州。这一天，幼主把皇位让给大丞相任城王高湝。又替高湝下诏：尊称太上皇为无上皇，幼主为宋国天王。命令侍中斛律孝卿把禅位的文书和系有丝带的受命玉玺送到瀛州，斛律孝卿立即前往邺城。

北齐的洛州刺史独孤永业有 3 万名甲士，听到晋州陷落，请求朝廷允许自己发兵攻击北周，但奏章被压下没有上报；独孤永业很愤慨。又听到并州陷落，便派儿子独孤须达向北周请求投降，北周任命独孤永业为上柱国，封应公。

北齐太上皇高纬把胡太后留在济州，派高阿那肱镇守济州关，观察北周军队的动静，自己和穆后、冯淑妃、幼主、韩长鸾、邓长等几十人逃奔青州。又派太监田鹏鸾去西部，刺探动静；田鹏鸾被北周军队抓获，问他北齐国主在哪里，田鹏鸾骗他们说：“已经离开原地，估计应当出了国

境。”北周人怀疑他的话不可信，对他拷打。每打断一根骨头，田鹏鸾的话和脸色就愈加严厉，最后打断了四肢而死去。

北齐太上皇高纬到了青州，就要进入陈朝的国境。而高阿那肱秘密和北周军队勾结，约定一起活捉北齐国主，却屡次向太上皇高纬启奏道：“周朝的军队还离得很远，我已经下令烧桥断路。”北齐高纬因此在青州停留，宽慰自己。北周军队到达关隘，高阿那肱就向他们投降。北周军队很快到了青州，北齐太上皇高纬用袋子装了金子，系在马鞍上，和皇后、妃子、幼主等乘了十几匹马向南逃走，二十五日刚逃到南邓村，就被北周的追兵尉迟勤追上，全部活捉，连同胡太后一起送往邺城。

北周武帝下诏：“从晋州大战到平定邺城，凡阵亡者，即将其本来官职授予他们的儿子。”随后又下诏说：“伪齐国已故右丞相、咸阳王斛律明月和已故侍中、特进、开府崔季舒等七人宜追赠谥号，妥善安葬。他们的现存子孙，均根据其先世功劳给予相应待遇。其家人田宅没收入官者，一律发还。”接着下诏：“伪齐所建之东山、南园、三台可一并拆毁，将其能用的砖瓦木料赏赐百姓，山园所占之田还归本主。”

周武帝连下三道诏书，笼络了北周和北齐两国的民众之心，得到了两国民众的拥护。

二月三日，北周朝廷议定各军将士的战功，在齐国太和殿摆设酒宴，会宴军士以上武职，按等级颁给不同赏赐。次日（四日），高纬到邺城，北周武帝走下台阶，以对待宾客的礼节接见他。

北齐的广宁王高孝珩到沧州，带领5000人在信都和任城王高湝会合，共同计划复国，征募到4万多人。北周国主派齐王宇文宪、柱国杨坚攻打他们。叫高纬写亲笔信对高湝招降，高湝不服从。宇文宪的军队到赵州，高湝派两名探子去侦察，反被北周的侦察骑兵捉住并报告了宇文宪。宇文宪把原先是北齐的将领召集在一起，将捉到的探子向他们示众，并说：“我所争夺的是大目标，不是你们。今天放你们回去，仍旧充当我的使者。”给高湝带去书信，信上说：“您的探子被我们的侦察兵捉到，我方军队中的情况，他们会向您报告。和我们打仗不是上策，这不用占卜就可以决定；防守是下策，您或许不会同意。我已经统率各路军队分道并进，和您相见已经不远，我扶着兵车上的横木到来指日可待。希望您能知道时机，不要拖延时日！”

宇文宪到了信都，高湝在城南列阵进行抗拒。被高湝任命的领军尉相愿假装到阵前巡行，便率领军队向宇文宪投降。尉相愿本来是高湝的心腹，大家为此感到惊恐害怕。高湝便杀掉尉相愿的妻儿。第二天，又进行战斗，被宇文宪打败，俘虏和杀死的有3万人，高湝和广宁王高孝珩被捉住。

宇文宪对高湝说：“任城王何苦至此！”高湝说：“下官是神武皇帝的儿子，15个兄弟，只有我侥幸活下来，遇到国家被推翻，死而无愧于祖先。”宇文宪佩服他的雄壮豪迈，命令归还他的妻儿。宇文宪又亲自为高孝珩洗疮涂药，礼遇很厚。高孝珩叹道：“除神武皇帝以外，我的父辈和兄弟，没有一个能活到40岁的，这是命运注定的。继位的国君缺乏独特见解的明察，宰相不能担负国家重任的委托，遗憾的是我不能掌握兵符，授予我兵权，以施展我的用心和能力！”

北周大军攻克了北齐首都，活捉了北齐君主，宣告了北齐的灭亡。北齐55州，162郡，385县，3302528户，20006886口。以及河阳、幽、青、南兖、豫、徐、北朔、定等地同时设置总管府，相州、并州二总管各设置宫室和六府官等所有，尽收北周名下。

北周武帝下诏说：“凡是从伪武平三年（572）以来，黄河以南各州被劫掠为奴婢者，不论官奴婢或私奴婢，一律放免为民；有住在淮河以南的，听任其返回，愿住在淮河以北的，可予以安置；对于其中的残疾老弱、无法生活者，各级地方官员要亲自检查验明，并供给衣食，务必使他们得以存活。”

后梁国主到邺城朝见北周君主宇文邕。自从秦始皇兼并天下以后，朝见礼制久已废缺，这时才开始命令有关部门拟订礼节：如致送薪米、致送活羊，设9个傧相、9个传达，在宗庙中设宴款待，三公、三孤、六卿向后梁国主献食，慰劳宾客、还礼、宴享宾客等，都依照古礼。北周国主设宴款待后梁国主，酒喝到高兴时，北周国主亲自弹琵琶。后梁国主起立跳舞，说：“陛下既然亲自演奏琵琶，臣怎敢不像百兽那样起舞！”北周国主听了大为高兴，赏赐给他很多东西。

夏四月三日，周武帝从东征前线返回长安。

北周让齐主高纬站在前面，齐国诸王公随之，把缴获的车舆、旗帜及各种器物依次陈列在他们后面。周武帝部署六军，由公卿奉引，太仆驾车，六军排开队列，高奏凯旋的音乐，到太庙举行献俘的仪式。

京城观礼者都高呼万岁。

第三十七章　攻徐州再诏北伐军

北周灭齐的消息传到南陈，陈宣帝即刻召集重臣商议。

陈宣帝说："北周占领了北齐，实力大增。必然会向南，攻击我国。这样，江淮地区必受其害。我想遣使去北周，以修旧好。顺便观察北周的动向。各位大臣，请看哪位可以作为使者。"

众臣推荐袁宪可做使者。于是，陈宣帝诏令袁宪入关。袁宪到了北周，周朝热情地接待了袁宪。袁宪，字德章，是尚书左仆射袁枢的弟弟。他年幼时聪慧敏捷，勤奋好学，气度不凡。据《陈书·列传》记载：梁武帝修建学校，辟设五馆，其中一馆位于袁宪住宅西面，袁宪常常招引诸生，同他们谈论，每每有新意，都出人意料，当时的名流之辈都大为叹服。

大同八年（542），梁武帝撰写《孔子正言章句》，诏书颁至国学，宣扬了梁武帝的意旨。袁宪当时 14 岁，被召为国子正言生，他去拜见祭酒到溉，到溉以目光相送，喜欢他的神采。他在国学一年后，国子博士周弘正对他的父亲袁君正说："令郎今年想参加策试吗?"君正说："经书义理理解不深，不敢叫他参加策试。"过了数天后，袁君正派门下宾客岑文豪同袁宪一道去问候周弘正，恰遇弘正要登席讲授，弟子云集，便邀袁宪入室，授给他尘尾，令袁宪立义讲授。当时谢岐、何妥在座，弘正对他俩说："二位贤士研究透了微奥含蓄之理，该不会害怕这个年轻人吧!"何、谢于是轮流发问，穷极思想情趣方面，袁宪同他们轮番数次，应对娴熟敏捷。弘正对何妥说："任凭卿发问，不要以童稚相欺。"当时学堂座无虚席，观看者纷至沓来，而袁宪神情自如，辩论起来游刃有余。弘正也多次质询袁宪，始终没能让他诚服，便告诉岑文豪说："卿回去告诉袁吴郡，此郎已能替代博士了。"当时学生门徒参加策试，大多行贿赂。文豪叫准备干肉，袁君正说：“我怎么能用钱为我儿买科第呢？”学司忌恨他。等到袁宪策试时，争相质问。袁宪随问随答，剖析如流。到溉后来对袁宪说：“袁君正后继有人了。”君正要回到吴郡，到溉于征虏亭为他饯行，对君正说：“昨天考生萧敏孙、徐孝克，并不是不能释义，只是风度气量才识，跟令郎相比差远了。”不久举为高第。以贵公子之身份娶南沙公主为妻，即梁简文帝的女儿。

大同元年（535），袁宪初任秘书郎。太清二年（548），迁任太子舍人。侯景叛逆，袁宪东回吴郡，不久父亲去世。因哀伤过于毁顿。梁敬帝承应制令，征辟他为尚书殿中郎。

陈霸先为宰相，任命他为司徒户曹。永定元年（557），任中书侍郎，兼散骑常侍。与黄门侍郎王瑜一起出使北齐，多年未返，天嘉初年才得以回还。四年诏令再任中书侍郎，管辖侍中省。太建元年（569），任给事黄门侍郎，还主持太常事务。二年调任尚书吏部侍郎，不久任散骑常侍，侍奉太子。三年迁任御史中丞，兼羽林监。当时豫章王陈叔英不奉守法度，强夺人马，袁宪将此事一一奏禀皇上，叔英因此获罪免官，自此朝野上下都畏惧他。

袁宪详悉朝廷典章，尤其通晓听讼断狱，如有案件未知实情而法官断案的，袁宪即使利用闲暇时间，也总替之上言，为很多蒙冤者昭雪。袁宪曾陪宴承香阁，宾客退席后，陈宣帝留下袁宪和卫尉樊俊移席山亭，边谈边吃持续了一整天。陈宣帝看着袁宪而对樊俊说：“袁家从来就出人才。”他如此被推重。

太建五年入任侍中。六年任吴郡太守，因此职曾为父任而坚决推辞不就，于是改授为明威将军、南康内史。九年服官任满，任散骑常侍，兼吏部尚书，不久正式任命。袁宪以自己久居清显之职，多次上表要求解职，陈宣帝为了挽留他，说：“其他人在职，屡有匿名信举报。卿处理事务多年，可称得上清廉，因才施用，且不必答谢。”

暂时不说袁宪出使北周的情况。只说陈宣帝知道北周攻占了北齐之后，想和北周争夺徐州、兖州。这是构建“江淮防线”最重要的一步棋。如果缺少了徐州这样重要的军事战略要地，“江淮防线”就不完整。

陈宣帝诏令南兖州刺史、司空吴明彻督率那些准备班师回朝的北伐将士，继续向东，攻取徐州、兖州。并诏任吴明彻的长子吴戎昭、将军惠觉代理州事。

原本那些离家北伐已有五年的陈军将士，听到陈宣帝诏令班师回朝的命令，非常高兴！他们的心早就飞回家乡，飞回到亲人父母、兄弟、妻子、儿女的身边。北伐五年，多少将士捐躯于国？多少人负伤受残难以自理？可是，风云突变，一道皇命圣旨飞来，诏令北伐军继续进攻……

吴明彻深切理解北伐将士们多么想班师回朝的心情！可是，陈宣帝锐意进取河南，以为军旗所指，即可平定。中书通事舍人蔡景历规劝说："军队疲惫，将领骄傲，不宜穷兵远攻。"

陈宣帝听了，大怒！他以"太建五年，都督吴明彻北伐，所向克捷，与周将梁士彦战于吕梁，大破之，斩获万计，方欲进图彭城。"（见《陈书卷十六·列传第十》）为例，引证了陈军战斗力其实很强，完全可以攻取徐州，甚至可以横扫天下。

因此，陈宣帝自信满满，诏令北伐军继续进攻徐州。而蔡景历进谏，令陈宣帝非常憎恶。认为蔡景历的话，是涣乱人心。但看在蔡景历是朝廷旧臣，不深究他的罪责。而诏令蔡景历出为宣远将军、豫章内史。

但是，蔡景历还没有出发，就有紧急的匿名奏章弹劾蔡景历。告他在官署之时，贪污受贿，名声不检。陈宣帝命令有司按察查问，蔡景历只承认其中一半。

于是御史中丞宗元饶上奏道："臣听说士之行事，以忠事上，以廉律身，如果违背此道，刑罚加于身而不能赦免。现宣远将军、豫章内史新丰县开国侯蔡景历，凭多幸机遇，参与兴王，有关皇运权舆大事，他颇多参与营造。天嘉之时，他贪污受贿名声不检，圣上恩准录用，允许他改弦更鸣，封邑高阶，不久又恢复原样。但他不能改节自励，以报答曲成之恩，仍然专擅贪污，名播远近，一次已足够了，难道还可再次吗？宜置以刑书，以明宪章法律。臣等参议，以所见事免去蔡景历的所居官，交付鸿胪，削去爵土。谨恭奉奏章听闻。"

陈宣帝批示"可"。于是，蔡景历移居会稽。

这是一桩明显的“因言获罪”之案。如果蔡景历不直言，估计也不会落到“免去所居官职，交付鸿胪，削去爵土”的下场。

蔡景历是什么人呢？据《陈书》载：蔡景历，字茂世，济阳考城人。其祖父蔡点，为梁尚书左民侍郎。父亲蔡大同，轻车岳阳王记室参军，掌管京师行选。

蔡景历年少时，英姿俊爽，特别孝敬父母。他家贫好学，善于写文章，长于写草隶。景历初任诸王府佐，出任海阳县令，治政贤能。侯景之乱时，梁简文帝被侯景幽禁，蔡景历与南康嗣王萧会理商量，想挟带简文帝出逃，事情被发觉后被捉，后因得到贼党王伟的保护，才得以免祸。以后寓居京口。

侯景之乱平定后，陈霸先镇守京口（今江苏镇江），素闻其名，便写信请他。景历给使者答信，一气呵成，不曾有涂改。陈霸先得信，大为叹赏。旋即又赐信酬答，当日以板授任征北府中记室参军，不久总领记室。

衡阳献王陈昌当时任职于吴兴郡。陈昌年纪尚小，吴兴为陈霸先之故里，父老乡亲亲戚朋友，尊卑高下有序，陈霸先担心陈昌年纪轻，待人接物悖礼，便派蔡景历辅佐陈昌。承圣年间，授官通直散骑侍郎，还掌府记室。陈霸先打算征讨王僧辩，只同侯安都等数人谋划，蔡景历不知道。待部分准备完毕，陈霸先令蔡景历草拟声讨檄文，蔡景历一挥而就，文辞情真意切甚为感人，当事者都很满意。

王僧辩被杀，陈霸先辅佐朝政，任蔡景历为从事中郎，掌记室职务不变。绍泰元年（555），升任给事黄门侍郎，兼掌相府记室。陈霸先受禅称帝，蔡景历升任秘书监，中书通事舍人，掌管诏诰。

永定二年（558），蔡景历因妻弟刘淹骗取周宝安馈赠的马匹一事受牵连，被御史中丞沈炯弹劾，降为中书侍郎，中书通事舍人职务不变。

永定三年（559），陈武帝驾崩，当时外敌压境，陈蒨镇守南皖，朝内无重臣，章皇后召见蔡景历、江大权和杜棱商定，秘不发丧，速召陈蒨回京。蔡景历亲自与宦官宫女一起，秘制殓服。当时天气酷热，必须制梓棺，又担心斧凿之声被人听见，便以蜡制棺材。文书诏诰，依旧颁行。

陈蒨即位，蔡景历再任秘书监，舍人职务不变。因蔡景历拥立陈蒨

（陈文帝）有功，封为新封县子，食邑 400 户。多次迁任散骑常侍，陈文帝诛杀侯安都，蔡景历促成此事。天嘉三年（562），因杀侯安都有功升任太子左卫率，晋子爵为侯爵，增加食邑 100 户，常侍、舍人职务不变。六年，蔡景历妻兄刘洽倚仗他的权势，多次奸诈，并接受欧阳武威贿赂的 100 匹绢，蔡景历因受牵连免官。

废帝陈伯宗即位，起用蔡景历任镇东鄱阳王谘议参军，兼太舟卿。华皎谋反，以蔡景历为武胜将军、吴明彻军司。华皎之乱平，吴明彻在军中擅自戮杀安成内史杨文通，又受降人马兵器数目不清，蔡景历又因不能扶正，被收治罪，过了很久，他才获得宽恕，起用为镇东鄱阳王谘议参军。

陈顼（陈宣帝）即位，升任宣惠豫章王长史、兼会稽太守，代理东扬州府事务。服官任满后，升任戎昭将军、宣毅长沙王长史、寻阳太守，代理江州府事务，因病推辞，便没成行。入京任通直散骑常侍、中书通事舍人，掌管诏诰，接着恢复封爵食邑。升任太子左卫率，常侍、舍人职称不变。

太建五年（573），都督吴明彻北伐，所向披靡，与北周将领梁士彦战于吕梁（今江苏省徐州市铜山区东南 25 公里吕梁集），大破之，斩杀俘获人数以万计，正想进攻彭城。太建九年（577）陈宣帝一心一意想收复黄河以南的土地，认为进攻徐州（治所在彭城）可行。而蔡景历劝谏说："军队疲惫，将帅骄慢，不宜过急图求远征之略"。陈宣帝认为这些话是他瓦解众心，大怒。于是，蔡景历免官、削爵，迁居会稽。

当时，劝陈宣帝不可继续北伐、盲目攻打徐州（治所彭城）的，还有毛喜。陈宣帝问毛喜说："朕想进兵彭、汴（彭、汴，谓彭城、汴水之地），你的意见如何?"毛喜回答："我实在才能不属于智慧聪敏者，怎么敢预测尚未发生的事。我私下以为淮左平定不久，边地的百姓还不稳定。周国刚吞并齐国，我们很难和对方争高低，况且放弃乘船作战的擅长，来到平原地区骑马乘车打仗（徐、兖之地四平，车骑便于驰突），避长就短，这不是南方人所熟习的。以臣的愚见不如安抚百姓守护国境，停止用兵和周国结成友好关系，然后广泛招募英才奇士，顺时而动，这才是长久的计策。"（见《陈书卷二十九·列传第二十三》）

但是，陈宣帝仍不听从。不过，陈宣帝与毛喜的私人交情比较深厚，毛喜对于陈宣帝掌权、继位有很大的帮助。还是毛喜献策，陈文帝与北周修好，才使北周放归陈顼回到南陈。甚至，陈宣帝的家人也是毛喜从北周接回南陈的。所以，毛喜的“逆言”并没有“因言获罪”。

对于毛喜的介绍，前文都有了。这里只介绍太建年间的情况。据《陈书》载：陈宣帝即位后，授任毛喜给事黄门侍郎，兼佐中书舍人，主管军队和国家的机密。宣帝计议北伐北齐，敕令毛喜撰写军中制度十三条，下诏颁布天下，因文字太多不予录载。毛喜为母亲服丧而离职，诏封毛喜的母亲庾氏为东昌国太夫人，派遣员外散骑常侍杜缅绘制她的墓田图，皇上亲自和杜缅依照图画给予指点，毛喜就是如此被重视。

吴明彻率军北伐，夺得淮南之地后，毛喜向陈宣帝呈述安定边境的策略，陈宣帝立即采纳并实行。陈宣帝又想出兵彭、汴，毛喜认为“淮左新近平定，边民还没有安定，很难和它争锋，不如安定边民守卫边境，这是长久的计策”。陈宣帝不听从。

陈宣帝不听蔡景历、毛喜等大臣的劝告，诏令吴明彻率北伐军继续进攻徐州。当北周大军第二次进攻北齐，齐后主君臣慌乱逃窜之时，不知吴明彻和当时还在北齐前沿的北伐军将士都在干啥？陈宣帝又在干啥？那个时候乘乱夺取徐州真是易如反掌。可当时在齐境前沿的陈朝北伐军却按兵不动，硬生生地错过最佳战机！待北周吞并了北齐之后，陈宣帝才再次诏令北伐军夺取徐州，实在大错！

太建九年冬十月十九日，吴明彻指挥军队到了吕梁，北周的徐州总管梁士彦率领军队抵抗，多次被吴明彻打败。梁士彦害怕吴明彻，据城自守，不再敢出战。吴明彻指挥军队包围了徐州的治所之地彭城。（见《陈书卷九·列传第三》）

梁士彦，字相如，定安乌氏人。年少时行侠仗义，不愿在州郡做官。性情刚烈果敢，喜欢评判别人的是非曲直。好读兵书，并涉猎经史。北周时凭军功拜为仪同三司。

周武帝宇文邕将要与东夏作战，听说梁士彦勇敢果决，便把他从扶风任上郡守提升为九曲镇将，进位上开府，封为建威县公，北齐人对他非常畏惧。不久，调任熊州刺史。后来随周武帝攻下晋州，进位柱国，拜官使持节，晋、绛二州诸军事，晋州刺史。

北周军队平定齐国后，封梁士彦为郕国公，进位上柱国、雍州主簿。周武帝病逝，周宣帝即位后，任命他为东南道行台、使持节、徐州总管、32州诸军事、徐州刺史。

此时，吴明彻进攻徐州，梁士彦退守彭城，等待援军。周武帝派乌丸轨（后改汉名王轨）率军来援助。

当吴明彻指挥陈朝大军围攻梁士彦之时，没有想到，后来竟被梁士彦所擒；而梁士彦也没有想到，他为北周出生入死地打拼，最后却死在杨坚的手上。据《隋书》载：杨坚取代北周之前，北周后主荒淫失德，杨坚作为宰相，掌握了朝政大权。改任梁士彦为亳州总管、24州诸军事。

这时尉迟迥发动叛乱，朝廷任命梁士彦为行军总管，随韦孝宽出征平叛。到河阳，与叛军对峙。梁士彦命令家僮梁默等数人作为先锋，自己带部属跟随而进。大军所向披靡，乘胜追击到草桥，尉迟迥又纠合自己的部队抵抗，梁士彦率部进击，大败叛军。等到围住邺城，从北门攻入，又驰马打开西门，放宇文忻部入城。平定尉迟迥叛乱后，梁士彦又授官相州刺史。

杨坚猜忌梁士彦，没多久，把梁士彦调回京师。他在家闲居，无事可做。他自恃功高，心怀怨恨，和宇文忻、刘昉等人图谋反叛。打算率领僮仆，在宗庙祭祀之前，趁杨坚车驾出来之时，图谋起事。又想在蒲州起兵，攻取黄河以北的地方，拿下黎阳关，阻断河阳要道，拦截朝廷征调的布帛去做军需，招募流寇来充当兵士。他外甥裴通事先知道他们谋反的事而上奏杨坚。杨坚没有宣扬这事，任命梁士彦为晋州刺史，想观察他的动静。梁士彦高兴地对刘昉等人说："这是天赐良机啊！"又请求杨坚让仪同薛摩儿做长史，杨坚答应了他。

梁士彦后与众公卿一起朝见杨坚，杨坚令卫士从官列中把梁士彦、宇文忻、刘昉等抓了起来，责问他们说："你们这些人图谋反叛，怎么敢产生这种想法？"梁士彦等起初还不认罪。当时恰好薛摩儿被押到了，于是当廷对质。薛摩儿把谋反的经过全部讲了出来。并说："他的二儿子梁刚流泪苦苦劝谏他不要谋反，三儿子叔谐却说：'做猛兽就要做兽中之

王。'”梁士彦听后，脸色骤变，回头对薛摩儿说：“是你杀了我啊!”于是伏法被杀，终年72岁。

古人很讲究天象、星相等方术的预兆。进入太建九年（577），上天似乎都有不同的警示。据《陈书·本纪·宣帝》记载：秋七月初九，下大雨，雷击陈高祖武帝陈霸先陵寝万安陵前的华表。七月十八日，雷击慧日寺庙，以及瓦官寺庙的重门，有一女子在门下被雷电打死。

而《隋书二十一·志第十六·天文下》也有占星记载：“十月癸卯，月食，荧惑在斗。”占曰：“国败，其君亡，兵大起，破军杀将。斗为吴、越之星，陈之分野。”月食，荧惑（火星）在斗宿（二十八宿之一），这预兆就是：北齐灭亡，齐主高纬、高恒相继处死。十一月，陈将吴明彻攻吕梁，徐州总管梁士彦出军与战，不利。

陈宣帝向来信仰佛教，他认为趋吉避凶的最好方法，就是关心和解除民众的疾苦。在此前的夏五月初四，陈宣帝下诏，免除民众的租税。他认为这就是积德累功。当时陈宣帝下诏说：“朕清晨即起，入夜方食，思量廓大庶民百姓之福，以达共同安定之境，然而州郡长官管理百姓，未能做到清廉公正。每年经常性的租赋，多有发生逃漏的。仅就这些务农之人来论，是应该给以宽大减省之优待的。可将自太建元年以来迄太建八年之流亡、移居以及分家之人所应负担的租调，七年和八年之分义丁，五年迄八年之分户军丁，还有六年和七年普通百姓所拖欠的田赋、米粟、夏调、绵帛丝布、麦等，五年至七年拖欠的罚款、绢，一概免除。”（见《陈书卷五·本纪第五·宣帝》）

为了稳定政局，防灾减难，陈宣帝继续加强皇室的力量，以抗衡越来越崛起的豪门士族势力。太建九年（577）春正月二十八日，陈宣帝以湘州刺史、新除中卫将军、始兴王陈叔陵为扬州刺史；以云麾将军、建安王陈叔卿为湘州刺史，晋号平南将军。

陈叔陵，后面有系统介绍。此处只简明介绍一下陈叔卿。据《陈书》所载：建安王陈叔卿，字子弼，是陈宣帝的第五子。性质直有材器，容貌甚伟。太建四年，立为建安王，授东中郎将、东扬州刺史。七年，为云麾将军、郢州刺史，置佐史。九年，进号平南将军、湘州刺史。后主即位，进号安南将军。又为侍中、镇右将军、中书令。迁中书监。

秋七月初四，陈宣帝以轻车将军、丹阳尹、江夏王陈伯义为合州刺史。据《陈书》载：江夏王陈伯义，字坚之，陈文帝陈蒨第九子。天嘉六年，立为江夏王。太建初，为宣惠将军、东扬州刺史，置佐史。寻为宣毅将军、持节、散骑常侍、都督合、霍二州诸军事、合州刺史。十四年，征为侍中、忠武将军、金紫光禄大夫。

当然，提高太子陈叔宝的地位，树立以太子为中心的陈朝接班人的形象，也是巩固皇权所必需的。太建四年十二月三十日，宣帝下诏开始修建东宫。诏曰："梁朝末年，战火接连而至，承华宫遭焚毁，损坏得连屋架也不复存。天命更新换代，至今已将二十四年，只因忙于战事，来不及加以修葺。时下工匠们还比较闲散，椽楹也有图可摹，明年便可开工建造东宫，可权且设置起部尚书、将作大匠，以主持监督造作。"

直到三年后即太建九年十二月初十，为太子新修的东宫落成，陈叔宝搬到新宫去居住。自此，皇太子陈叔宝以东宫为聚集地，开始了他以酒会、茶会等形式的"文学沙龙"活动，极大地推动了南朝文学艺术的繁荣和发展。

第三十八章　战北周吴明彻兵败被俘

太建十年二月，吴明彻指挥陈朝军队多次打败北周的徐州总管梁士彦。徐州总管，是负责徐州的军事、行政的地方高级长官。是集徐州的军权、政权、人权、财权于一身的地方最高级别的管理者。北周武成 元年(559) 开始设置总管职称。周武帝以王谦为益州总管，总管之名始于此。面对陈朝北伐军的进攻，徐州总管梁士彦一面坚守城池，一面驰信求援。

梁士彦负隅顽抗，率军出战，多次被陈军打败。他只好退缩彭城内，坚守待援。陈军大都督吴明彻指挥军队包围了北周的彭城（徐州治所），将战船环绕排列在城下，攻城很急。

北周武帝非常重视徐州的军事战略位置，急派达奚长儒与乌丸轨（王轨）率大军赶到，以反包围的形式对付陈国将领吴明彻于吕梁地区。陈宣帝闻讯，也立即派骁将刘景率劲旅 7000 来增援。

据《隋书卷五十三・列传第十八》所载：乌丸轨（王轨）命令达奚长儒迎战陈朝刘景的援军。达奚长儒任左前军勇猛中大夫。达奚长儒于是用几百车轮，系上大石头，沉到清水里去（郦道元曰：清水，即泗水之别名），让车轮连着车轮，以等待刘景的援军。

刘景率陈军将士赶到后，船舰被北周设置的车轮所阻碍，不能前进。达奚长儒于是用奇兵，水陆俱发，大破刘景，俘虏几千人。

据《周书》所载：王轨，太原祁地人，小名沙门，是汉朝司徒王允的后代。世代都是州郡第一大族。祖辈都在魏国当官，赐姓乌丸氏。父亲王光，自幼雄健英武，有将帅的才能谋略。每次参加征战，都立有战功。宇文泰了解他勇敢果断，待他十分优厚。官至骠骑大将军、开府仪同三司，封平原县公。王轨为人质朴直率，慷慨而有远见。遇事刚强正直，别人不敢向他说情。最初侍奉辅城公。宇文邕即位后，授前侍下士。随即转任左侍上士，很被重用。先后升任内史上士、内史下大夫，加授仪同三司。从此更被重用，在要害部门担任职务。

当时晋公宇文护把持朝政，宇文邕密谋除掉他。宇文邕认为王轨沉着果毅，又有识见，能够把大事托付给他，就问他是否可行。王轨表示赞同。建德初年，转任内史中大夫，加授开府仪同三司，又授上开府仪同大将军，封上黄县公，食邑 1000 户，军政大事，他都参与商议。五年(576)，宇文邕率军东征，大军包围晋州。刺史崔景嵩防守北部城墙，半夜悄悄派人表示归降。诏令王轨率军接应，天色未明，士兵们都已登上城头呐喊。齐人惊慌害怕，当即败退。于是攻克晋州，活捉其城主特进、海昌王尉相贵，俘虏带甲士兵 8000 人。又平定并州、邺城。以战功升任上大将军，晋封郯国公，食邑 3000 户。

陈国将领吴明彻进攻吕梁，徐州总管梁士彦多次交战失利，退守州城，不敢出战。吴明彻修起堤堰，截蓄清水灌城，把战船陈列在城下，准备攻城。

周武帝诏命王轨任行军总管，率各军救援。王轨悄悄在清水汇入淮河的地方，树立许多粗木桩，用铁锁贯通车轮，横向截断水流，用来阻塞敌船航路。

王轨指挥北周军队切断吴明彻等陈军将士的退路。陈军将领们听说后，很惊慌害怕，萧摩诃对吴明彻说："听说王轨刚开始封锁清水河的下游，在河的两头筑城，现在还没有建起来，您如果派我去攻击，他们必定不敢抵抗。水路没有阻断，贼势不会牢固；等到他们的城建成，那么我们就都成俘虏了。"吴明彻奋然掀起胡子说："拔掉敌人的军旗冲锋陷阵，是你将军的事情；长谋远略，是我老夫的事情。"萧摩诃吓得脸上变色，退了出来。这段史料《南史》《陈书》都有载。从这个史料记载中可以看到吴明彻的骄横自大！蔡景历当时劝陈宣帝不要再次进攻徐州时说的"师老将骄"真是实情！

萧摩诃是一位有勇有谋、战功卓著的南朝名将。此前，北周武帝宇文邕灭齐，派他的将领宇文忻率领众军跟陈朝军队争夺吕梁，陈、周两军战于龙晦。此时宇文忻有精骑数千，萧摩诃率 12 骑深入敌军之中，纵横奋

击，斩首很多。

此次，针对北周军的围堵，萧摩诃的建议是非常明智的。可惜吴明彻因连战皆捷，养成了骄气，不听萧摩诃的意见，白白坐失良机。10天之间，北周兵不断涌到，终于把陈军的水路全部封死。陈军的退路被阻断后，萧摩诃又请见吴明彻说："今日求战不得，军队如果秘密地突围，也不足为耻。希望您率领步兵、乘马车慢慢地前进，我带领几千名铁骑在前后来往奔驰，一定能使您平安地到达京城建康。"

萧摩诃说这番话，是他已断定陈军退却后，北周军随后跟进，淮南之地肯定是守不住了。而这个后果，是吴明彻最不愿看到的。他不甘心陈军20多万将士拼命苦战，从北齐手中夺取的城池，却因这一战，被北周尽数夺去。

听了萧摩诃的这话，吴明彻老大不高兴，但也无计可施，只好对萧摩诃说："老弟这个计策，是个好办法。但是老夫我受命专门出征，不能战胜攻取，如今被围困逼迫，羞惭得无地自容。况且步兵又多，我是总督，必须在队伍后面，率领他们一起行动。老弟的马军应当行动迅速，走在步兵前面不能迟缓。"萧摩诃便率马军在晚上出发。

先前，北周军长围既已合，又在要路上埋下伏兵数重，萧摩诃率领80名精骑兵，率先冲出重围，其余的骑兵在后面跟随，第二日（太建十年二月二十六日）早晨，萧摩诃率80骑将士到达淮河南岸。这是极少幸运、突围而出的北伐军将士，陈宣帝下诏征还，授萧摩诃右卫将军。

再说吴明彻和困在水中的陈军将士，准备挖开北周设置的堵水的土堤，使陈军将士撤离，用船只装载马匹撤退。可是，马军主将裴子烈反对，说："如果挖破了土堤，大水冲了下来，将马匹放下船，船肯定倾覆，怎么能行呢？不如先把马打发出来，这样就行了。"

吴明彻正苦于背上长疮病得很重，知道事情不会成功，还是同意了。

二月二十六日，吴明彻亲率将领决断土堤，乘决堤的水势，船载马匹，全军撤退。希望从顺流进入淮河。可是，船到清口时，水越来越浅，陈朝水军的船只被沉在清水河中的车轮所阻挡，无法通过。这时，北齐军队发动进攻，陈朝的部队四处溃散。二月二十七日，吴明彻走投无路，被北周活捉。北周武帝封吴明彻为怀德公，位大将军。不久，吴明彻因为忧愤加重病情，死于长安，时年 67 岁。

一代名将，连战连捷。没想到辉煌的人生，却如此落幕！真令人感慨万千！

还有一位陈朝老将裴忌，随吴明彻督众军北伐北齐军。陈宣帝诏令裴忌以本官兼任南陈北伐军的监军。因恢复淮南失地有功，裴忌被任命为豫州刺史。

裴忌到任以后，积极绥抚当地百姓，使饱尝战乱之苦的黎民百姓得到了安宁，因此在当地赢得了百姓的赞誉。不久，改授裴忌使持节、都督谯州诸军事、谯州刺史。他还未来得及走马上任，正逢吴明彻第二次受诏进讨彭、汴，迎击北周大军。便以裴忌为都督，与吴明彻为犄角之势，齐头并进。

后来，吕梁山兵败，裴忌被北周俘虏，北周政权因看重裴忌的军事才能，不但未加害于他，反授其为上开府。隋朝开皇十四年（594），裴忌在长安去世，享年 73 岁。

对于南陈北伐军的惨败，的确有很多值得思考的地方：

首先，南陈北伐军 10 万多将士，从太建五年开始北上伐齐，到太建十年吕梁兵败，历时五年。不仅将士们疲惫，而且军粮等物资消耗巨大。再加上北伐军连战皆捷，打得北齐军满地找牙，这也促使北伐军的将领骄傲和轻敌。

对比一下北周武帝二次伐齐，最大的特点是，用兵时间短。

第一次伐齐：是建德四年（太建七年）七月，周武帝出动 18 万大军伐齐，八月，北周各路大军攻入齐境。先后攻克北齐 30 余城。九月，周武帝身患疾病，于是周军尽弃所下诸城，撤军西还。北周第一次北伐，在进攻目标上的选择不很恰当，致使第一次伐齐无功而返。此次用兵时间：七月出兵，九月收兵。总计三个月。

第二次伐齐：北周建德五年（太建八年）十月，周武帝又率大军伐齐，几路并进，攻克平阳（今山西省临汾市）。围晋阳（今山西省太原市）时军事失利，周武帝仅以身免。听从宇文忻“死中求生，败中取胜”

的建议，终于攻克晋阳。建德六年（太建九年）正月，宇文邕攻入北齐京都邺城，俘北齐后主父子，灭亡北齐。

此次用兵时间：十月出兵，次年正月灭亡北齐。总计四个月。

北周武帝灭齐，时间非常之短。用兵时间短的优势很明显，无须再作什么论述了。

其次，在北周伐齐的时候，陈宣帝在干什么呢？南陈北伐军又在干什么呢？按说，吴明彻于太建五年（573）率军出征之时，南陈将士10多万人，到攻克寿春时，南陈收编俘虏和沿途吸收兵源已达20万众。到吴明彻吕梁败绩时，南陈军力已达到30万众。

南陈兵力如此之多，为什么不乘北周伐齐、北齐疲于招架之时，分兵掠取北齐的山东、徐州等地？甚至，北齐后主高纬等人两次都想逃往南陈，而南陈朝廷竟然浑然不知，更没有派兵去接应。

如果说是陈宣帝和南陈朝廷在后方，对北周大举伐齐的军情没有及时了解，那吴明彻拥有30多万军队在淮南前线，他们派支探马或侦察兵去北齐境内打探情况，或者抓个北齐俘虏，也都能了解当时的战况。特别是发生在北伐军眼前的北周伐齐的军事动态，如果吴明彻等高级将领都视而不见，那就是严重渎职！吴明彻率领的陈朝北伐军就在淮南前沿，对北周二次攻打北齐，特别是近期四个月的灭亡北齐的战争情况，应该是非常关注的。其中有无数的战机可以捕捉到的。可惜，陈军为何坐山观虎斗？坐失争夺天下或者至少夺取徐州的良机呢？

如果说陈朝并不希望北周吞并北齐而打破了“三国”制衡，那北齐后主逃奔南陈时，也没见陈军派兵接应。如果陈宣帝接应了北齐后主，并与北齐联手抗北周，大局还有反转的可能性。

对于北周伐齐的战况，有充分的理由相信，吴明彻和前线北伐军的将领是高度关注的。陈宣帝和南陈朝廷也是知道的。问题是，为什么南陈朝廷上下都坐山观虎斗？为什么不乘机攻城夺地？而要坐失良机，等到北周占领了徐州之后，陈宣帝才再次诏令吴明彻率军与北周争夺彭城（徐州）？后代史学者分析，可能有两个原因：一是陈朝连年征战，财力物力（粮食、衣服、军械等）有限；二是防备北周大举攻陈。北周在吞并北齐的战争中，不断收编、征入北齐大量兵源。北周完全可以分兵30万进攻南陈。而南陈的总兵力不足40万。（吴明彻布置在淮南的北伐军约30万，留守陈境的兵力约10万），而北周可以动员的总兵力（包括收编北齐兵）约达80万，其中，至少有10万骑兵。北方骑兵对南方步兵是个很大的冲击。北周与南陈之间的力量太悬殊了！

因此，陈宣帝选择收缩战线，静观其变，也是无奈之举。

最终，陈朝北伐军遭受重大失败，吴明彻、裴忌等重要将领被俘于北周。国家顿失栋梁，陈宣帝痛定思痛，急忙调整战略，转攻为守。

为了因应陈朝大军的溃败可能导致的最严重后果，以及阻挡北周军乘胜大举南下的局面，陈宣帝诏任中军大将军、开府仪同三司淳于量为大都督，总管水路和陆路军事，镇西将军孙都督荆州、郢州的军队，平北将军樊毅都督清口上到荆山沿淮河一带的军队，宁远将军任忠都督寿阳、新蔡、霍州的军队，以防备北周的军事行动。

陈宣帝后悔当初没有听从蔡景历、毛喜的劝谏！当听到北伐大军全面败溃，吴明彻等重要将领被俘之后，陈宣帝如五雷轰顶，痛悔难当！

陈宣帝对毛喜说："您以前的话现在证实了。"同一天，陈宣帝召见蔡景历，任他为征南鄱阳王谘议参军。数日后，改任员外散骑常侍，兼御史中丞，恢复原先的封爵，入为守度支尚书。

以往的拜官一般在午后，蔡景历拜官那天，正值陈宣帝驾临玄武观，在位诸官都侍奉陪宴，陈宣帝体谅蔡景历年大，怕蔡景历不能参加，特命令蔡景历提早拜官。足见陈宣帝对他的看重。

也就是这一年蔡景历因疾病死于官任上，其时60岁。赠太常卿，谥号敬。太建十三年，改葬，重赠中领军。祯明元年，配享高祖庙庭。祯明二年，皇帝亲自驾临其宅第，重赠蔡景历侍中、中抚将军，谥号忠敬，赐给鼓吹一部，并在墓所立下碑石。

蔡景历撰文，不崇尚雕琢华丽，而长于叙事，应对机敏神速，为当世所称道。有文集30卷传世。

三月初四，南陈武库发生地震。武库，兵器之所聚之地。地震之，上天警戒，连续多年北伐，国内外虚弱，将士疲惫。应该休兵以安百姓。

三月十八日，陈朝大赦天下。三十日，陈宣帝以中军大将军、开府仪同三司、护军将军淳于量为南兖州刺史，晋号车骑将军。南陈官制：中军大将军，品第二，秩中2000石。开府仪同三司，品第一，其秩则万石。陈宣帝对淳于量是相当的器重。

对于北伐将士，陈宣帝给予厚重的待遇。夏四月十三日，南陈宣帝下诏说：“依功授官之言，记载于《尚书·仲虺之诰》，战士受到君王抚慰而倍感温暖的美谈，记载于《左氏春秋》之上。最近几年用兵征伐，廓清淮河、泗水一带的妖氛，挫败敌军锋芒取得丰硕战果，文武官员齐心协力，战士们栉风沐雨，一年四季与家人分离，感念这种功劳，饮食之时也不能忘怀。应该按照等次予以奖赏，以此报赏他们的功绩。对现役的将士都赐爵二级，并且赐给财物接济他们，交付官府根据才干立即予以任用。”

而对于朝廷官员，陈宣帝则要求他们节俭朴素。陈宣帝又下诏说：

大尧曾穿粗布衣鹿皮服，以天为法治理世界，伯禹曾穿破旧之衣服，吃粗劣之饮食，孔夫子说他“无懈可击”。所以说俭乃是德之大者，很少有人因俭约而失天下的。朕临御天下，已届十年，白天不知偷闲，深夜仍不入睡，思治之心甚切，好比徒步大川，想到自身之处境，戒惧之心好比以朽索驭马。并非贪图四海之富足，并非贪恋天子黄屋车子尊贵，而是要导引臣民以臻仁德长寿之境，宁愿将劳作归于自身。只是上承梁末，那时国政混乱，导致忧患困苦频生，宫室之废墟已长满禾黍，有其名而失其址，尽管众多高大之屋宇未能重新耸立，也已颇费我们规划营治之功，浪费太过，尤其耗费了人力、财力。加以兵师屡出，日耗千金，府库之钱帛未能充足，百姓被征赋弄得困苦穷乏。百姓不足，君何从与足？在外言说，在内静思，到夜里我仍是心怀忧惧，说是垂示教训、树立规范，我实在惭愧得很啊。调理雕弊之俗乃是古风，庶几可以仿效。既已像晋武帝那样焚锥头之裘，正穿着如汉文帝一般的弋绨之衣，节省之制度，从朕之引导开始，朝野如风吹草仆相率而行，希望以此矫变世俗贪侈之风。除所有御府堂署所营造之礼乐、仪服、宫器之外，其余一概停造；掖廷之日常供给、王侯妃主之所有俸禄、抚恤，一并酌量减少。

二十日，以新任镇右将军、新安王陈伯固为护军将军。护军将军，是高级将领名号，与中领军同掌禁兵。据《陈书》载：陈伯固（555—582），字牢之，南朝陈文帝陈蒨第五子，陈废帝陈伯宗异母弟，母潘容华。

天嘉六年（565），陈朝封他为新安郡王。天康元年（566），其兄陈伯宗即位，任陈伯固为使持节，都督南琅琊、彭城、东海三郡诸军事，云麾将军，彭城、琅琊二郡太守，不久入京担任丹阳尹。

太建元年（568），其叔父陈顼即位。次年，陈伯固进号为智武将军。后历任翊右将军、使持节、都督诸军事、平东将军、吴兴太守、侍中、翊前将军、安前将军、中领军、散骑常侍等。

陈伯固天性嗜酒，而不喜好积聚财物，花费没有节制，在诸王中最为贫困。陈顼时常同情他，特加赏赐。陈伯固秉性不稳重，喜好鞭打下人，在州中不理政事，每日出去打猎，时常到民间，呼唤民众下人随从游乐，陈顼得知多次派使者责备他。

太建十年（578），陈伯固回朝又任侍中、镇右将军、护军将军。同年，担任国子祭酒，兼左骁骑将军。陈伯固擅长玄学理论，但懈怠学业没有贯通。为政严厉苛刻，国子学中有懒惰不研习的，他重加鞭挞，学生畏惧他，因此学业较有提高。

四月二十一日，陈朝将领樊毅派军队渡过淮河到了北面，在清口（今江苏省淮阴市西南）筑城。在北周的攻击下，到二十五日，清口城也失守了。

五月十八日，太白星昼现。这是一颗不祥之星，据说是给人世间带来灾难的星。它的出现，预兆着人间将有重大灾变！

第三十九章 陈宣帝转攻为守

北周吞并了北齐之后，下一个目标就是南下攻陈。

北周与南陈之间的战争，已是不可避免的了！陈宣帝非常明白这一点，他比其他朝臣更加忧虑。陈宣帝用有限的兵力，加强了对北周的军事防御。

可是，正当北周武帝积极筹划攻陈之时，突然被一件事打乱了计划！

北齐灭亡之后，突厥收容北齐宗室高绍义，并许诺帮高绍义复国。突厥的佗钵可汗常说文宣帝高洋是英雄天子。由于高绍义的踝关节两侧各有两个骨突，很像文宣帝高洋，所以，他对高绍义非常器重；凡是在突厥的北齐人，都由高绍义管理。高宝宁从黄龙上表劝高绍义当皇帝，高绍义于是做了皇帝，改年号为武平，任命高宝宁为丞相。突厥佗钵可汗举兵帮助高绍义。四月二十三日，突厥侵入幽州，杀掠官吏百姓，侵凌北周。

北周武帝原计划进攻江南陈朝。但是，又担心北方的突厥乘虚而入，抄了北周的老巢。于是，北周朝廷商议派军讨伐突厥。

五月二十三日，北周武帝宇文邕率领军队征讨突厥，派柱国原公宇文姬愿、东平公宇文神举等领兵分五路并进。

就在北周大军挥师讨伐突厥的途中，五月二十七日，北周武帝生病，留在云阳宫。

周武帝于五月三十日下达诏令，所有军队停止行动。并派驿使到长安召宗师宇文孝伯赶到武帝所在的地方，武帝握住他的手说："我自己估计不能痊愈了，以后的事都托付给您。"

宇文孝伯担任宗师。按照北周官制，宗师之官，掌诸宗室。宗师属天官，中大夫。周武帝每次外出视察，常常命令宇文孝伯在京师留守。

此次周武帝北征突厥，病倒在云阳宫。急召宇文孝伯从长安赶赴云阳宫，当天晚上，周武帝授给宇文孝伯司卫上大夫的职位，总管宿卫兵。又命令他骑上驿马到京城镇守，防备非常事件。次日即六月初一，北周武帝病情严重，回长安；就在当天夜晚去世，年36岁。

周武帝死后，遗诏说：人生长在天地之间，禀受五行的资质，寿命的长短，没有不是命中注定的。我君临天下，有十九年，不能使百姓安乐，刑法不用，所以我日夜辛劳，废寝忘食。从前北魏将要灭亡，天下分崩离析，太祖扶持将要倾覆的政权，开创了帝王大业。燕赵之地的污秽之人，长久地窃取了帝王名号。我在上表达先人的志愿，在下顺应民心，于是和王公将帅们一起，共同平定了东夏。虽然扫平祸乱，但百姓并未安康。我每当想到这些，就好像自己身处在冰川山谷之中。我正想囊括天下，统一国家。但现在病情加剧，气力逐渐衰微，志向无法伸张，因此叹息。

天下的事情繁重，纷杂的政务不容易处理。王公以下，以及百官，应当辅佐引导太子，以帮助完成我的遗愿。使上不辜负太祖，下不丧失为臣之道。我虽瞑目在九泉之下，也再没有什么遗憾的。我平生居住生活，常常很节俭，并不只是为了以此来训诫子孙，这也是我心中本来的喜好。丧事用度，一定要节俭而符合礼制，造墓而不起坟，是自古以来通行的典制。遇上吉就马上下葬，下葬完就因公除服。四方的士民，各哭丧三天。嫔妃以下没有子女的，都散放回家。谥号为武皇帝，庙号称高祖。

六月初二，皇太子宇文赟（年仅20岁）即帝位，史称周宣帝。尊称皇后阿史那氏（突厥人）为皇太后。

宇文赟在东宫当太子的时候，周武帝担心他不能承担继位重任，对他十分严厉。朝见进退的各种礼节，与诸臣没有区别，即使是严冬酷暑，也不能休息。太子喜好饮酒，周武帝下令禁止把酒类送到东宫。太子每有过失，周武帝动辄用拳头或棍棒责打。周武帝曾对他说："古往今来，太子被废去的有多少，除了你以外我其他的儿子难道不能立为太子吗？"

周武帝还派遣东宫官员记录太子的言行，每月上报。太子害怕周武帝的威严，对自己的真实本性加以掩饰。因此太子的过失和恶行不为外人所知。

太子宇文赟刚继位，就想满足欲望。周武帝驾崩后，尚未安葬，周宣帝（宇文赟）就迫不及待地去察看其父北周武帝后宫的女子，强逼她们满足自己的淫欲。先帝去世不到一年，周宣帝（宇文赟）便放纵声色娱乐，采选天下美女，充实后宫。周宣帝还越级诏封吏部下大夫郑译为开府仪同大将军、内史中大夫，把朝政委托给他。

北周的徐州总管王轨，听到吏部下大夫郑译受到新皇的重用，总揽朝政大权，知道郑译将对自己不利。就对亲近的人说："我从前在先帝时，真实地申述了治国的根本大计。今天将要发生的事，断然可以知道。这个徐州，控制淮南，靠近强敌南陈，如果我要替自己打算，可说是易如反掌。但是忠义的节操，不敢违背，何况我蒙受先帝的厚恩，怎能因为得罪了当今皇上，就忘掉所受的恩德！正可以在这里等死，希望在千年以后，知道我的忠心！"

北周宣帝（宇文赟）曾经随便地问权臣郑译说："我脚上被杖打的伤痕，是谁干的?"答道："事情的起因是乌丸（王）轨、宇文孝伯。"

于是，郑译告诉新皇宇文赟，之前，王轨陪侍周武帝，乘机对周武帝说："皇太子的仁孝，没有听说过，倒有很多不好的事，恐怕难以胜任陛下的家事。微臣不明事理，不足以谈论是非。陛下常认为贺若弼有文武奇才，识见远大，贺若弼近来每次同微臣谈话，都为此事十分担忧。"

周武帝召见贺若弼询问这件事。贺若弼却狡猾地答道："皇太子在东宫修养德行，没有听说有什么过错。不知道陛下从哪里听到这些话?"退朝后，王轨讽刺贺若弼道："你平时说话，可谓是无所不论，今天应对，为什么如此反复无常?"贺若弼答道："这是您的过错。皇太子是国家的储君，岂能轻易议论？一旦出什么事，便招致全家杀头的大祸。本来以为您秘密陈述意见，为什么竟会这样直言无隐?"王轨沉默很久，才说："我一心为了国家，才不为个人考虑。前时当众而言，实在不太妥当。"

后来，王轨在宫内宴会上祝寿，又捋着周武帝的胡须说："可爱的好老头，只恨后代不争气。"周武帝认为此话很对。北周太子不堪大任，次子汉王也不成才。其余的几个儿子还都年幼，因此无法采纳王轨废立太子的意见。

太子宇文赟即位后，立即让郑译等人重新担任近侍。王轨自知难逃大祸。他当初打败南陈大都督吴明彻时，想到过他的后路吗？王轨也是真的忠心于北周朝廷。他明知道太子登基后就会杀他，他更知道徐州对于南陈的重要作用。可他仍没举州投降于南陈。

果然，北周宣帝派内史杜庆信到徐州将王轨处死，内史中大夫元岩不肯在诏书上签名。御正中大夫颜之仪恳切劝阻宣帝，周宣帝不听，元岩随后进见周宣帝，脱下头巾叩拜，三叩三拜。北周宣帝说："你要袒护王轨吗？"元岩说："臣不是要偏袒王轨，而是担心乱杀会失掉天下人对陛下的期望。"北周宣帝大怒，叫太监打元岩的耳光。于是，王轨被杀死，元岩也被免职回家。

王轨被杀死后，尉迟运感到恐惧，私下对宇文孝伯说："我们这些人一定免不了遭祸，怎么办？"宇文孝伯说："现在堂上有老母亲，九泉之下有先帝，作为臣子和儿子，怎能知道去哪里！况且作为臣子侍奉君主，本应遵从名义；对君主加劝阻而不被采纳，怎能避免一死！足下如果为自己考虑，最好暂且躲远一点。"于是尉迟运请求离开朝廷去做秦州总管。

新皇宇文赟认为宇文宪辈分高而名望大，对他十分忌恨害怕。当时周武帝宇文邕尚未安葬，诸王在朝内守灵。司卫长孙览总管军队，辅佐朝政，担心诸王有叛变意图，经上奏，命令开府于智侦伺诸王动静。安葬周武帝后，诸王各回府第。皇帝又命令于智到宇文宪宅第等候宇文宪，趁机告发他另有图谋。新皇宇文赟于是派小冢宰宇文孝伯对宇文宪说："三公之位，应当归于亲属中贤能之人，如今打算任命叔父为太师，九叔为太傅，十一叔为太保，叔父认为怎样？"宇文宪答道："微臣才能低下，而地位很高，常引以为惧。三师的重任，不是我所敢于承当的。宇文泰时的功臣，应当担当此任。如果只用我们兄弟，恐怕会招致议论。"宇文孝伯回去报告，随即又赶来，说："诏命大王今晚和诸王一块到殿门。"宇文宪一个人被领进宫殿，新皇宇文赟预先在另一间屋里埋伏下壮士，宇文宪一到，立即被抓住。

宇文宪神色不屈，陈说道理。新皇帝让于智与宇文宪对质。宇文宪目光灼灼，与于智相互对证。有人对宇文宪说："以大王今天的形势，还用多说？"宇文宪答道："我位重辈高，一旦到这种地步，生死听任天命，难

道还想活着？只是因为老母还在，恐怕留下遗憾罢了。”就把上朝用的手板扔到地上。

于是把宇文宪勒死，时年 33 岁。任命于智为柱国，封齐国公。又处死上大将军安邑公王兴、上开府独孤熊、开府豆卢绍等人。都是因为与宇文宪亲近。皇帝处死宇文宪以后，找不出罪名，就借口王兴等人与宇文宪共谋，于是将他们处死。当时人知道王兴等人冤枉，都说他们是陪伴宇文宪死的。

宇文宪素来善于计谋，多有策略，尤其擅长安抚驾驭部属，知人善任，冲锋陷阵，身先士卒，部众感动，心悦诚服，都为他效力。齐人早就听说他的威名声望，都害怕他的勇敢谋略。并州大捷之后，在齐境长驱直入，不侵扰百姓，将士没有私蓄。

当初，稽胡刘没铎自称皇帝，又诏命宇文宪督率赵王宇文招等人将其讨平。事见《稽胡传》。宇文宪自感威名越来越大，暗自考虑隐退。周武帝准备亲征北部蛮族时，就以有病推辞。周武帝变色道：“你若害怕远征，让我用谁？”宇文宪害怕，答道：“微臣侍奉陛下，实在是诚心诚意，只是身患疾病，无法领兵。”周武帝答应了他的请求。

宇文宪的生母是达步干氏，蠕蠕人。建德三年（574），册封为齐国太妃。宇文宪性情淳厚，侍奉母亲，以孝顺出名。太妃原先患有风热之病，多次发作，宇文宪衣不解带，在身边侍候。宇文宪有时东征西战，每次感到心惊，其母必有病，便派使者驰回问候，果然如此。宇文宪有六个儿子：宇文贵、宇文质、宇文宗贝、宇文贡、宇文乾禧、宇文乾洽。

看完宇文宪的传记，真的替他惋惜！

北周新皇宇文赟假借齐王宇文宪的事情责备宇文孝伯说：“你知道齐王谋反的事，为什么不说？”宇文孝伯答道：“臣知道齐王忠于国家，由于被一帮小人造谣中伤，我说话一定不被陛下采纳，所以不说。况且先帝曾嘱咐微臣，只让我辅导陛下。现在规劝而不被采纳，实在辜负了先帝的委托。以此作为罪名，我心甘情愿。”北周宣帝大为惭愧，低头不语，命令放他出去，在家里把他赐死。

当时宇文神举是并州刺史，北周宣帝派使者去并州赐给毒酒将他害死。尉迟运到秦州后，也因忧愁而死。

太建十年（578）六月二日，南陈连续大雨，雷鸣电闪。大皇寺庙宇、庄严寺承露盘、重阳阁的东楼、千秋门内的槐树、鸿胪府的大门都被地震了。

秋七月初三，新罗国遣使，到南陈进献土产。初十，陈朝以散骑常侍兼吏部尚书袁宪为吏部尚书。八月初一，陈朝改秦郡为义州。十四日，南陈多地遭受反常的天气降霜，农民种植的水稻和大豆都被大面积冻死。

九月初八，陈宣帝以平北将军樊毅为中领军。陈宣帝和南陈朝廷举行敬神效忠仪式。南陈朝于九月十一日在娄湖建立方明坛。十四日，诏任扬州刺史始兴王陈叔陵兼任王官伯。所谓“王官伯”，是指天子委派的主盟官员。陈宣帝委派陈叔陵为主盟的官员，说明他很信任陈叔陵。陈叔陵和朝廷百官立盟效忠皇室。

二十日，陈宣帝驾临娄湖对众官盟誓。二十一日，分派大使将盟誓对全国宣布，使上下互相告诫防备。二十八日，以宣惠将军、江夏王陈伯义为东扬州刺史。

冬十月十五日，陈朝废掉义州及琅琊、彭城二郡。立建兴郡，领建安、同夏、乌山、江乘、临沂、湖熟等六县，属扬州。二十五日以尚书左仆射陆缮为尚书仆射。

十一月初八，以镇西将军孙玚为郢州刺史。据《陈书》载：孙玚字德琏，吴郡吴县人。其祖父孙文惠，曾任南齐的越骑校尉、清远太守；父孙循道，在梁朝时任中散大夫，以德操淡泊而闻名。

孙玚少时卓异不凡，喜用谋虑智略，博览经史典籍，尤其擅长作文书。孙玚早年在梁朝时担任轻车将军、临川嗣王的行参军，经屡次升迁后任安西将军、邵陵王萧纶属下的水曹中兵参军事。萧纶出镇郢州时，孙玚携全家相随，深受其赏识与恩遇。

太清二年（548），侯景之乱爆发，孙玚获授假节、宣猛将军、军主。王僧辩讨伐侯景时，王琳作为前军，孙玚任戎昭将军、宜都太守。孙玚又随王僧辩前往武昌援救徐文盛，适逢侯景部将宋子仙攻陷郢州，孙玚等便留军镇守巴陵，修治战守之备。四月，侯景军抵达巴陵，日夜攻围，孙玚率所部全力拒战，叛军败退。其后，孙玚随王僧辩讨伐军顺流而下，及至克复姑熟时，孙玚力战有功，被任命为员外散骑常侍，封爵富阳县侯，食邑 1000 户。不久后，授职假节、雄信将军、衡阳内史，未及赴任，又晋升为衡州平南府司马。因击破黄洞蛮贼有功，获授东莞太守，兼广州刺史。旋即任智武将军，督管湘州事务。

承圣三年（554），广州刺史、曲江侯萧勃迁居始兴，继任广州刺史的王琳派孙玚先行占据番禺。承圣四年（555），孙玚听闻西魏已攻陷江陵，便弃广州而投靠王琳。同年，梁敬帝萧方智被陈霸先拥立，授孙玚为持节、仁威将军、巴州刺史。太平二年（557），陈霸先建立陈朝。王琳在郢州拥立永嘉王萧庄为帝，在北齐支持下起兵对抗陈朝，征辟孙玚为太府卿（一作少府卿），加职通直散骑常侍。陈霸先去世，其侄陈蒨（陈文帝）即位。王琳闻讯后，便任命孙玚使持节、散骑常侍、都督郢荆巴武湘五州诸军事、安西将军、郢州刺史，总揽留守事宜，自己则拥奉萧庄出兵屯驻濡须口。

北周听说王琳东下进兵的消息，派荆州刺史史宁率军 4 万乘虚袭击郢州。孙玚的属下助防张世贵以外城投降史宁，使孙玚失去军民男女 3000 余口。北周军又建起土山高梯，日夜攻逼，趁风纵火，烧毁内城南面 50 多座城楼。当时郢州城中兵员不满千人，孙玚绕城固守，亲自巡视慰问将士，依次斟酒送食，将士都乐于用命。北周军苦攻不能下，于是假意授孙玚为柱国、郢州刺史，封万户郡公。孙玚表面上答允，来延缓北周攻势，却在暗中修造战具、城楼、城堞及各种器械，一日之间完成严密的设防，北周军惊骇万分。

就在孙玚固守郢州之时，陈朝将领侯瑱大败王琳，乘胜而进。北周军闻讯后，便解围而去。孙玚于是拥有长江中游的全部土地，他聚集将士，并对他们说："我与王公（王琳）协力同议，同心辅助梁室，也够得上尽心尽力了。现下时局如此，天命怎么能违抗！"于是派使者奉表向陈蒨投降。同年，陈蒨授孙玚为使持节、散骑常侍、安南将军、湘州刺史，封爵定襄县侯，食邑 1000 户。孙玚心中不安，坚请入朝，被征召为散骑常侍、中领军。还未拜官，陈文帝陈蒨加以斡旋，对他说："当年朱买臣愿在本郡为官，你莫非有朱买臣的意愿吗?”于是改授他为持节、安东将军、吴郡太守，并赐鼓吹一部。等到孙玚将要赴任时，陈蒨亲自在建康附近为他饯送，他的乡人都以此为荣。

天嘉二年（561），孙玚任满，被征拜为散骑常侍、中护军，赐鼓吹如故。同年，东阳太守留异叛乱，陈蒨命孙玚督率水师进讨。天嘉三年（562），留异之乱平定。天嘉四年（563）正月，孙玚转任镇右将军，所领散骑常侍、鼓吹如故。不久后，出任使持节、安东将军、建安太守。光大元年（567），因公事被免官，不久后仍被起用为通直散骑常侍。

陈顼因为孙玚的功勋名望一向显著，所以对他深加信任。太建四年（572）三月，孙玚担任都督荆、信二州诸军事、安西将军、荆州刺史，出镇公安。在任内，孙玚增修城池，怀柔边远，使其顺服，为邻国所畏惧。在职六年后，又因公事被免职，改任通直散骑常侍。

太建十年（578）二月，吴明彻北伐失利，于吕梁兵败被俘。同年三月，陈顼授孙玚为使持节、督缘江水陆诸军事、镇西将军，赐鼓吹一部，与淳于量等防备北周进攻 。同年十一月，任散骑常侍、都督荆郢巴武湘五州诸军事、郢州刺史，所领使持节、镇西将军及鼓吹均如故。

就在南陈朝廷时刻防备着北周的入侵之时，果不其然，十二月十三日，北周合州庐江蛮田伯兴出兵劫掠枞阳。

枞阳县，古称宗子国，安徽省铜陵市辖县，位于安徽省中南部，长江下游北岸，大别山之东南麓，东与铜陵市郊区接壤；西以白兔湖、菜子湖与安庆市桐城市共水；西南一隅与安庆市宜秀区、迎江区毗邻；北与芜湖市无为市、合肥市庐江县两县市接壤；南与池州市贵池区隔江相望。

南陈刺史鲁广达率部曲赶跑了他们。据《陈书》载：鲁广达，字遍览，吴州刺史鲁悉达的弟弟。广达少时气度不凡，立志追求功名，他虚心爱士，宾客自远方来归附他。当时江表将帅，各领私兵，动辄数千人，而以鲁氏最多。初任梁邵陵王国右常侍，迁任平南当阳公府中兵参军。侯景之乱，广达与兄悉达聚众保护新蔡。梁元帝接受陈霸先的指令，授任他为假节、壮武将军、晋州刺史。王僧辩征讨侯景，广达出新蔡候迎他，并资助军需物品，僧辩对沈炯说：“鲁晋州也是王师东道的主力。”接着率众随

僧辩。侯景乱平，加任员外散骑常侍，其他官职不变。

陈霸先受禅，授任他为征远将军、东海太守。不久调任桂阳太守，广达坚决推辞不受官，入京任员外散骑常侍。任假节、信武将军、北新蔡太守，随吴明彻讨伐周迪于临川，每次战役战功居多。接着代兄悉达为吴州刺史，封为中宿县侯，食邑 500 户。

光大元年（567），授任通直散骑常侍、都督南豫州诸军事、南豫州刺史。华皎起兵上游，诏令司空淳于量率众进讨。淳于量军至夏口，华皎水军强大，没有敢前进，广达首先率骁勇之士，直冲贼军。战船相碰，广达大声疾呼，登上楼船，激励士卒英勇作战，由于风疾战船转向，广达跌入水中，沉溺良久，后被救活。华皎乱平，授任为持节、智武将军、都督巴州诸军事、巴州刺史。

太建初年（569），与仪同章昭达入峡口，拓定安抚安蜀等诸州镇。当时周氏企图占有江南，在蜀地大造战船，同时运粮饷到青泥，广达与钱道戢等人率兵偷袭，纵火焚烧。因功增加食邑到 2000 户，接着回原地镇守。广达治政干练，礼贤下士，吏民都服他。到了服官期满，都上表请示，于是诏令留任二年。五年众军北伐，夺取淮南旧地，广达与北齐军战于大岘，大破之。斩杀敷城王张元范，俘虏不可胜数。又攻下北徐州，接着授任都督北徐州诸军事、北徐州刺史。不久加任散骑常侍，入京任右卫将军。八年出京任北兖州刺史，迁任晋州刺史。十年授任使持节、都督合霍二州诸军事，晋号仁威将军，合州刺史。十一年北周将领梁士彦带兵转攻寿春，诏令遣中领军樊毅、左卫将军任忠等分兵赶赴阳平、秦郡，广达率众入淮，形成夹攻周军之势以击之。周军攻陷豫、霍二州，南、北兖、晋等地不攻自破，诸将全都无功，丧失淮南各地，广达因而免官，以侯爵回居私宅。十二年与豫州刺史樊毅率众北伐，攻下郭默城。不久授任使持节、平西将军、都督郢州以上 10 州诸军事，率水军 4 万，驻军江夏。周安州总管元景带兵寇掠江外，广达令部分军击退元景。

陈后主即位，入京任安左将军。不久授任平南将军、南豫州刺史。至德二年（584），授任安南将军，征辟拜官侍中，又任安左将军，改封为绥越郡公，食邑不变。不久任中领军。到了贺若弼进军钟山，广达率众于白土岗南摆阵，与若弼旗鼓相对。广达身着甲胄，手执战鼓，身先士卒以死相拼，冒着危险冲锋陷阵，隋军畏惧退走，广达往北追至营地，杀伤甚众，像这样有四个回合。到若弼击败诸将，乘胜追击至宫城，焚烧北掖门，广达还指挥陈书余兵，苦战不息，斩杀100多人。日落西山时，广达才脱下战甲，面朝宫城拜哭，对众人说："我身不能救国，罪孽深重。"士卒皆痛哭不已，接着被俘。祯明三年（589），依旧例入隋。

广达因陈朝沦覆深感伤痛，患病不治，不久含愤而死，时年59岁。尚书令江总挽棺痛哭，便提笔为其棺头作诗，曰："虽抱恨黄泉，但随着岁月流逝会名垂千古，悲君为义而死，不愿做负恩之人。"江总为广达写墓志铭，曰："灾祸自淮海而起，天险失去金汤之固难守，时运艰难，命数已尽。贼子背恩弃义，将士无辜，君独标榜忠勇之志，千方百计抗御敌人。诚心可贯白日，气节可傲严霜，思恩图报，感抚往事怎么能够遗忘呢？"

这是后话，可以看得出鲁广达的为人和气节，十分令人敬佩！

南陈将军鲁广达击退北周入侵不久，周任命河阳总管滕王宇文逌为行军元帅，于十二月二十七日，率众侵犯陈朝。

据史料载：宇文逌（557—581），字尔固突，代郡武川（今内蒙古自治区武川县）人，鲜卑族。北周宗室大臣，周文帝宇文泰第十三子。北周明帝时期，受封滕国公，周武帝即位，拜大将军、柱国，进爵滕王。跟随齐王宇文宪大破稽胡，授河阳总管。宣政元年，进位上柱国、伐陈节度诸军事。

面对北周河阳总管滕王宇文逌的入侵，南陈将如何抗击呢？

第四十章　南陈尽失淮南地

太建十一年（579）春正月初五，有龙出现于南兖州永宁楼旁的水池中。

龙困于池中，难以施展上天入海之本能，这不是好预兆。南陈北伐军在吕梁遭受重大损失后，陈宣帝更加注重了国内农业生产和民众安居乐业等国计民生大事。

按南陈皇家延续以来的传统，二月初二，陈宣帝照例举行亲耕籍田仪式。三月十六日下诏：淮北地区率居民归顺国家的义民，允许依照他们原来籍贯的旧名，建立郡县，就近归属于各州，赐给田地住宅，不向他们征求任何劳役租赋。（见《陈书卷五・本纪第五・宣帝》）

太建十一年（579）春，因陈伯礼在郡内恣行暴虐，驱逼民众，逼夺财货，前后相积，百姓非常痛恨。太建九年，被有司所弹劾，特降军号。陈伯礼被人替代，从吴兴诏征还朝。陈伯礼不但不认罪，还迁延不走。这年十月，散骑常侍、御史中丞徐君敷奏道：“臣听闻，车履不等待，是君命的通规，早晚不懈怠，是臣子的常节。云旗将军、持节、都督县兴诸军事、吴兴太守武陵王伯礼，早年擅长英明谋划，久有好名声，惟良者寄重，凡帝乡的人皆为属下。圣上爱育百姓黎民，留心于治政之本，共同化育询求百姓疾苦，早赴皇心，他却又延滞缓归的车马，取移凉暖，徘徊不上路。淑善恭慎未颢，违背惰性仍在，必绳法检迹，以为惩罚警戒。臣等参议，以所见事免去伯礼的官职，让他以王的身份还宫，谨以此上奏。”皇上下诏道：“可以。”

夏五月十五日，南陈宣帝又下诏说：“古代黄帝任命风后、力牧、放勋为辅佐大臣，向稷、契、硃武咨询治国方略，身为帝王垂衣拱手，天下风化达到大治。到了汉代官署列置五曹，周朝官署分设六职，设置官员管理政务，各自履行不同职能，也差不多做到刑法宽平，传世长久，这全有赖于群官才力，因而创造出丰功伟绩。朕日夜勤劳国事，希望天下大治，但是仍有重要事务无暇处理，政治之道尚未安稳，内心惊惧不安，不知如何措置。正想依靠官员的协助，倚重股肱大臣，循其名而求其实，仰仗济济才士朕才得以安闲。从今以后尚书省的曹、府、寺，宫中官署的监、司所有文案，都要交付局中参议分析定夺。各部门有关军队国家的各项事务如兴建工程、征发租赋劳役、选拔各级官员、处理刑狱案件等，先都要详细断察，然后再上报朝廷。所有要辩论决断的事务，一定要清楚明晰，严守法律制度，对各种事务的处理标准要划一，不得前后抵触，自相矛盾，以至于产生偏差和阻碍。一旦有人曲意玩弄法律条文以谋私利，被发觉后要予以追究纠察，不得宽恕。”

陈宣帝整顿吏治，第一要务就是要政治清明，使朝廷官员遵纪守法。南陈宣帝于二十四日又下诏说：“旧有的法律规定对徇私枉法接受贿赂的罪行虽然予以严厉的处罚，但是对那些并不违反法律而接受贿赂的行为处理很轻，这样一来岂不是助长那种贪婪风气，滋生玩弄法律徇私舞弊之事？事情涉及钱财货物，难道不是迫在眉睫需要解决的问题吗？现在可以将不违法而接受贿赂者的处罚，改为与违法接受贿赂者同等处罚。”

从此，刹住了朝廷官员以请客送礼为由的各种形式的贿赂行为。朝野风气为之一新。六月二十一日，陈宣帝以镇前将军豫章王陈叔英为镇南将军、江州刺史。二十七日，以征南将军、江州刺史、鄱阳王陈伯山为中权将军、护军将军。

秋七月初二日，南陈开始通用大货币六铢钱。与陈文帝时流通的五铢钱通用。从梁武帝铸钱开始，到梁末侯景之乱，梁朝的货币比较混乱。当时有百姓或私以古钱交易，有值百五铢、五铢钱、太平百钱、定平一百、五铢雉钱、五铢对文等号，轻重不一。梁武帝频频下诏书，非新铸二种之钱，并不许用，而民间私用古钱日益甚多。到梁武帝普通年间，朝廷商议，废除铜钱，改铸铁钱。民众以铁贱易得，都来翻铸铁钱。梁武帝大同年间，民间私铸的铁钱堆积如丘山。导致铁钱不受欢迎，难以在市场流通。

南陈初承丧乱之后，铁钱不行。梁朝末年又有两柱钱、鹅眼钱在市场流通。两柱重而鹅眼轻，杂而用之，其价相同。私家多鎔钱，又间杂用锡、铁，还用粟、帛作为交换商品的货币。陈文帝天嘉五年，改铸五铢，初出当鹅眼之十。流通市场开始稳定，经济趋向繁荣。陈宣帝又铸大货六铢，以一当五铢之十，后还当一，民众都觉得不太方便。岭南诸州，多以盐、米、布作为等值交易的货币。

八月初五日，有青州义民头领朱显宗等人率领部下700户归附南陈朝廷。南陈为展现国力和军威，震慑北方鲜卑政权南下侵扰，陈宣帝举行了在中国古代史上堪称第一场的“大阅兵”。

太建十一年（579）八月初八，陈宣帝驾临大壮观，举行大阅兵。这位国家最高统治者登上大壮观山，在刚修好的大壮观阁中，坐北朝南，观看玄武湖上10万步骑兵列阵。与此同时，在他身后的长江上，500艘巨型楼船从六合瓜埠镇出航，横江操练。此次水陆军演也是数百年六朝中最后一件盛事。

所谓“壮观”不光指陈朝的军威，还指当时比今天大三倍的玄武湖。都督任忠率领步兵骑兵10万人，列阵于玄武湖；都督陈景率领楼舰500，出于瓜步江。楼舰，即楼船，两面施重板，列战守军器。

自从吴明彻兵败吕梁之后，南陈的军心民气都受到重挫。陈宣帝此举，意在提振民心，重树军威。陈宣帝登上玄武门，宴请群臣一同观看。

大阅兵后，陈宣帝驾临乐游苑，设丝竹音乐会，大宴群臣和军队将领。然后，陈宣帝重临大壮观，召集众军，作出重要指示，重振军旅信心，然后，陈宣帝才启驾回宫。

本来，南陈这次大壮观阅兵，很是圆满。陈宣帝劳累了一天，虽然满身疲惫，但心情很是高兴！可没想到，却被一个人搞坏了心情！

这个人就是陈方泰。他是南康愍王陈昙朗的长子。年少粗犷，与一些恶少群聚，游玩无节制。因为南康王陈昙朗为梁国做北齐的人质而留在北齐，陈文帝念他是堂兄弟英雄之子，对陈方泰倍加宽容和照顾。天嘉元年，诏曰：“南康王昙朗，出隔齐庭，反身莫测，国庙方修，奠飨须主，可以长男方泰为南康世子，嗣南康王。”后来得知陈昙朗死在北齐。陈文帝就让陈方泰袭爵南康嗣王。寻为仁威将军、丹阳尹，置佐史。

太建四年，陈宣帝迁陈方泰为使持节，都督广、衡、交、越、成、定、明、新、合、罗、德、宜、黄、利、安、建、石、崖十九州诸军事、平越中郎将、广州刺史。但是，因陈方泰为政残暴，被朝廷有司所奏，免官。后来，又起用为仁威将军，置佐史。太建六年，授持节、都督豫章郡诸军事、豫章内史。

陈方泰在郡任职期间，不修民事，任职期满之际，经常放纵部属去抢掠民众，又纵火延烧居民的房屋，他行为暴虐，驱逼富人，征求财贿。等到替代他的官员到了之后，陈方泰又迟迟的拖留不还。到了京都之后，陈宣帝诏任他为皇室宗正卿，将军、佐史如故。陈方泰还没拜官，就被御史中丞宗元饶所劾，免去官职，以南康王的身份回府。

太建十一年，陈宣帝看在皇族宗族和他父亲为国被北齐杀害的份上，还是起用陈方泰为宁远将军，直殿省。寻加散骑常侍，量置佐史。八月，陈宣帝在大壮观举行大阅武，按理说，陈方泰是应当跟从的。但是，陈方泰谎称他的母亲有疾病，不参加大阅兵。

他却与亡命之徒杨钟期等 20 人，微服往民间，奸淫人妻，被州府所缉拿。陈方泰又率人仗势抗拒，打伤禁司，被有司所奏。陈宣帝大怒，诏令把陈方泰下狱。陈方泰开始只承认行淫，不承认抗拒打伤禁司，陈宣帝说不承认就上刑，陈方泰这才承认所列罪状。

御史中丞徐君敷上奏说："臣听说，王者的心，不会因为要将物私有而致使其漏网，治国的根本，不会为申明自己有慈心而使法律委屈。我以为南康王陈方泰宗属关系虽远，还有幸托为亲戚，侦枧揭发不成，可共治帝王之绩。圣上您宽宏他忏悔过往，允许他录用，那么后妃之宫将要寄予切切之心，宫中警卫恐怕会变空。哪有宫门早晨开启，皇家玉车拂晓出行而禁止行人和百官驰行？千队人马并进，陈方泰却害怕翼从的劳苦，妄称侍奉母疾而请假，反而戴高冠于淇水之上，穿盛服于桑中之地，臣子的过失，莫此为大，宜听从御史弹劾的奏章，允许置于刑部。臣等以为，请依照事实，解除方泰所任官职，下交宗正，削掉爵土。臣谨以御史弹劾奏章上奏。"高宗同意他的上奏。不久，又恢复陈方泰原官爵。（见《陈书卷

二十二·列传第二十二》）

冬十月十六，陈朝以安前将军、祠部尚书、晋安王陈伯恭为军师将军，以尚书仆射陆缮为尚书左仆射。十一月初四，陈朝大赦全国。陈宣帝下诏说：

上古虞舜时期以画衣冠来代替刑罚而百姓不犯法，商汤时期犯罪要诛及子孙，要以这些方法来改革当时浇薄风俗。朕恭敬地继承帝位，至今已近12年，希望治理国家达到天下大治，忧国爱民，日暮尚在操劳，半夜才能就寝，但是社会风俗的还朴归真，这条道路还没有迈开第一步，和乐强大美好的盛世，没有迹象表明可以达到。因此审理刑狱的文件，官府里堆积了许多，犯罪受刑罚的人，充满了牢房。周成王时刑法措置不用，汉文帝亲自审理案件犯罪者很少，朕徒然辛勤治理国家，距离周成、汉文时的盛世相差甚远。加上渺小凶恶的北虏，侵占我彭州、汴州一带，淮水、汝水地区的农夫百姓，急切盼望王朝收复失地，因而治理军队派兵出战，目的在于拯救沦陷区百姓。调集粮草，征战的赋役十分繁重，战士长期忍受夏日的暑雨和冬日的严寒，岂能没有咨怨。加上住宿行军全违背方略，如此严重的教训，责任归咎于指挥军队的统帅，朕内心十分愧疚，犹如驾驭朽车岂能不恐惧。在这美好的十一月中，阳气虽然微弱却已开始发动，与这舒心的时光相适应，应该散播朝廷宽厚的德泽，可以大赦天下。

十一月初四，北周将领韦孝宽分别派遣杞公宇文亮从安陆进攻黄城，梁士彦进攻广陵。初七，北周柱国梁士彦率军众抵达肥口（肥水入淮之口。今安徽省六安市寿县西北）。

陈国将领潘琛率兵几千来战，隔水布阵。宇文忻派崔弘度对陈将潘琛晓谕祸福，到当天晚上，潘琛借助夜幕掩护逃走了。

十一月十一日，北周军队进攻并包围南陈的寿阳（今安徽省六安市寿县），最后，南陈的寿阳沦陷于北周。（见《南史卷十·陈本纪下第十》）十四日，陈宣帝诏令车骑将军、开府仪同三司、南兖州刺史淳于量为长江上游的水军都督；中领军樊毅都督北伐诸军事，加安北将军；散骑常侍、左卫将军任忠都督北伐前军事，加平北将军；前丰州刺史皋文奏率领步兵骑兵3000奔赴阳平郡（今江苏省扬州市宝应县）。

陈宣帝调兵遣将，与北周争夺江淮防线。癸卯（十六日），陈朝的任忠率领7000步骑兵进取秦郡（侨郡，今江苏省南京市六合区）；丙午（十九日），新任仁威将军、右卫将军鲁广达率军进入淮河一带。同一天，樊毅率领2万水军从东关（今安徽省马鞍山市含山县西南）进入焦湖（巢湖，又叫焦湖。樊毅水军欲自此湖向合肥），武毅将军萧摩诃率领步骑兵进取历阳（今安徽省巢湖市和县）。

但是，北周的军力实在强大，南陈军队渐落下风。戊申（二十一日），北周的韦孝宽攻克寿阳，南陈豫州（寿阳，今安徽省六安市寿县）被北周攻陷。韦孝宽被任命为徐、兖等11州15镇诸军事、徐州总管。又担任行军元帅。

韦孝宽分别派杞公宇文亮进攻黄城（今河南省信阳市潢川境），郕公梁士彦进攻广陵（今江苏省淮阴市）；辛亥（二十四日），又攻取霍州。南陈霍州（今安徽省六安市霍山县）又被北周攻陷。癸丑（二十六日），陈朝以新任中卫大将军、扬州刺史、始兴王陈叔陵为大都督，统辖水步众军。

北周大军乘胜攻击，南陈守军屡战屡败，军心不振。韦孝宽初到淮河以南，知道五门是险要之处，陈军如果凿开塘堰放水，就会阻断北周的进军道路。韦孝宽急忙命令分兵把守。陈国刺史吴文育果然派人去挖掘塘堰，但已经来不及了。十二月初八，南兖州、北兖州、晋州以及盱眙、山阳、阳平、马头、秦、历阳、沛、北谯、南梁等9郡的守军自行引军撤回江南。当地百姓也一齐返回长江以南地区。

此后长江以北的地方都被北周占领。陈朝耗时六年的北伐成果，全部丢失！

十二月十二日，南陈宣帝下诏说："古代尧、舜身为帝王，住茅屋履土阶，汤、禹身为君主，拄藜杖系皮带。至于上等罗帐缀珠丝络，华丽壁柱装饰璧珰之类，并不能带来太平盛世，而只是徒然令人闻说穷奢极欲而已。朕追慕古代圣王，希望刑狱公平，但是正义之道多有违背，浇薄风气正在蔓延。如今豪贵人家，金铺地玉作鞋，贫居陋巷人家，吃猪食穿草衣，要使事物公平，是何等遥远。战火没有止息，劳役赋税又使百姓劳困，执法的官吏奸猾贪婪，妄自滥用刑律条规。又加上集市的旗亭关卡，税收繁重，不是为了充实京都内的钱财，也不是供应水军船械的费用，他们威逼勒索商买，完全是谋求私人的积蓄。沉思这种种弊端，应该予以改变。如果不弘扬王道，怎能拯救百姓的苦难？现在可以宣示主衣、尚方等官署，倘若不是军事国政所需，不准建造各种器物。后宫的各级官吏，假若有事要颁布，上给朝廷的奏章，都必须立即酌情遣送处理。大予令官署演出的稀奇戏目，与礼经上的规定不同，乐府倡优演奏的音乐，凡不合雅正之音的，都可加以删除更改。集市价格渡口税收，军队令规国家典章，更须翔实划定，一定要公平允当。别观离宫，处在城郊野外，并非经常飨宴聚会，不必又加修治。并且命令朝廷内外各级文武官员的车马住宅，都要遵循节俭的原则，不要崇尚奢侈豪华的风气。违背我严厉法规，或许会受到刑律的制裁。所有这些规定都要一一列出条例，张贴在榜上宣示天下，使大家都明白朕的本心。”

十二月十六日，派平北将军沈恪、电威将军裴子烈镇守南徐州（今安徽省芜湖市无为县东南），派开远将军徐道奴镇守栅口（今江苏省镇江市），前信州刺史杨宝安镇守白下（今江苏省南京市北）。二十一日，以中领军樊毅为镇西将军，都督荆、郢、巴、武四州水陆诸军事。

陈朝的贞毅将军汝南周法尚，与长沙王陈叔坚不和，陈叔坚在皇帝面前说周法尚的坏话，说他要谋反，陈宣帝逮捕了周法尚的哥哥定州刺史周法僧，发兵准备讨伐周法尚。周法尚就投降北周，北周天元皇帝（宇文赟）任命他为仪同大将军、顺州刺史。

陈宣帝派将军樊猛渡过长江去攻打周法尚。周使用诡计，派部曲督韩朗假装背叛他投奔陈军，骗樊猛，说：“周法尚部下的士兵不愿意向北周投降，人们都私下议论，要叛变返回陈国。如果能派军队来，就会掉转矛头对周法尚造反。”樊猛认为他的话很对，便率军急攻周法尚。

周法尚假装惧怕，自保于江曲。樊猛陈兵挑战，周法尚预先埋伏轻舟在浦中，又埋伏精兵于古村之北，自张旗帜，逆流抵抗陈军。几次交战，周法尚假装登岸，投向古村。

樊猛弃船追赶，周法尚又猛跑，跑了几里，与村北部队会合，又转而上前进攻樊猛。樊猛退走往船上去，但被周法尚埋伏在浦中的兵众，已把陈军的船只全都弄走了，插上了北周的旗帜。樊猛见状，自知中计，陈军大败，被俘虏8000人。只有樊猛单人逃脱。

谁也没有想到，太建十一年（579）就这样以南陈的节节败退而告终。

第四十一章　司马消难奔陈

太建十二年（580）春正月十二，南陈朝廷任命散骑常侍、左卫将军任忠为平南将军、南豫州刺史，主管沿江军事防御事务。三月初七，南陈以平北将军、庐陵王陈伯仁为翊左将军、中领军。夏四月初八，尚书左仆射陆缮卒。初十，以宣毅将军、河东王陈叔献为南徐州刺史。

从春到四月，南陈都没下雨，春耕生产受到严重影响。二十四日，南陈进行为大雩祭以求甘雨。雩祭是古老的传统民俗文化。中国古代求雨的祭祀。雩祭即祈雨。殷墟卜辞中有许多以舞求雨的记载，雩就是求雨的专祭，殷商已很流行。雩祭之礼，天子、诸侯都有，天子雩于天，称为“大雩”。

按《周礼春官·宗伯下》：“司巫，掌群巫之政令，若国大旱，则帅巫而舞雩。”雩祭时要跳“皇舞”——舞者手执五彩羽而舞，具体形式已不得而知。先秦文献屡见祈雨的记载，如《谷梁传·定公元年》记载，九月大雩，被认为“非正”，因为植物没有达到枯死、人的耕耘能力已尽的程度，所以不必“雩”。只有到了“其时穷，人力尽”，无食的时候，才应“大雩”。《礼记》和《左传》还记载，“暴巫”“焚巫”之举，就是说当久旱不雨时，要把女巫放在日光下暴晒，或将女巫活活烧死，《左传·僖公二十一年》云：“夏大旱，公欲焚巫尪。”晋杜预注：“巫尪，女巫也。主祈祷请雨者，或以为尪非巫也，脊病之人，其面向上，俗谓之天哀其病，恐雨入其鼻，故为之旱，是以公欲焚之。”天遇大旱，欲焚有脊病烂鼻子的女巫以谢天神而求雨，这无疑是原始习俗。贺兰山岩画中也出现了类似的形象，内蒙古阴山岩画中偶尔也能发现类似的形象，表明古代祈雨习俗相当广泛。

求雨之习，一直延续至今。据《神农求雨书》记载，春夏两季久旱不雨，如果旱情发生在东方，则由儿童舞蹈求雨；如发生在南方，则由壮年舞蹈求雨；如发生在西方，则由老人舞蹈求雨；如发生在北方，亦由老人舞之求雨，均以龙为标志。这大概是舞龙求雨的由来了。如东西南北皆舞之仍不下雨，则在北门埋人骨；再不雨，则将巫祝放在烈日下暴晒；再不雨，则要在神山积柴击鼓而焚巫祝。此习在后来的民间就变换了方式，将泥塑龙王爷放在烈日下暴晒，且不时往“龙王爷”头上泼水，伴以乐舞。旱灾的引起，据说是由于“旱魃作怪”。旱魃是黄帝的女儿，黄帝与蚩尤大战的时候，蚩尤掀起狂风暴雨，黄帝招架不住，便把天上的女儿“魃”叫了下来，止住了蚩尤的狂风暴雨，但其女儿再不能回天界，以后她到哪里，哪里就大旱，成为旱灾神。今河南洛阳王城公园内西汉墓室壁画有“虎吃女魃图”。

雩祭分为“常雩”和“因旱而雩”两种。常雩为固定的祭祀，即使没有水旱之灾，也都会在固定的时间进行祭祀。常雩的时间，《左传》曰“龙见而雩”。所谓“龙见”，是指苍龙七宿在建巳之月（夏历四月）昏时出现在东方，此时万物始盛，急需雨水，故每年此时有雩祭；“因旱而雩”是指因旱灾而临时增加的雩祭，多在夏、秋两季，冬天已是农闲，无旱灾之虞，故而《谷梁传》说“冬无为雩也”。

雩祭之礼，天子、诸侯都有，天子雩于天，称为“大雩”；诸侯雩于境内山川，只能称为“雩”，大雩在南郊之旁筑坛。雩祭的对象，除上天外，还有“山川百源”（《礼记·月令》）即地面上所有的水源。（参考资料《中国民俗文化·礼仪》）

说也奇怪，南陈进行祈祷后，果真于三天后即二十七日，普降大雨。缓解了春耕农田和农业耕种的缺水问题。连《隋书卷二十二·志第十七·五行》上都记载了：“陈太建十二年春，不雨至四月。先是周师掠淮北，始兴王叔陵等诸军败绩，淮北之地皆没于周，盖其应也。”

其意是说北周的军队逼入淮北，夺取了南陈从北齐手中打下来的淮南大片土地。始兴王陈叔陵等军败退，淮北之地都被北周占据了。

五月初九，南陈任命军师将军、尚书右仆射、晋安王陈伯恭为尚书仆射。这个职务就是南陈宰相，陈伯恭是陈氏皇族宗亲里做得最高的职务。据《陈书》载：陈伯恭，字肃之，吴兴郡长城县（今浙江长兴）人，陈文帝陈蒨第六子，母亲为严淑媛。文帝天嘉六年（565）八月己卯，立为晋安王。不久为平东将军、吴郡太守，置佐史。当时陈伯恭年十几岁，便留心政事，治理官曹。

陈宣帝太建元年（569）七月，入京为安前将军、中护军，迁中领军。改为中卫将军、扬州刺史，以公事免职。四年（572），起为安左将军，寻为镇右将军、特进，给扶。六年（574）正月，出为安南将军、南豫州刺史。九年（577），入为安前将军、祠部尚书。十一年（579）十月，进号军师将军、尚书右仆射。十二年（580）五月初九，南陈迁陈伯恭为仆射。

南陈面对北周强大的进攻，淮南之地相继失去。但国内朝政仍然保持着稳定，表现出陈宣帝较高的控制大局的能力。

相比而言，北周虽然表面上看来军事强大，但北周的国内政局却是危机四伏！

北周行军总管杞公宇文亮是天元皇帝（宇文赟）的从祖堂兄。宇文亮的儿子西阳公宇文温的妻子尉迟氏是蜀公尉迟迥的孙女，容貌美艳，以皇族大夫妇人的身份入朝，天元皇帝让她喝酒，后奸污了她。宇文亮得知此事后，心中恐惧。三月，他率军从淮南返回，军到豫州时，密谋袭击征南行军元帅韦孝宽，把他的部队夺过来，然后再推举自己父辈的人为首领，拥兵击鼓西进。宇文亮的国官茹宽得悉了他的计谋，事先告知了韦孝宽，韦孝宽就暗中做了部署。

一天夜晚，宇文亮带领数百名骑兵偷袭韦孝宽军营，没有得手，被迫退走。戊子（初三），韦孝宽领兵追击，将宇文亮斩首，宇文温也受牵连被杀。天元皇帝随即把宇文温的妻子召入后宫，册封为长贵妃。据《周书卷九·列传第一·皇后》载：尉迟皇后名尉迟炽繁（尉迟繁炽），是蜀国公尉迟迥的孙女。长得很漂亮。开始嫁给杞国公宇文亮的儿子西阳公宇文温，以皇族妇人的身份按例入朝，天元帝宇文赟强逼着奸污了她。等到宇文亮反叛后（静帝大象二年三月戊子初二，580 年 4 月 2 日），天元帝诛杀了宇文温，将她召进宫中，拜为长贵妃。

天元帝宇文赟向来猜忌杨坚，杨坚为此深感不安。他与郑译是同学，郑译又是天元帝的宠臣。一次，杨坚在长巷子里碰到郑译，便对他说：

"我早想出京去镇守一方（出藩，谓出补外藩），这是你很清楚的。我冒昧地把这托付给你，希望你能够为我留心这样的机会。"郑译说："凭着你的功德、威望，天下归心。你想多福，我怎敢忘记？有机会我会马上说的。"当时，天元帝宇文赟将要派郑译率军进攻南陈，郑译请求朝廷任命一位元帅。天元帝说："你认为派谁合适？"郑译回答说："如果要平定江东，不用朝廷懿戚重臣做统帅，难以镇抚，请命令随国公杨坚随军前往，暂且让他当寿阳总管，负责前线军事。"天元帝听从了郑译的话。于是下诏以杨坚为扬州总管，令郑译调遣军队与杨坚到寿阳会合，以讨伐陈国。杨坚将要去赴任时，突然脚病发作，因而没有成行。

据《周书卷七·帝纪第七·宣帝》载，北周天元皇帝有病，回宫。诏命随国公杨坚入内侍奉。五月初十日，北周天元皇帝病危。御正下大夫刘昉、内史上大夫郑译伪造诏书，让随国公杨坚接受遗命，辅佐朝政。当天，皇帝在天德殿驾崩。当时 22 岁，谥为宣皇帝。

五月初十日，北周天元皇帝（宇文赟）去世。周静帝（宇文衍）即位时，年龄幼小（8 岁），不能亲理朝政。《周书卷八·帝纪第八·静帝》也载："静皇帝讳衍，后改为阐，宣帝长子也。母曰朱皇后。建德二年六月，生于东宫。大象元年正月癸卯，封鲁王。戊午，立为皇太子。二月辛巳，宣帝于邺宫传位授帝，居正阳宫。二年夏五月乙未，宣帝寝疾，诏帝入宿于露门学。"内史上大夫郑译、御正大夫刘昉假造诏书，召杨坚入朝总理朝政，统领朝廷内外的军队。

刘昉，据《北史卷七十三·列传第六十二》载，是博陵望都人。父亲孟良，大司农。随魏武入关，北周太祖授他为东梁州刺史。

刘昉生性狡猾，有奸术。北周武帝时，因他是功臣之子，而入朝侍奉皇太子。到北周宣帝继位后，他凭着技艺和奸佞而被天元帝（宇文赟）亲近，出入宫廷，宠幸冠绝一时。他被授为大都督，迁为小御正，与御正中大夫颜之仪都被亲近、信任。

天元帝宇文赟病重时，召刘昉和颜之仪都到卧室里去，想向他们托付后事，但因病发音困难，不能再讲话。当时，御正中大夫颜之仪与宦官商议，引大将军宇文仲辅政。宇文仲已到天元帝宇文赟的宝座跟前。郑译知道了，马上率领开府杨惠及刘昉、皇甫绩、柳裘一起入宫。宇文仲与颜之仪见了郑译等人，很惊愕，犹豫一会，想出宫去，杨坚就抓了他们。

刘昉看静帝宇文衍年纪幼小（8 岁），不堪国家的负担。刘昉素知杨坚，又因他是天元帝杨皇后杨丽华的父亲的缘故，有大名于天下，于是与郑译谋划，让杨坚辅佐朝政。杨坚推辞，不敢承当。刘昉说：“你想干，就快点干。如不干，我刘昉就自己干了。”杨坚这才答应。这是周静帝大象二年五月二十四日。于是，假传圣旨，又以郑译为内史上大夫。

次日（二十五日），刘昉、郑译等人假传遗诏，任命杨坚为丞相，授郑译为柱国、相府长史、治内史上大夫事。辅佐幼主（静帝宇文衍，8 岁）。颜之仪知道这不是先帝的旨意，就拒绝服从诏命。刘昉等人起草好诏书并分别署上自己的名字后，威逼颜之仪也在上面署名。颜之仪严厉地对刘昉等人说：“先帝驾崩，继位的皇帝还很年幼，总理朝政的重任应该由宗室中有才能的人担任。如今皇族之中，赵王宇文招年岁最大，从血缘亲近看，从品德看，他最适合当此重任。你们备受皇恩，应当考虑尽忠报国，怎么能够把天下的权柄授与他姓之人呢？我只有一死，决不能用不实之词来欺骗先帝。”刘昉等人知道无法使他屈服，就代他在诏书上签名而颁布。

后来杨坚索要天元皇帝的兵符玺印，颜之仪又严正地说：“这是天子使用的东西，自然有人掌管，宰相凭什么索要天子的兵符印玺呢？”杨坚听了勃然大怒，命令将颜之仪拉出宫去，准备杀了他。但又考虑到颜之仪在朝廷上下都很有声望，终于没有执行死刑，让他出任西部边疆的郡守。

杨坚为大冢宰后，总理万机，以郑译兼任天官都府司会，总管六府诸事。郑译出入于杨坚卧室之内，杨坚对郑译，言无不从，赏赐的玉帛不计其数。郑译每次出入，都带着甲士。授郑译之子郑元王寿为仪同。继而于十二月十八日，升他为上柱国，恕他十次死罪。

宇文氏在藩国的国王，杨坚担心他们谋反，于是以赵王宇文招将把女儿嫁给突厥为借口，急令赵王宇文招（时驻襄国）、越王宇文盛（时驻武当）、陈王宇文纯（时驻齐州）、代王宇文达（时驻上党）、滕王宇文逌（时驻新野）五王入朝。

杨坚任丞相时，曾于夜晚召见庾季才，问他："我平庸没有才能，却得到了辅佐幼主的重任。从天时和人事两方面来看，你以为会怎么样呢？"庾季才说："天道精深微妙，一时难以意料觉察，我只从人事方面来预料，觉得你的帝王之兆已定，即使我说你难当此重任，您难道还能够效法尧帝时代的许由，逃往箕山，洗耳于颍水，而让天下吗？"杨坚沉默了许久才抬起头来说："我现在是骑虎难下呀！骑虎而下，必为所噬！"于是，杨坚赐给季才各色丝织品50匹，绢300段。杨坚说："你有这番好意，我很惭愧，我应该好好考虑考虑。"

杨坚当了丞相后，元胄主管宫廷中的禁卫军，又引弟弟元威入宫当侍卫。北周赵王宇文招得知杨坚将要取北周而代之，于是就邀请杨坚到自己的府中，赵王将杨坚引进卧室内，左右侍从不得跟随，只有杨弘和元胄兄弟坐在门边。

赵王对他的两个儿子宇文员和宇文贯说："你们进室内去献瓜，我趁机将他刺杀。"饮酒正酣时，赵王想突起事变，拿所佩带的刀切瓜，不断地让杨坚吃瓜，将要刺杀杨坚。

元胄进屋说："丞相，府中有急事，您不能在这里多待了。"赵王大声呵斥说："我和丞相谈心，你是干什么的？"赵王想把元胄呵斥走，元胄瞪圆双眼，怒气冲冲，握刀闯入内室。赵王问他叫什么名字，元胄照实回答了，赵王恍然说："你不是以前跟随齐王的吗？的确是壮士啊！"于是赐酒给他喝，并且温和地说："我哪里有什么不好的意图呢？你何必如此猜测我警惕我？"

不一会儿，赵王假装呕吐，准备进入后门，元胄怕他又有诡计，急忙走过去扶住赵王，使他坐入席中的上位，像这样做了几次。后来，赵王声称自己口渴（吃瓜还口渴？直令人生疑），命令元胄到厨房中去取茶，元胄不动。

不久，恰逢滕王宇文逌到来，杨坚亲自走下台阶迎接他，元胄趁机对杨坚耳语："情况很不妙，您一定要快点离开这儿。"杨坚还是没有明白，对他说："他又没有兵马，能把我怎么样？"元胄说："兵马都是他们的，一先下手，大事就完了。我虽然不怕死，但死又有什么益处呢？"杨坚又进室中坐下，元胄听见屋后有披铁甲的声音，于是立即请杨坚说：“相府事急，你怎能如此久坐?”于是扶杨坚下床，急促地离去。

赵王将要追赶杨坚，元胄用身体挡住屋门，使赵王不能出来追赶。杨坚到达相府，元胄也回来了。赵王将手指敲得出了血，悔恨自己没有抓住时机发动事变。这是北周静帝大象二年七月二十八日的事，《周书》《隋书》都有记载。

后来杨坚杀了赵王，给予元胄的赏赐数也数不清。

七月，陈朝将领陈慧纪、萧摩诃等进攻北周占去的广陵，北周的吴州总管于顗率兵，打败了他们。陈国将军钱茂和率几千人，袭击江阳，于顗迎战，并打跑了他们。陈国又派将领陈慧纪、周罗睺、燕合儿等袭击于顗，于顗又打退了他们。周静帝于八月赐于顗缣采几百段。

秋八月初六，北周的使持节、上柱国、郧州总管（郧州于沔阳也）、荥阳郡公司马消难率领郧、随（随州。今湖北省随州市随县）、温（安陆郡京山县）、应（应山县，梁置应州。今湖北省随州市广水市）、土（汉东郡土山县，梁置土州。今湖北省随州市随县东北50里）、顺（顺义县，梁置顺州。今湖北省随州市北）、沔（沔阳郡，后改沔州。今湖北省孝感市汉川县）、环（安陆郡吉阳县，后周置环州。今江西省吉安市吉水县）、岳（孝昌县，西魏置岳州。今湖北省孝感市孝昌县）等九州，和鲁山（鲁山在沔阳郡汉阳县界，临江，齐、梁以来为重镇。今河南省平顶山市鲁山县）、甑山（今湖北省孝感市汉川县东南）、沌阳（今湖北省武汉市西南沌水北岸）、应城（今湖北省孝感市应城县）、平靖（今湖北省随州市广水市北）、武阳［今河南省信阳市（罗山县南）南武胜关］、上明（今湖北省荆州市松滋市西北）、涢水（今湖北省随州市随县西大洪山南麓）等八镇归顺南陈朝廷，并派他的儿子入陈朝作为人质，请求南陈的援助。《陈书卷五·本纪第五·宣帝》载，南陈宣帝诏令司马消难为使持节、侍中、大都督、总管安随等九州八镇诸军事、车骑将军、司空，封随郡公，赐给鼓吹、女乐各一部。并已派将领樊毅、马杰等人来增援。

北周也派大将军、宋安公元景山率轻骑500追击司马消难，一天一夜走了300多里，与前来接应司马消难的陈军樊毅大战于漳口（今安陆西50

里有漳水），两次交兵都打败了樊毅军。北周骑兵对阵樊毅所部的步兵，明显北周骑兵占据优势。樊毅的步兵只好退兵据守甑山镇（今湖北省孝感市汉川县东南）。凡是被司马消难所陷落的城邑，全都被北周的元景山所部于八月二十七日占领了。

司马消难是什么人呢？据《北史》等史载：司马消难（？—589），字道融，河内郡温县（今河南省温县）人。北周外戚大臣，西晋南阳王司马模之后，北齐太尉司马子如之子。

自幼聪慧，博涉史传。起家著作佐郎，礼爱宾客，拜驸马都尉、光禄卿，出为北豫州刺史。惧罪逃亡北周，授大将军，封为荥阳郡公。其女司马令姬，选为北周静帝宇文阐皇后，迁郧州总管。随国公杨坚准备篡位时，起兵反抗。失败之后，流亡陈朝，受封车骑将军、司空、随郡公。

最初，司马消难担任著作郎。司马子如是当朝权贵，司马消难也喜好结交宾客。邢子才、王元景、魏收、陆仰、崔赡等人都交游于他家。司马消难因为娶了北齐神武帝高欢之女，凭借帝婿和贵公子的身份，历任驸马都尉、中书、黄门郎、光禄少卿。后出任北豫州刺史，镇守虎牢镇。北齐文宣帝高洋在位末年，越发昏庸暴虐。司马消难害怕祸及自己，常常图谋自保，委屈己意抚慰部众，百姓很拥护他。

当时，文宣帝高洋在并州，派使者骑驿马传召自己的弟弟上党王高涣。高涣害怕被杀，便杀了使者向东逃跑。朝廷在邺中搜捕数日，邺中一片骚动，最后终于在济州抓获了高涣。高涣刚逃走时，朝臣们私下互相说道："如今上党王叛逃，似乎打算逃向成皋。如果他与北豫州刺史司马消难同谋，必将成为国家祸患。"这话被报告给文宣帝高洋，高洋十分怀疑司马消难。又因为司马消难的堂弟司马子瑞曾经跟御史中丞毕义云有嫌隙，司马子瑞跟随他镇守地方。此时毕义云派遣御史张子阶到北豫州收集道路传闻，打探消息，到了之后先把司马消难的典签官和家客监禁起来。司马消难感到惧怕，密令亲信裴藻从小路进入关中，请求举州归附北周。

北周明帝二年（558）三月初一，北周晋公宇文护派遣达奚武、杨忠前往接应。于是司马消难与达奚武一起进入北周朝廷，北周授封他大将军、荥阳郡公、小司徒。

北周武帝天和六年（571）四月二十三日，北周任命大将军、荥阳公司马消难为柱国。北周武帝建德二年（573）五月十二日，北周任命荥阳公司马消难为大司寇。北周武帝建德四年（575）七月二十五日，司马消难跟随北周高祖宇文邕东伐北齐，战争结束后授官梁州总管。

北周宣帝大成元年（579）七月初一，北周任命柱国司马消难为大后承。北周宣帝大成元年七月初七，北周立司马消难之女司马令姬为北周静帝宇文阐皇后。不久，司马消难出任郧州总管。

北周宣帝崩逝之后，时为宣帝皇后杨丽华之父、北周丞相杨坚辅佐治理政事。司马消难听说蜀公尉迟迥不接受朝廷调任代替的诏命，密谋起兵反抗杨坚专权。打算与尉迟迥联合举兵，联系甚密。尉迟迥谋泄。

北周大象二年（580）六月初十，杨坚调发关中的军队，任命韦孝宽为行军元帅，统率军队讨伐尉迟迥。七月二十六日，司马消难以开府田广等人作为心腹，杀掉郧州总管府长史侯莫陈杲、郧州刺史蔡泽等40余人，举兵反叛，响应尉迟迥。

司马消难举兵造反，他偷偷地派上开府段珣率兵假装帮周法尚守顺州城，想就此夺城。周法尚发觉了他们的诈谋，闭门不纳，段珣于是围城。当时很仓促，士兵散在城外，周法尚因此率兵士500人拒守20天。外无援兵，他估计力不能支，于是带领余部弃城逃走。司马消难俘虏了他的母亲和弟弟及家中僮仆300人。

杨坚任王谊为行军元帅，率领四个总管讨伐他。官军到郧州近郊，司马消难害怕而逃奔陈国。于是，北至商、洛，南到江、淮，东西2000多里，巴蛮大多背叛，一起推渠帅兰雒州为主。雒州自称为河南王，以归附司马消难，北面连接尉迟迥。

司马消难所管辖的郧州、随州、温州、应州、土州、顺州、沔州、环州、岳州等9州，鲁山、甑山、沌阳、应城、平靖、武阳、上明、涢水等8镇，都听从他的命令。同时，司马消难还把儿子司马永送到南陈作为人质，请求南陈的支援。隋文帝杨坚任命襄州总管王谊为元帅，征调荆、襄两地的军队前往讨伐司马消难。王谊率领行军总管李威、冯晖、李远等分路讨伐。

陈宣帝太建十二年（580）八月初六，司马消难听说王谊率领的大军将至，连夜率领自己的部下归附南陈。陈宣帝任命他为使持节、侍中、大都督、总督安随等九州八镇诸军事、车骑将军、司空，封随郡公，赐给他鼓吹、女乐各一部。八月十五日，以新任司空司马消难为大都督水陆诸军事。

八月初七，陈宣帝又下诏令镇西将军樊毅督察沔、汉地区的军事；命令南豫州刺史任忠率军向历阳进发；任命超武将军陈慧纪为前军都督，率军向南兖州进发。陈慧纪，字元方，陈武帝陈霸先从孙。永定二年（558），封宜黄县开国侯，任黄门侍郎，陈文帝、废帝时期历任安吉县令、丰州刺史等职，陈宣帝、后主时期历任兖州刺史、郢州刺史、荆州刺史。太建九年（577），吴明彻北伐失败，以陈慧纪担任持节、智武将军、缘江都督、兖州刺史，增加食邑到2000户。北周军队乘胜追击，在攻占的淮南江外骚扰，他召集士兵从海路回建邺，不久除授使持节、散骑常侍、宣毅将军、都督郢巴二州诸军事、郢州刺史，增加食邑到2500户。

北周杨坚辅政期间，后梁国主萧岿派遣柳庄带着书信入北周朝贡。时三方构难，杨坚惧萧岿有异志，到柳庄回还时，对柳庄说："我以前加开府时，曾经随军到过江陵，受到梁国君主的热情款待。眼下我们正处在天子年幼，时事艰难的时期，我虽然不才，但受命辅佐朝政，中夜自省，实怀惭惧。梁主奕叶重光，委诚朝廷，而今以后，方见松筠之节。君还本国，幸申孤此意于梁主。"遂执柳庄之手而别。

当时，后梁众将帅竞相劝说萧岿起兵，与尉迥（尉迟迥）等为连衡之势，认为这样做，进可以对北周帝室效忠尽节，退可以席卷汉、沔地区。萧岿犹豫不决。

适逢柳庄回来，将杨坚结托之意转告了萧岿，并且说："以前袁绍、刘表、王凌、诸葛诞等人都是汉、魏时期有雄才大略的人，他们占据着战略要地，拥有强大的军队，但是都没有能够建立功业，祸难反而紧随而至，其根本原因就是由于魏、晋挟天子以令诸侯，占据着京师，倚仗名正言顺以讨叛逆，师出有名，故能取威定霸。方今尉迥（尉迟迥）虽然是一员老将，但是他年老昏庸。而司马消难、王谦又是极普通的人，都没有匡时济世的才干。况且山东、庸蜀从化日近，周室之恩未洽，周朝的将帅大臣，大多数只为自己打算，竞相效忠于杨坚。以我看来尉迟迥等人终当被

消灭，随公杨坚必定会夺取北周政权。我们不如保境安民，静观事态的发展变化。”萧岿非常赞同，众人也不再争论了。

不多久，周静帝大象二年（580）八月，司马消难奔陈，尉迟迥及王谦先后被杀。萧岿对柳庄说：“当初如果听从了众将领的话，后梁国家就不能保全了。”

面对北周兵马的进攻，南陈诏任司马消难为大都督，负责水、陆诸军事。接着，南陈军队相继夺回被北周抢占的城池——

八月十七日，通直散骑常侍淳于陵率军攻克临江郡（今安徽省巢湖市和县东北乌江镇）。

二十日，智武将军鲁广达攻克郭默城（今湖北省黄冈市黄梅县南）。

二十三日，通直散骑常侍淳于陵攻克北周的祐州城。

九月初一，北周临江太守刘显光率部下归顺南陈朝廷。这天夜晚，天东南方出现声响，犹如风水相击，直到三更半夜才止息。

初四，南陈朝改安陆郡为南司州（今湖北省武汉市黄陂区东）。

初五，北周将领王延贵率兵增援历阳，被南陈将领任忠率军击破，生擒王延贵等人。

二十七日，北周广陵郡的义民头领曹药率军众奔向南陈归顺。

冬十月初一，下大雨，伴随冰雹、雷电。并有地震。

古人认为天降冰雹，地有地震，是一种预兆，是对人间的惩罚。作为君主，应当反省罪过，造福民众。于是，十一月初七，陈宣帝反省己过，下诏说：

> 朕君临四海，日夜操劳，希望能光大安定昌盛之时世，却未能实现。而况兵车频出，军费尤为繁重，运粮草之漕河贯通了，却征收不到赋税。夏季大旱，农田受害，京城周围尤其严重，百姓失去所赖以生存者之后，一年之营生没有保障。这便是政令和刑法未能顺利实施，阴阳不和天象失位所致。百姓正遭受饥饿之苦难，做君王的说什么富足呢？我定下心来静思，感到责任就在自己，应该广布朝廷的恩泽，普遍惠顾农民百姓。丹阳、吴兴、晋陵、建兴、义兴、东海、信义、陈留、江陵等十郡，和各官署属田当年要上交的田税、官员的俸禄，都免除一半，丁租的一半延缓到明年秋收后上交。

南陈大都督司马消难率领陈朝的军队攻打北周占据的江州……

第四十二章　隋代周杨坚谋攻陈

北周屡攻南陈，使陈宣帝忧虑不止，太建十三年（581）春正月初一，陈宣帝提升几位将领。这既是南陈朝廷当前军政的需要，也可示之于新春的恩赐。陈朝诏任如下——

以车骑将军、开府仪同三司淳于量为左光禄大夫；

中权将军、护军将军、鄱阳王陈伯山以本号任开府仪同三司；

以镇右将军、国子祭酒、新安王陈伯固为扬州刺史；

以军师将军、尚书仆射、晋安王陈伯恭为尚书左仆射；

以安右将军、丹阳尹徐陵为中书监，兼太子詹事；

以吏部尚书袁宪为尚书右仆射。

初九，以轻车将军、卫尉卿、宜都王陈叔明为南徐州刺史。

北周朝廷也在新春之际，正月初六，发布了新的诏令。《隋书卷一·帝纪第一·高祖上》载："丙辰，诏王冕十有二旒，建天子旌旗，出警入跸，乘金根车，驾六马，备五时副车，置旄头云旓，乐舞八佾，设钟虡宫悬。王妃为王后，长子为太子。前后三让，乃受。"

年仅8岁的周静帝下诏让随王杨坚戴王冕上有十二旒的皇冠，建制天子旌旗，出入令人开路清道，乘坐金根车，用六匹马拉车，备有五时使用的副车，设置先驱骑士和云旗，用天子使用的八佾的乐舞，在宗庙悬挂钟虡；王妃独孤伽罗为王后，长子杨勇为太子。进封随王妃独孤氏为王后，随王世子杨勇为随王太子。

权臣杨坚经过一番假意的推辞之后，终于接受了北周相国、统辖北周百官的职务和九锡礼仪，并按照8岁皇帝（周静帝）的诏令，建立随国台省、设置官吏。见《周书卷八·帝纪第八·静帝》载："二月庚申，大丞相、随王杨坚为相国，总百揆，更封十郡，通前二十郡，剑履上殿，入朝不趋，赞拜不名，备九锡之礼，加玺、钺、远游冠，相国印绿綟绶，位在诸王上。又加冕十有二旒，建天子旌旗，出警入跸，乘金根车，驾六马，备五时副车，置旄头云罕，乐舞八佾，设钟虡宫悬。王后、王子爵命之号，并依魏晋故事。”

杨坚到了这个地步，离称帝也就只差一步。北周开府仪同三司庾季才劝说随王杨坚应该在本月甲子日顺应天命，接受皇位。见《隋书卷七十八·列传第四十三》记载：大定元年正月，季才言曰：“今月戊戌平旦，青气如楼阙，见于国城之上，俄而变紫，逆风西行。《气经》云：‘天不能无云而雨，皇王不能无气而立。’今王气已见，须即应之。二月日出卯入酉，居天之正位，谓之二八之门。日者，人君之象，人君正位，宜用二月。其月十三日甲子，甲为六甲之始，子为十二辰之初，甲数九，子数又九，九为天数。其日即是惊蛰，阳气壮发之时。昔周武王以二月甲子定天下，享年八百，汉高帝以二月甲午即帝位，享年四百，故知甲子、甲午为得天数。今二月甲子，宜应天受命。”

其实，这都是为杨坚取代北周所编造的借口。哪有周武王的800年、汉高祖的400年？连弱小的南陈朝还能艰难地坚守了汉文明33年，而这个所谓的强大的“大一统”隋朝，也就存在了短短的37年而已！

庾季才为杨坚取代北周推波助澜。据史载：庾季才，字叔弈，新野人。八世祖庾滔，随晋元帝过江，官至散骑常侍，封为遂昌侯，于是在南郡江陵县安家。他实是汉人。当年西魏攻陷江陵，杀了梁元帝，把庾季才等人掳押到长安。西魏权臣宇文泰很欣赏庾季才，让他参与主管太史，说：“你要尽心诚意地侍奉我。一定以富贵相报答。”

当初，荆州一带覆亡时，士大夫和文士，大多沦落为卑贱之人。庾季才散布皇上赏赐给他的物品，寻求亲朋旧友。周文帝问道：“怎么能这样做？”庾季才说：“郢都覆灭败亡，君主实在有罪过，但缙绅有什么过错？都变成贱隶之人，我实在私下哀怜他们，所以用财物赎回。”周文帝于是明白过来，说：“如果不是您，我会辜负天下人期望。”便下令，赦免梁朝被俘虏沦为奴婢的数千口人。周明帝武成二年（560），与王褒、庾信一起委任为麟趾学士，后升为稍伯大夫。

开皇元年（581），授季才为通直散骑常侍。隋文帝准备迁都到长安，头一天夜晚与高颎、苏威二人刚商定下来，不料第二天一早庾季才就上奏说："我观察过天象，研究过图谶，龟卜上的兆纹确实与旧时重合，所以一定要迁都。再说尧定都平阳，舜定都冀州，由此可知，历代帝王居所世世代代各不相同。况且自汉建造这座都城至今将近800年，水都是咸的了，不太适合人居住。希望陛下协调天意人愿，做迁徙的打算吧。"

隋文帝非常惊愕，对高趋等人说："这事多么神奇啊！"于是发布命令准备迁都，并赏给季才绢300段、马两匹，晋升他为公爵。隋文帝对季才说："从今以后，我相信天行有道了。"接着命令季才和他的儿子庾质共同撰修《垂象》《地形》等书。高祖对季才说："天地之间的奥秘，推测的办法是多种多样的，各人所持的见解不同，有时会造成很大的差异。我不想外人干预这事，所以让你们父子共同修撰。"书写成后上奏皇上，隋文帝赐给季才大米1000石，绢600段。

当时，除了庾季才劝进以外，还有太傅李穆、开府仪同大将军卢贲等人也向杨坚劝进。于是，北周静帝颁下诏书，禅位于杨坚，周静帝被迁居别宫。

二月十四日，北周静帝命令兼太傅杞公宇文椿捧着册书，大宗伯赵捧着皇帝的玺印，禅位于随王杨坚。

杨坚戴着远游冠，接受了册书、御玺，又改戴白纱帽，穿上黄袍；然后进入临光殿，再戴上冠冕，穿上衮服，按照皇帝每年正月初一朝见百官群臣的元会礼仪，登基称帝。史称隋文帝。

杨坚即位后，下令大赦天下，改年号为开皇。并命令有关官员捧着册书前往南郊祭天，禀告上天，隋已承天受命。又派遣小冢宰元孝矩替代太子杨勇镇守洛阳。元孝矩本名元矩，以字行世，是元天赐的孙子；他女儿是太子杨勇的妃子。

北周历经五主，共24年而亡（比南陈朝短命了近10年）。促使北周亡国，使杨坚崛起的，首当其冲的是杨坚的同学郑译。郑译伪造天元皇帝的遗命诏书，让杨坚入朝辅政。当时周静帝才8岁。使杨坚得以独揽北周朝政大权。

而当杨坚称帝后，对郑译却是这般光景：隋朝郑译以上柱国退休归家养老，隋文帝给予他丰厚的赏赐。郑译自认为被文帝疏远，于是请来道士设坛做法事，为他消灾祈福。

事情被他家的婢女告发，被认为是巫师诅咒；郑译又因为和母亲分开居住，也遭到御史台弹劾，因此削除了郑译的所有官爵。

隋文帝还下诏书说："如果把郑译留在世上，他就成了不守臣道的人；如果把他处死于朝，他到了阴间则成了不孝父母的鬼，看来无论如何处置，都将玷污阴间、阳间两个世界，实在没有地方安置他。应该赐给他一本《孝经》，让他去熟读。"仍然让他和母亲一起居住。

北周就这样改朝换代了。为了改换得更彻底，小内史崔仲方劝说隋文帝废除北周建立的六官制度，而恢复汉、魏旧制。

隋文帝听从了他的建议。于是，隋朝设置了太师、太傅、太保三师和太尉、司徒、司空三公，以及尚书、门下、内史、秘书、内侍五省，御史、都水二台，太常等十一寺，左、右卫等十二府，以分别执掌和统领各类职事政务。又设置了上柱国至都督十一等勋爵，用来酬劳勤苦和立功的将帅；设置了特进至朝散大夫七等散官，用来加封有德行和声望的文武大臣。还将门下省长官侍中改称纳言。任命原相国府司马高为尚书左仆射兼纳言，相国府司录京兆人虞庆则为内史监兼吏部尚书，相国府内郎李德林为内史令。

杨坚的改朝换代，也做得很决绝、很彻底。内史监虞庆则劝说隋文帝斩尽杀绝北周帝室宇文氏，尚书左仆射高、邗公杨惠也违心赞成，只有内史令李德林苦苦争辩，认为不能那样做，隋文帝变了脸色说道："你只是一介书生，不值得和你讨论此事！"因为这件事，李德林的官品职位再没有升迁过。

在隋文帝的授意下，北周文帝宇文泰的孙子谯公宇文乾晖、冀公宇文绚，孝闵帝宇文觉的儿子纪公宇文康，明帝宇文毓的儿子酆公宇文贞、宋公宇文实，武帝宇文邕的儿子汉公宇文赞、秦公宇文贽、曹公宇文允、道公宇文充、蔡公宇文兑、荆公宇文元，宣帝宇文赟的儿子莱公宇文衎、郢公宇文术，全部被处死。

隋文帝把自己的弟弟、儿子都封王：封皇弟邵公杨慧为滕王、安公杨爽为卫王，封皇子雁门公杨广为晋王、杨俊为秦王、杨秀为越王、杨谅为汉王。

二月十五日，随文帝诏令追尊皇考杨忠为武元皇帝，庙号太祖；皇妣吕氏为元明皇后。十六日，又诏令修建祖庙社庙。同时，册立原随王后独孤氏为皇后，随王太子杨勇为皇太子。十七日，任命太尉赵为尚书右仆射。

二月十九日，封北周静帝为介公，原北周宗室诸王一律降爵，改封为公。

起初，郑译等人伪传北周天元皇帝（宇文赟）的遗诏，使杨坚辅政，天元皇帝的杨皇后虽然没有参与谋划，却因为静帝年幼，恐怕政权落入别族手中，所以听说杨坚辅政，她非常高兴。后来，天元杨皇后察觉到她父亲杨坚怀有异图，密谋篡权，心中愤愤不平，往往从言语态度上表现出来；及至北周静帝禅位于隋文帝，她异常愤怒和悲伤。隋文帝也感到非常对不起女儿（天元皇帝的杨皇后），于是改封她为乐平公主。过了一段时间，隋文帝想做主将女儿改嫁，乐平公主（杨坚的女儿、天元帝的皇后）誓死不从，隋文帝只好作罢。

隋文帝和原北周载师下大夫北平人荣建绪有交情，在他将要接受禅让时，荣建绪被朝廷任命为息州刺史。在即将赴任时，隋文帝对荣建绪说："请暂且耽搁一下，当共享富贵荣华。"荣建绪严肃地回答说："明公的这些话，不是我想听到的。"隋文帝即位后，荣建绪入朝，文帝对他说："你感到后悔吗?"荣建绪叩头回答道："我虽然没有处在晋、宋禅让之际东晋秘书监徐广的位置，但和曹魏代汉后的东汉太尉杨彪情状相似。"隋文帝听了发怒说："朕虽然不明白书上的典故，但也知道你此言不恭敬!"

得知隋文帝接受了北周静帝的禅让后，北周上柱国窦毅的女儿气愤得扑倒在殿阶下，捶胸叹息说："恨我不是个男子，以拯救舅家宇文氏于患难之中!"

窦毅和夫人襄阳公主急忙捂住她的嘴说："你不要乱说，那样会招致灭族之祸的!"窦毅由此对女儿感到惊奇。窦毅女儿长大后，嫁给唐公李渊。《新唐书卷七十六·列传第一·后妃上》有载。窦毅常对长公主说："这个女孩才貌这样出众，不能轻易地将她许配给别人，应当为她找一个有才能的丈夫。"

他们就在门屏上画了两只孔雀，有来求婚的公子，就给他两支箭，让他射孔雀，暗中约定能射中孔雀眼睛的就把女儿许配给他。前后来了几十个人都没有人能射中。后来，李渊也来求婚，射两箭，各射中了孔雀的一只眼睛。窦毅非常高兴，于是将窦氏嫁给了李渊。李渊后来建立了唐朝。这是后话。

且说杨坚取代了北周之后，就开始谋划吞并南陈朝的事情。隋文帝任命自己的次子晋王杨广为并州总管。据《隋书卷五十二·列传第十七》所载：杨坚称帝以后，心中早就有吞并江南之志，寻找可担大任之人。高颎说："朝臣之中，有文武全才的没有能比得上贺若弼。"隋文帝说："你推荐对了人。"于是，开皇元年三月初八，隋文帝拜贺若弼为吴州总管，委托他以平陈之事。贺若弼欣然接受并以此为己任。

贺若弼与寿州总管源雄同为军事重镇的长官。贺若弼曾赠诗给源雄："交河骠骑幕，合浦伏波营，勿使骐驎上，无我二人名。"贺若弼进献十条攻陈之策，隋文帝称赞不已，赐给他宝刀。

贺若弼充当灭陈的急先锋，他完全没有想到，亡陈之后，他也屡遭猜忌和打压，最后被隋皇诏杀。据《隋书》载：贺若弼字辅伯，河南洛阳人。他的父亲贺若敦，因勇武刚烈而闻名，在北周时任金州总管，宇文护因嫉妒他的才能而陷害他。临刑时，贺敦把若弼叫到跟前对他说："我决心平定江南，但是此志不能实现，你应成就我的志愿。我是因为不慎言而死，你不可不深思。"于是用锥子把若弼的舌头刺出了血，告诫他说话要谨慎。

若弼年轻时慷慨激昂，胸有大志，骁勇无敌，射箭骑马技巧娴熟，通晓撰文，博览群书，在当时很出名。周齐王宇文宪听到后很敬重他的才干，选拔他为记室。不久，封为当亭县公，升迁为小内史。周武帝时，上柱国乌丸轨对武帝说："太子不是帝王之才，我也曾跟贺若弼议论过他。"武帝唤若弼问及此事，贺若弼知道太子之位不可动摇，恐怕祸及自己，就违心地对武帝说："皇太子的德望一天比一天高，我没有发现他的过错。"武帝听后默然不语。

贺若弼退出后，乌丸轨责备他背叛自己，贺若弼回答说："君王做事不密就失去臣子；臣子做事不密就丧失生命，所以不敢随便议论。"等到宣帝继位，乌丸轨终究被杀，贺若弼却得以免罪。

不久他与韦孝宽一起攻打陈国，攻克了数十座城，其中贺若弼攻下的最多，这样他官拜寿州刺史，改封为襄邑县公。杨坚担任北周丞相时，尉迟迥在邺城反叛，杨坚恐怕贺若弼有变，就派长孙平乘驿马去替代了他。

隋文帝开皇九年（589），隋朝大规模攻陈，杨坚（隋文帝）任命贺若弼担任行军总管。当初，贺若弼请求派遣沿长江防务之兵在办理换防之时，一定要先聚集在历阳。于是士兵广列旗帜，营幕遍野，陈国认为是隋朝的大军到了，就调动国中全部兵马准备迎敌。后知这只是驻军换防，陈国集聚的人马又散开了。陈军习以为常，不再加以防备。

到这时，贺若弼派大军横渡长江，陈国的军队一点也没有察觉。贺若弼偷袭陈国的南徐州，攻下此城，活捉了刺史黄恪。贺若弼的部队军令严肃，秋毫无犯，如发现军士到民间买酒的，贺若弼立即将他斩首。贺若弼屯兵驻扎在蒋山的白土岗上，陈将鲁达、周智安、任蛮奴、田瑞、樊毅、孔范、萧摩诃等用强兵抵挡，田瑞先进攻若弼的军队，贺若弼打跑了他。鲁达等将轮番进攻，贺若弼的军队屡屡退却。贺若弼估计到其将领骄横，其士卒懈怠之时，就督促勉励将士，拼死作战，于是大败陈军。部下开府员明擒拿到萧摩诃，贺若弼命令左右推出斩首，可是摩诃神情自若，贺若弼放了他并且以礼相待。

贺若弼的军队从北掖门进入城内，当时韩擒虎已经捉到了陈叔宝，贺若弼到时，叫来陈叔宝观看。叔宝惶恐得汗流满面，两腿战战去给贺若弼下拜。贺若弼对他说："小国的国君向大国的大臣下拜，是礼节。到了我朝还不失做一个归命侯，不要害怕。"

贺若弼怨恨自己没有擒住叔宝，功在韩擒虎之后，于是同韩擒虎互相责骂，以致拔刀相向。隋文帝听到贺若弼有功，很高兴，下诏褒扬他。

晋王因为若弼在事先决战，违反军令，于是把贺若弼交给属下处分。

隋文帝让人乘驿马召他来，见面时，亲自迎接并慰劳他，说："攻取三吴，是你的功劳。"皇上叫他登上御座，赐给贺若弼缣帛 8000 段，授官上柱国，加封宋国公，食邑 3000 户，赐给他宝剑、宝带、金瓮瓦、金盘各一个，和雉尾扇、曲盖，杂采 2000 段，女乐二部，还赐陈叔宝的妹妹给他做妾，让他担任右领军大将军，不久拜为右武侯大将军。贺若弼在当时贵极一时，官高位重，其兄贺隆封为武都郡公，其弟贺东封为万荣郡公，同时担任刺史、列将之职。他家中珍宝古玩不计其数，穿绮罗的婢妾有几百人，当时的人以此为荣。

贺若弼自认为功名在群臣之上，常常以宰相自居。不久杨素担任右仆射，但贺若弼仍是将军，很感不平，形于言表，因此被免去官职，贺若弼不满就更深了。数年以后，贺若弼下狱，隋文帝对他说："我让高颎、杨素担任宰相，你总是扬言说他们两个仅仅能吃饭罢了，是什么意思？"贺若弼说："高颎，是我的朋友；杨素，是我的舅子，我知道他们的为人，的确说过这样的话。"

大臣启奏贺若弼怨恨大，按罪当死。隋文帝爱惜他曾有功，只是免官为庶民。一年多后，恢复其爵位。隋文帝也猜忌他，不再任用他，然而每当隋文帝设宴有所赏赐时，给他的赏赐很多。开皇十九年（599），隋文帝驾临仁寿宫，宴请王公大臣，下诏让贺若弼作五言诗，他作的诗蕴含愤怨之情，隋文帝看后宽容了他。

贺若弼曾经遇到突厥使者入朝，隋文帝赐突厥人射箭，突厥人一射就射中了靶子。隋文帝说："除了贺若弼没有人能像他这样善射。"于是叫贺若弼来射箭，贺若弼拜了两拜祝愿说："我若是赤诚为国的人，就应当一射就中靶子，如果不是这样，就射不中。"结果一射就中了靶子。隋文帝很高兴，回过头对突厥人说："这个人，是上天赐给我的！"

炀帝（杨广）还在东宫当太子时，曾经对贺若弼说："杨素、韩擒虎、史万岁三个人都是良将，相比之下谁优谁劣呢？"贺若弼回答说："杨素是员猛将，不是谋将；韩擒虎是员战将，不是统帅之将；史万岁是马上将领，不是大将才。"太子说："那么大将是谁呢？"贺若弼拜后说："只有靠殿下抉择了。"贺若弼的意思是自己是大将。

等到炀帝继位后，贺若弼更加被隋炀帝疏远猜忌。大业三年（607），贺若弼跟随炀帝到北方巡视，到了榆林。炀帝设了一个很大的帐篷，那帐篷下可坐几千人，召见了突厥启民可汗并设宴款待。贺若弼认为这样太浪费，同高熲、宇文弼等人私下议论皇上过失。被人奏明炀帝，最后因这事被杀，时年64岁。

贺若弼充当摧毁江南汉政权和汉文明的急先锋，他亲率大军无情地屠杀江南民众，贪婪地抢掠江南财物。没想到最后的结局，跟他爹一样惨死！

杨坚的称帝之路，充满着反对者！他得位不正，暗夺明抢，以鲜血铺路。杨坚挟幼主（北周静帝）而令天下，大权独揽，收买人心，打击北周皇族宗室，意欲取代北周天下。屯驻在邺城一带的相州总管尉迟迥是坚定的保皇派，对杨坚的野心洞若观火。

杨坚抢先出手了。他以会葬的名义，命尉迟迥之子尉迟惇前往相州，征调尉迟迥入京。同时，命郧公韦孝宽前往相州，接替尉迟迥的职位。杨坚的高明之处在于如果尉迟迥奉诏，就能釜底抽薪，成功“排雷”。万一有变，杨坚也能占据道义的制高点，挥军讨伐，师出有名。

尉迟迥不满杨坚的专擅，他以赵王宇文招小儿子的名义，号令天下，公开起兵。当时，赵、魏之士“赢粮景从”，不数日便聚集了10余万人。同时，宇文胄、石逊等人纷纷起兵响应，所属各州群起响应，叛军人数多达数十万。七月，荥州、申州、东楚州、东潼州等地纷纷倒戈，支持尉迟迥的叛乱。尉迟迥又北联突厥，南下陈朝，以江淮为代价，争取外援的支持。七月二十五日，郧州总管司马消难携所属七州叛周降陈。八月七日，益州总管王谦也加入了叛乱行列。荆、襄、豫境内的诸蛮“焚烧村落，攻略郡县”。赵王、陈王等五王也在长安谋划反叛。一时间，北周境内烽烟四起，动荡不安，杨坚面临的局势仍在持续恶化……

杨坚沉着应对。六月十日，任韦孝宽为行军元帅，攻伐尉迟迥。六月二十六日，任梁睿率军进攻王谦。七月十六日，任杨素统兵攻击荥州。七月二十五日，任王谊领兵讨伐司马消难。同时，任命韦世康为绛州总管，保障关中安全。

韦孝宽遂引军驻扎武陟。杨坚又派高颎前往一线，协助韦孝宽。尉迟惇率军10万，驻守武德（今河南武陟东南），连营20余里，与韦孝宽隔沁水相峙。

尉迟惇计划等韦孝宽渡河时，半渡而击。因而领兵稍退，没想到韦孝宽挥军疾进。渡河之后，高颎又命人纵火焚桥。北周士兵见退路已绝，只得奋勇争先。尉迟迥军队难以抵挡，全军溃散，尉迟惇单骑逃脱。

韦孝宽率军直攻邺城，打算趁尉迟迥新败，援军未到，拿下邺城。尉迟迥料敌于先，在邺城南郊的野马岗埋伏3000精兵，企图偷袭韦孝宽。然而，伏兵被韦孝宽部将宇文忻发现，并被他率领的500轻骑消灭。尉迟迥又在南郊草桥结阵阻击，又被宇文忻的骑兵击败。骑兵对步兵，优势非常明显。

八月十七日，在万余名头戴绿巾、身穿锦袄的“黄龙兵”簇拥下，尉迟迥披坚持锐，坐镇邺城南郊。尉迟惇、尉迟祐兄弟集结了12万人马。尉迟迥的弟弟、青州总管尉迟勤带领3000骑兵参战，还有5万步兵正在增援途中。

双方激战，尉迟迥的士兵作战悍勇，士气高昂，韦孝宽初战失利，被迫后退。此时，数万邺城百姓围观，筑起人墙。

宇文忻见状，大呼：“事急矣！吾当以诡道破之。”于是，箭射百姓，围观的众人失措，推搡践踏，秩序混乱。宇文忻乘机又高呼：“贼败矣！”韦孝宽军心复振，乘乱反击，尉迟迥大败，退入邺城。

韦孝宽围攻邺城，李询、贺娄子干等人率先登城。城破之际，尉迟迥大骂杨坚后，在城楼自杀身亡，属下士兵皆被坑杀。尉迟勤、尉迟惇与尉迟祐东逃青州，被大将郭衍俘获。历时68天的叛乱，就此平息。

北周大象二年（580），杨坚镇压了对自己不服的相州（治所邺城）总管尉迟迥，为了防止河北其他的反杨势力以及尉迟迥的残余势力死灰复燃，杨坚下令焚毁邺城。

邺城，是魏晋南北朝时期著名的一线都市，主体建筑位于河北省临漳县境内，县城西南20公里处的漳河岸畔，南距安阳市18公里，北距邯郸市40余公里。始筑于春秋齐桓公时。东汉末年，曹操击败袁绍，占据邺城，营建王都。城内修有冰井台、铜雀台、金虎台。“铜雀春深锁二乔”的诗句和故事流传民间。一代枭雄曹孟德常常在此与文人骚客宴饮赋诗、与姬妾宫女歌舞欢宴。传说中，蔡文姬的《胡笳十八拍》就诞生于此，当年曹操重金赎回被南匈奴掠走的著名女诗人，这位才女不负众望，在铜雀台上即兴演奏出这首至今流传的名曲。还有，陈思王曹植“援笔立就”的那篇登台赋，文字旷远清丽。

邺城先后为曹魏、后赵、冉魏、前燕、东魏、北齐六朝都城，居黄河流域政治、经济、军事、文化中心长达四个世纪之久。

邺城的书籍、木雕、碑刻、文物等文化遗产之丰厚，从后世的考古发掘出来的珍贵文物就足可证明。仅以出土的瓦当来说，邺城瓦当以东魏各式各样“富贵万岁”文字瓦和北齐莲花纹瓦当最多。“富贵万岁”文字从接近于汉瓦篆书风格一直简化到不能识读近于符号。有左读、右读、反文；有“万岁”在上下，“富贵”在左右的一种。有“万岁”二字瓦，也分左读、右读和反文。以上各种文字越古，制作越古，后期简化文字瓦的制作风格已相同于北齐莲花瓦当了。

魏晋时期的瓦当以云纹最多，另有“富贵”瓦、“亭”字瓦、“邺传舍”瓦，多为仅见孤品。“富贵”的文字和制作风格颇有汉瓦遗韵，又与后世的“富贵万岁”瓦当有所衔接，起到了承上启下的作用。“邺传舍”瓦是魏晋时期驿站建筑所用，对研究中国古代邮驿制度提供了珍贵资料。（见《邺城文字瓦当》）

一座历经1200余年的著名城市，有着数以万计不可数、不可复制的丰富物质文明和精神文明的历史文化沉淀！杨坚以自私为目的为了镇压不服自己的人，竟敢一把火，将邺城1000多年的苦心经营，付之一炬。使邺城这座历经四个多世纪的优秀文化古城，彻底从华北大地上消失了；从中国历史长河中消失了！只剩断壁残垣和尘封的历史。

一代名都成为废墟，多少文人墨客至此触景生情，感伤万千！……杨坚在实现一家一姓的“大一统”王朝中，对北齐、南陈的物质文明和文化遗产的破坏，其实就是对华夏文明的毁灭，其行为是罪恶滔天的！无论后世之人怎样为“大一统”隋朝唱赞歌，都无法掩饰和抹去隋王朝在征服战争中的野蛮屠杀和毁灭华夏文明的滔天罪恶！隋朝军队进入江南陈境，对南方人民的屠杀和暴行，是有目共睹的。尽管隋朝官方修史多加粉饰，但仅仅从王僧辩的儿子王颁率千名隋朝士兵，把陈武帝的陵墓掘开，焚尸扬灰的暴行，就可以充分说明，当时隋朝军队的鲜卑族兵将们，对江南民众的屠杀、奸淫、抢掠的行为，是多么的恐怖！

正因为以北方鲜卑族士兵为主的隋朝军队的残暴行为，使得高句丽国的人民对隋朝产生了极度的恐惧。于是，平原王才决然“治兵备战”，与隋朝决一死战。

高句丽国以弱小之国，竟然敢“驱逼靺鞨，固禁契丹”，甚至还敢于“屡寇”隋朝边境。请史学者注意：高句丽之所以敢称隋朝的士兵为“靺鞨”为“契丹”，一是因为隋军里面的确有这些杂族兵将混充在内。更重要的一点是，平原王被陈文帝授为“宁东将军”，陈宣帝、陈后主先后都对平原王恩赐、册封。平原王深受南中国汉文明的熏陶，对汉文明政权包括东晋、宋、齐、梁、陈都有深厚的感情！高句丽国平原王是华夏唯一正统政权陈朝诏任的镇边大将。因此，平原王才以汉文明的继承者的身份，蔑称那些鲜卑族为主体的隋朝军队败类是“靺鞨”“契丹”。

在自视中华正统传承的问题上，高句丽国与隋朝的战争，不可避免地爆发了！几年后，高句丽还在对隋战争时取得了“萨水大捷”，使隋炀帝数十万大军尽失，损失惨重。

由百济国（侯景兵乱火焚京城，百济使者在建康门前痛哭）对梁朝文明的感情，也可看到高句丽国对陈朝所代表的华夏汉民族灿烂文明的感情！才有了高句丽国平原王不惜与隋朝决死之战！

在人类发展史上，经常发生野蛮落后的族群战胜先进文明族群的悲剧！比如先进文明的赵宋王朝，就被落后野蛮的元朝所灭！“崖山海战”是南宋王朝最后一战，10 万军民宁死不降，跳海殉国。在整个人类史上空前绝后，是大汉民族精神最惨烈最悲壮的展现，是对华汉文明的最决绝最崇高的殉礼！

“汉、唐、宋与后来的民族性格有着完全不同的内涵和质量。尤其是两宋 300 多年，‘与士大夫共天下’，在开放、自由、繁荣的环境里，养成了大汉民族坚贞不屈的民族性格。面对横亘亚欧血腥残暴的元朝，南宋抵抗了50多年，并且击毙过元朝的皇帝，对比欧洲的望风而降，南宋虽败犹荣！”10万军民“崖山蹈海，宁死不降”，划破历史时空的悲壮！（参见《崖门海战》）

至今，没有哪个史学家敢否认这一点。历史，经常会出现文明史上的倒退！那些所谓“民族大融合”的背后，都是斑斑血泪！后世学者不能一味地歌颂“大一统”王朝。秦朝兼并六国，隋朝吞并陈朝，元朝灭亡南宋，清取代明朝，这都是落后文明取代先进文明的悲剧！这样的“大一统”在一定程度上是对先进文明成果的摧残和破坏，不值得也不应该歌颂！

隋朝杨坚灭陈之后，江南士族并没有马上驯服于隋的统治。由于语言文化和社会政治上的隔阂，江左士族对新统治者关陇军事贵族是深怀不满和仇恨的，并因此爆发一起又一起武装反隋叛乱。《资治通鉴》卷一百七十七云：“江表自东晋以来，刑法疏缓，世族凌驾寒门，平陈之后，牧民者尽更变之。苏威复作《五教》，使民无长幼悉诵之，士民嗟怨。民间复讹言隋欲徙之入关，远近惊骇。于是婺州汪文进、越州高智慧、苏州沈玄皆举兵反，自称天子，署置百官。乐安蔡道人、蒋山李棱、饶州吴世华、温州沈孝彻、泉州王国庆、杭州杨宝英、交州李春等皆自称大都督，攻陷州县。陈之故境，大抵皆反，大者有众数万，小者数千，共相影响，执县令，或抽其肠，或脔其肉食之，曰：‘更能使侬诵《五教》邪！’诏以杨素为行军总管以讨之。”

隋文帝杨坚令杨素率大军用血腥镇压的方式，也没能使江南民众屈服。最后，杨坚不得不起用谙熟江南士族文化的杨广为扬州总管，镇江都，负责整个东南的军务和行政管理。

也是上天眷顾华夏汉族和汉文明。杨广走马上任后，立即对江左士族实施了一系列文化羁縻策略。从而保留、继承了珍贵的江南汉文化遗产。

第一，杨广利用江左士族多信仰佛教的特点，团结、笼络佛教高僧，再通过高僧大德在江左人士中的威望来安抚民众，消除他们对隋的文化抵制情绪。他先是在江都建造佛寺和藏经的馆堂。接着又召集南方著名的高

僧到江都的寺院从事宗教和学术活动。其中最著名的高僧就是天台宗创始人智顗。

第二，杨广不同于其父隋文帝杨坚对文化、文艺的打压和摧残。在杨坚称帝执政时，很多文人、诗人都遭排贬、打压甚至摧残，特别是对山东文士多加打压，使山东文人仕途多蹇、抑郁不得志。如薛道衡，在高祖朝数被贬谪，抑郁愤懑，而炀帝则对其优礼有加。《隋书》卷五十七《薛道衡传》云，“薛道衡因坐苏威党，被高祖（杨坚）除名，配防岭表。晋王广（杨广）时在扬州，阴令人讽道衡，从扬州路，将奏留之。然道衡不乐居王府，出江陵道而去。寻有诏征还，直内史省。晋王由是衔之，然爱其才，犹颇见礼。炀帝即位，转番州刺史。岁余，上表求致仕。帝谓内史侍郎虞世基曰：‘道衡将至，当以秘书监待之。’”

杨广不但喜属文，而且极喜延揽文士。他在任扬州总管期间及嗣位以后，召集了众多江南诗人，并虚心向他们学习诗文创作艺术。《隋书》卷七十六《虞自直传》亦云，“自直解属文，于五言诗尤善。……陈亡，入关，不得调。晋王广闻之，引为学士。大业初，授著作佐郎。……帝有篇章，必先示自直，令其诋诃。自直所难，帝辄改之。”

又如会稽余姚人虞绰，博学有俊才，善词赋，仕陈为太学博士，迁永阳王记室。陈亡，晋王广引为学士。大业初，转为秘书学士，奉诏与秘书郎虞世南、著作郎庾自直等撰《长洲王镜》等书10余部。

第三，如王胄，少有逸才，仕陈起家于鄱阳王法曹参军，历太子舍人、东阳王文学。及陈灭，晋王广引为学士。大业初，为著作佐郎，以文词为炀帝所重。帝所有篇什，多令继和。其弟王昚，少有盛名于江左。仕陈，历太子洗马，中舍人。陈亡，与胄俱为晋王广学士。炀帝即位，授秘书郎。吴郡潘徽，善属文，能持论。陈灭，为州博士，秦孝王俊闻其名，召为学士。

杨广招徕了如此众多的江左诗人以备文学顾问，使其诗歌的艺术性得到很大的提高，同时也使他对南朝诗歌的艺术精髓体悟得更深。杨广是隋代诗坛一个举足轻重的诗人。他虽然出自关陇军事豪族集团，但因迷恋江左文化艺术，善诗能文，所以他的诗歌创作成就很高，颇兼南北诗风之长。而且，他以帝王之尊提倡艺文，无地域之限制、文风之偏见。三地文人齐聚京师，互相唱和，切磋诗艺，多赖其力。

对于音乐，晋王杨广与乃父杨坚更是不同的态度。杨坚称帝后，全部释放隶属于隋朝太常寺演奏散乐的乐户为平民百姓，仍然禁止他们演出杂戏。而杨广却热心于吸收南方音乐。如开皇九年平陈，获宋、齐旧乐，诏于太常置清商署，以管之。求陈太乐令蔡子元、于普明等，复居其职。牛弘奏云，梁陈雅曲正乐，史传相承，以为合古，而隋采用的魏周音乐，或史无明证，或系新造，且杂有边裔之声，戎音乱华，皆不可用，请悉停之。然高祖（隋高祖，即是杨坚）制曰："不可。"晋王广（杨广）又表请之，帝（隋文帝，杨坚）乃许之。

炀帝即位以后，更是兼采南北雅俗音乐。《资治通鉴》卷一八一记载："二月庚甲，以所征周、齐、梁、陈散乐，悉配太常，皆置博士弟子以相传授，乐工至三万余人。"《隋书》卷十五《音乐志下》又云："及大业中，炀帝乃定《清乐》《西凉》《龟兹》《天竺》《康国》《疏勒》《安国》《高丽》《礼毕》，以为《九部》。乐器工衣创造既成，大备于兹矣。"因此，可以说，隋炀帝不仅集南北音乐之大成，而且集华戎音乐之大成了，标志着中国中古音乐文化的真正融合，直接开启了唐代音乐的先河。

第四，在平陈之际，杨广就注意保存江左文化。攻入建康城后，杨广命令高颎与元帅府记室裴矩收陈朝所藏图籍，封府库，资财一无所取，时人皆称杨广贤明。《隋书》卷三十二《经籍志序》亦云，"平陈以后，经籍渐备。"而在此之前，北周入郢时，竟将七万余册图书"咸自焚之"。相比之下，炀帝于江左文化保存之功大焉。

炀帝即位后，不但恢复儒学，复开庠序，而且还特别重视南方儒生。如吴郡褚辉，以三礼学称于江南，"炀帝时，征天下儒术之士，悉集内史省，相次讲论。辉博辩，无能屈者，由是擢为太学博士。撰《礼疏》一百卷。"再如，余杭顾彪，"明《尚书》《春秋》。炀帝时为国子助教，撰《毛诗章句义疏》四十二卷，行于世"。吴郡张冲，仕陈为左中郎将，非其好也，乃覃思经典，撰《春秋义略》，异于杜氏二十余事，《丧服义》三卷，《孝经义》三卷，《论语义》十卷，《前汉音义》十二卷。官至汉王

侍读，亦为炀帝所重。

第五，炀帝还作大运河以沟通南北，完善了全国性的交通体系，为南北文化的交流和融汇提供了必不可少的地理条件。而且，他还把江东的园林建筑艺术移植到北方。《资治通鉴》卷一八〇“大业元年”云：“五月，筑西苑，周二百里；其内为海，周十余里；为蓬莱、方丈、瀛洲诸山，高出水百余尺，台观殿阁，罗络山上，向背如神。……沼内示剪彩为彩荠菱芡。乘舆游幸，则去冰而布之。”炀帝此举，必是因其久驻东南，喜观江南水乡之景，故移置于此。再如，炀帝在营造东都时，亦多模仿江左建筑。《隋书》卷二十四《食货志》云：“初造东都，穷诸巨丽。帝昔居藩翰，亲平江左，兼以梁、陈曲折，以就规摹。曾雉逾芒，浮桥跨洛，金门象阙，咸疎飞观，颓岩塞川，构成云绮，移岭树以为林薮，包芒山以为苑囿。”

总之，由于隋炀帝不遗余力地、全面地将江左文化艺术移植到北方，才使得南北文化真正走向融合。

而那些所谓正统的御用史学家们，从来都不敢对杨坚破坏和摧残华夏文明的行为提出任何批评！他们无视杨坚对中华民族造成的巨大的物质和文化的破坏，只一个劲地歌颂杨坚建立所谓“大一统”王朝的“伟绩”！杨坚在征服战争中对中华民族优秀文明的巨大破坏，而丝毫没有的负罪感！

杨坚代表的是以鲜卑人为主体的落后野蛮势力用武力征服和摧毁了以华夏汉人为主体的南中国先进的汉文明，那些所谓的“民族融合”“南北文化交汇”的背后，都是斑斑血泪！隋朝的“大一统”是血腥和残暴的，以落后文明征服先进文明，是历史的倒退，是时代的悲剧，没有哪一点是值得歌颂的！

当初，陈宣帝派袁宪出使北周，以探听北周的情形和动态。北周隆重接待了袁宪。通过交谈和了解，袁宪返回南陈建康，对陈宣帝汇报，说：“北周灭齐，形势的确可怕！但自从周武帝死后，天元皇帝继位以来，国政日益混乱。内外归心于丞相杨坚。臣预料：天元帝（宇文赟）死后，杨坚必定篡夺北周。目前，北周的国内政务军务没有摆平，哪里有时间对外图谋？只恐怕杨坚得志之后，必定有吞并江南之意。他日之忧，正劳圣上考虑啊!”

陈宣帝不以为然地说：“杨坚怎么有能力突然就取代周家呢?”于是，陈宣帝不以为意。

可是，没多久，北周大权果然落入杨坚之手。陈宣帝听了，恐惧地对袁宪说：“卿料事如神，他日之忧，正不可以不防。”

袁宪说：“陛下能念及此，兢兢业业，隋也不能把我朝怎么样!”于是，陈宣帝整饬边防事务，修造武器装备，作为自强大计。

第四十三章　陈宫惊变后主嗣

陈宣帝预感到了隋朝对陈国的威胁！为了对抗隋朝吞并江南的行动，陈宣帝也加紧了政治、军事、农业生产等方面的努力。

太建十三年（581）二月初四，南陈诏令赐给司马消难部下的原周朝大将军田广等人不同等级的封爵。此举既能笼络归顺将领的心，又可争取和吸引更多投奔陈朝的人员。

二十五日，南朝陈宣帝亲自举行耕种籍田仪式。这一仪式，从南陈武皇帝陈霸先开始，历经陈文帝、陈废帝，到陈宣帝，每年都是皇帝亲自耕田。陈宣帝在位14年坚持不辍，每年他都举行亲耕仪式。他希望通过耕田仪式，祈求风调雨顺、五谷丰登。激励国人重视农业生产，官府免税，地主减租，扶植民众，兴修水利，开垦荒地，多劳多得。农业丰收，又能促进其他商品经济的发展。

为了摸清北周的动向，陈朝派遣散骑常侍韦鼎、兼通直散骑常侍王瑳到北周聘问。五月二十二日，韦鼎等人到达长安时，杨坚已接受了北周的禅让，建立了隋朝。出于外交礼仪，隋文帝就把他们送到北周静帝受封的介国。

此举令人感到尴尬，也多少有点对陈朝的嘲讽。不久，隋文帝暗害了北周静帝（宇文衍），并为他举行了葬礼，把他埋葬在恭陵。因为周静帝年幼，无后人，隋文帝就以周静帝的族人宇文洛为他的后代，奉为祭祀。

秋九月十七日夜，大风从西北吹来，掀掉屋顶，拔起大树。巨雷夹杂着冰雹。据《隋书卷一·帝纪第一·高祖上》载：九月二十四日，陈朝将领周罗睺攻破并占领了隋朝的胡墅（胡墅，在大江北岸，对面是石头城。今江苏省南京市六合区东），陈朝将领萧摩诃进攻长江以北的隋朝所占领的城池。

隋朝早就有预谋进攻南陈。这一下算是找到了合适的理由。太建十三年（581）九月二十五日，隋文帝任命上柱国、薛国公长孙览，上柱国、宋安公元景山共同为行军元帅，发兵攻打南陈；又下令尚书左仆射高负责节制和调度各军。见《隋书卷一·帝纪第一·高祖上》所载："壬申（二十五日），以上柱国、薛国公长孙览，上柱国、宋安公元景山并为行军元帅以伐陈，仍命尚书左仆射高颎节度诸军。"

元景山率行军总管韩延、吕哲出汉口。遣上开府邓孝儒将劲卒4000，攻陈甑山镇（今湖北省孝感市汉川县东南）。陈朝派遣将领陆纶以舟师水军来支援甑山镇守军。隋军将领邓孝儒迎战，打破陈军。陈国将领鲁达、陈慧纪率部守涢口（今湖北省孝感市汉川县东北），元景山又派兵打败了他们。南陈驻守在甑山、沌阳二镇的守将，都弃城逃跑了。

正当隋军大举进攻南陈之时，却遭到突厥人的大举入侵……

杨坚称帝后，对突厥的礼遇极为冷淡，突厥人非常怨恨。突厥的千金公主因为隋朝灭了自己的北周宇文氏宗族，日夜向突厥可汗沙钵略进言，请他为北周宇文氏复仇。

沙钵略对他的大臣们说："我是周室宇文氏的亲戚，现在杨坚代周自立，而我却不能制止，还有何面目再见夫人可贺敦呢?"

于是，突厥与原北齐营州刺史高宝宁合兵，进攻隋朝杨坚。隋文帝忧惧，下敕书令沿边增修要塞屏障，加固长城，又任命上柱国武威人阴寿镇守幽州，京兆尹虞庆则镇守并州，驻守数万军队以防备突厥。

据《北史》记载：突厥人居住在长城北面，以畜牧为生。他们没有固定的住处，哪里有清澈的水流和肥美的绿草，哪里就是他们的栖身之处。突厥人长得剽悍，崇敬勇士。他们以战死为光荣，以病死为耻辱，这表现了突厥人的尚武精神。

关于突厥由来，还有更离奇的传说：突厥人的祖先最初生活在遥远的西海边，他们后来被邻国灭了，男女老少几乎被斩尽杀绝，只有一个男孩子被人砍掉了手臂，丢在荒草丛中。一只母狼发现了他，每日衔来肉食喂他，他们共同生活。后来，这只母狼生下了十个男孩，突厥人才得以繁衍下来。所以突厥人都认为自己是狼种，总是在其首领的帐篷前立起一个狼头纛（dào，古代军队里的大旗）。这个民族，如今已空前强大起来，占有广阔的地域。隋朝以前，在北周、北齐对峙时期，双方慑于突厥的强盛，都力求取得它的信任和帮助，争着与它联姻结亲，还要经常给它奉献许许多多的财物，以致当时的突厥首领佗钵可汗骄横地说："只要我在南面的两个儿子（指北周和北齐皇帝）时常孝顺，我就不愁没有财物使用！"

面对突厥兴兵入侵，长孙晟上书说："现在华夏虽然安定，但是北方突厥仍然不遵王命。如果兴兵讨伐，条件还不成熟；如果弃之不理，突厥又时常侵犯骚扰。因此，我们应该周密谋划，制定出一套制胜的办法。突厥达头可汗玷厥相对于沙钵略可汗摄图来说，兵力虽强大但地位低下，名义上虽然臣服于摄图，其实内部裂痕已经很深了；只要我们加以煽动离间，他们必定会自相残杀。其次，处罗侯是摄图的弟弟，虽然诡计多端但势力弱小，因此他虚情矫饰以争取民心，得到了国人的爱戴，因此也招致摄图的猜忌，心中忐忑不安，表面上虽然竭力弥缝和摄图之间的裂痕，但内心深感恐惧。再者，阿波可汗大逻便首鼠两端，处在玷厥和摄图之间。因为惧怕摄图，受到他的控制，这只是由于摄图的势力强大，他还没有决定依附于谁。目前我们应该远交近攻，离间强大势力，联合弱小势力。派出使节联系玷厥，劝说他与阿波可汗联合，这样摄图必然会撤回军队，防守西部地区。再交结处罗侯，派出使节联络东边的奚、部族，这样摄图就会分散兵力，防守东部地区。使突厥国内互相猜忌，上下离心，十多年后，我们再乘机出兵讨伐，必定能一举灭掉突厥。"

杨坚看了长孙晟的奏疏，大为欣赏。即召见长孙晟面谈。长孙晟一边分析形势，一边手绘突厥的山川地理，标注突厥兵力分布情况，一切都了如指掌。隋文帝十分惊奇，全部采纳了他的建议。

于是，隋文帝杨坚派遣太仆卿元晖经伊吾道出使达头可汗，赐给他一面上绣有狼头的大旗；达头可汗的使节来到长安，隋朝让他坐在沙钵略可汗使节的前面。又任命长孙晟为车骑将军，经黄龙道（今吉林农安县）出塞，携带大量钱财，赐予奚、霫、契丹等部族，让他们当向导，才得以到达处罗侯住地。长孙晟与处罗侯作了推心置腹的交谈，规劝他率领所属部落臣服隋朝。隋朝的这些反间计实行之后，突厥沙钵略可汗与其他部落果然互相猜忌，离心离德。

杨坚派人结好突厥，由西面牵制摄图；联络奚、契丹等部及处罗侯，争取他们站到隋一边，从东面牵制摄图，从而孤立分化削弱了摄图的力量，使其“首尾猜嫌，腹心离阻”，为军事进攻造成了有利的形势。

同时，为了避免在北攻突厥时两面受敌，杨坚采取先打后拉的策略，稳住陈朝。后来隋军攻击突厥期间，南朝陈国的军队始终未敢轻举妄动。

冬十月初七，陈宣帝以散骑常侍、丹阳尹毛喜为吏部尚书，护军将军樊毅为镇西将军、荆州刺史。改鄱阳郡（今江西省上饶市波阳县东北）为吴州。

二十六日，丹丹国（古国名。至今没有考证清楚。有的史学家认为或在今马来西亚马来东北岸的吉兰丹，或在其西岸的天定，或在今新加坡附近）派遣使者来到陈朝，献上地方特产。

随后，隋文帝也派遣兼散骑侍郎郑捴（撝），于太建十三年（581）十一月二十三日到陈朝聘问。（见《隋书卷一・帝纪第一・高祖上》）也就是同一天，《隋书二十一・志第十六・天文下》记载：流星从天上划过，声音像倒塌城墙一样，星光照耀在大地上。占星者曰：“流星有光有声，名曰天保，所坠国安有喜。”

十二月初六，彗星现。据说，每次彗星的出现，都预兆着人间的灾难。

于是，陈宣帝以翊右将军、卫尉卿沈恪为护军将军。沈恪是陈皇故里吴兴人，很早就跟随陈霸先南征北战，为建立陈朝立下不朽功绩。陈宣帝征沈恪为护军将军，是对老前辈沈恪的极大信任。

而对远在广州的刺史马靖，陈朝却有疑心。广州刺史马靖在岭表非常得人心（广州，治番禺），而且军队精强干练，每次深入俚洞，剿匪多有战功，朝廷和民间产生了许多异议。因为萧引熟悉岭外情况，太建十三年（581）十二月，陈宣帝派萧引去看马靖，观察他的举措，委婉地令他送人质入朝。

萧引奉密旨南行，对外托词是监督接受南方少数民族为赎罪缴纳的财物。萧引到番禺，马靖领悟了朝廷的旨意，当即就遣送全部的儿子和弟

弟，去都城做人质。

萧引的史料，可见《南史卷十八·列传第八》有载。萧引字叔休。为人端干正直有才识和度量，看上去矜持庄重，虽是仓促之间，做事必按法律制度。天性聪慧敏达，博学，擅长做文章。脱去平民布衣穿上官服出任著作佐郎，转任西昌侯仪同府主簿。

侯景叛乱时，梁元帝萧绎任荆州刺史，朝廷官员大多前往归附他。萧引说："诸王尽力争夺，祸患刚开始，今日逃难，不是选择君主的时候。我家两代有人做过始兴郡的地方长官，留下的慈惠及于后世还在百姓中，正可前往南边以保存家门。"于是和弟弟萧彤以及宗族亲属等100余人逃往岭表。当时始兴人欧阳頠任衡州刺史，萧引前往依附。

欧阳頠后来调任广州刺史，病死，欧阳頠的儿子欧阳纥统领他的部众。萧引常怀疑欧阳纥有异心，因而加以规劝纠正，因此两人在情礼上渐渐疏远。到欧阳纥兴兵造反，当时京都籍的士人岑之敬、公孙挺等都惶恐害怕，只有萧引安然如故，对岑之敬等说："以往历史上的管幼安（管宁）、袁曜卿遇到变故时，也都是静坐待变。君子修身以申明道理，使自己正直以显操行和道义，还有什么可忧虑畏惧的呢?"

后来，章昭达平定番禺，萧引才往北回来。陈宣帝召见萧引询问岭表的事情，萧引完整地陈述了事情始末，陈宣帝十分喜悦，即日任命萧引为金部侍郎。

萧引擅长隶书，为当时的人所推重。陈宣帝曾披阅他所奏之事，指着萧引的署名说："这字笔势翩翩，像鸟要飞起来。"萧引道谢说："这是陛下借给它羽毛哩。"陈宣帝又对萧引说："我常有气忿，看见你那种心情便会解释消除，为什么呢?"萧引说："这自是陛下不迁怒于他人，臣哪里和这恩惠有关系。"

太建七年（575），萧引加官戎昭将军。太建九年（577），任命萧引为中卫始兴王谘议参军，兼任金部侍郎。

萧引性格坦率耿直，不媚事权贵，皇帝身边的近臣，不曾去拜访，陈宣帝常要提拔任用他，总被当权的人阻碍。到吕梁之战全军覆灭，军需储备空虚匮乏，于是转而任用萧引为库部侍郎，掌管制造弓弩剑箭等事。萧引在职一年，而器械充足。多次加官为中书侍郎、贞威将军、黄门郎。

太建十二年（580），吏部侍郎一职空缺，有关官员屡次举荐王宽、谢燮等人，陈宣帝都不用，而是亲自下诏令任用萧引。

当时广州刺史马靖训练军队很强健，朝廷有些异议。太建十三年（581）陈宣帝派萧引去看马靖，观察他的举措，委婉地令他送人质。萧引奉密旨南行，很好地完成了任务。

可是，萧引没有想到，在他返回朝廷，经过濑水（地名，“濑水”在古代也读作“溧水”）之时，传来陈宣帝陈顼驾崩的噩耗！

太建十四年（582）正月初五，陈宣帝（陈顼，53岁）患病。

陈宣帝的病比较沉重。他深知来日不多了，对未完成的宏图大业，心中充满迷茫和不甘！他爱民如子，励精图治，他集陈武帝、陈文帝和自己的努力聚积的国力，拼尽全力，打过长江以北，夺回了梁朝失去的淮南之地。可是，北周吞并北齐之后，对手突然变得无比强大。北周只是派出了一支规模不大的军队，便尽克淮南之地，使陈宣帝以举国之力打下的战果，就这样瞬间丢失！

陈宣帝不甘心啊！他不服输，继续积蓄力量，等待着一雪前耻的机会。终于，北周由于杨坚上台引发了规模宏大的内战，他借机干涉，再次挥军北伐。

但是，杨坚很快平定叛乱，南陈军队也不利而归。面对一个如此强大的敌人，陈宣帝无可奈何，只能眼睁睁地看着杨坚一步步取代北周，建立更加稳固的隋朝。

陈宣帝在人生的最后时刻，既郁闷也忧愤！他一直在努力，怎么还是失败了？自己不够勤奋吗？自己不够爱民吗？……他想到了许多许多……他想努力构建的国防防御体系——完整的“江淮防线”已化成泡影。强大的隋朝必定会举兵南下，陈朝由于先天的军事防线缺失，定会不堪一击！陈宣帝充满担忧……忧心如焚的陈宣帝疲惫地闭上眼睛，永远地沉睡了……

陈宣帝并不是不努力，他或许只是生错了时代。他所有的拼搏和努力，都不能抵抗天意！——天意是什么？就是天下大势，合久必分，分久

必合。

陈宣帝临终之时，右仆射袁宪与吏部尚书毛喜一同领受遗诏而为顾命大臣。

在陈宣帝病重时，陈叔陵、陈叔坚随太子陈叔宝入宫侍奉。陈叔陵见陈宣帝病重很危急，暗怀夺位之心，对宫廷典药吏命令道："你那切药刀太钝了，应该磨锋利。"朝廷旧制，诸王入宫，不许带寸刃。陈叔陵令药医磨刀，其心可疑。正月初十，陈宣帝在宣福殿逝世。仓促之际，陈叔陵又命令左右随从到宫外取剑，随从没有明白他的用意，取来他朝服上作为装饰用的木剑进呈（朝服带剑，以为仪饰，非求其适用，故为木剑），陈叔陵见了大怒。

陈叔坚在一旁，看到了陈叔陵的所作所为，怀疑将有变故，于是就暗中监视陈叔陵的举动。

陈叔陵是陈朝始兴王，与太子同父异母，他的生母是彭贵人。陈叔陵字子嵩，是陈宣帝第二子。梁承圣年间，陈顼在江陵为直阁将军时，陈叔陵出生在江陵。江陵陷落后，陈顼随迁关右，叔陵留居穰城。陈顼当年之所以能被北周放回南陈来，是以陈叔宝及陈叔陵为人质的。天嘉三年（562），陈叔陵才能够随陈叔宝一道回到南陈朝。陈叔陵被封为康乐侯，食邑 500 户。

陈叔陵年少时机智善言，可以舍身以求声名，强劲勇武而决不向人低头屈服。光大元年（567），任中书侍郎。二年（568），出京任持节、都督江州诸军事、南中郎将、江州刺史。太建元年（569），封为始兴郡王，承昭烈王之奉祀。后又晋升为使持节、都督江州郢州晋州诸军事，军师将军，刺史职不变。

陈叔陵 16 岁时，政令出自己手，属官没有参与。本性严厉苛刻，部下惧慑。诸公的子侄及贫困县的长官，都逼迫命令他们服侍自己。豫章内史钱法成到府中拜见，就分配其子钱季卿统领车仗人马，季卿感到羞耻，不按时赴任，陈叔陵大怒，凌辱钱法成，钱法成愤怒怨恨，自缢而死。州、县官不是陈叔陵部属的，也征召查办其人，朝廷权贵及下吏有违背他旨意者，每每上奏诬称其罪，以重刑加以迫害。不久晋号云麾将军，加任散骑常侍。三年加任侍中。四年迁任都督湘州、衡州、桂州、武州四州诸军事、平南将军、湘州刺史，侍中、使持节职不变。各州镇听说他将到来，都震惊恐慌，不寒而栗。

陈叔陵日益专横暴虐，征伐夷獠，所掳得之物皆归自己，丝毫不用来赏赐。征发、求取与役使，毫无限度。夜里常常不睡觉，燃烛光直到天亮，召请宾客，谈论民间细琐之事，调戏谑骂无所不为。生性不饮酒，只是多摆好菜好肉，日夜大嚼而已。从早上到中午，方才上床睡觉。其官署文案，如非呼唤不得擅自上呈。获罪遭笞打者都投入狱中，动辄数年不许亲人探视。潇州、湘州以南，都逼使成为手下，市肆周围几乎无人得免。其中如有逃走者，就杀死其妻子儿女。州、县官无人敢上书言论，高宗对此一无所知。不久晋号镇南将军，送给鼓吹一部，迁任中卫将军。

太建八年，始兴王陈叔陵在湘州时，屡次婉言请托有关部门，坚持请求任宰相重臣。当时孔奂改为加官侍中。有事往北进行征讨，用武力征服淮、泗，徐州、豫州等地方首领，投降归附的接连不断，对攻战有功及投降归附的人论功行赏的事纷纭复杂，孔奂应接推荐，处理事情从不拖拉。加以鉴别人才精到敏捷，熟悉众多的氏族，凡是孔奂甄别而荐举使用的人才，士大夫们没有不心悦诚服的。孔奂性情耿直，拒绝私相嘱托，虽有皇储身份的尊严，公侯地位的显贵，涉及感情沉湎其中的事，终究不为身份地位尊严显贵的人所屈服。孔奂说：“台辅三公的职务，本来依据道德标准选择任用，未必就是皇室宗支。”

因此，孔奂高声对陈宣帝表明。陈宣帝说：“始兴王怎么突然想出任宰相，况且朕的儿子担任宰相，必须排在我侄子鄱阳王担任此职之后（言世祖之子常先为公）。”孔奂说：“臣的看法，和陛下的旨意一样。”

太建九年（577），任使持节、都督扬州徐州东扬州南豫州四州诸军事、扬州刺史，侍中、将军、鼓吹不变。陈叔陵任江州刺史，性阴险狡诈。新安王陈伯固因为擅长诙谐戏谑，受到陈宣帝和太子的宠爱；陈叔陵因此疾恨他，于是就暗地里搜求他的过失，想将他绳之以法。后来陈叔陵进京担任扬州刺史，政务多关涉到中书、尚书两省，如果谁顺从他的意旨，就劝说皇上提拔他；如果谁稍微违忤不从，就必定设法诬以大罪，以至重者被处死，身首异处。陈伯固因为害怕遭到陈叔陵的陷害，于是就对他阿谀奉承，投其所好。陈叔陵嗜好发掘古墓，陈伯固喜欢射雉，因此两人经常结伴到郊外田野游玩，亲昵异常，沆瀣一气，进而密谋作乱。当时陈伯固担任侍中，每当听到宫廷秘密，一定告诉陈叔陵。

太建十年，陈叔陵至京师，加扶，给油幢车。陈叔陵的治所在东府，所辖事务多牵涉到宫门，主管官员如果奉迎其意旨，就劝皇上起用，稍有违拗触怒，必定用大罪诋毁，重者以断其身首致以死，路人众口喧沸，都说叔陵有非常之志。陈叔陵矫饰造作以求虚名，每当入朝，常在车中、马上，手持卷轴读书，高声长诵，洋洋自得。回家坐于斋中，或自持板斧，仿效沐猴而舞，做种种嬉戏。又喜好穿行冢墓之间，遇有墓碑主人有知名度者，则令手下发掘，取走石刻碑文、古器物，以及骸骨肘胫，拿着玩赏，藏于库中。府中民间少妇处女，稍有姿色者，都逼命纳娶。

太建十一年，因生母彭氏去世离职。不久，起用为中卫将军，使持节、都督、刺史等职不变。晋代王公贵人多葬于梅岭，等到彭氏去世，陈叔陵请求在梅岭下葬，于是开掘了已故晋太傅谢安之墓，把谢安的棺柩抛在一边，以葬其母。服丧初期，假装哀伤自毁，自称刺血写《涅槃经》超度，不到10天，便令厨子杀鲜禽活兽，每天进食美味。又私下召来属下人的妻子、女儿，与之通奸，所作所为极为奸轨不法，渐渐地皇上有所耳闻。陈宣帝责罚御史中丞王政，以不举报上奏之罪免去其官职，又罢黜其典签视事之职，再加以鞭笞捶击。陈宣帝向来疼爱陈叔陵，并不绳之以法，只是责备而已。服丧期满，又为侍中、中军大将军。

陈叔陵横行朝野，诸王都怕他。独有一人，经常与陈叔陵对掐。此人就是陈叔坚。据史载：陈叔坚，字子成，南陈宗室大臣，吴兴郡长城县（今浙江长兴）人。陈宣帝陈顼四子，母何淑仪。何氏本是吴中酒家奴隶，陈顼未发迹之时，曾经去那家酒家饮酒，便与她私通。到陈顼显贵时，召封她为淑仪。

陈叔坚年幼时，凶顽狡诈，爱要酒性，尤其喜好数术、卜筮、祝禁之类，熔金琢玉，都要追究其中的奥妙。陈宣帝太建元年（569）正月十二日，陈叔坚封长沙郡王（今湖南长沙），太建四年（572）正月初三，陈叔坚为宣毅将军、江州刺史，置佐史。太建七年（575）十月初七，陈叔坚进号云麾将军、郢州刺史，未拜官，又转为平越中郎将、广州刺史。不久为平北将军、合州刺史。太建八年（576）十一月初十，陈叔坚又为平西将军、郢州刺史。太建十一年（579），陈叔坚入为翊左将军、丹阳尹。

当初，陈叔坚与始兴王陈叔陵都招聚宾客，互相争夺权宠，很为不和。每次朝会或仪仗队列，谁都不肯居后，必定分道而行，手下人有的为争道而斗，以致有死者。陈宣帝很疼爱孩子，就训责他们，并设酒宴，使两子和好。因此，叔陵与叔坚两人的争斗，更加毫无顾忌。

且说陈宣帝病逝后，陈叔坚见陈叔陵举止反常，于是更加小心防备于他。次日早晨（正月十一日），陈宣帝遗体入殓。后主陈叔宝哀痛伏在地上痛哭，陈叔陵乘机抽出袖中暗藏的切药刀向后主砍去，砍中了后主的颈项，后主昏倒地上。

太后（高宗柳皇后柳敬言）赶来救护后主，陈叔陵又砍了太后几刀。后主的乳母吴氏，当时在太后旁边，从后面拉住陈叔陵的胳膊肘，后主才得以爬起身。陈叔陵随之抓住后主的衣服，后主奋力挣扎，才得以免难。在场的长沙王陈叔坚猛扑上去，用手扼住陈叔陵的脖子，夺去他手中的刀，然后把他拖到一根柱子旁，就用陈叔陵的衣袖将他捆在柱子上。陈叔坚问后主："就要杀掉他，等你的话。"后主陈叔宝后颈伤痛不能答应。当时奶妈吴氏已经扶后主出殿躲避，陈叔坚就去寻找后主，向他请示对陈叔陵如何处置。

陈叔陵早年力大，他奋力挣扎，不一会儿，就挣脱捆绑的衣袖，逃出云龙门，奔入扬州治所东府城，召左右兵士，断绝通向宫廷所在台城的青溪道，释放东府城囚犯，充当战士。又派人到新林，追召他的部下兵马，同时亲自披上盔甲，戴上白布帽，登上西城门，招募百姓，散发金帛钱财赏赐战士，他又征召宗室诸王和将帅，但无人响应，只有新安王陈伯固单枪匹马来投奔。

陈伯固，太建十三年，担任使持节、都督扬南徐东扬南豫四州诸军事、扬州刺史，侍中、将军照旧。他起初与后主陈叔宝十分亲密，陈伯固又善于讥讽开玩笑，高宗每当宴请群臣时，多要招引他。陈叔陵在江州，心中忌妒他的受宠，暗中寻他的过失，将要据法律中伤他。到陈叔陵回到朝廷，陈伯固畏惧获罪，谄媚迎合他的心意，于是共同毁谤朝廷贤臣，污蔑文武官员，即使对年老位高之人，他们都当面折辱，没有一点畏惧忌讳。陈伯固性格喜好田猎，陈叔陵又喜好挖掘坟墓，出游到野外，必定同行，于是性情爱好大为相合，就谋划做越轨的事。陈伯固在宫中侍奉，每当有秘密的话，必定报告叔陵。

陈叔陵公然反叛，派遣使者传召陈伯固，陈伯固单人匹马赶去，协助陈叔陵指挥兵士造反。

当时，陈朝军队都被部署在沿江一带防守，宫廷内兵力空虚。陈叔坚紧急告诉太后，派太子舍人司马申以陈后主的命令召萧摩诃，令他征讨陈叔陵。

东宫舍人司马申启奏陈后主同意，火速去召萧摩诃入见后主受命。萧摩诃立即率马军、步兵数百，先到东府城西门屯军。

此时，陈叔陵聚集兵士仅有千把人，起初想占据城池守卫，不久右卫将军萧摩诃率领兵士赶到了东府城的西门。陈叔陵见事情危急，惶恐不安，就派遣记室韦谅把自己的鼓吹仪仗送给萧摩诃，并对他说："如果你帮助我举事成功，一定任命你为三公。"萧摩诃假意答复，说"必须让大王的心腹将领亲自来说，才敢服从命令"。

陈叔陵当即派遣戴温、谭麒麟二人前往萧摩诃那里，被萧摩诃捉住二人送到朝廷，斩杀在尚书阁道下。并将他们的首级巡行于东府城。反叛的兵众们军心大乱。陈叔陵手下的两位得力将领被斩杀，使陈叔陵恐惧慌张，不知所措。他自知不能成功，于是，进入内室，杀了妃子张氏和宠妾七人，沉到井中。率领手下数百人逃往新林。但四座城门都已关闭。陈叔陵逃不出去，就率百人一同逃往白杨道。

陈叔陵部下兵士原来有人在新林，这时率领几百兵马，从小航渡河（六朝都城建业，朱雀门为大航，东府门为小航），想赶往新林，乘船舰进入北方。行进到白杨路，被陈朝军队拦截。

陈伯固见朝廷军队到来，赶紧避入巷内。陈叔陵骑马拔刀追赶他，陈伯固又返回。陈叔陵的部下，很多人抛弃盔甲逃散。萧摩诃指挥朝廷先锋部队赶到，陈伯固被乱兵杀死，尸体放在东昌馆门前，这年28岁。

后主陈叔宝下诏说："伯固协同叛逆，丧命于道路上。现在依照外界的舆论，于心有所不忍，可特别准许以平民的礼仪安葬他。"又下诏书说："伯固跟随大叛贼，自绝于上天，使他没有子嗣，当是有通常的典章可循。不过儿童无知，加上是亲属，安置到乡间，实在令人悲恻怜悯，以及伯固的生母王氏，可都特别宽恕为平民。"陈伯固的封国被削除。

当时，萧摩诃的尖兵陈智深迎上前，刺杀陈叔陵。陈叔陵倒伏在地，宦官王飞禽拔刀砍了十几刀，尖兵陈仲华上前，斩下陈叔陵的首级，送到朝廷。陈叔陵的变乱从寅时到巳时，就平定了。

陈朝尚书八座上奏说："叛逆的贼寇故侍中、中军大将军、始兴王叔陵，自幼凶暴乖张，成人后肆行贪婪暴虐。出外镇抚湘南，以及镇抚九丞，两个藩镇的民众，没有遗余。他眼睛像胡蜂声音似豺狼，亲近轻浮刻薄的人，不孝顺不仁义，依仗武力做事残忍，没有礼节没有道义，只以杀戮为务。为母亲服丧期间，放肆地奸淫玩乐，在别室生下孩子，每日每月相交媾。白天睡觉夜晚出游，素来习惯奸猾诡诈，抄掠居民，多次发掘坟墓。谢太傅是晋朝的辅佐大臣，在江左初创根基，却被斫坏棺材露出骨骸，事情让人震惊。自从大行皇帝患病，次日没有痊愈，叔陵以尊贵的身份，参与服侍医药，外表没有悲伤的容貌，内心怀有作乱的打算。大行皇帝逝世后，圣上号哭捶胸，竟至于倒地，叔陵却亲手侵犯圣上。皇太后赶来，叔陵又施加利刀，穷凶极恶，自古没有可比拟的。依赖长沙王叔坚忠诚孝顺恳切备至，英勇果敢奋发而起，亲手加以摧折拉扯，以身体遮蔽圣上。叔陵随之奔往东城，招集凶恶的党羽，余毒正猛烈，他亲手杀害妻子儿女。虽然他已适时被枭首示众，还不能消除人们的怨恨，臣等合议，请求依照宋代旧例，把他的尸体流到江中，污秽他的房舍，并毁弃他的生母堑压的坟墓庙寝，归还谢氏的墓地。"

制令说："拯坠凶恶作乱如恶鸟恶兽，反咬于宫廷之中，依赖宗庙的威灵，他当即被扑灭。体念情理谈论事实，兼有辛酸与气愤，朝中议处有典章，应依从上奏的做法。"

陈叔陵的几个儿子，当天都被赐令自杀。前衡阳内史彭暠、谘议参军

兼记室郑信、中录事参军兼记室韦谅、典签俞公台，都受死刑。

彭暠，是陈叔陵的舅舅，起初跟随陈顼在关中，颇有劳绩，凭借陈叔陵统领历阳、衡阳二郡。

郑信因擅长书牍记录，受宠信，谋划都参与。

韦谅，京兆人。是梁朝侍中、护军将军韦粲的儿子，因学问好被陈叔陵所延引。

对此次平叛有功的，后主深加嘉奖——

陈智深因诛杀陈叔陵的功劳担任巴陵内史，封游安县子。

陈仲华担任下巂太守，封新夷县子。

王飞禽授任伏波将军。赏赐黄金各有等级。

司马申以功任命为太子左卫率，封为文招县伯，邑 400 户，兼中书通事舍人。不久改任右卫将军，加通直散骑常侍。因患病还府第，就加散骑常侍，右卫、舍人照旧。

萧摩诃以功授散骑常侍、车骑大将军，封绥建郡公，邑 3000 户。陈叔陵平素所蓄聚的金帛累计达巨万，后主全部都赐给萧摩诃。

陈叔坚以功进号骠骑将军、开府仪同三司、扬州刺史。接着改任司空，将军、刺史照旧。

袁宪指挥部署平息这场叛乱，起了重大作用。因功被封为建安县伯，食邑 400 户，兼太子中庶子，其他官职仍旧。没多久又被任命为侍中、信威将军、太子詹事。

当初，陈朝太子陈叔宝要任命左户尚书江总为太子詹事，派管记陆瑜告诉了吏部尚书孔奂。孔奂对陆瑜说："江总有潘岳、陆机那样的文采，却没有东园公、绮里季那样的真实才能，如果派江总辅佐太子，我有所为难。"太子对此很痛恨，便自己向皇帝提出要求。

陈宣帝将要答允他，孔奂上奏说："江总，是有才华的人。现在皇太子才华不少，难道还要依靠江总！按臣的看法，希望挑选敦厚稳重的人才，担任辅导皇太子的职务。"宣帝说："按你所说，谁能担任这个职务？"孔奂说："都官尚书王廓，世代都有美德，才识和性格忠厚聪明，可以担任。"皇太子当时正在旁边，便说："王廓是王泰的儿子，不宜做太子詹事。”孔奂说：“宋朝的范晔，是范泰的儿子，也是太子詹事，前代也没有因为避讳而产生怀疑。”太子坚持力争，宣帝最终还是任命江总为太子詹事。是晋朝散骑常侍江统的十世孙。

太建八年（576）六月初七，陈朝任命尚书右仆射陆缮为左仆射。宣帝要孔奂代替陆缮尚书右仆射的职务，诏令已经发出，被太子陈叔宝从中阻止而作罢；改派晋陵太守王克为尚书右仆射。

不久，江总和太子彻夜饮酒，收养女官陈氏为女儿；太子屡次便装外出，到江总家里游玩。宣帝大怒，免掉江总的官职。

据《陈书》载：后主名叫陈叔宝，字元秀，乳名黄奴，是宣帝陈顼的嫡长子。

梁朝承圣二年（553）十一月二十日，陈叔宝出生在江陵。第二年，西魏攻陷江陵，陈顼被迁往关右，把陈叔宝（2岁）留在穰城（今河南省南阳市邓州市东南）。天嘉三年（562），回到南陈建康，陈叔宝被立为安成王世子。天康元年（566）任命为宁远将军，设置佐史。光大二年（568）为太子中庶子，不久迁升侍中，余职如故。太建元年（569）正月初四立为皇太子。

太建十四年（582）正月初十，高宗驾崩。十一日，始兴王陈叔陵作乱被杀。十三日，太子即皇帝位于太极前殿。

下诏说：“上天降祸，大行皇帝倏然离世，挽棺号恸，捶胸顿足，已然无及。朕在孤哀之际，继承大位，犹如徒步大川，不知何以济之，正仰赖诸公扶助，匡补我智寡德薄之人。传布先王遗德，使亿兆之民广沐恩泽，四方远近，同为圣朝新民。今准大赦天下。在位文武百官及孝悌力田、三老、后丞，均赐爵一级。孤儿、老人、鳏夫、寡妇不能自存者，每人赐谷五斛、帛二匹。”

十九日，陈后主下诏，调整南陈朝廷大臣和主要将领——

以侍中、翊前将军、丹阳尹、长沙王陈叔坚为骠骑将军、开府仪同三司、扬州刺史。

以右卫将军萧摩诃为车骑将军、南陈书徐州刺史，不久改授萧摩诃为侍中、骠骑大将军，加左光禄大夫。旧制，三公官署厅堂设置鸱尾，后主

特赐萧摩诃开黄合，门施行马，厅事寝堂均置鸱尾。还封萧摩诃女儿为皇太子陈渊的妃子。

正值隋军总管贺若弼镇守广陵，窥视江左，后主委任萧摩诃准备防御隋朝入侵，授予南徐州刺史，其余照旧。

镇西将军、荆州刺史樊毅晋号为征西将军。

平南将军、豫州刺史任忠晋号为镇南将军。

以护军将军沈恪为特进、金紫光禄大夫。

平西将军鲁广达晋号为安西将军。

以仁武将军、丰州刺史章大宝为中护军。

二十一日，尊崇皇后柳敬言为皇太后，宫名为弘范。

陈宣帝的皇后柳敬言，是一位非常传奇的女子。纵观中国古代历史，唯独只有描写柳敬言这位女子，是“美姿容，身长七尺二寸，手垂过膝”。这在古代史书里，常常是描述帝王的用语。的确，陈宣帝在位 14 年，成为一代明君，多少也有柳皇后的功劳。特别是在陈宣帝病逝后，陈叔陵砍伤太子陈叔宝，据兵反叛之时，柳敬言临危不乱，指挥文臣武将一起平定了叛乱，稳定了朝政。果然是一位巾帼不让须眉的奇女子。

据《南史卷十二·列传第二·后妃下》所载：陈宣帝的柳皇后，名柳敬言，是河东解县人。曾祖父柳世隆（见《南齐书卷二十四·列传第五》），是齐朝侍中、司空、尚书令、贞阳忠武公。祖父柳恽（见《梁书卷二十一·列传第十五》），在梁代有大名声，官至秘书监，追赠侍中、中护军。父亲柳偃，娶梁武帝萧衍的女儿长城公主，被任命为驸马都尉，大宝年间，担任鄱阳太守，在任上去世。柳敬言这年 9 岁，料理家中事务，如同成年人。

侯景之乱时，柳敬言和弟弟柳盼前往江陵依附梁元帝萧绎，元帝因长城公主的缘故，接待很优厚。等到陈顼到了江陵，元帝把柳敬言嫁给陈顼。

其实在柳敬言之前，陈顼在乡间已娶了妻，即后来的贵妃钱氏。可因为当时柳敬言是梁元帝的外甥女，身份更为贵重，断不能为妾，不得已他将原配钱氏降为妾侍。

承圣二年（553）十一月二十日，柳敬言在江陵生下陈叔宝。次年，江陵沦陷，陈顼被迁到关右，柳敬言和陈叔宝都留在穰城（今河南省南阳市邓州市东南）。

天嘉三年（561），柳敬言和陈叔宝、陈叔陵回到南陈朝，柳敬言被封为安成王妃。

陈顼即位，太建元年正月初四，被立为皇后。皇后容貌美丽，身高七尺二寸，手垂下来超过膝盖。当初，陈顼居住在乡间，先娶吴兴钱氏的女儿，等到即位，任命她为贵妃，很受宠爱，皇后尽心尊敬她。每每尚方供奉的物品，上等的都推让给钱贵妃，而自己使用次等的。

太建十四年（582 年正月甲寅初十，陈宣帝逝世，始兴王陈叔陵作乱），后主依赖皇后以及乐安君吴氏的救护而得以免难。后主登位后，尊崇皇后为皇太后，宫室称弘范宫。这时，国家刚失去淮南的领土，隋军又推进到长江边，国内还遭受大丧事，后主患疮病不能处理政事，而诛杀陈叔陵、办理大行皇帝丧事、边境防守以及百官事务，虽然假托后主的命令，实际上都由皇后柳敬言的决断。当时陈后主伤势很重，居住在承香殿休养，不能临朝听政。于是皇太后就住在柏梁殿，百官大臣禀奏的国事政务，都由皇太后裁决处理。

柳敬言并不贪恋权力。在国家危难的时候，柳敬言临危不惧，指挥文官武将平定叛乱，辅佐后主登上皇位。在后主伤体康复以后，柳敬言又把权力交给了皇帝。柳敬言为陈后主起到了定盘心的作用，为陈朝带来了安定的局面。

陈朝灭亡后，柳敬言跟着儿子陈后主带着一众妃嫔被俘至长安。她在此度过了余生，于公元 615 年去世。

陈朝的灭亡，陈后主难辞其咎！作为文人的陈后主在倡导、推动和繁荣汉文化方面，作出了一定的历史贡献。但对治国治军等方面，他真的不用心！反而不如二弟陈叔陵！

对于陈叔陵的突然叛乱，以及史书里对陈叔陵的贬词，笔者认为有许多不实之处。其实，从史书许多贬词中，可以看到陈叔陵颇有军功政绩。如果陈叔陵真的夺位成功，陈朝或许不会那么快的灭亡。

首先，陈后主（叔宝）就是一介书生。只会吟诗作赋，对治国治军毫无兴趣。他即位只是因为他是长子而已。

其次，陈叔陵历任江州、湘州、扬州刺史，拜侍中、中军大将军。太建元年（569），封始兴郡王，奉昭烈王祀。进授使持节、都督江、郢、晋三州诸军事、军师将军，刺史如故。当时，陈叔陵 16 岁，已自己主政，下属不能干预。他性格严刻，部下慑惮。太建三年，陈叔陵都督湘、衡、桂、武四州诸军事、平南将军、湘州刺史，侍中、使持节如故。陈叔陵长期担任军职，从 16 岁起就主理政事。有相当多的治政、治军的历练。

最后，当时南北纷争之际，陈朝需要的不是一位书生皇帝，而是需要一位强有力的、有政治、军事经验的领袖。而陈后主毫无军政历练，只会吟诗作赋。

历史不能假设。还是看看陈后主治下的陈朝吧——

陈朝廷于二十二日，以冠军将军、晋熙王陈叔文为宣惠将军、丹阳尹。

二十三日，立弟陈叔重为始兴王，承祀昭烈王（文帝陈蒨、宣帝陈顼之父亲陈道谭）的后嗣。

二十四日，陈朝派遣使者到隋朝请求讲和，归还去年由陈朝将领周罗黄攻克占领隋朝的胡墅城（今江苏省南京市西北石头城对岸）。

二十五日，立妃沈氏（沈婺华）为皇后。皇后性格端庄沉静，很少有嗜好欲望，聪明敏捷记忆力强，涉猎经籍史书，擅长书法。当初，后主在东宫，而皇后的父亲沈君理去世，皇后服丧，住在另外的房舍，哀伤毁损超出礼仪标准。后主对待皇后情意浅，而张贵妃（张丽华）受宠超过后宫所有的人，后宫的权力都归于贵妃，皇后漠然处之，不曾有所忌妒怨恨。且居住生活俭朴节约，衣服没有锦绣的装饰，左右服侍的才百把人，唯独把搜寻阅览图书史册、朗诵佛经作为事务。

潜心修佛的沈皇后，没想到与后人所传说的“观音菩萨”联系在一起。众所周知，在隋唐以前“观音”形象主要是王子相，身体线条刚健，五官容貌清秀，常常留有两撇小胡子。而在隋唐之后的“观音”相，则为女相居多，这是为什么呢？

佛学专家表示，这种转化的原因，要从一位名为沈婺华的南陈国的皇后说起。

隋灭陈不久，隋也亡国了。兵荒马乱中，沈婺华辗转回到了自己的故乡毗陵，于天净寺削发为尼，法号“观音”。不过，这个法号却并不是沈婺华被尊称为“观音”的原因。而是此后发生的另一件事。唐武德四年(621)，为了征兵抵抗唐军，当时一个农民起义领袖李子通抓了1000多老弱妇孺，让他们去参战充军。一位将领不愿看见这些人平白送了性命，便跑到天静寺，去找沈婺华，求她设法施救。

沈婺华此时早已不是一国皇后，只是一个手无缚鸡之力的柔弱尼姑而已，但是她答应了做这件事。她先是假扮天神拦住押送百姓的官兵，然后用计骗来了军饷，分给老百姓用作逃跑的盘缠。这1000多名百姓都被成功救出。

沈婺华知道自己也没有办法再待在这里了，因为李子通的人马肯定不会放过她。她悄悄离开故乡，到了山东莱州城东莱山的白云庵，在这个庵里继续修行。

贞观年间，唐太宗还因为沈婺华的好名声而召她入京。被沈婺华救出的百姓们分散逃亡到了大江南北，他们感激她的恩德，就把她的形象画下来，当神仙一样供奉。以后民间传说她是观音菩萨的原因，也是因为这件事情而流传开来的。沈氏于贞观初年去世。

太建十四年（582）正月二十七日，后主陈叔宝为了加强皇室宗族的力量，立皇弟陈叔俨为浔阳王，皇弟陈叔慎为岳阳王，皇弟陈叔达为义阳王，皇弟陈叔熊为巴山王，皇弟陈叔虞为武昌王。

二十八日，诏侍中、中权将军、开府仪同三司、鄱阳王陈伯山晋号为中权大将军。

军师将军、尚书左仆射、晋安王陈伯恭晋号为翊前将军、侍中。

翊右将军、中领军、庐陵王陈伯仁晋号为安前将军。

镇南将军、江州刺史、豫章王陈叔英晋号为征南将军。

平南将军、湘州刺史、建安王陈叔卿晋号为安南将军。

以侍中、中书监、安右将军徐陵为左光禄大夫，兼太子少傅。

三十日，设无遮大会于太极前殿。无遮大会是佛教每五年举行一次的布施僧俗的大斋会，又称无碍大会。兼容并蓄而无阻止，无所遮挡、无所妨碍，梵语般阇于瑟，华言解免。无遮大会是佛教举行的一种广结善缘，不分贵贱、僧俗、智愚、善恶都一律平等对待的大斋会。

对于陈后主，史官评说他还是比较努力治国的，陈朝灭亡是天意。也就是说是历史的必然。史臣曰："后主昔在储宫，早标令德，及南面继业，实允天人之望矣。至于礼乐刑政，咸遵故典，加以深弘六艺，广辟四门，是以待诏之徒，争趋金马，稽古之秀，云集石渠。且梯山航海，朝贡者往往岁至矣。自魏正始、晋中朝以来，贵臣虽有识治者，皆以文学相处，罕关庶务，朝章大典，方参议焉。文案簿领，咸委小吏，浸以成俗，迄至于陈。后主因循，未遑改革，故施文庆、沈客卿之徒，专掌军国要务，奸黠左道，以裒刻为功，自取身荣，不存国计。是以朝经堕废，祸生邻国。斯亦运钟百六，鼎玉迁变，非唯人事不昌，盖天意然也。"

但是，唐朝名臣魏征却说："后主生深宫之中，长妇人之手，既属邦国殄瘁，不知稼穑艰难。初惧阽危，屡有哀矜之诏，后稍安集，复扇淫侈之风。宾礼诸公，唯寄情于文酒，昵近群小，皆委之以衡轴。谋谟所及，遂无骨鲠之臣，权要所在，莫匪侵渔之吏。政刑日紊，尸素盈朝，耽荒为长夜之饮，嬖宠同艳妻之孽。危亡弗恤，上下相蒙，众叛亲离，临机不寤，自投于井，冀以苟生，视其以此求全，抑亦民斯下矣。"

笔者认为，"天下大势，分久必合"虽是天意，但陈后主重用小人，远离贤臣，荒淫无度，是重要原因！客观上，陈朝的国防战略上有先天缺失。未能构建牢固的"江淮防线"，也是重要原因之一。

二月十七日，南陈上大行皇帝陈顼谥号为孝宣皇帝，庙号为高宗。

十九日，在显宁陵（今江苏省南京市江宁区东南牛头山西北）安葬高宗陈宣帝陈顼。

史家评说：陈宣帝在野之时，便有宏大器度和干练才略，当他即位为帝时，的确允合天意人愿。梁朝丧乱，淮南一带的土地全被北齐占领，陈宣帝在太建初年，志在收复旧有疆土，于是运用神机妙策，授命将帅出兵，至于战胜敌军攻取失地，捷报相继而至，最终收复了被侵占的土地，功绩实在丰厚。等到周灭掉齐，乘胜掠取土地，又进攻到长江边上。

史臣说：高宗（陈宣帝）器度弘伟宽厚，也有帝王的器量。世祖（陈文帝）明白自己的继承人仁厚柔弱，不可以将帝位传给他，高宗的地位相当于周公姬旦，世祖又存有吴太伯谦让的情怀。当他病危不能痊愈时，将国家大事完全委托给高宗。高宗继位后，国家事务治理允当，选派将帅出兵北伐，攻克淮南一带的失地，开拓疆土，使国内安宁。统治国家十多年，志向远大而意气骄逸，因而招致在吕梁全军覆没，丧失了大量兵员。江东的削弱，大概这是重要原因。呜呼！高宗的功德不及文帝，智谋不及武帝，虽说所得所失都是因为个人，但也是因为缺乏防御敌人的策略。

陈朝自武帝开国，纲纪粗备，天下渐安。继以文帝、宣帝承统，勤劳庶政，节己爱人，府库充足，民食有余，故大建之末，江南号称富庶。

唐朝的史臣侍中郑国公魏征曰："高祖拔起垄亩，有雄桀之姿。始佐下藩，奋英奇之略，弭节南海，职思静乱。援旗北迈，义在勤王，扫侯景于既成，拯梁室于已坠。天网绝而复续，国步屯而更康，百神有主，不失旧物。魏王之延汉鼎祚，宋武之反晋乘舆，懋绩鸿勋，无以尚也。于时内难未弭，外邻勍敌，王琳作梗于上流，周、齐摇荡于江、汉，畏首畏尾，若存若亡，此之不图，遽移天历，虽皇灵有眷，何其速也？然志度弘远，怀抱豁如，或取士于仇雠，或擢才于亡命，掩其受金之过，宥其吠尧之罪，委以心腹爪牙，咸能得其死力，故乃决机百胜，成此三分，方诸鼎峙之雄，足以无惭权、备矣。"

明末清初的思想家王夫之说："陈高非忠于萧氏，而保中国之遗民，延数十年以待隋之一统，则功亦伟矣哉！"

余方德在《陈朝五帝与陈朝兴亡》一书中也论述了：陈霸先建立了陈朝，将北方分裂、战乱的状态和世家大族阻挡在长江以北，又冲击了南方世家大族，解放了思想和生产力，给南方带来了一段时间发展机遇。其实，从东晋时期开始，我国北方与黄河流域长期存在混乱局面，社会生产力受到严重破坏。相对来说，当时的长江流域及其以南地区则比较安定。北方的劳动人民大量向南迁徙。"幽、冀、青、并、兖五州及徐州淮北流人，相率过江淮。"从西晋末年到刘宋时期，北方人民南移的有90余万人，占当时北方总人口的八分之一以上。陈朝30多年，北方受不了北齐、东魏和西魏各朝少数民族的统治，一批批渡江南下，人数不下三四十万。梁时，整个江南人口只有200余万，到陈末隋初统计，江南人口已大增至320余万。这不但为此后南方经济的发展提供了充足的劳动力，而且带来了农业、手工业的先进生产技术。经过南迁的汉族劳动人民、原居南方的汉人以及少数民族人民的共同辛勤劳动，在孙吴、东晋原有的基础上，到南朝特别是陈朝时，江南经济得到了显著的发展，其富饶程度已超过了北方。

陈朝虽然短暂，但不仅较完整地保护了江南的汉文化，而且在中国文学和文化史上也算是蓬勃发展的时期之一，涌现了以谢灵运、徐陵等为代表的一批山水诗人，以陈后主、陈叔齐、陈叔达、张丽华和孔范等为代表的一批宫体诗人，以姚察、姚思廉、陆琼、顾野王等为主的一批史学家。陆琼写的《陈书》有42卷之多，顾野王有《通史要略》，也写了《陈书》多卷，但没有流行。还有如张僧繇、陆探微、戴逵等一批江左画家或书画评论家，有寓居吴兴之王羲之七世孙僧智永、丁觇，善得王羲之书法之技的陈文帝陈蒨，善大工草隶的文帝之子陈伯茂以及沈君理等一批书法名家，有经学家昙缔，造诣颇深的沈重、礼学大师潘微和太学博士沈德威等一批在全国都有影响的经学大师。佛教人物有天目山高僧慧集，与陈文帝、陈宣帝关系颇深的吴兴大僧慧巨，遍游三吴讲宣经教的慧基大师等一批佛教高僧等，也为陈朝及江南文化和文学艺术的繁荣添光溢彩。

陈宣帝在位期间，兴修水利，开垦荒地，鼓励农民生产，社会经济得到了一定的恢复与发展。创造了“太建之治”。太建之治，指的是南朝陈统治时期（年号太建）的南方短暂的繁荣时期。

陈宣帝不仅创造了“太建之治”，还举兵“太建北伐”。太建五年（573），派大将吴明彻乘北齐大乱之机北伐，攻占了吕梁（在今江苏徐州附近）和寿阳（今安徽省寿县），一度占有淮、泗之地，但最后在太建九年（577）被北周夺走。

“太建北伐”可以说是南朝170年来最后一次主动发起对北方鲜卑政权的军事打击，也是南朝最后的辉煌。总的来说，陈顼在位期间，国家比较安定，政治也较为清明。陈宣帝的“太建之治”和陈文帝的“天嘉之治”，是南陈最为稳定的两个历史时期，也是整个南朝170年最后的繁荣治世。

附录一　陈宣帝大事纪年

530 年（中大通二年） 七月，陈顼出生。

552 年（梁承圣元年） 陈霸先在平侯景之乱时镇守京口，梁元帝征召其子侄入侍，陈顼受陈霸先之遣赴江陵，经多次升迁，任为直阁将军、中书侍郎。

554 年（承圣三年） 江陵陷落，陈顼被迁到关右。

557 年（永定元年） 十月，遥袭封始兴郡王，邑 2000 户。

559 年（永定三年） 六月，哥哥陈蒨继位，改封陈顼为安成王。

562 年（天嘉三年） 三月，陈顼从北周归国，被授为侍中、中书监、中卫将军，并官任佐史。

六月，又授使持节，都督扬、南徐、东扬、南豫、北江五州诸军事，扬州刺史，进号骠骑将军。

563 年（天嘉四年） 四月，加开府仪同三司。

565 年（天嘉六年） 四月，迁司空。

566 年（天康元年）

三月，授尚书令，余并如故。

四月，陈蒨驾崩于有觉殿，陈顼和仆射到仲举、舍人刘师知等人都接受遗诏辅佐朝政。陈废帝陈伯宗即位。

五月，以陈顼为司徒，进号骠骑大将军，录尚书，都督中外诸军事，给班剑 30 人。

568 年（光大二年）

正月，进位太傅，领司徒，加殊礼，剑履上殿，增邑并前 3000 户，余并如故。

十一月，陈顼以慈训太后之令废陈伯宗为临海王，继位称帝。

569 年（太建元年）

正月，陈顼即皇帝位于太极前殿，复太皇太后尊号皇太后。立妃柳氏为皇后，长子陈叔宝为皇太子，次子陈叔陵为始兴王，章昭达进号车骑大将军，淳于量为征北大将军，黄法氍进号征西大将军，吴明彻进号镇南将军，陈伯山进号中卫将军，沈钦为尚书左仆射，王劢为尚书右仆射，沈恪为镇南将军、广州刺史。三子陈叔英为宣惠将军、东扬州刺史，改封豫章王。四子陈叔坚改封长沙王。

五月，以徐陵为尚书右仆射，沈君理为吏部尚书。

七月，皇太子纳妃沈氏，王公已下赐帛各有差。以晋安王陈伯恭为中护军，进号安南将军。

九月，以晋安王陈伯恭为中领军。

十月，欧阳纥据广州举兵谋反，令章昭达率众讨伐。

570 年（太建二年）

正月，以黄法氍为中权大将军。

二月，章昭达擒获欧阳纥，斩于建康市，广州平定。

三月，皇太后驾崩。

四月，临海王陈伯宗（废帝）去世，皇太后祔葬万安陵。

六月，分遣大使巡行州郡，省理冤屈。章昭达进号车骑大将军，沈恪进号镇南将军。

秋九月，以吴兴太守杜棱为特进、护军将军。

571 年（太建三年）

正月，以徐陵为尚书仆射。

六月，江阴王萧季卿以罪免，封长沙王府谘议参军萧彝为江阴王。

八月，皇太子亲释奠于太学，二傅、祭酒以下赉帛各有差。

十二月，车骑大将军、司空章昭达去世。

572 年（太建四年）

正月，以始兴王陈叔陵为湘州刺史，进号平南将军；长沙王陈叔坚为宣毅将军、江州刺史；徐陵为尚书左仆射；中书监王劢为尚书右仆射；衡阳王陈伯信为信威将军、中护军。

二月，封五子陈叔卿为建安王，授东中郎将、东扬州刺史。

三月，以孙玚为安西将军、荆州刺史。

四月，以黄法氍为征南大将军、南豫州刺史。

五月，尚书右仆射王劢去世。

十月，以沈恪为领军将军。

573 年（太建五年）

正月，以淳于量为中权大将军；豫章王陈叔英为南徐州刺史，进号平北将军；沈君理为尚书右仆射，领吏部。

三月，分命众军北伐，以吴明彻都督征讨诸军事。皇孙陈胤出生，内外文武赐帛各有差，为父后者爵一级。

四月，前巴州刺史鲁广达攻克齐大岘城，吴明彻克秦州水栅。北齐派兵 10 万援历阳，被黄法氍击溃。

五月，瓦梁城、阳平郡城投降。徐樱克攻庐江郡城，黄法氍攻克历阳城，徙镇历阳。南齐昌太守黄咏克齐昌外城。庐陵内史任忠军次东关，克其东西二城，进克蕲城、谯郡城，秦州城降。瓜步、胡墅二城降。

六月，郢州刺史李综攻克滠口城，任忠攻克合州外城，豫章内史程文季攻克泾州城，宣毅司马湛陀攻克新蔡城，黄法氍攻克合州城。

七月，吴明彻进号征北大将军。北齐派 2 万大军援齐昌，被西阳太守周炅击溃。吴明彻攻克寿阳外城。

八月，山阳城，盱眙城投降。戎昭将军徐敬辩攻克海安城。平固侯陈敬泰等攻克晋州城。

九月，阳平城投降。高唐太守沈善度攻克马头城，齐安城投降。樊毅攻克广陵楚子城。

十月甲午，郭默城投降。以王玚为吏部尚书；周弘正为尚书右仆射。吴明彻攻克寿阳城，斩王琳，传首京师。吴明彻为豫州刺史，进号车骑大将军；黄法氍为征西大将军、合州刺史。湛陀攻克齐昌城。

十一月，淮阴城投降。刘桃根攻克朐山城，樊毅攻克济阴城，鲁广达等攻克北徐州。

十二月，谯城投降。封六子陈叔明为宜都王，七子陈叔献为河东王。任忠攻霍州城。

574 年（太建六年）

正月，以新安王陈伯固为中领军，进号安前将军；晋安王陈伯恭为安南将军、南豫州刺史。

二月，以淳于量为征西大将军、郢州刺史。

六月，以鄱阳王陈伯山为征北将军、南徐州刺史，衡阳王陈伯信为宣毅将军、扬州刺史。

十一月，诏北讨行军之所，并给复十年。

十二月，始兴王陈叔陵进号镇南将军，王玚为尚书右仆射，孔奂为吏部尚书，王通加特进。

575 年（太建七年）

正月，左卫将军樊毅克潼州城。

二月，樊毅攻克下邳、高栅等六城。

三月，诏豫、二兖、谯、徐、合、霍、南司、定九州及南豫、江、郢所部在江北诸郡置云旗义士，往大军及诸镇备防。以黄法氍为豫州刺史。改梁东徐州为安州，武州为沅州。移谯州镇于新昌郡，以秦郡属之。盱眙、神农二郡还隶南兖州。

五月，割谯州之秦郡还隶南兖州。分北谯县置北谯郡，领阳平所属北谯、西谯二县。合州之南梁郡，隶入谯州。

六月，以王玚为尚书仆射。

八月，移西阳郡治保城。

闰九月，都督吴明彻大破齐军于吕梁。

十月，以鄱阳王陈伯山为征南将军、江州刺史；新安王陈伯固为南徐州刺史，进号镇北将军；长沙王陈叔坚为云麾将军、中领军。封十一子陈叔齐为新蔡王，十二子陈叔文为晋熙王。

十一月，以淳于量为中军大将军。

十二月，以长沙王陈叔坚为平越中郎将、广州刺史，建安王陈叔卿为云麾将军、郢州刺史，宜都王陈叔明为东扬州刺史，王玚为尚书左仆射，陆缮为尚书右仆射，徐陵为领军将军。

576 年（太建八年）

二月，吴明彻进位司空。

五月，尚书左仆射王玚去世。

六月，以长沙王陈叔坚为合州刺史，进号平北将军；陆缮为尚书左仆射；王克为尚书右仆射。

八月，以吴明彻为南兖州刺史。

九月，封十三子陈叔彪为淮南王。

十一月，以长沙王陈叔坚为平西将军、郢州刺史。丁酉，分江州晋熙、高唐、新蔡三郡为晋州。辛丑，以冠军将军庐陵王伯仁为中领军。

十二月丁卯，以新除太子詹事徐陵为右光禄大夫。

577 年（太建九年）

正月，以始兴王陈叔陵为扬州刺史；建安王陈叔卿为湘州刺史，进号平南将军。

七月，以江夏王陈伯义为合州刺史。

十月，吴明彻大破北周将梁士彦于吕梁。

十二月，东宫建成，皇太子移于新宫。

578 年（太建十年）

正月，以庐陵王陈伯仁为平北将军、南徐州刺史，徐陵为领军将军。

二月，北讨大军战败于吕梁，吴明彻等被周军所获。

三月，以淳于量为大都督，总水陆诸军事；孙玚都督荆、郢水陆诸军事，进号镇西将军；樊毅为大都督，督硃沛、清口上至荆山缘淮众军，进号平北将军；任忠都督寿阳、新蔡、霍州等众军，进号宁远将军。淳于量为南兖州刺史，进号车骑将军。

四月，以新安王陈伯固为护军将军，樊毅遣军渡淮北对清口筑城。

八月，改秦郡为义州。

九月，以樊毅为中领军，始兴王陈叔陵兼王官伯临盟，江夏王陈伯义为东扬州刺史。

十月，罢义州及琅琊、彭城二郡。立建兴，领建安、同夏、乌山、江

乘、临沂、湖熟等六县，属扬州。

十一月，以孙瑒为郢州刺史。

十二月，合州庐江蛮田伯兴围攻枞阳，被刺史鲁广达讨平。

579 年（太建十一年）

六月，以豫章王陈叔英为镇南将军、江州刺史；鄱阳王陈伯山为中权将军、护军将军。

七月，初用大货六铢钱。

八月，青州义主朱显宗等率所领 700 户入附。

十月，以晋安王陈伯恭为军师将军，陆缮为尚书左仆射。

十一月，北周梁士彦率众至肥口，进围寿阳。陈顼令淳于量、樊毅、任忠、鲁广达、萧摩诃等迎战。豫州、霍州相继失陷。令始兴王陈叔陵为大都督，总督水步众军。

十二月，南北兖、晋三州，及盱眙、山阳、阳平、马头、秦、历阳、沛、北谯、南梁等九州驻军撤还京师。谯、北徐州失陷。从此，淮南之地全部被北周所有。陈顼令裴子烈镇南徐州，徐道奴镇栅口，杨宝安镇白下，以樊毅为镇西将军、都督荆郢巴武四州水陆诸军事。

580 年（太建十二年）

正月，以任忠为平南将军、南豫州刺史，督缘江军防事。

三月，以庐陵王陈伯仁为翊左将军、中领军。

四月，以河东王陈叔献为南徐州刺史，晋安王陈伯恭为尚书仆射。

八月，北周荥阳郡公司马消难以郧、随、温、应、土、顺、沔、儇、岳等九州，鲁山、甑山、沌阳、应城、平靖、武阳、上明、涢水等八镇内附，授为使持节、侍中、大都督、总督安随等九州八镇诸军事、车骑将军、司空，封随郡公，给鼓吹、女乐各一部。令樊毅进督沔、汉诸军事，任忠率众前往历阳，陈慧纪为前军都督，前往南兖州。淳于陵攻克临江郡、祐州城，鲁广达攻克郭默城。

九月，北周临江太守刘显光率众内附。改安陆郡为南司州。北周王延贵率众支援历阳，被任忠击破，生擒王延贵等。北周广陵义主曹药率众入附。

十二月，河东王陈叔献去世。

581 年（太建十三年）

正月，以淳于量为左光禄大夫；鄱阳王陈伯山即本号开府仪同三司；新安王陈伯固为扬州刺史；晋安王陈伯恭为尚书左仆射；徐陵为中书监，领太子詹事；袁宪为尚书右仆射，宜都王陈叔明为南徐州刺史。

二月，诏赐司马消难所部周大将军田广等封爵各有差。

四月，分衡州始兴郡为东衡州，衡州为西衡州。

五月，以樊毅为中护军。

六月，以樊毅为护军将军。

十月，毛喜为吏部尚书，樊毅为镇西将军、荆州刺史。改鄱阳郡为吴州。

十二月，以沈恪为护军将军。

582 年（太建十四年）

正月，陈顼驾崩于宣福殿，时年 53 岁，太子陈叔宝继位。

二月，上谥孝宣皇帝，庙号高宗，葬显宁陵。

附录二　历史名人对陈宣帝的评价

陈朝大臣江总：“我后丕承，思弘祖业，莅政恭己，临朝凝默，焕烂九功，葳蕤七德，宪章昭著，威灵允塞。”

唐朝大臣虞世南：“宣帝度量宏广，推心待物，可谓宽仁之主焉。”

姚思廉在《陈书》里评说：“高宗器度弘厚，亦有人君之量焉。世祖知冢嗣仁弱，弗可传于宝位，高宗地居姬旦，世祖情存太伯，及乎弗悆，大事咸委焉。至于纂业，万机平理，命将出师，克淮南之地，开拓土宇，静谧封疆。享国十余年，志大意逸，吕梁覆军，大丧师徒矣。江左削弱，抑此之由。呜呼！盖德不逮文，智不及武，虽得失自我，无御敌之略焉。”“少宽大，多智略。及长，美容仪，身长八尺三寸，手垂过膝。有勇力，善骑射。”

李延寿在《南史》里评说：“陈宣帝器度弘厚，有人君之量。文帝知冢嗣仁弱，早存太伯之心，及乎弗悆，咸已委托矣。至于缵业之后，拓土开疆，盖德不逮文，智不及武，志大不已，晚致吕梁之败，江左日蹙，抑此之由也。”

唐朝魏征评说：“宣帝有周公之亲，无伊尹之志，明避不复，桐宫遂往，欲加之罪，其无辞乎！高宗爰自在田，雅量宏廓，登庸御极，民归其厚，惠以使下，宽以容众。智勇争奋，师出有名，扬旆分麾，风行电扫，辟土千里，奄有淮、泗，战胜攻取之势，近古未之有也。既而君侈民劳，将骄卒堕，帑藏空竭，折衄师徒，于是秦人方强，遂窥兵于江上矣。李克以为吴之先亡，由乎数战数胜，数战则民疲，数胜则主骄，以骄主御疲民，未有不亡者也。信哉言乎！高宗始以宽大得人，终以骄侈致败，文、武之业，坠于兹矣。”

参考文献

1.（唐）李大师、李延寿：《南史》，现代教育出版社 2012 年 5 月第 1 版。

2.（唐）李大师、李延寿：《北史》，汉语大词典出版社 2004 年 8 月第 1 版。

3.（唐）姚思廉：《梁书》，中华书局 1973 年 5 月第 1 版。

4.（唐）姚思廉：《陈书》，上海古籍出版社 1986 年 12 月第 1 版。

5.（宋）司马光：《资治通鉴》，岳麓书社 2006 年 1 月第 3 版。

6. 卞孝萱：《陈武帝"汉高、魏武之亚""无惭权、备"驳议》，南京大学出版社 2006 年版。

7. 卞孝萱：《陈王朝与天台宗——为"帝乡佛国"作》，《南京晓庄学院学报》2006 年第 3 期。

8. 澄澄：《南陈：文化巅峰，南朝绝响》，《东方文化周刊》2018 年第 10 期。

9. 李天石：《六朝文化概论》，南京出版社 2004 年版。

10. 李天石、来琳玲：《南朝文化》，南京出版社 2005 年版。

11. 李建国：《南冠之思与南冠之诗——以陈亡入隋文人群体及创作为中心》。

12. 余方德：《陈朝五帝与陈朝兴亡》，浙江人民出版社 2013 年版。

13.《从南陈政权的建立看南方人兴起的历史成因》，《山东教育学院学报》2005 年第 5 期。

14. 史仲文、胡晓琳：《中国全史百卷本魏晋南北朝政治史》，人民出版社 1994 年版。

15. 张静：《魏晋南北朝时期妇女地位研究》，安徽师范大学 2002 年。

16. 杜晓勤：《论隋炀帝在南北文化交融过程中的作用》，《北京大学学报》（哲学社会科学版）1999 年第 4 期。

17. 尚志迈：《隋炀帝的历史功绩述评》，《张家口师专学报》1999 年。